普通高等教育交通类专业规划教材

汽车检测与诊断(上册)

第3版

陈焕江　主　编

机　械　工　业　出　版　社

本书是《汽车检测与诊断》（第3版）的上册，主要介绍了汽车检测与诊断的基础知识、汽车发动机和整车的动力性及燃油经济性检测、汽车发动机和汽车底盘技术状况检测诊断、汽车的环保性能检测诊断、汽车整车技术参数和车身检测的基本原理和基本方法，以及有关汽车检测诊断设备的结构、工作原理和使用方法等。

《汽车检测与诊断》（第3版）分为具有相对独立性的上、下两册出版。上册以汽车技术状况的检测与诊断为主，下册以汽车各总成的故障诊断为主。本书既可作为高等院校交通运输（汽车运用工程）和其他相关专业“汽车检测与诊断技术”课程的教材，也可供汽车检测诊断行业、汽车维修行业、汽车运输行业的技术人员和管理人员参考。

图书在版编目（CIP）数据

汽车检测与诊断．上册/陈焕江主编．—3版．—北京：机械工业出版社，2012.8（2017.8重印）
普通高等教育交通类专业规划教材
ISBN 978-7-111-38985-9

Ⅰ.①汽…　Ⅱ.①陈…　Ⅲ.①汽车-故障检测-高等学校-教材②汽车-故障诊断-高等学校-教材　Ⅳ.①U472.9

中国版本图书馆CIP数据核字（2012）第140968号

机械工业出版社（北京市百万庄大街22号　邮政编码100037）
策划编辑：赵　鹏　责任编辑：赵　鹏
版式设计：纪　敬　责任校对：吴美英
责任印制：常天培
三河市国英印务有限公司印刷
2017年8月第3版・第7次印刷
169mm×239mm・20印张・387千字
18 001—21 000册
标准书号：ISBN 978-7-111-38985-9
定价：39.80元

凡购本书，如有缺页、倒页、脱页，由本社发行部调换

电话服务	网络服务
社服务中心：（010）88361066	教材网：http：//www.cmpedu.com
销售一部：（010）68326294	机工官网：http：//www.cmpbook.com
销售二部：（010）88379649	机工官博：http：//weibo.com/cmp1952
读者购书热线：（010）88379203	**封面无防伪标均为盗版**

前言

《汽车检测与诊断》（第1版）根据全国高等院校汽车运用工程专业教学指导委员会第二届六次会议通过的编写大纲和普通高等教育交通类“十五”教材编写规划编写。《汽车检测与诊断》（第2版）是普通高等教育“十一五”国家级规划教材，并获“陕西省普通高等学校优秀教材一等奖”。本书是《汽车检测与诊断》（第3版）的上册。

《汽车检测与诊断》（第2版）出版5年以来，汽车技术和汽车检测诊断技术有了新的发展，对汽车的技术管理和检测诊断提出了一些新问题、新要求，也产生了一些新的研究成果，有关技术标准和规范得以进一步完善，这些都需要及时纳入《汽车检测与诊断》教材中，以使本教材反映时代特色，继续保持内容的先进性；作为教授“汽车检测与诊断技术”课程的教师，在该教材的直接使用中，注意、发现并想到一些有待改进的地方，同行们也提出过一些可以使该教材得以进一步改善的建议；随着教学改革研究的深入，我们对教学规律和“汽车检测和诊断技术”课程的教学经验也在不断积累和深化。这些是本次修订再版的出发点。

《汽车检测与诊断》（第3版）仍分为上、下两册出版。上册以汽车技术状况的检测与诊断为主，下册以汽车各总成的故障诊断为主。两册具有一定的相对独立性，以满足不同学校的不同专业“汽车检测与诊断技术”课程的教学需求。

本次修订再版，《汽车检测与诊断》（第3版）上册在以下方面进行了修订：

1）章节安排上，由原来的四章更改为六章。新增第六章“汽车整车技术参数和车身检测”；由汽车噪声和汽车排气污染物检测的有关内容构成第五章“汽车环保性能检测”，其排气污染物检测将点燃式发动机汽车和压燃式发动机汽车分为两节编写；第一章“汽车检测与诊断基础知识”中新增“汽车检测诊断站”一节；第三章“发动机技术状况检测与诊断”中新增“发动机综合性能检测”和“发动机冷却系统检测”的内容；第四章“汽车底盘技术状况的检测与诊断”中则新增“汽车轴重的检测”和“悬架装置和转向系统间隙检测”的内容。

2）在内容方面，则结合汽车和汽车检测诊断技术的发展和有关标准法规，对全书内容及文字进行了较大幅度更新。特别是汽车动力性即底盘输出功率检测、汽车燃油经济性检测、汽车环保性能的检测等方面的内容得到较大幅度加强。由于在各章节中都新增了一些内容，故全书内容更为完整。

3）根据所涉及内容的内在联系，本书对第2版中部分原有章节的内容安排进行了调整，使逻辑性和系统性更好。

《汽车检测与诊断》（第3版）上册由长安大学陈焕江教授主编。参加编写的还有任军、赵伟、邱兆文、肖梅、陈昊、何天仓、朱彤、沈小燕、徐婷、马壮林等。编写过程中，长安大学汽车综合性能检测站董元虎教授、汽车学院运输工程实验室李春明高级工程师等许多老师提供了大量资料，提出了许多宝贵建议；长安大学汽车学院有关领导对本教材的出版非常关心并提供了许多帮助。作者对此深表谢意。

恳请使用本教材的师生对教材内容、章节安排等提出宝贵意见，以便再版修订时参考。

编　者

目　录

第一章　汽车检测与诊断基础知识

汽车检测与诊断是确定汽车技术状况、寻找故障原因的技术手段，检测与诊断结果是合理使用汽车和维护、修理工作的科学依据。本章所介绍的基本概念、汽车故障及其主要类型、诊断分析方法、诊断参数、诊断标准、诊断周期和诊断工作的工艺组织都是汽车检测与诊断技术的基础。

第一节　概　　述

一、基本概念及术语

汽车检测指确定汽车技术状况或工作能力的检查；汽车诊断是在不解体（或仅卸下个别小件）的条件下，为确定汽车技术状况或查明故障部位、原因所进行的检查、分析、判断工作。在汽车检测和诊断工作中常涉及以下术语：

（1）汽车技术状况　定量测得的表征某一时刻汽车外观和性能的参数值的总和。

（2）汽车工作能力　汽车执行技术文件规定的使用性能的能力。

（3）汽车综合能力　汽车多种技术性能的组合，包括汽车动力性、安全性、燃料经济性、使用可靠性、汽车排放性能以及整车装备完整性与状态等。

（4）汽车故障　汽车部分或完全丧失工作能力的现象。

（5）故障率　使用到某行程的汽车，在该行程之后单位行程内发生故障的概率。

（6）故障树　表示故障因果关系的分析图。

（7）检测诊断参数　供检测诊断用的，表征汽车、总成及机构技术状况的参数。

（8）检测诊断标准　对汽车检测诊断的方法、技术要求和限值等的统一规定。

（9）检测诊断规范　对汽车检测诊断作业技术要求的规定。

（10）检测诊断周期　汽车检测诊断的间隔期。

二、汽车检测诊断的目的和作用

根据检测诊断目的，汽车检测诊断可分为以下类型：

（1）安全性能检测　对汽车实行定期和不定期的安全性能检测诊断，目的在于确保汽车具有符合要求的外观、良好的安全性能和符合污染物排放标准的排放性能，以强化汽车的安全管理。

（2）综合性能检测　对汽车实行定期和不定期的综合性能检测诊断，目的是在不解体情况下，确定运输车辆的工作能力和技术状况，对维修车辆实行质量监督，以保证运输车辆的安全运行，提高运输效能及降低消耗，使运输车辆具有良好的经济效益和社会效益。

（3）汽车故障检测诊断　对故障汽车进行检测诊断，目的是在不解体（或仅卸下个别小件）的情况下，查出故障的确切部位和产生的原因，从而确定故障的排除方法，提高排除汽车故障的效率，使汽车尽快恢复正常使用。

（4）汽车维修检测诊断　根据交通部《汽车运输业车辆技术管理规定》的要求，汽车定期检测诊断应结合维护定期进行，以此确定维护附加项目，掌握汽车技术状况变化规律；并通过对汽车的检测诊断和技术鉴定，确定汽车是否需要大修，以实行视情修理；同时，在汽车维修过程中，利用设置在某些工位上的诊断设备，可使检测诊断和调整、维修交叉进行，以提高维修质量；对完成维护或修理的车辆进行性能检测和诊断，并对维修质量进行检验。

总的说来，汽车检测诊断有两个不同的目的：对显现出故障的汽车，通过检测诊断查找故障的确切部位和发生的原因，从而确定排除故障的方法；对汽车技术状况进行全面检查，确定汽车技术状况是否满足有关技术标准的要求及与标准相差的程度，以决定汽车是否继续行驶或采取何种措施延长汽车的使用寿命。对汽车运行中故障的检测诊断和汽车维修前及维修过程中的检测诊断，属于前一种检测诊断；汽车维修作业后的竣工检验和定期或不定期进行的安全性能检测诊断、综合性能检测诊断，则属于后一种检测诊断。

三、汽车检测与诊断的方法及特点

汽车检测诊断是由检查、分析、判断等一系列活动完成的。从完成这些活动的方式看，汽车的检测诊断主要有三种基本方法，其一是传统的人工经验检测诊断法，其二是利用现代仪器设备检测诊断法，其三是自诊断法。

（1）人工经验检测诊断法　人工经验检测诊断法是通过路试和对汽车或总成工作情况的观察，凭借检测诊断人员丰富的实践经验和一定的理论知识，利用简单工具以及眼看、手摸、耳听等手段，边检查、边试验、边分析，进而对汽车技术状况进行定性分析或对故障部位和原因进行判断的方法。该检测诊断方法不需要专用仪器设备，可随时随地应用。但其缺点在于：检测诊断速度慢，准确性差，并要求检测诊断者具有丰富的实践经验和较高的技术水平。

（2）现代仪器设备检测诊断法　现代仪器设备检测诊断法是在人工经验检测诊断法的基础上发展起来的，可在不解体情况下，利用建立在机械、电子、流体、振动、声学、光学等技术基础上的专用仪器设备，对汽车、总成或机构进行测试，并通过对检测诊断参数测试值、变化特性曲线、波形等的分析判断，定量确定汽车的技术状况。采用微机控制的专用仪器设备能够自动分析、判断、打印检测诊断结果。现代仪器设备检测诊断法的优点是检测诊断速度快、准确性高、能定量分析；缺点是投资大、占用固定厂房等。

（3）自诊断法　自诊断法是利用汽车电控单元的自诊断功能进行故障诊断的一种方法。其基本原理是利用监测电路检测传感器、执行器及微处理器的各种实际参数，并与存储器中的标准数据比较，从而判断系统是否存在故障。当确定系统有故障存在时，电控单元把故障信息以故障码的形式存入存储器，并控制警告灯发出警示信号。把该故障码从存储器中提取出来，然后查阅相应的“故障码表”便可确定故障的部位和原因。

本书主要介绍利用仪器设备对汽车进行检测诊断的技术和方法。

四、汽车检测诊断技术的发展

初期的汽车检测诊断技术以人工经验检测诊断法为主，仪器设备检测诊断法和自诊断法则是在传统的人工经验检测诊断法的基础上，伴随着现代科学技术的进步而发展起来的。许多检测诊断设备就是沿着人工经验检测诊断的思路研制开发的，即使先进的汽车专家诊断系统，也是把人脑的分析、判断通过计算机语言转化成电脑的分析判断。自诊断法对于电子控制的汽车各大系统的监控和诊断非常准确有效，随着计算机控制技术的发展和在汽车上的广泛应用，自诊断法的优势将更为突出。因此，在汽车检测诊断技术的发展过程中，其基本检测诊断方法并不是相互独立的，而是相辅相成的。

随着社会的发展、技术的进步，仪器设备检测诊断和自诊断技术在汽车检测诊断技术中从无到有，所占比重愈来愈大，并经历了从低级到高级的发展过程。

首先，一些简单的测试仪表，如转速表、气压表、真空表、电压表、电流表等，被应用到了汽车检测诊断工作，其测试结果被作为人工经验检测诊断的依据，使汽车检测诊断从“耳听、手摸”的定性阶段逐步向定量阶段过渡。

专用检测诊断设备的问世是仪器设备检测诊断的第二个发展阶段。电子技术的进步，特别是电子计算机的成就及其在专用检测诊断设备上的应用，对汽车检测诊断技术产生了重大影响。在上述技术背景下，检测诊断设备由单机发展为配套，由单功能发展为多功能，由手工操纵发展为自动控制。汽车检测诊断技术已发展成为检测诊断控制自动化、数据采集自动化、数据处理自动化、结果输出自动化的综合检测诊断技术，能对汽车进行多项目的检测。目前已研制出来并投入使用的汽车检测诊断设备中，用于发动机检测诊断的主要有发动机无负荷测功仪、发动机综合性能分析仪、电子示波器、点火正时仪、废气分析仪、发动机异响诊断仪、机油快速分析仪、铁谱分析仪、油耗计、气缸漏气量检测仪等；用于底盘检测诊断的主要有制动试验台、侧滑试验台、转向轮定位仪、车速表试验台、灯光检验仪、底盘测功机、车轮动平衡机等。

自诊断技术是伴随着电子技术特别是计算机技术的发展应运而生的。电子技术在汽车上的广泛应用，产生了对汽车电子系统的技术状况进行监控和故障诊断的客观需求；电子技术应用于汽车检测诊断技术中，亦使之具备了监控和检测汽车电子系统的技术可能性。目前，随车诊断已成为故障诊断的重要技术方法，许多轿车具有故障自诊断功能。同时，能够模拟专家思维的故障诊断专家系统，把汽车检测诊断专家的知识移植到检测诊断方法之中，并通过在诊断设备中的运用使之具有诊断复杂故障的能力，使汽车检测诊断技术向新的高度发展。

汽车检测诊断技术也是随着汽车技术的进步和汽车运行条件的改善而不断发展的。随着汽车工业的发展，汽车结构越来越复杂，电子化程度越来越高。电子控制燃油喷射系统、电子控制汽车防抱死制动系统、自动变速器等在汽车上的应用已日趋普遍；高速公路建设对汽车的使用性能，特别是高速行驶下的安全性能提出了更高的要求。这些不但使人工经验检测诊断法难以适应，同时提出了开发新型汽车检测诊断设备的客观需求。

在科学技术高速发展的今天，人类越来越重视自身安全的保障和自然界的生态平衡，可持续发展受到广泛关注。因此，今后汽车检测诊断设备的发展将集中在汽车安全性能、排放性能和汽车新结构的检测诊断方面，并向多功能综合式、自动化及智能化方向发展。同时，测试仪表也将向更加精密和小型化、智能化方向发展，并能随车装设，在工作过程中显示。随着计算机网络技术的普及，汽车检测诊断可实现网络化，可随时得到高水平的“故障诊断专家系统”的指导，可方便地获得关于汽车故障诊断结果和排除方法的有关信息。

虽然汽车检测诊断技术发展很快，但目前的检测诊断仪器设备还只能检测诊断汽车的部分性能和故障。某些总成如离合器、变速器、差速器、主传动等的故障诊断，目前还缺乏方便、实用的仪器设备可以利用；汽车的外观检查，如车体是否周正，车身和驾驶室钣金件是否开裂、变形，油漆是否脱落、锈蚀，甚至一些能引起重大事故的部位的缺陷，如转向横拉杆、直拉杆球头松旷，传动轴和车轮螺栓松动等，都离不开人工经验检查。因此，人工经验检测诊断法虽有一定的局限性，但在某些方面仍是利用仪器设备检测诊断所不能代替的。但随着汽车检测诊断技术的发展，利用汽车检测诊断设备和自诊断、故障诊断专家系统检测诊断汽车的技术状况和故障，必将成为汽车检测诊断的主流。

第二节　汽车技术状况及汽车故障的形成

在汽车运用过程中，由于汽车本身缺陷、外界运用条件等多种因素的影响，汽车技术状况不断发生变化。随着汽车行驶里程的增加，故障率将增大。汽车检测诊断的目的是为了确定汽车技术状况，查找故障或者异常，并在此基础上，通过及时维护和修理，保障汽车安全、经济、可靠地工作。因此，汽车检测诊断的基础之一是对引起汽车技术状况变化及故障的主要原因有所了解，并掌握科学的检测诊断分析方法。

一、汽车的技术状况

汽车的技术状况是指定量测得的、表征某一时刻汽车的外观和性能的参数值的总和。

在汽车使用过程中，汽车内部零件之间、零件与工作介质和工作产物之间、汽车与外部环境之间均存在着相互作用，其结果是汽车零件在机械负荷、热负荷和化学腐蚀作用下，引起零件磨损、发热、腐蚀等一系列物理的和化学的变化，使零件尺寸、零件装配位置、配合间隙、表面质量等发生改变。如发动机气缸活塞组的尺寸、曲柄连杆机构的尺寸、制动器制动蹄片的尺寸、制动蹄与鼓的间隙等，在汽车使用过程中时刻都在发生着变化。汽车是由机构、总成组成的，而机构和总成又由零件组成，所以零件是汽车的基本组成单元。零件性能下降后，汽车的技术状况将受到影响，因此汽车技术状况的变化取决于组成零件的综合性能。

随着汽车行驶里程的增加，汽车的技术状况将逐渐变坏，致使汽车的动力性下降、经济性变坏、使用方便性下降、行驶安全性和使用可靠性改变，直至最后达到使用极限。

二、汽车故障及其主要类型

某装置或机构发生故障，是指其功能的丧失或性能的降低。如：发动机轴瓦烧损和拉缸属于功能立即丧失的破坏性故障，而汽车制动距离超标则属于性能降低的故障。

从存在形式和发生过程分析，汽车故障具有多种类型。

（1）间断性故障和永久性故障　按照故障存在时间可分为间断性故障和永久性故障。顾名思义，间断性故障只是在引发其发生的原因短期存在的条件下才显现，而永久性故障则只有在更换某些零部件后才能使其得以排除。如：供油系统气阻使供油中断而造成的功能丧失为间断性故障，因为气阻由于供油系统温度过高而产生，冷却后气阻自然消失，供油功能就得以恢复；发动机拉缸造成的功能丧失则须在更换缸套、活塞、活塞环并排除引起拉缸的原因后才能恢复，因此属于永久性故障。

（2）突发性故障和渐发性故障　按照故障发生快慢可分为突发性故障和渐发性故障。突发性故障指发生前无任何征兆的故障，一般不能通过检测诊断来预测，其特点是故障的发生有偶然性；渐发性故障则是由于零件磨损、疲劳、变形、腐蚀、老化等原因使技术状况劣化而引起，常对应有一个逐渐发展的过程，因此能够通过早期检测诊断来预测。如：车轮掉入坑中使钢板弹簧折断具有突发性质，而由于气缸磨损引起的敲缸则是渐发的。

（3）功能故障和潜在故障　按照故障是否显现可分为功能故障和潜在故障。导致功能丧失或性能降低的故障为功能故障；正在逐渐发展但尚未对功能产生影响的故障属潜在故障。如：汽车前轴和传动轴裂纹，当未扩展到极限程度时，为潜在故障。值得重视的是，潜在故障一旦对功能产生影响，常常具有突发性质，因此对汽车的安全行驶极其不利。

汽车检测诊断技术面对的主要是渐发性、永久性的功能故障或潜在故障。

三、汽车故障形成及技术状况变化的基本原因

汽车故障形成的内因是零件失效，外因是运行条件。在汽车运行过程中，汽车的零部件之间，工作介质、燃油及燃烧产物与相应零部件之间，均存在相互作用，从而引起零部件受力、发热、变形、磨损、腐蚀等，使汽车在整个使用寿命期内，故障率由低到高，技术状况由好变坏。外界环境（如道路、气候、季节等）和使用强度（如车速、载荷等）通过对上述相互作用过程的影响，而成为汽车故障发生和技术状况变化的重要因素。

1. 磨损

磨损是汽车零件损坏的主要原因，也是汽车故障形成和技术状况变化的主要原因。

磨损是指由于摩擦而使零件表面物质不断损失的现象，是摩擦副相互作用——摩擦的结果。根据表面物质损失的机理，磨损分为以下四类：

（1）粘着磨损　粘着磨损是指相互作用的摩擦副间产生表面物质撕脱和转移的磨损。

粘着磨损易发生在承受载荷大、滑动速度高、润滑条件差的摩擦表面。此时，摩擦副间产生大量热，使表面温度升高并形成局部热点，塑性变形增大，材料强度降低。这又使得摩擦副间的润滑油膜遭到破坏，进一步加剧了摩擦过程，表面温度进一步上升。如此逐渐恶化，最终形成局部热点间的“点焊”现象。“点焊”部位由于相互运动再被撕开，从而形成表面物质的撕脱和从一个摩擦表面到另一个摩擦表面的转移。

粘着磨损是破坏性极强的磨损，粘着磨损一旦发生，便能在很短时间内对零件表面造成严重损坏，从而使相应机构的功能立即丧失。在汽车零件中，产生粘着磨损的典型实例是“拉缸”和“烧瓦”。汽车主传动器缺少润滑油时，其锥齿轮轮齿啮合齿面也很容易产生粘着磨损。

在汽车使用过程中，应注意避免粘着磨损的发生。粘着磨损的产生除与零件材料的塑性和配合表面的粗糙度有关外，还与工作条件（如工作温度、压力、摩擦速度）和润滑条件有关。因此，在汽车工作过程中，要设法改善上述条件特别是润滑条件，防止粘着磨损的发生。

(2) 磨料磨损　磨料磨损是指由夹在摩擦副间微粒的作用下产生的磨损。微粒通常是坚硬、锐利的颗粒物质，当其存在于相互运动着的摩擦表面间时，可研磨并刮伤摩擦表面，破坏润滑油膜，从而使零件磨损速度加快。

磨料主要是来自外界空气中的尘土、油料中的杂质、零件表面的磨屑及燃烧积炭。因此，避免油料（燃油、润滑油）污染，保持“三滤”（空气滤清器、机油滤清器、燃油滤清器）技术状况良好，可大大减轻磨料磨损。

易于发生磨料磨损的部位主要有气缸壁、曲轴颈、凸轮轴凸轮表面、气门挺杆等。

(3) 表面疲劳磨损　表面疲劳磨损是指在摩擦面间接触应力反复作用下，因表面材料疲劳而产生物质损失的现象。

在交变载荷作用下，摩擦表面产生塑性变形和裂纹并逐渐积累、扩展，润滑油渗入裂纹，而在交变压力下产生的楔入作用进一步加剧了裂纹形成过程，使之加深、扩展，从而导致表面材料剥落。

汽车上的齿轮、滚动轴承、凸轮等，在经过一定使用时间后，摩擦面所产生的麻点或凹坑均是表面疲劳磨损的典型例子。

(4) 腐蚀磨损　腐蚀磨损是指在腐蚀和摩擦共同作用下导致零件表面物质损失的现象。

在腐蚀介质作用下，零件表面产生腐蚀产物。由于摩擦的存在，腐蚀产物被磨掉，腐蚀介质又接触到未被腐蚀的金属，再次产生新的腐蚀产物，使腐蚀向深处发展。腐蚀产物的不断生成和磨去，使摩擦表面产生了物质损失。

实际上，任何摩擦副都存在腐蚀磨损，其磨损速度主要受腐蚀介质影响，见图 1-1。

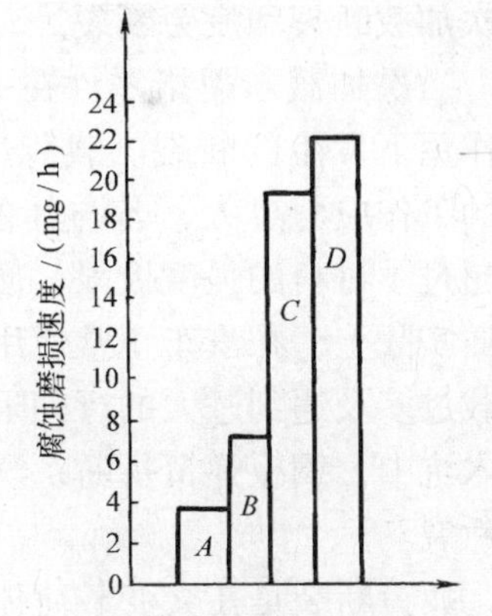

图 1-1　不同腐蚀介质中钢的腐蚀磨损速度

A—N_2　B—20% H_2O　C—0.7% SO_2　D—0.7% SO_2 +20% H_2O

2. 变形和断裂

零件尺寸和形状改变的现象称为变形，断裂则指零件的完全破裂。变形和断裂均是零件的应力超过材料极限应力的结果。超过屈服点，零件中产生永久变形；超过强度极限，零件则发生断裂。

零件变形，特别是基础件变形，改变了与相关零件的配合关系，对机构的功能有很大影响。试验表明，由于发动机缸体变形使气缸轴线对曲轴轴线的垂直度在 200mm 长度上从 0.05mm 增大到 0.18mm 时，气缸磨损增大 30%。断裂则导致功能的丧失。

(1) 变形　从零件应力的来源看，产生变形的原因为工作应力、内应力和温度应力。

零件承受外载荷时，在零件内产生工作应力。在汽车上，有许多形状复杂，厚薄不一的铸件或焊接件。这些零件在加工过程中，常会产生较大内应力，虽然经过人工时效除去了大部分内应力，但仍有部分内应力残存下来。如薄厚不同的铸件冷却时，外层冷却快，中心部分冷却慢。这样在外层冷却收缩后，中心部分再冷却收缩时，便会产生拉应力。在厚薄不匀的接触面处，薄的部分冷却快，而厚的部分冷却慢。这样，在薄壁处冷却收缩后，较厚部分再冷却收缩时，接触面处就会产生压应力。温度应力由于零件受热不匀、温差大而产生。温度高的区域热膨胀大，温度低的区域热膨胀小，从而在温差大的区域，因膨胀变形量不同而产生拉应力。

温度差不仅产生温度应力，还可能引起变形，同时温度过高还会使材料的屈服点降低，使零件的永久性变形易于发生。图 1-2 为碳钢的屈服点随温度而变化的情况。

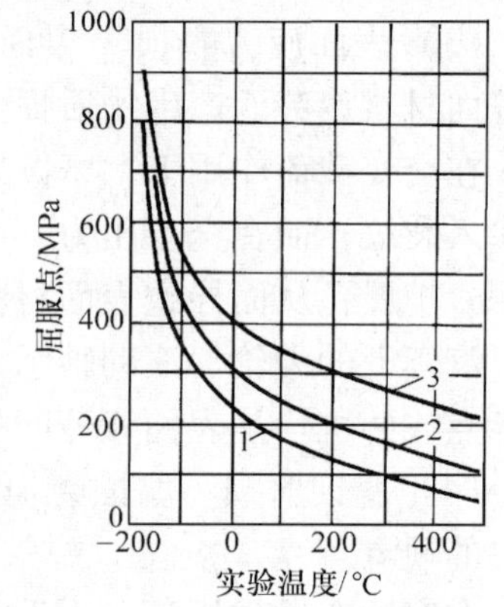

图 1-2　温度对碳钢屈服点的影响

1—$w_C=0.04\%$　2—$w_C=0.12\%$

3—$w_C=0.5\%$

（w_C 为碳钢中碳的质量分数）

以上各种应力叠加，当越过材料的屈服点时，便会导致零件变形。

（2）断裂　断裂也是在应力作用下产生的。按产生应力的载荷性质分类，断裂可分为一次加载断裂和疲劳断裂。

一次加载断裂指零件在一次静载荷或动载荷作用下发生的断裂。载荷过大时，零件内产生的工作应力过大，若与其他形式的应力叠加后超过了材料的强度极限，便可导致零件断裂。

实际上，在汽车正常使用时，其零部件发生一次加载断裂的情况很少。汽车超载过多及遇到过大的行驶阻力或动载荷时，一次加载断裂可能发生。如：车轮掉入坑中，钢板弹簧折断；汽车突然碰撞障碍物，传动系统零部件受到阶跃载荷而断裂。

疲劳断裂是在交变载荷作用下，经历反复多次应力循环后发生的断裂。汽车零件的断裂故障中，60% ~80% 属于疲劳断裂。

疲劳断裂发生在应力低于屈服强度的情况下，断裂前一般不产生明显塑性变形。断裂是在交变应力产生的疲劳裂纹积累、扩展到一定程度后突然发生的。首先，在交变应力作用下，零件表面出现疲劳裂纹。这些裂纹通常出现在有材料缺陷或应力集中的区域。裂纹在应力反复作用下逐渐加深和扩展，使零件强度大大降低。当受到较大载荷时，零件就会突然断裂。

汽车前轮万向节轴颈根部较易发生疲劳断裂，由于断裂前疲劳裂纹经历了较长时期的积累和发展过程，因此可采用无损探伤技术早期发现裂纹，从而避免因断裂而引发的事故。

3. 蚀损

蚀损指在周围介质作用下产生表面物质损失或损坏的现象。按发生机理的不同，其可分为腐蚀、气蚀和浸蚀。

（1）腐蚀　腐蚀指零件在腐蚀性物质作用下而损坏的现象。汽车上较易产生腐蚀破坏的零部件有燃料供给系统和冷却系统的管道及车身、驾驶室、车架等裸露的金属件等。

（2）气蚀　气蚀又称穴蚀，指在压力波和腐蚀共同作用下产生的破坏现象。气蚀经常发生在与液体接触并有相对运动的零件表面。如：湿式气缸套外壁、水泵叶轮表面等。

液体中一般溶有一定的气体，当压力降低时，便会以气泡形式析出；若液体中某些部分的压力低于液体在当时温度下的饱和蒸气压，液体也会蒸发形成气泡。压力升高后，气泡崩破产生压力波，不断冲击与其相接触的金属零件表面氧化膜并使其破坏，促使液体对金属表面的腐蚀逐步向深层发展而形成穴坑。发动机工作时，活塞上下敲击气缸壁产生振动。当缸壁外表面因振动稍离开冷却液时，缸壁外表面处压力降低，于是低压区液体蒸发产生气泡，并向缸壁外表面低压区集中；压力再次升高后，气泡在靠近缸壁处崩破，产生的压力波冲击缸壁外表面的氧化膜，使其遭到破坏。如此循环往复，氧化膜不断生成又不断被破坏，使腐蚀得以发展而在缸壁外表面形成许多麻点状的直径为0.2～1.2mm的穴坑。气蚀严重时，零件表面可呈泡沫海绵状，直至穿透。图1-3为柴油机缸套外壁被气蚀后的情况。

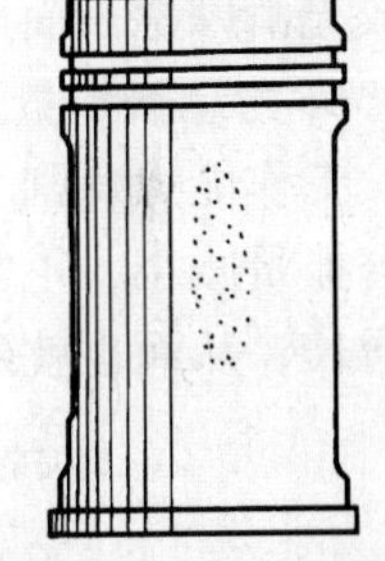

图1-3　被气蚀后的柴油机缸套外壁

（3）浸蚀　由于高速液流对零件的冲刷导致其表面物质损失或损坏的现象称为浸蚀。易发生浸蚀的零部件有发动机的进、排气门等。

在高速液流冲刷下，零件表面的氧化膜被破坏，继而重新产生。如此周而复始，导致冲刷表面产生麻点、条纹或凹坑，使零件损坏。

4. 其他

除以上原因外，老化、失调、烧蚀、沉积等也是汽车某些零部件发生故障的重要原因。

老化指零件由于材料受物理、化学和温度变化影响而逐渐损坏或变质的故障形式。老化常发生于汽车上的非金属零件，如轮胎、油封、膜片等及电气元件如电容器、晶体管等，可使其破损、断裂或失去应有功能。

失调指某些可调元件或调整间隙由于调整不当，或在使用中偏离标准值而引起相应机构功能降低或丧失的故障形式。如气门间隙调整不当可使发动机的配气相位发生变化，影响发动机的进、排气过程，进而对发动机的动力性、燃料经济性和排放性能产生影响。

零部件在强电流、强火花作用下会发生烧蚀，其正常工作性能将降低或丧失。易发生烧蚀的汽车零部件有火花塞电极、各种照明灯泡和电子元件等。

磨屑、尘土、积炭、油料结胶和水垢等沉积在某些零件工作表面，可引起其工作能力降低或丧失。如空气滤清器、机油滤清器堵塞，燃烧室积炭，气缸盖、气缸体和散热器冷却水道中积有水垢等。

四、汽车技术状况的变化规律

汽车在使用过程中，随着行驶里程增加，技术状况逐渐变坏，致使汽车的动力性下降、经济性变坏、可靠性降低。

如上所述，引起汽车故障和技术状况变化的因素有多种。在正常使用情况下，零件磨损是导致汽车技术状况变坏、产生故障以至失去工作能力的主要因素。如果能够掌握零件磨损规律，适时维护修理，就可以降低磨损速率，保持汽车技术状况良好，延长汽车的使用寿命。

图 1-4 为正常使用情况下汽车零件的典型磨损曲线。磨损过程可分为三个阶段。L_1 为初期磨损或走合期磨损阶段，因零件表面的微观不平、几何形状偏差和零件的装配误差，使该阶段磨损速率较大；L_2 为正常工作阶段，零件经磨合形成光滑摩擦表面后，磨损速率大大降低，磨损量随汽车行驶里程增加而缓慢增长；L_3 为总磨损量达到极限值 δ 后的零件磨损期，此阶段的磨损加剧，故障增加，工作能力急剧下降。若能够注意汽车的合理使用和及时的维护修理，可使初期磨损量减小，正常工作阶段的磨损速率下降，磨损量达到极限值 δ 时的行驶里程增长，从而也就延长了汽车的使用寿命，如图 1-4 中虚线所示。

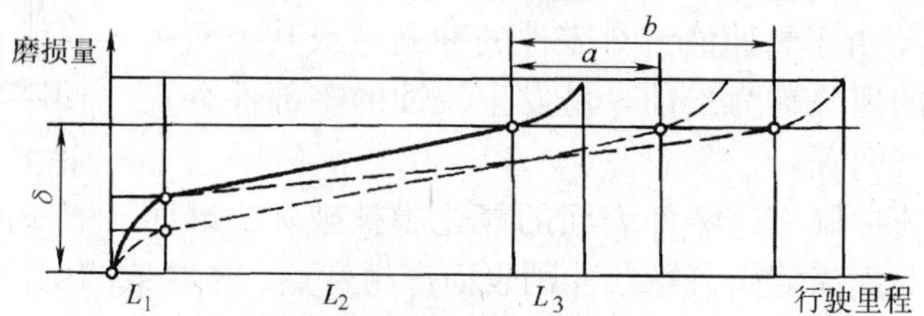

图 1-4 汽车零件的典型磨损曲线

L_1—初期磨损阶段 L_2—正常工作阶段

L_3—逐渐加剧磨损阶段 δ—极限磨损量

汽车运用性能随使用时间或行驶里程的变化曲线见图 1-5。汽车初始性能是在汽车生产制造时确定的，在使用过程中，随着使用时间和行驶里程的增长，汽车使用性能按指数规律下降。合理运用和及时维护汽车，可使性能的下降速率减小，从而使汽车在整个使用期内的平均使用性能得以提高，见图 1-5 中虚线所示。

对于渐发性故障而言，故障的产生过程是一个损伤逐步积累的过程。在这个过程中，由于磨损、腐蚀、变形、老化等原因，零件的强度降低、理化性能变差，使有关机构的技术状况从正常状况转化为不正常状况。当该机构某项技术性能指标低于许用标准时，该机构则处于故障状态。从汽车投入使用到故障状态所驶过的里程为正常行驶里程。

对于主要承受载荷并在其作用下易产生断裂故障的零件，如汽车大梁、汽车前桥、后桥、发动机曲轴及传动系统齿轮（曲轴断裂，齿轮断齿）等，如果零件强度高于外载荷引起的应力，则处于正常工作阶段；若由于受力变形、磨损、裂纹等使零件强度低于外载荷所引起的应力时，便会产生故障，见图 1-6。

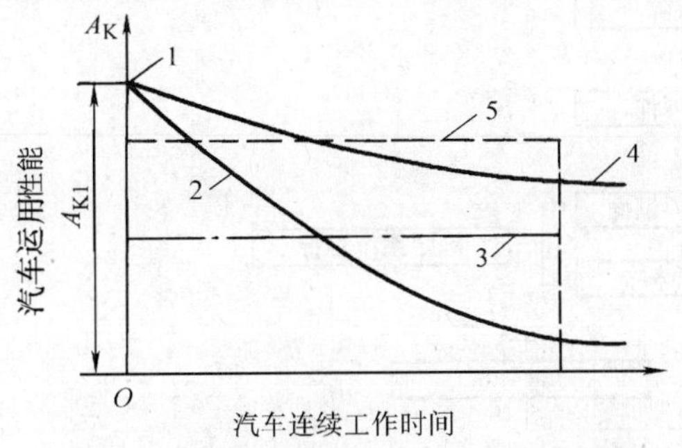

图 1-5　汽车运用性能随时间变化的情况图

1—汽车初始性能　2—汽车运用性能随时间变化的曲线　3—汽车实际运用性能　4—汽车合理运用对性能的影响　5—通过合理运用可以提高的实际运用性能　A_K—汽车运用性能指标

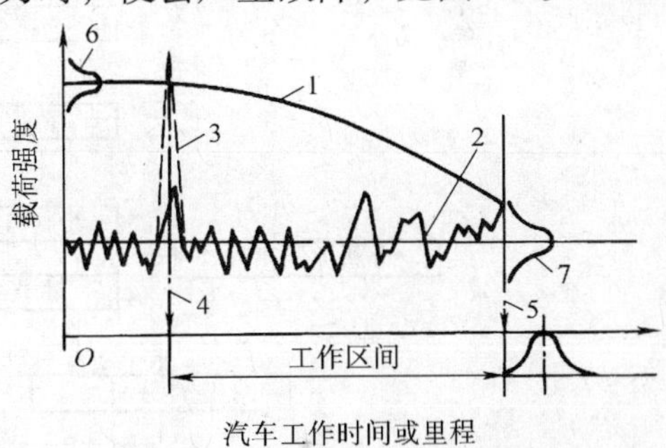

图 1-6　断裂故障产生示意图

1—零件强度　2—外界载荷引起的工作应力　3—非正常阶跃载荷引起的应力　4、5—断裂故障　6—一组零件的强度分布　7—外界载荷引起的应力分布

汽车检测诊断的重要目的，是为了确定汽车技术状况是否正常，有无异常或故障，并预期汽车的续驶里程，通过采用汽车合理使用的技术措施，及时维护修理，消除故障隐患或排除已有故障，保证汽车技术状况良好，延长使用寿命。

第三节　汽车检测诊断分析方法——故障树分析法

汽车是一个由多个不同功能的子系统构成的复杂机电系统。要对其进行技术性能检测诊断并确定故障所在，除需要先进的检测诊断设备和手段外，还需要科学有效的检测诊断分析方法。故障树分析法是常用的汽车检测诊断分析方法。

故障树分析法是一种将系统故障形成的原因由总体至部分逐级细化的分析方法。由于用于表示故障因素间逻辑关系的图形很像一倒放着的树枝，因此又称为树枝图分析法。

故障树分析法产生于20世纪60年代初期，并首先作为一种可靠性分析技术而用于复杂系统的可靠性分析和设计。目前，该分析方法不仅在工业领域得到应用，也常应用于社会经济管理领域。

故障树分析法用于汽车检测诊断，不仅可根据汽车故障与引起故障的各种可能原因之间的逻辑关系构成逻辑框图，并据此对故障原因进行定性分析；还可以在此基础上，运用逻辑代数对故障出现的可能性大小进行定量分析。

图1-7为故障树分析程序简图。

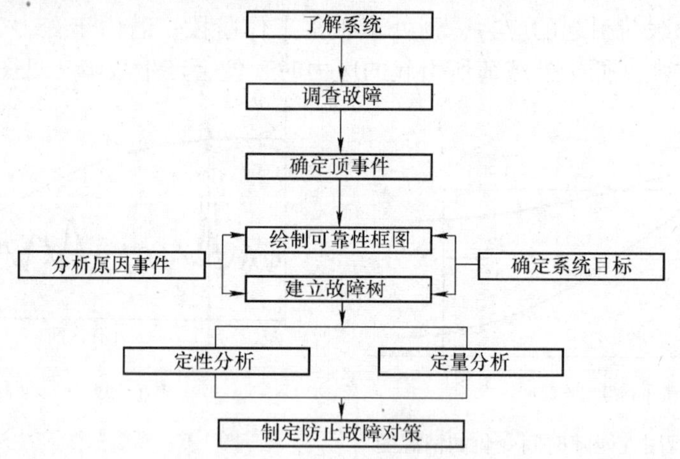

图1-7　故障树分析程序简图

一、故障树的建立

（1）常用符号　建立故障树时，常把所研究的故障和引起故障的原因统称为事件，并根据事件的不同性质分为4类，即：要分析的故障事件、暂时不分析和发生概率很小的事件、偶发性非故障事件、基本事件。汽车的各系统和零部件之间是相互联系的，因此上述事件之间也是相互关联的。事件间的关系通常有两种："与"逻辑关系和"或"逻辑关系。事件性质和事件间的逻辑关系常用规定符号表示，见表1-1。

表1-1　常用事件符号和逻辑关系符号

符　号	名　称	含　义
□ 矩形符号	故障事件	包括除基本事件外所有要分析的故障事件和引发故障事件的原因

（续）

符　号	名　称	含　义
圆形符号	基本事件	不能再分析的故障事件，表示故障发生的基本原因
屋形符号	非故障事件	表示事件是偶然发生的
菱形符号	省略事件	表示暂时不分析或发生概率很小的事件
A x_1，x_2，…，x_n 与门符号（AND）	“与”逻辑关系	事件 x_1，x_2，…，x_n 同时发生，事件 A 才发生
A + x_1，x_2，…，x_n 或门符号（OR）	“或”逻辑关系	事件 x_1，x_2，…，x_n 有一个发生，事件 A 才发生

（2）故障树的建立过程　建立故障树时，首先把所要分析的故障事件扼要地写在故障树顶端，记为“T”，称为顶事件；把与故障事件有直接关系的事件作为第二级事件并写在顶事件下方，记为“A”；继续分析还可列出第三级、第四级，……，直至列出不能再继续分析的基本条件（记为“x”）为止；分析过程中暂时不分析的省略事件记为“D”。分析事件性质和各级事件间的关系，并用表 1-1 中所示符号表示，就形成了故障树。在故障树中，每一级事件都是上一级事件的直接原因，同时又是下一级事件的直接结果，上下级事件间存在着“或”或者“与”逻辑关系。图 1-8 为发动机不能起动的故障分析的故障树。

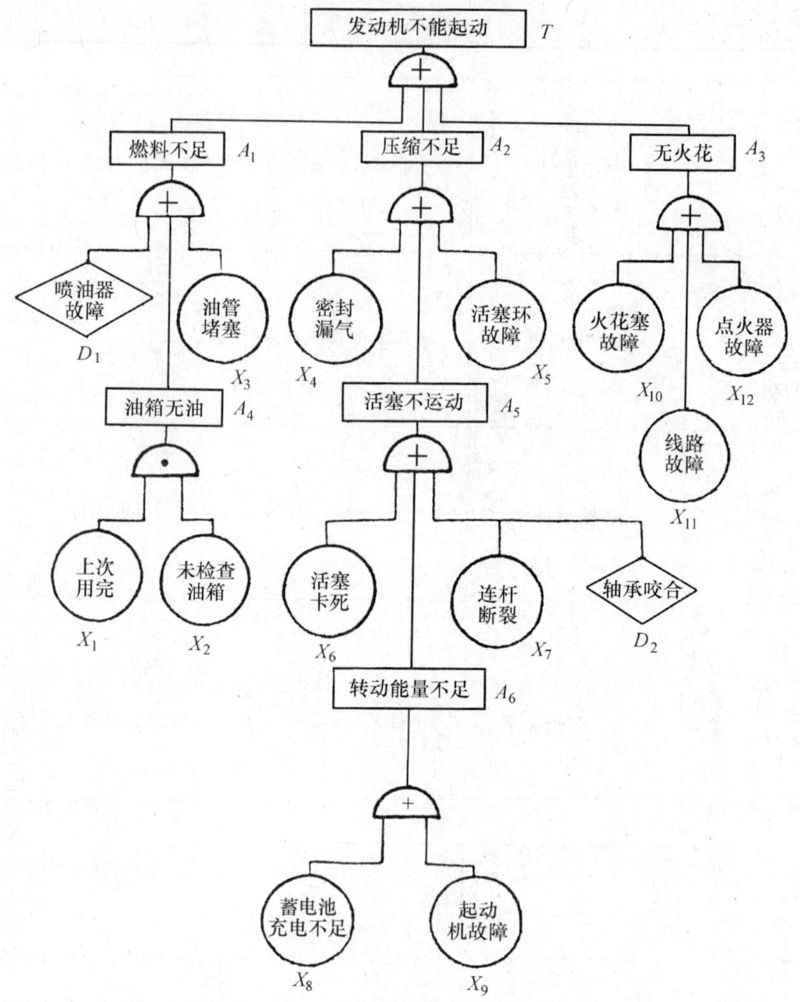

图 1-8　发动机不能起动故障树

二、故障树的分析方法

（1）定性分析　故障树定性分析的任务是寻找引起所研究故障事件的基本事件及其影响路径，此任务可通过分析故障树所表示的故障事件与基本事件的关系得以解决。

（2）定量分析　故障树定量分析的目的是估计故障事件出现的概率，以评价系统的可靠性。

汽车故障的发生具有随机性，属偶然事件，其发生的可能性大小可用发生概率的大小度量。故障树中的上、下级事件间不是孤立的，而是以“或”或者“与”逻辑关系相联系的。运用概率论中“和”事件和“积”事件的概率计算公式，则可以根据基本事件的发生概率，逐级推算，直至求出故障事件的发生概率。

若基本事件 x_1，x_2，…，x_n 二者间相互独立，并已知发生概率 $P(x_i)$，则：

“与”事件 $T=x_1 \cdot x_2 \cdot \cdots \cdot x_n$ 的发生概率

$$P(T) = \prod_{i=1}^{n} P(x_i)$$

“和”事件 $T=x_1+x_2+\cdots+x_n$ 的发生概率

$$P(T) = 1 - \prod_{i=1}^{n} [1 - P(x_i)]$$

第四节　汽车检测诊断标准和周期

合理选择检测诊断参数，科学制定检测诊断标准和周期，是汽车检测诊断的前提。

一、检测诊断参数及分类

在不解体条件下，直接测量结构参数（如磨损量、间隙等）常常是不可能的。因此，在进行汽车检测诊断时，需要找到一组与结构参数有联系，能够表征汽车、总成及机构技术状况的直接或间接标志，并通过对这些标志的测量来确定其技术状况的好坏。这种供检测诊断用的，表征汽车、总成及机构技术状况的标志称为检测诊断参数。

检测诊断参数可分为三大类：工作过程参数、伴随过程参数和几何尺寸参数。常用主要汽车检测诊断参数见表 1-2。

表 1-2　常用主要汽车检测诊断参数

检测诊断对象	检测诊断参数	检测诊断对象	检测诊断参数
发动机总体	功率（kW） 曲轴角加速度（rad/s^2） 单缸断火时功率下降率（%） 油耗（L/h） 曲轴最高转速（r/min） 废气成分（体积分数）（%）	曲柄连杆组	主油道机油压力（MPa） 主轴承间隙（按油压脉冲测量）（mm） 连杆轴承间隙（按振动信号测量）（mm）
		配气机构	气门热间隙（mm） 气门行程（mm） 配气相位（°）
气缸活塞组	曲轴箱窜气量（L/min） 曲轴箱气体压力（kPa） 气缸间隙（按振动信号测量）（mm） 气缸压力（MPa） 气缸漏气率（%） 发动机异响 机油消耗量（L/100km）	柴油机供油系	喷油提前角（按油管脉动压力测量）（°） 单缸柱塞供油延续时间（按油管脉动压力测量）（°） 各缸供油均匀度（%） 每一工作循环供油量（mL/工作循环）

（续）

检测诊断对象	检测诊断参数	检测诊断对象	检测诊断参数
柴油机供油系	高压油管中压力波增长时间，曲轴转角（°） 按喷油脉冲相位测定喷油提前角的不均匀度，曲轴转角（°） 喷油器初始喷射压力（MPa） 曲轴最小和最大转速（r/min） 燃油细滤器出口压力（MPa）	起动系统	在制动状态下，起动机电流（A）、电压（V） 蓄电池在有负荷状态下的电压（V） 振动特性（m/s^2）
供油系及滤清器	燃油泵清洗前的油压（MPa） 燃油泵清洗后的油压（MPa） 空气滤清器进口压力（MPa） 涡轮压气机的压力（MPa） 涡轮增压器润滑系油压（MPa）	传动系统	车轮驱动力（N） 底盘输出功率（kW） 滑行距离（m） 传动系噪声（dB）
润滑系统	润滑系机油压力（MPa） 曲轴箱机油温度（℃） 机油含铁（或铜、铬、铝、硅等）量（质量分数（%） 机油透光度（%） 机油介电常数	制动系统	制动距离（m） 制动力（N） 制动减速度（m/s^2） 跑偏，左右轮制动力差值（N） 制动滞后时间（s） 制动释放时间（s）
冷却系统	冷却液工作温度（℃） 散热器入口与出口温差（℃） 风扇传动带张力（N/mm） 曲轴与发电机轴转速差（%）	转向系统	主销内倾角（°） 主销后倾角（°） 车轮外倾角（°） 车轮前束（mm） 车轮侧滑量（mm/m、m/km）
点火系统	一次电路电压（V） 一次电路电压降（V） 电容器容量（μF） 断电器触点闭合角及重叠角（°） 点火电压（kV） 二次电路开路电压（kV） 点火提前角（°） 发电机电压、电流（V、A） 整流器输出电压（V）	行驶系统 照明系统	车轮静平衡 车轮动平衡 车轮振动（m/s^2） 前照灯照度（lx） 前照灯发光强度（cd） 光轴偏斜量（mm）

（1）工作过程参数　工作过程参数指汽车工作时输出的一些可供测量的物理量、化学量，或指体现汽车或总成功能的参数，如发动机功率、油耗、汽车制动距离等。从工作参数本身就可确定发动机或汽车某一方面的功能。

（2）伴随过程参数　伴随过程参数一般并不直接体现汽车或总成的功能，但却能通过其在汽车工作过程中的变化，间接反映检测诊断对象的技术状况，如振动、噪声、发热等。伴随过程参数常用于复杂系统的深入诊断。

（3）几何尺寸参数　几何尺寸参数能够反映检测诊断对象的具体结构要素是否满足要求，如间隙、自由行程、角度等。

二、检测诊断参数的特性与选择

能够表征汽车技术状况的参数很多，而且同一技术性能常可采用不同参数反映。这样，为保证汽车检测诊断的方便性和所得结果的可信性，应该通过研究检测诊断参数值随汽车技术状况变化的规律，选出最适用和最有价值的检测诊断参数。具体选择时，应使其具有下列特性。

（1）单值性　单值性指检测诊断对象的技术状况参数（如间隙、磨损量等）从初始值 u_0 变化到极限值 u_1 的过程中，检测诊断参数值 T 与技术状况参数值 u 一一对应。即检测诊断参数无极值：

$$\frac{\mathrm{d}T}{\mathrm{d}u} \neq 0$$

（2）灵敏性　灵敏性指检测诊断参数值相对于技术状况参数的变化率 $k_t = \frac{\mathrm{d}T}{\mathrm{d}u}$ 足够大。若同一技术状况参数可用两个不同诊断参数 T_1 和 T_2 检测诊断，则变化率大者灵敏性好。即所选检测诊断参数 T_1 应满足

$$\frac{\mathrm{d}T_1}{\mathrm{d}u} > \frac{\mathrm{d}T_2}{\mathrm{d}u}$$

（3）稳定性　稳定性指同样测试条件下，检测诊断参数的多次测量值应有良好的一致性。把测量值看成随机变量，其取值的稳定性及离散性可用样本方差大小衡量。即

$$\sigma_{\tau}(u) = \frac{\sqrt{\sum_{i=1}^{n}[T_i(u) - \overline{T}(u)]^2}}{n-1}$$

式中　$\sigma_{\tau}(u)$——检测诊断参数测量值的样本方差；

$T_i(u)$——检测诊断参数的第 i 次测量值，$i=1, 2, \cdots, n$；

$\overline{T}(u)$——检测诊断参数 n 次测量值的平均值。

（4）信息性　信息性指检测诊断参数应可靠地反映检测诊断对象的技术状况。若 T_1 和 T_2 分别表示检测诊断对象在无故障和有故障时检测诊断参数的取值，则多次测量条件下，T_1 和 T_2 的取值应满足 $T_1 > T_2$ 或 $T_1 < T_2$，即二者取值不能有交叉。二者相差越大，信息性越好。若分别以 $f_1(T)$ 和 $f_2(T)$ 表示在无故障和有故障时检测诊断参数值的分布函数，则 $f_1(T)$ 与 $f_2(T)$ 的重叠区域越小，检测诊断结论出现误差的可能性越小，检测诊断参数的信息性越强，见图1-9。

下式为信息性的定量表示：

$$I(T)=\frac{|\overline{T}_1-\overline{T}_2|}{\sigma_1+\sigma_2}$$

式中 $I(T)$——检测诊断参数 T 的信息性；

$\overline{T}_1$——无故障时检测诊断参数 T 的平均值；

$\overline{T}_2$——有故障时检测诊断参数 T 的平均值；

σ_1——无故障时检测诊断参数 T 的样本方差；

σ_2——有故障时检测诊断参数 T 的样本方差。

（5）方便性和经济性　方便性指用检测诊断参数实现对检测诊断对象进行检测诊断的难易程度。经济性指用检测诊断参数对检测诊断对象进行检测诊断的费用低。

三、检测诊断参数标准

检测诊断参数标准是利用检测诊断参数测量值对检测诊断对象的技术状况进行评价的依据。

根据来源可把检测诊断参数标准分为如下三类：

（1）国家标准　国家标准指由国家机关制定和颁布的可用于检测诊断的技术标准。这类标准主要涉及汽车行驶安全性和对环境的影响。由于这些标准可反映汽车或汽车某机构的工作能力，因此广泛应用于汽车检测诊断中。如：制动距离可反映汽车制动系统的技术状况；排气中 CO 和 HC 含量大小除可反映汽车对环境的影响外，还可综合反映燃油供给系统、点火系统技术状况和燃烧情况。

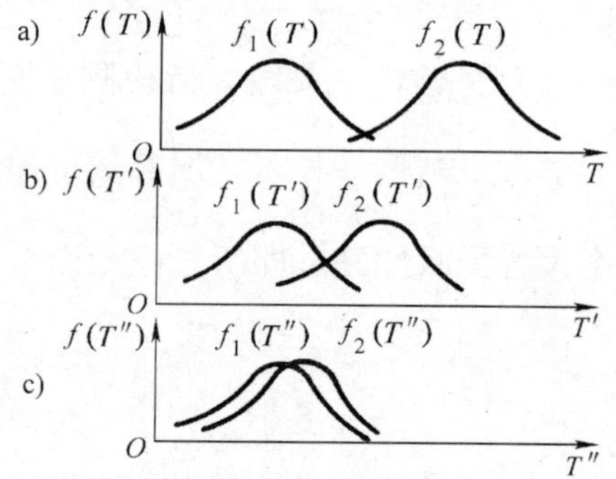

图 1-9　检测诊断参数的信息性

a）信息性强（T）　b）信息性弱（T'）　c）信息性差（T''）

汽车检测诊断中常用国家标准如下：

GB 7258—2012《机动车运行安全技术条件》

GB 18565—2001《营运车辆综合性能要求和检验方法》

GB/T 18344—2001《汽车维护、检测、诊断技术规范》

GB/T 18276—2000《汽车动力性台架试验方法和评价指标》

GB/T 12545—2008《汽车燃料消耗量试验方法》

GB 19578—2004《乘用车燃料消耗量限值》

GB 20997—2007《轻型商用车辆燃料消耗量限值》

GB 12676—1999《汽车制动系统结构、性能和试验方法》

GB/T 18276—2000《汽车动力性台架试验方法和评价指标》

GB 1495—2002《声学 汽车加速行驶车外噪声限值及测量方法》

GB/T 14365—1993《声学 机动车辆定置噪声测量方法》

GB 18285—2005《点燃式发动机汽车排气污染物排放限值及测量方法（双怠速法及简易工况法）》

GB 3847—2005《车用压燃式发动机和压燃式发动机汽车排气烟度排放限值及测量方法》

GB 14763—2005《装用点燃式发动机重型汽车燃油蒸发污染物排放限值》

GB 11340—2005《装用点燃式发动机重型汽车曲轴箱污染物排放限值》

GB/T 17993—2005《汽车综合性能检测站能力的通用要求》

（2）制造厂推荐标准　制造厂推荐标准指由汽车制造厂通过技术文件对汽车某些参数所规定的标准，一般主要涉及汽车的结构参数，如气门间隙、配气相位、车轮定位角、点火提前角等。汽车结构参数一般在设计阶段确定，并在样车或样机的台架或运行试验中修订，与汽车的使用可靠性、使用寿命和经济性有关。

（3）企业标准　企业标准指汽车运输企业根据不同使用条件对汽车使用情况所制定的标准。这类标准一般与汽车的使用经济性和可靠性密切相关，其特点是因使用条件不同而不同。如：在市区与公路、平原与山区不同道路条件下，汽车使用油耗相差很大，不能采用统一的油耗标准；汽车在矿区使用与在公路上使用相比，润滑油的污染速度要快得多，应采用不同的润滑油换油周期。

汽车各项检测诊断参数的标准，一般都应包括初始标准值 T_f、极限标准值 T_L 和许用标准值 T_P。

检测诊断参数的初始标准值 T_f 相当于无故障新车的参数值的大小。对汽车的某些机构或系统（如点火系统、供油系统等）的某些检测诊断参数而言，初始标准值是按最大经济性原则确定的，并可在汽车工作过程中一直采用。例如：EQ6100 型发动机的基本点火提前角（发动机点火提前装置不起作用时的提前角）为 9°，因为此时能确保发动机的动力性和经济性。

检测诊断参数的极限标准值 T_L 指汽车失去工作能力或技术性能将变坏，以及行驶安全性得不到保证时所对应的参数值。检测诊断参数的测试值低于其极限标准值时，汽车将不能再使用。在汽车使用过程中，通过逐次检测诊断，并把所得结果与极限值比较，可预测汽车的使用寿命。

检测诊断参数的许用标准值 T_p 指汽车无需维护修理可继续使用时，参数的允许界限值。检测诊断参数的测试值超过该界限，即使汽车还有工作能力，也不能再等到下一个维修间隔里程才进行维修，应适当提前安排汽车的维护和修理，否则汽车的技术经济性能将下降，故障率将上升。

若汽车的检测诊断参数值随汽车行驶里程呈线性变化，则 T_f、T_p 和 T_L 与计划检测诊断周期 L_d 的关系见图 1-10。

四、检测诊断标准的制定

检测诊断标准是评价汽车技术状况的依据，因此科学合理地制定检测诊断标准许用值，是汽车检测诊断技术的关键问题。若检测诊断标准许用值 T_p 制定得不合理，就不能据此对汽车技术状况作出合乎实际的评价，其结果是或者过早维护修理造成不必要的浪费；或者由于维护修理不及时使汽车带病运行，不能保证其技术经济指标和行驶安全性。

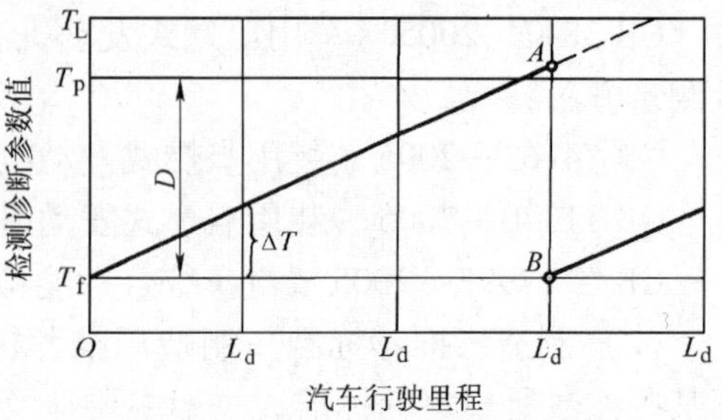

图 1-10 T_f、T_L 和 T_p 与 L_d 的关系

L_d—计划检测诊断周期 ΔT—在 L_d 内检测诊断参数的增量 D—检测诊断参数值的允许变化范围 A、B—预防维护的作用

制定检测诊断标准是一项复杂细致的工作。首先，必须坚持从实践中来到实践中去的方针，以汽车技术状况变化和故障发生规律的研究，以及丰富的检测诊断参数实际测试资料为基础；其次，必须掌握制定检测诊断标准的科学方法。离开了实践基础，再好的方法也是无用的，即科学方法的运用应建立在实践的基础之上。

1. 统计方法

运用统计方法确定检测诊断参数许用标准值 T_p 的基本思路是，找出相当数量的汽车，通过研究其在正常工作状况下所研究检测诊断参数的测试值的分布情况，以适应大多数汽车为前提制定许用标准值 T_p。步骤如下：

1）随机选择相当数量的有工作能力的车辆，对所研究的检测诊断参数 T 进行全面测试，得到一组测试值。

2）设测试值分布于 T_f 到 T_L 之间，把 $T_f \sim T_L$ 分成若干个小区间（T_f，T_1）、（T_1，T_2）、…、（T_{L-1}，T_L）。

3）计算测试值落于各个小区间上的汽车的百分数。

4）以测试值为横坐标，汽车百分数为纵坐标，制成直方图。把各小区间中值所对应的百分数用曲线连接起来，得到测试值的分布密度曲线，见图 1-11。

5）确定检测诊断参数许用标准值。

①平均检测诊断参数标准。测试值落入以某一数值为中心的一定范围内为合格。以测试值分布密度的均值为中心，确定测试值的允许变化范围 $T_{p1} \sim T_{p2}$，使 95% 或 85% 的检测诊断参数测试值处于该范围内，即测试值处于该范围的概率为 0.95 或 0.85，见图

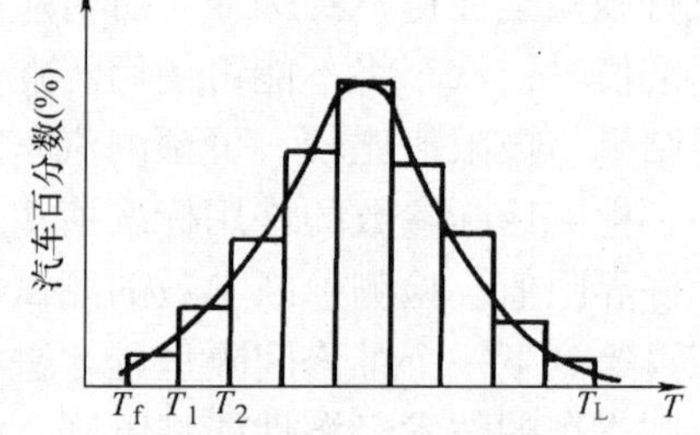

图 1-11 用统计方法确定检测诊断参数测试值的分布

1-12b。

②限制上限检测诊断参数标准。测试值小于某个上限值时为合格。取分布密度曲线右侧某个数值 T_p 作为许用标准值，使 95% 或 85% 的检测诊断参数测试值小于 T_p，见图 1-12a。

③限制下限检测诊断参数标准。测试值大于某个下限值时为合格。取分布密度曲线左侧某个数值 T_p 作为许用标准值，使 95% 或 85% 的检测诊断参数测试值大于 T_p，见图 1-12c。

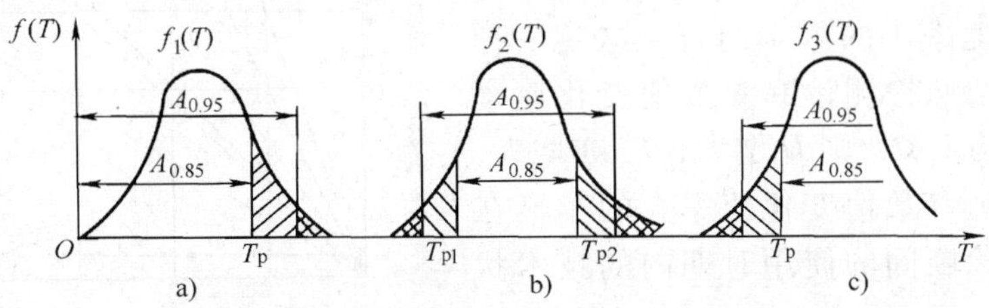

图 1-12　检测诊断参数许用标准值的确定

a）限制上限检测诊断参数标准　b）平均检测诊断参数标准

c）限制下限检测诊断参数标准

所制定的检测诊断参数许用标准值必须在实际中试用、修改后才能最后确定。

由以上介绍的利用统计方法确定检测诊断参数许用标准值的过程不难看出，由于所选取的测试车辆均为有工作能力的车辆，因此根据其测试值所制定的许用标准值趋于严格确保汽车技术状况良好。在对汽车技术状况的变化规律缺乏深入研究的情况下，统计方法不失为确定检测诊断参数许用标准值的有效方法。

2. 汽车技术状况随行驶里程平稳变化时，检测诊断参数许用值的确定

平稳变化是指检测诊断参数随行驶里程的变化曲线无交错。图 1-10 为检测诊断参数随行驶里程线性变化的情况。此时，有

$$T(L) = T_f + v_c L^{\alpha}$$

式中　$T(L)$——检测诊断参数测试值；

L——行驶里程；

v_c——变化速率；

α——变化指数（图 1-10 中 $\alpha=1$）。

若不同汽车的某检测诊断参数随行驶里程的变化情况相同（图 1-10），则很容易根据其初始标准值 T_f、极限标准值 T_L 和每一计划检测诊断周期 L_d 内参数值的增量 ΔT，求出检测诊断参数的许用值 T_p。

由于汽车结构强度、运用条件的差异，汽车检测诊断参数的变化曲线尽管无交错，但不会相同，即检测诊断参数达到极限值时，不同汽车的行驶里程不同。

因此，要制定检测诊断参数的许用标准 T_p，则必须首先掌握该参数达到极限值 T_L 时，行驶里程 L 的分布情况（用概率分布密度 $f(L)$ 表示），见图 1-13 上半部。

设 $D = T_p - T_f$ 为检测诊断参数的允许变化范围，如果根据检测诊断参数随行驶里程变化速率大的情况确定 D，并保证两次检测诊断间的使用期内不发生故障，则参数的变化范围 D 将大大减小，诊断周期 L_d 将大大缩短；而对于检测诊断参数值变化速率小的汽车而言，这是一种浪费。若按照检测诊断参数值变化速率小的情况确定 D，则 D 增大，L_d 亦增大，但不能保证参数值变化速率大的车辆在两次检测诊断间的使用时期内的技术状况。

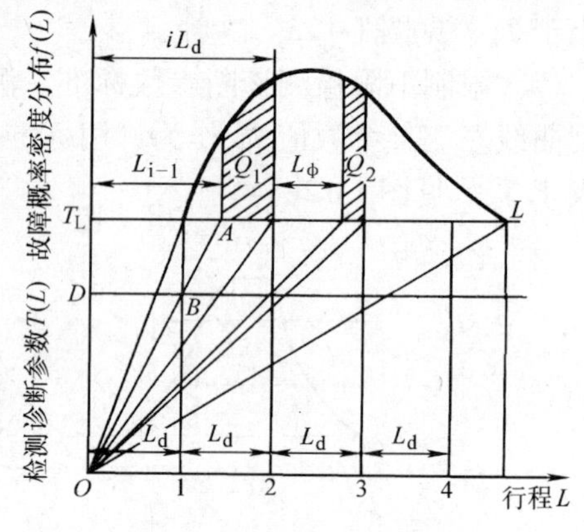

图 1-13　平稳变化时检测诊断参数许用值的确定

若所研究的汽车检测诊断参数不影响其行驶安全性，则可按照技术与经济相结合的原则确定该参数的变化范围 D，使汽车的技术完好率最高，同时使汽车维护和修理费用最小。

由图 1-13 可见，若以汽车有可能发生故障的行驶里程为诊断周期 L_d，以 D 为检测诊断参数变化范围，则该参数变化曲线在 AB 线以上的车辆，因检测诊断时其参数的测试值大于许用标准值而得到及时维护；而在 AB 线以下的车辆，因测试值小于许用标准值而可继续使用。在继续使用的汽车中，百分比为 Q 的车辆不能行驶到下次检测诊断而发生故障，或使用中发生故障的概率为 Q。每个检测诊断周期内，因发生故障而需修理车辆的百分比或汽车的故障概率 Q 为

$$Q_i(D) = \int_{L_{i-1}}^{iL_d} f(L)\,\mathrm{d}L$$

式中　i——检测诊断序号；

$f(L)$——检测诊断参数值达到极限标准值 T_L 时的概率分布密度；

iL_d——第 i 次检测诊断的行驶里程；

L_{i-1}——由直角三角形△T_LAO 和△DBO 的相似关系所确定的值。

在每个检测诊断周期内，因检测诊断结果不满足许用标准而得以及时维护，从而不发生故障的汽车百分比或不发生故障的概率为

$$\overline{Q}_i(D) = \int_{(i-1)L_d}^{L_{i-1}} f(L)\,\mathrm{d}L$$

汽车全部检测诊断周期内发生故障的概率 $Q(D)$ 和经及时维护不发生故障的概率 $\overline{Q}(D)$ 分别为

$$Q(D) = \sum_{i=1}^{n} Q_i(D) \qquad \overline{Q}(D) = \sum_{i=1}^{n} \overline{Q}_i(D)$$

$Q(D)$和$\overline{Q}(D)$的相对大小与检测诊断参数的允许变化范围D有关。增大D，则$Q(D)$增大，$\overline{Q}(D)$减小；反之，$Q(D)$减小，$\overline{Q}(D)$增大。最佳的允许变化范围D，应使得与之相对应的维护费用和修理费用之和$C(D)$最小：

$$C(D) = \min\left\{\frac{C\,Q(D)}{L_{\phi}(D)} + \frac{d[1-Q(D)]}{\overline{L}_{\phi}(D)}\right\}$$

式中　C——与修理有关的费用；

d——与维护有关的费用；

$Q(D)$——故障概率；

$\overline{L}_{\phi}(D)$——维护或修理的实际平均行驶里程。

3. 汽车技术状况不随行驶里程平稳变化时，检测诊断参数许用值的确定

实际上，影响汽车技术状况的因素很多，同时汽车的各系统间是相互联系的，因此汽车的技术状况或检测诊断参数并不一定随行驶里程而平稳变化，存在着技术状况优的汽车，其某一检测诊断参数测试值反而劣的可能性。例如：某汽车供油系统的检测诊断结果不如另一辆汽车，但因点火系统性能优良，却使其技术状况优于另一辆汽车。这样，供油系统检测诊断参数的变化间存在着交错。在这种情况下，汽车无故障时检测诊断参数值的分布$f_1(T)$和有故障时参数值的分布$f_2(T)$间有重叠，见图1-14。

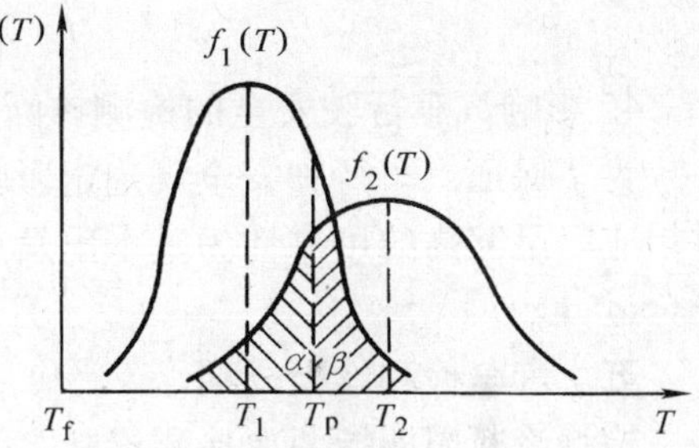

图1-14　非稳定变化时许用标准值的确定

$f_1(T)$—无故障检测诊断参数的分布　$f_2(T)$—有故障检测诊断参数的分布　T_1—无故障检测诊断参数的中值　T_2—有故障检测诊断参数的中值　T_f—检测诊断参数的初始值　T_p—检测诊断参数的许用值

此时，检测诊断参数许用标准值介于无故障时参数值的分布$f_1(T)$和有故障诊断参数值的分布$f_2(T)$之间，并由许用标准值T_p形成α和β两个区域。α区域是指检测诊断参数值低于许用标准值，表示无需维护时，却有百分比为α的汽车发生了故障或汽车发生故障的概率为α。这说明维护未及时进行，虽然节约了汽车维护的费用，却增加了修理费用。若以c和d分别表示与修理和维护有关的费用，则由此造成的经济损失为α（$c-d$），α区域的大小为

$$\alpha = \int_{T_f}^{T_p} f_2(T)\,\mathrm{d}T$$

如果参数的检测诊断结果大于许用标准值，则汽车应立即维护。实际上，无故障时诊断参数值的分布渗入有故障时参数值的分布，百分比为β的汽车无需维护。这相当于浪费了汽车维护费用，所造成的经济损失为βd。β区域的大小为

$$\beta = \int_{T_p}^{T_L} f_1(T)\,\mathrm{d}T$$

由此造成的总经济损失 C_c 为

$$C_c = (c-d)\int_{T_f}^{T_p} f_2(T)\,\mathrm{d}T + d\int_{T_f}^{T_L} f_1(T)\,\mathrm{d}T$$

最佳的许用标准值 T_p'应使经济损失 C_c 最小。在上式两端对 T_p 求导并令其为零，则 T_p'应满足

$$(c-d)f_2(T_p') - df_1(T_p') = 0$$

或写成

$$\frac{f_1(T_p')}{f_2(T_p')} = \frac{c-d}{d}$$

4. 影响汽车行驶安全的检测诊断参数许用标准值的确定原则

为了保证汽车行驶安全，确定影响汽车行驶安全的检测诊断参数许用标准值时，应以足够高的可靠性为基本出发点，从而保证汽车在极其可靠的技术状况下安全运行。

五、汽车检测诊断周期

检测诊断周期指两次检测诊断之间汽车的行驶里程，汽车检测诊断工艺组织指实施汽车检测诊断工作的方案。科学制定汽车检测诊断周期，并对汽车检测诊断工作进行合理组织，对于经济、可靠地保障汽车技术状况良好具有重要作用。

（1）最佳检测诊断周期　根据技术与经济相结合的原则，所谓最佳检测诊断周期指在这样的检测诊断周期 L_d 下，汽车的技术完好率最高而消耗费用最少，即 L_d 应满足如下条件：

$$\frac{\mathrm{d}}{\mathrm{d}L}\left[\frac{\underline{C}(L_d)}{\overline{L}(L_d)}\right] = 0 \tag{1-1}$$

式中　$\underline{C}(L_d)$——检测诊断周期为 L_d 时，诊断、维护、修理费用均值；

$\overline{L}(L_d)$——检测诊断周期为 L_d 时，系统（车辆或机构）平均正常工作里程。

（2）检测诊断周期的确定　检测诊断周期 L_d 与检测诊断参数的许用标准值 T_p 或允许变化范围 D 有关。在确定 D 之后，把式(1-1)具体化，得到确定检测诊断周期 L_d 的一般公式：

$$C(D,L_{\mathrm{d}}) = \min_{T_{\mathrm{f}}<D<T_{\mathrm{L}}}\left\{\frac{C\,Q(D,L_{\mathrm{d}})}{\overline{L}_{\phi}(D,L_{\mathrm{d}})} + \frac{d\,[1-Q(D,L_{\mathrm{d}})]}{\overline{L}_{\phi}(D,L_{\mathrm{d}})} + \frac{C_{\mathrm{D}}\,K_{\mathrm{D}}(D,L_{\mathrm{d}})}{\overline{L}_{\phi}(D,L_{\mathrm{d}})}\right\}$$

式中　　C_{D}——检测诊断费用系数；

$K_{\mathrm{D}}(D,\ L_{\mathrm{D}})$——汽车使用寿命期内平均检测诊断次数。

实际确定汽车的检测诊断周期 L_{d} 时，还需考虑如下问题：

①汽车是一个不等强度的复杂系统。

②汽车各个系统的重要性不同。

由于汽车是一个不等强度的复杂系统，各机构的故障间平均行驶里程 $\overline{L}$ 一般并不相同；即使是同一总成，机构内的不同零件，其故障间平均行驶里程也不会相同。所以，通常取总成内故障概率最大的零部件或检测诊断参数的故障间平均里程作为制定该总成检测诊断周期的依据。另外，由于汽车由许多总成、机构组成，不可能对每一个总成或机构都规定一个检测诊断周期，一般是把需要检测诊断的总成或机构，按检测诊断周期相近的原则组合在一级检测诊断中，对汽车执行与现行维护制度类似的分级检测诊断。

对于保证行驶安全的各个系统而言，其可靠性是第一位的，经济上的考虑则占次要地位。为使这些系统有足够高的可靠性，以保证汽车安全行驶，其检测诊断周期常较其他系统或机构的检测诊断周期短得多，甚至每日或隔日检测诊断。现代快速检测诊断技术的不断完善为此提供了条件。

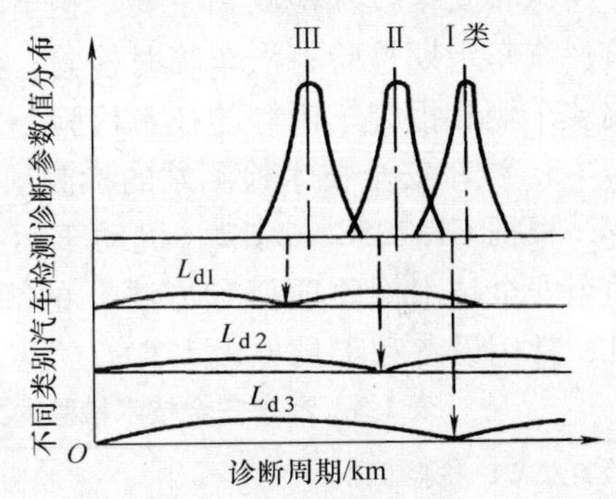

图 1-15　不同类别汽车检测诊断周期的确定

在大规模的汽车运输企业中，由于车辆多，汽车类型和使用年限不同，而且使用条件相差很大，因此汽车的无故障行驶里程在很宽的范围内变化。在制定汽车的检测诊断周期时，应按车种、使用年限及使用条件分成若干类别，使每一类车的无故障行驶里程相差不大，并据此分别建立每一类车的检测诊断周期，见图 1-15。

第五节　汽车检测诊断站

汽车检测诊断站是综合利用检测诊断技术从事汽车检测诊断工作的场所。汽车的检测诊断工作是在具有若干必需的技术装备并按一定工艺路线组成的汽车检测站进行的。

根据服务功能的不同，可把汽车检测诊断站分为汽车安全技术检测站、汽车维修检测站和汽车综合性能检测站三类。

一、汽车安全技术检测站

1. 汽车安全技术检测和汽车安全技术检测站

根据国家质量监督检验检疫总局第 87 号令（自 2006 年 5 月 1 日起施行）《机动车安全技术检验机构管理规定》，机动车安全技术检测“是指根据《中华人民共和国道路交通安全法》及其实施条例规定，按照国家机动车安全技术标准和规程等技术规范要求，对在道路上行驶的机动车进行检验检测的活动”；汽车安全技术检测站“是指在中华人民共和国境内，依法接受委托，从事机动车安全技术检验，并向社会出具公正数据的机构”。

2. 汽车安全技术检测站的任务

汽车安全技术检测站根据国家有关法规，定期检测车辆的与安全和环境有关的项目，一般对反映汽车行驶安全和对环境污染程度的规定项目进行总体检测，并把检测结果与国家有关标准比较，给出“合格”与“不合格”的检测结果，而不进行具体故障的诊断和分析。

汽车安全技术检测站主要承担下列检测任务：汽车申请注册登记时的初次检验；汽车定期检验；汽车临时检验；汽车特殊检验，包括事故车辆、外事车辆、改装车辆和报废车辆等的技术检验。

3. 汽车安全技术检测站的检测项目和设备配备

根据 GB 7258—2012《机动车运行安全技术条件》和 GB 21861—2008《机动车安全技术检验项目和方法》的规定，汽车安全技术检验的方式、工位、项目、常用设备和工具见表 1-3。

表 1-3　汽车安全技术检验的方式、工位、项目、常用设备和工具

检验方式	检验工位	检验项目	常用设备和工具
线外检验	外观检查	车辆唯一性认定、车身外观、发动机舱、驾驶室（区）、发动机运转状况、灯光信号、客车内部、底盘件、车轮	轮胎气压表、轮胎花纹深度计、透光率计、钢卷尺（20m 和 5m 各一）、钢直尺（50cm）、铅锤、转向盘转向力-转向角检测仪、照明器具
	底盘动态检验	转向系统、传动系统、制动系统	
线内检验	车速表	车速表指示误差	滚筒式车速表检验台
	排气污染物测量	1. 汽油车 CO、HC 容积浓度值（双怠速法、怠速法），CO、HC 和 NO 容积浓度值（加速模拟工况法） 2. 柴油车 自由加速试验排气可见污染物限值：光吸收系数（m^{-1}）或烟度值（Rb）	汽油车排气分析仪、底盘测功机、滤纸式烟度计、不透光烟度计、发动机转速表、秒表

（续）

检验方式	检验工位	检验项目	常用设备和工具
线内检验	台试制动性能检验	轮（轴）重，车轮阻滞力，轮制动力，左、右轮制动力过程差，整车制动率，驻车制动力	滚筒反力式制动检验台、平板式制动检验台、秒表、踏板力计、轮（轴）重仪
	转向轮横向侧滑量	转向轮的横向侧滑量	汽车侧滑检验台
	前照灯	1. 前照灯远光光束 远光光束发光强度、远光光束上下偏移量、远光光束左右偏移量 2. 前照灯近光光束 近光光束的明暗截止线转角折点位置	前照灯检测仪、车辆摆正装置
	喇叭声级	喇叭声级	声级计
	地沟检查	转向系统检查、传动系统检查、行驶系统检查、制动系统检查、底盘其他部件检查、电器线路检查	专用手锤、汽车悬架转向系统间隙检查仪
路试检验	行车制动	充分发出的平均减速度（MFDD）、制动协调时间、制动稳定性，或制动距离、制动稳定性	便携式制动性能测试仪、第五轮仪、非接触式速度仪、踏板力计
	驻车制动	驻车制动性能	
	车速表	车速表指示误差	第五轮仪等

4. 汽车安全技术检测线工位布置

设置在检测车间内的检测线具体承担检测任务，是汽车安全技术检测站的核心。

汽车检测线，不管是安全环保检测线，还是综合性能检测线，都由多个检测工位组成，布置形式多为直线通道式，即检测工位按一定顺序分布在直线通道上，有利于流水作业。

汽车安全环保检测线的主要检测内容包括侧滑、轴重、制动、前照灯、喇叭声级、车速表和排放污染物等，但项目的组合、工位的设置因实际情况的不同也有差异，通常设置 3 ~ 5 个工位。国内采用的典型四工位安全环保检测线的工艺布局见图 1-16。

（1）外部检视工位　外部检视工位设置在室外，属于人工检验，主要进行车辆唯一性确认、整车装备完整有效性检查等。

（2）排放、车速表工位　排放、车速表工位的检测项目是排放检测、车速

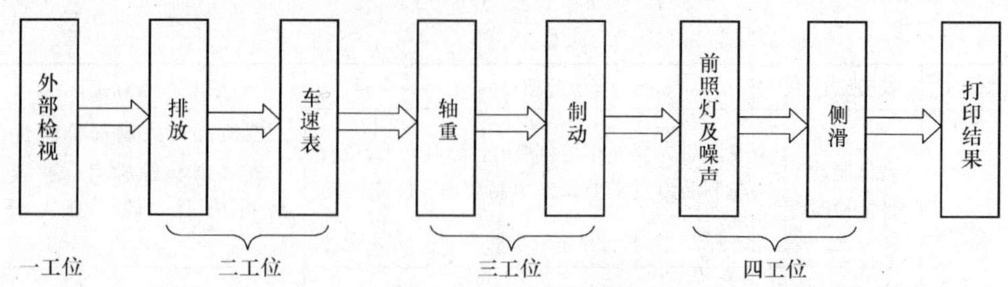

图 1-16　四工位安全环保检测线布置图

表检测、车底外观检查、汽车底盘间隙检测、汽车使用可靠性检查等。所配置的主要设备有不分光红外线气体分析仪、不透光烟度计、车速表试验台、汽车底盘间隙检测台等，另外还配有地沟，专用于车底外观及可靠性检查。

（3）轴重、制动工位　轴重、制动工位进行轴重和制动检测，其主要检测项目：各轴轴重、各轮制动力、制动力平衡、车轮阻滞力、驻车制动力、制动系统协调时间。所配置的主要设备有制动试验台、轴重仪，或带有轴重检测功能的制动试验台。

（4）前照灯、噪声及侧滑工位　前照灯、噪声及侧滑工位检测项目包括前照灯发光强度、光束照射位置、喇叭声级、车轮侧滑量等。所配置的主要设备有汽车前照灯检测仪、声级计和侧滑试验台。

上述检测线工艺布局的主要特点：各工位检测项目搭配恰当，工艺节拍性好，工位停留时间短，检测效率高；各工位布局合理，污染严重的排放检测项目放在检测线入门处，便于及时排出废气、炭烟，减小车辆排放对检测现场的空气污染；噪声较大的高怠速排气检测、自由加速烟度检测、40km/h 车速下的车速表误差检测都放在检测线入门处，有利于向外传播，以减小对检测车间内的噪声污染。

5. 汽车安全技术检测线的检测工艺流程

汽车检测线的工位布置是固定的，进入检测线的汽车按工位顺序进行流水检测作业。图 1-17 为四工位安全技术检测线工艺流程。

二、汽车综合性能检测站

1. 汽车综合性能和汽车综合性能检测站

根据 GB/T 17993—2005《汽车综合性能检测站能力的通用要求》，汽车综合性能指“在用汽车动力性、安全性、燃料经济性、使用可靠性、排气污染物和噪声以及整车装备完整性与状态、防雨密封性等多种技术性能的组合”。汽车综合性能检测站指“按照规定的程序、方法，通过一系列技术操作行为，对在用汽车综合性能进行检测（验）评价工作并提供检测数据、报告的社会化服务机

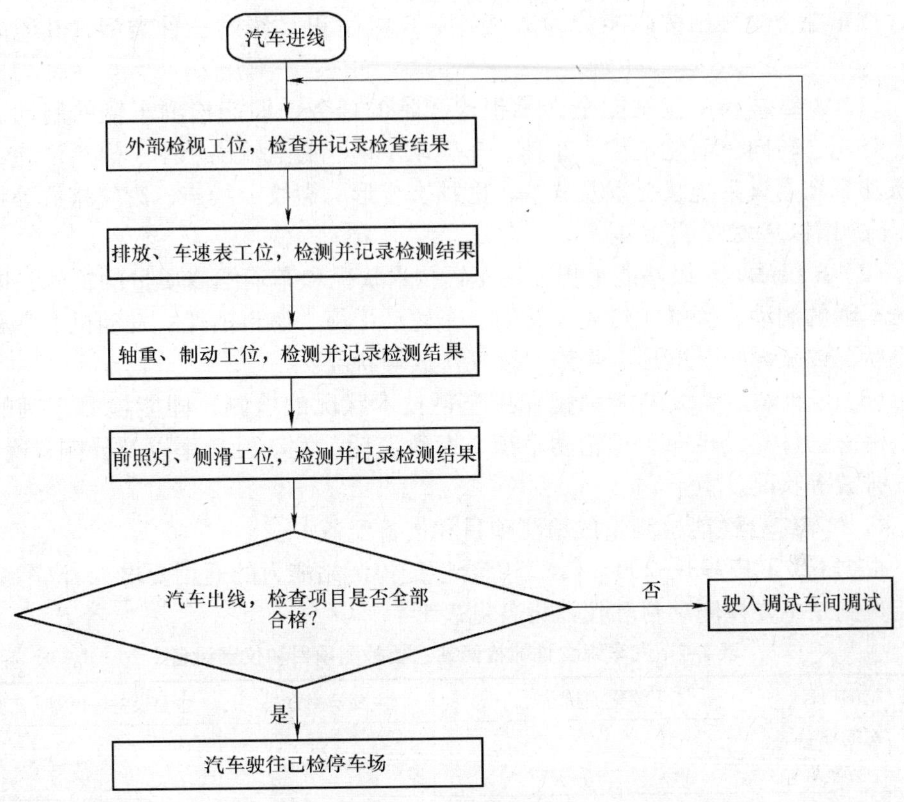

图 1-17　四工位安全技术检测线工艺流程

构”。

2. 汽车综合性能检测站的功能

汽车综合性能检测站能对汽车的安全性、可靠性、动力性、经济性、噪声和废气排放状况等进行全面的检测，可代表交通运输管理部门对车辆的技术状况和维修质量进行监控，保证车辆运行安全，提高运输效率，降低运行消耗。汽车综合性能检测站的服务功能如下：

1）依法对营运车辆的技术状况进行检测。

2）依法对车辆维修竣工质量进行检测。

3）接受委托，对车辆改装（造）、延长报废期及其相关新技术、科研鉴定等项目进行检测。

4）接受交通、公安、环保、商检、计量、保险和司法机关等部门、机构的委托，为其进行规定项目的检测。

3. 汽车综合性能检测站的分类

根据交通部第 29 号部令《汽车运输业车辆综合性能检测站管理办法》的规

定，汽车综合检测站按职能分为 A 级站、B 级站和 C 级站三种类型，其职能如下：

（1）A 级站　A 级站能全面承担检测站的任务，即能检测车辆的制动、侧滑、灯光、转向、前轮定位、车速、车轮动平衡、底盘输出功率、燃料消耗、发动机功率和点火系统状况以及异响、磨损、变形、裂纹、噪声、废气排放等状况（以下介绍以 A 级站为主）。

（2）B 级站　B 级站能承担在用车辆技术状况和车辆维修质量的检测，即能检测车辆的制动、侧滑、灯光、转向、车轮动平衡、燃料消耗、发动机功率和点火系状况以及异响、变形、噪声、废气排放等状况。

（3）C 级站　C 级站能承担在用车辆技术状况的检测，即能检测车辆的制动、侧滑、灯光、转向、车轮动平衡、燃料消耗、发动机功率以及异响、噪声、废气排放等状况。

4. 汽车综合性能检测站的检测项目和设备配备

根据 CB/T 17993—2005《汽车综合性能检测站能力的通用要求》，汽车综合性能检测站主要检测项目和仪器设备见表 1-4。

表 1-4　汽车综合性能检测站主要检测项目和仪器设备

序号	检测项目	主要检测指标	主要检测方法	主要设备、仪器、工具
1	车辆唯一性确认	略	人工检验	
2	整车装备完整有效性	略	人工测量检验	量具
3	发动机技术性能	发动机功率、最低稳定转速、最高转速、单缸转速降、相对气缸压力、点火提前角、触点闭合角、分电器重叠角、供（喷）油提前角、火花塞点火电压、起动电流、起动电压、电喷系统、气缸压力、机油污染指数	仪器有线连接、规定工况采样、数据自动处理、记忆、输出；人工检验	发动机综合性能检测仪、气缸压力表、润滑油质分析仪
4	使用可靠性基本检验	发动机异响、底盘异响、总成紧固螺栓、铆钉、主要部件间隙、重要部位缺陷	人工检验；人工辅以扭力扳手及专用手锤检验；人工辅以地沟和专用设备检验；人工辅以专用手锤检验	底盘间隙观察仪（注：可选配）
5	动力性	校正驱动轮输出功率、整车外特性曲线、加速性能、加速性能曲线	台架程序测试；人工采集测试现场环境要素；自动跟踪采样	汽车底盘测功机、大气压力表、温度计、湿度计

（续）

序号	检测项目	主要检测指标	主要检测方法	主要设备、仪器、工具
6	燃料经济性	等速百公里燃料消耗量	台架程控测试或道路试验	汽车底盘测功机、油耗计、非接触式速度计或五轮仪（注：可选配）
7	整车滑行性能	滑行距离、滑行时间、滑行阻力	台架程控测试；道路试验	汽车底盘测功机（注：宜选配惯量模拟装置）、拉力计
8	噪声控制	车辆定置噪声、客车车内噪声、驾驶人耳旁噪声、喇叭声级	场地检测或道路试验；仪器程控测试	声级计
9	车速表、里程表核准	车速表示值误差、里程表示值误差	台架程控测试	汽车车速表检验台、汽车底盘测功机
10	制动性能	轴（轮）重量、整备质量变化率、制动力、制动力平衡因数、车轮阻滞力因数、驻车制动力、制动协调时间、轮产生最大制动力时的踏板力、制动距离、制动减速度、制动跑偏置、ABS 防抱制动性能	台架程控测试；道路测试	轴（轮）重仪、滚筒反力式制动检验台或平板式制动检验台、制动踏板力计、驻车制动操纵力计、非接触式速度计或五轮仪、制动性能测试仪或非接触式速度计、ABS 防抱制动检验台（注：可选配）
11	转向操纵性	转向自动回正能力、转向盘自由转动量、转向盘操纵力、转向轮最大转角、转向轮侧滑量、车轮定位	道路试验、人工辅以仪器测试	转向盘转向力-角仪、转向轮转角仪、侧滑检验台、前轮定位仪或四轮定位仪（注：均可选配）
12	前照灯性能	基准中心高度、远光光强、远光光束中心垂直方向上下偏角（或偏距）、远光光束中心水平方向左右偏角（或偏距）、近光光束中心垂直方向上下偏角（或偏距）、近光光束中心水平方向左右偏角（或偏距）	程控测试	前照灯检测仪
13	排气污染物	点燃式发动机：a. 怠速工况法检测 CO、HC；b. 双怠速工况法检测 CO、HC；c. 加速模拟工况法检测 CO、HC、NO 压燃式发动机：a. 烟度；b. 光吸收系数	仪器、设备程控测试	排气分析仪（注：宜带有发动机转速显示功能）、汽车底盘测功机、滤纸式烟度计、不透光烟度计

（续）

序号	检测项目	主要检测指标	主要检测方法	主要设备、仪器、工具
14	悬架特性	吸收率、左右轮吸收率差、悬架特性曲线、悬架效率、左右轮悬架效率差	台架程控测试	悬架装置检测台

5. 汽车综合性能检测线工位布置

我国近期建成的综合性能检测站，通常将规定的各种检测项目设置成较多工位，依据检测类别，按一定顺序布置成全能综合性能检测线。典型的十工位全能综合性能检测线布局方案见图 1-18，其各检测工位的检测内容和设备见表 1-5。其主要特点如下：

1）所有检测项目划分为 10 个检测工位，并将其划分为两段，其中 8 个室内工位，2 个室外工位。第一工位至第五工位是常规必检项目，布置成一条线为第一段；第六工位至第十工位是深入诊断项目，布置成另一条线为第二段。这种工艺有利于多条综合性能检测线的布局，可将第六工位至第十工位作为各条线的共享部分，其室外的外部检视和车身密封性工位也可共享。

2）适应流水作业，易实现自动控制和检测网络化，其检测效率高，若每工位各有一辆车同时检测，则可实现 10 辆车的在线检测。

3）不仅能全面满足各项检测要求，而且还可根据承担的检测任务，有效地进行检测项目和工位的灵活组合，合理地使用资源，使检测效率更高。

①对车辆进行综合性能检测或对车辆技术等级评定时，应执行 GB 18565—2001《营运车辆综合性能要求和检验方法》、JT/T 198—2004《营运车辆技术等级划分和评定要求》标准，此时 10 个工位同时在线检测 10 辆车。

②对车辆进行安全环保检测时，应执行 GB 7258—2012《机动车运行安全技术条件》，通过第一至五工位检测可以覆盖全部项目和参数，能同时在线检测五辆车。

③对车辆进行修理质量检测时，应执行 GB/T 3798. 2—2005《汽车大修竣工出厂技术条件　第 2 部分：载货汽车》和 GB/T 3798. 1—2005《汽车大修竣工出厂技术条件　第 1 部分：载客汽车》标准，通过第一、二、三、四、五、七、八、十工位检测，可以覆盖全部项目和参数，能同时在线检测 8 辆车。

④对车辆进行二级维护竣工检测时，应执行 GB/T 18344—2001《汽车维护、检测、诊断技术规范》标准，通过第一、二、三、四、七、八、九工位检测，可以覆盖全部项目和参数，能同时在线检测 7 辆车。

⑤在接受委托检测时，可根据有关标准和用户要求，选择适当的检测项目和工位，能全面完成所委托的检测任务。

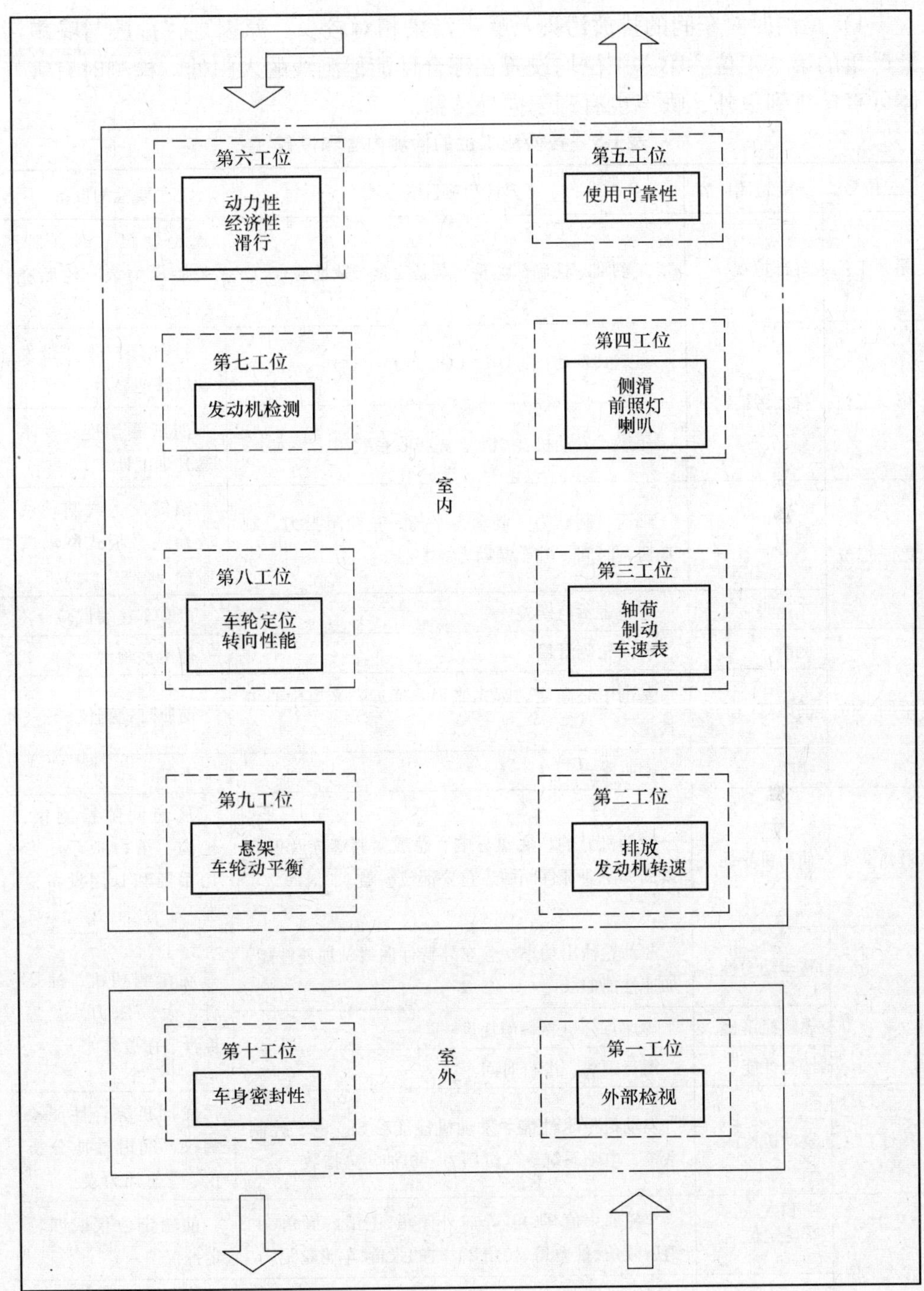

图 1-18　十工位全能综合性能检测线工位设置及布局

4）检测时对车间的排放污染及噪声污染相对较少。原因是，排放与噪声污染严重的第一工位、第六工位均设置在综合性能检测线的入门处，检测时有害气体可直接排到室外，噪声也有利于向外传播。

表 1-5　各检测工位的检测内容和设备

工位号	主要检测内容	主要检测项目或参数	主要检测设备
第一工位	外部检视	车辆唯一性确认、整车装备完整有效性检查	钢卷尺、钢直尺、轮胎压力表、轮胎花纹深度尺
第二工位	排放污染物	点燃式发动机：HC、CO、NO_x	排气分析仪（带发动机转速显示）
		压燃式发动机：烟度、光吸收系数	滤纸式烟度计、不透光烟度计
第三工位	制动	轴荷、制动力、制动力平衡、车轮阻滞力、制动协调时间、驻车制动力	滚筒反力式制动试验台或平板式制动试验台
	车速表	车速表示值误差	汽车车速表试验台
第四工位	侧滑	转向轮侧滑量	侧滑检验台
	前照灯	基准中心高度、远光光强、远近光光束中心偏移量	前照灯检测仪
	喇叭	喇叭噪声	声级计
第五工位	使用可靠性	发动机异响、底盘异响、总成紧固螺栓及铆钉紧固、主要部件间隙、重要部位缺陷	底盘间隙检测仪、地沟、扭力扳手、专用手锤和专用设备检验
第六工位	整车动力性	驱动轮输出功率、整车外特性曲线、加速性能、加速性能曲线	底盘测功机、油耗计、大气压力表、温度计、湿度计
	燃料经济性	等速百公里燃料消耗量	
	滑行性能	滑行距离、滑行时间	
第七工位	发动机检测	发动机技术性能、发动机性能参数、电子控制系统、电喷系统、气缸压力、机油污染指数	发动机综合性能检测仪、润滑油质分析仪、气缸压力表
第八工位	车轮定位	车轮前束值/张角、车轮外倾角、主销内倾角、主销后倾角、推力角、转角 20°时的张角、车轮轮距	前轮定位仪或四轮定位仪
	转向性能	转向盘自由转动量、转向盘操纵力、转向轮最大转角	转向盘转向力—角仪、转向轮转角仪

（续）

工位号	主要检测内容	主要检测项目或参数	主要检测设备
第九工位	悬架	吸收率、左右轮吸收率差、悬架特性曲线、悬架效率、左右轮悬架效率差	悬架装置检测台
	车轮动平衡	车轮动平衡	就车式车轮动平衡仪
第十工位	车身密封性	车身淋雨试验	淋雨试验台或专用装置

三、汽车维修检测站

汽车维修检测站指由汽车运输企业或维修企业建立的为汽车维修业务服务的检测站。汽车维修检测站以汽车性能检测和故障诊断为主要内容，通过对汽车维修前进行技术状况检测和故障诊断，可以确定汽车维修附加作业、小修项目以及车辆是否需要大修；同时通过对维修后的车辆进行技术检测诊断，可以监控汽车的维修质量。

《汽车运输业车辆技术管理规定》要求：车辆一级维护过程中要检查有关制动、操纵等安全部件；二级维护前必须对车辆进行检测诊断和技术评定，并根据检测结果确定附加作业或小修项目，结合二级维护一并进行；车辆修理应贯彻视情修理的原则，即根据车辆检测诊断和技术鉴定结果，视情按不同作业范围和深度进行。

图1-19为配备检测诊断系统的汽车维护和小修工艺组织方案。在日常维护中，包括人工外部检查作业。实际上，目前的现代化检测诊断并不能完全代替人工检查作业，许多故障往往可以从外表现象中明显反映出来，通过外部检查及时发现并排除，可避免其转化为更为严重的故障。

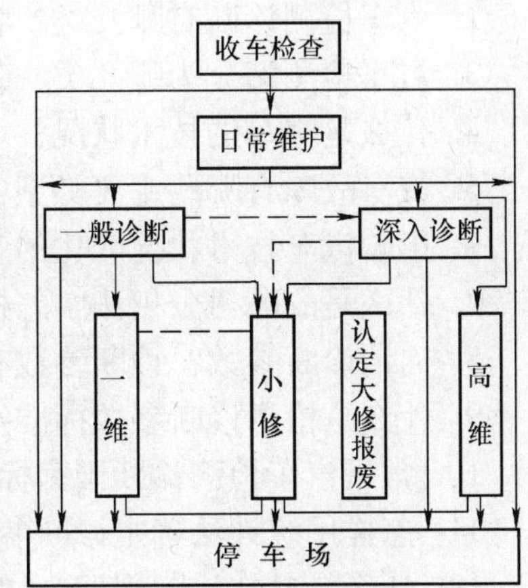

图1-19　配备检测诊断系统的汽车维护和小修工艺组织方案

维修前诊断有两种类型：确定总成、机构或系统工作能力的总体检测诊断和寻找具体故障部位及原因的深入检测诊断。如果总体检测诊断合格，并且证明还可连续工作一个周期，可不进行深入检测诊断；但对技术性能不良的或者安全性能检测诊断结果为不合格的车辆需要进行深入检测诊断。

汽车日常维护后，对计划执行一级维护的车辆首先进行总体检测诊断，重点检测诊断汽车安全性能，然后进入一级维护，执行完规定作业内容并消除汽车安全行驶隐患后，进入停车场；若通过总体检测诊断不能弄清已出现故障的原因，汽车可进入深入诊断区进行补充检测诊断，通过小修消除已暴露出的故障后，再回到一级维护区，见图1-19中虚线。

按计划执行二级维护的车辆，维护作业前应进行总体检测诊断和深入检测诊断，然后进入二级维护区，完成二级维护规定的作业内容，并结合小修排除检测诊断中发现的故障后，进入停车场。

在收车检验中登记小修的车辆，完成日常维护后进入深入诊断区，以弄清小修内容。小修完毕后进入停车场。

深入诊断的一个重要任务是确定车辆是否该大修或者报废。为检验维修质量，二级维护和小修后的车辆再回到深入检测诊断区检测诊断，以监控维修作业效果。

为便于维修过程中的检测诊断，有些检测诊断设备可直接设置在维护和小修工位上，检测诊断后可立即着手消除所发现的故障（例如就车车轮平衡、检测诊断调整前照灯等），因为某些调整或修理作业和检测诊断作业需交叉进行多次才能完成。

复 习 题

1. 汽车检测诊断的基本方法有哪些？各有什么特点？
2. 汽车检测诊断有哪几类？各自的作用是什么？
3. 汽车检测站分为哪几类？各自承担什么检测任务？
4. 什么是汽车的技术状况？
5. 汽车故障有哪些主要类型？
6. 影响汽车技术状况变化的基本原因有哪些？其影响机理是什么？
7. 什么是故障树分析法？怎样建立故障树？
8. 何谓诊断参数？诊断参数有哪几类？选用诊断参数时应考虑哪些特性？
9. 什么是检测诊断参数标准？检测诊断参数标准有哪几类？
10. 常用汽车检测诊断国家标准有哪些？
11. 怎样用统计法确定诊断参数许用标准值？
12. 什么是最佳诊断周期？如何确定诊断周期？
13. 汽车检测站的任务是什么？
14. 综合性能检测站检测的主要内容是什么？
15. 安全环保检测线主要检测哪些项目？

第二章　汽车动力性和燃油经济性检测

动力性和燃油经济性是汽车最重要的基本性能。汽车技术状况不良，首先表现为动力性不足，燃油消耗增大。汽车动力性和燃油经济性的检测方法有道路试验和室内台架试验两大类。室内台架试验不受客观条件影响，测试条件易于控制，所以在汽车检测诊断站得到广泛应用。

在对汽车动力性和燃油经济性进行室内台架试验时，常采用无负荷测功仪或发动机综合检测仪检测发动机功率；采用底盘测功机检测汽车驱动轮的输出功率和汽车加速能力；底盘测功机与油耗仪配合使用，可检测汽车的燃油经济性。

第一节　发动机功率检测

发动机的动力性可用发动机的有效功率即轴功率评价。发动机点火系统、燃油供给系统、润滑系统、冷却系统技术状况不良或机件磨损，都会导致功率下降。因此，发动机功率是评价发动机技术状况的综合性指标。检测发动机功率，不仅可以直接评价发动机的动力性，而且可以确定发动机的技术状况。

一、发动机功率检测方法

发动机有效功率 P_e（kW）、有效转矩 M_e（N · m）和转速 n（r/min）之间有如下关系：

$$P_e = \frac{M_e n}{9549} \tag{2-1}$$

由式 2-1 可见，发动机有效功率可以通过测量有效转矩和转速，并据此计算得到。

发动机功率检测（简称测功）有台架稳态试验和就车动态试验两种基本形式。

1. 稳态测功

稳态测功是指发动机在节气门开度一定、转速一定和其他参数都保持不变的稳定状态下，在专用发动机测功机上测定发动机功率的一种方法。常见的测功机有水力测功机、电力测功机和电涡流测功机 3 种。利用测功机测出发动机的转速和转矩，然后计算得出发动机有效功率。

稳态测定发动机的额定功率是在发动机节气门全开的情况下进行的。利用测功机对发动机的曲轴施加负荷，使其在额定转速下稳定运转，测出其对应的转矩，便可据此求出额定有效功率。如在不同的加载负荷下，测出所对应的转矩和转速，并计算出在不同负荷下发动机输出的功率，便可以在 M_e-n、P_e-n 座标图上绘制出转矩外特性和功率外特性曲线。

稳态测功时，由于需要对发动机施加外部负荷，所以也称为有负荷测功或有外载测功。

稳态测功的结果比较准确、可靠，但需要较为复杂昂贵的测功设备，且测功过程费时费力、成本较高。因此，稳态测功多为发动机设计、制造部门和科研单位进行发动机性能试验时所采用。

2. 动态测功

动态测功是指发动机在节气门开度和转速等参数均处于变化的状态下，测定发动机功率的一种方法。动态测功时，由于无须对发动机施加外部载荷，所以又称为无负荷测功或无外载测功。其基本原理是，当发动机在怠速或某一低转速下，突然全开节气门，使发动机克服自身惯性和内部各种运转阻力而加速运转时，其加速性能的好坏能直接反映出发动机功率的大小。该测功方法所用仪器轻便，测功速度快，方法简单，但测功精度较低。

对于汽车使用单位而言，由于经常需要在不解体条件下进行就车试验测定发动机功率，因此，发动机无负荷动态测功得到广泛应用。

二、发动机功率检测标准

根据 GB 7258—2012《机动车运行安全技术条件》，发动机功率应大于等于标牌（或产品使用说明书）标明的发动机功率的 75%；根据 GB/T 3799. 1—2005《商用汽车发动机大修竣工出厂技术条件　第 1 部分：汽油发动机》和 GB/T 3799. 2—2005《商用汽车发动机大修竣工出厂技术条件　第 2 部分：柴油发动机》，商用汽车发动机大修竣工出厂时，在标准状态下，发动机额定功率和最大转矩不得低于原设计标定值的 90%。常见汽车发动机额定功率和额定转速见表 2-1。

表 2-1　常见汽车发动机额定功率和额定转速

车型	发动机型号	额定功率/kW	额定转速（r/min）
解放 CA1090	CA6102	99	3000
东风 EQ1091	EQ6100-1	99	3000
跃进 NJ1041	NJG427A	65	4000
跃进 NJD1041	NJD 433A	65	3600
黄河 JN1171	X6130	154	2100
上海桑塔纳 LX	JV	66	5200
上海桑塔纳 2000GLi	AFE	72	5200
上海桑塔纳 2000GSi	AJR	74	5200

（续）

车型	发动机型号	额定功率/kW	额定转速（r/min）
夏利 TJ7101U	TJ376Q-E	39	6000
夏利 TJ7131U	8A-FE	63	6000
富康 AL	TUSJP	65	5600
捷达 GT、GTX、AT	EA113	74	5800
丰田皇冠 YS120	3Y	63	4600
丰田皇冠 MS122	5M	90	5000
丰田海艾斯 RH	12R	59	5200
丰田海艾斯 YH	2Y	58	4800
丰田莱特艾斯 KM20	4K	51	5200
丰田之花 RH	12R	59	5200
丰田黛娜 YU60	3y	63	4600
波罗乃兹	1300BB	45	5250
菲亚特 125P	1300AC	52	5200
	1300AB	60	5250
江铃 1030DS	$4JA_1$	50	3600
上海别克 GLX、GL	L46	126	5200

若发动机检测功率偏低，则应首先检查燃料供给系统和点火系统的技术状况。若这两个系统正常，则应检查气缸的密封性，以判断发动机机械部分是否存在故障。若整机检测功率偏低，可能由个别气缸技术状况不良而引起时，可进行单缸断火后测功试验进行验证。

三、发动机无负荷测功原理

如果把发动机的所有运动部件看成一个绕曲轴中心线转动的回转体，当发动机与传动系统脱开，将没有任何外界负荷的发动机在怠速下突然将节气门打开至最大开度时，发动机产生的动力克服机械阻力矩和压缩气缸内混合气阻力矩后所剩余的有效转矩 M_e，将全部用来使发动机运动部件加速。此时，发动机克服本身惯性力矩迅速加速到空载最大转速。对于某一型号的发动机而言，其运动部件的转动惯量近似为一个定值。发动机的有效功率愈大，其运动部件的加速度也愈大。这样，可以通过测定发动机在某一转速下的瞬时加速度或指定转速范围内的平均加速度、加速时间来确定发动机有效输出功率的大小。

这样，根据基本测功原理，无负荷测功可分为两类：用测定瞬时角加速度的方法测定瞬时功率；用测定加速时间的方法测定平均功率。

1. 瞬时功率测试原理

把发动机的所有运动部件等效地看成一个绕曲轴中心线旋转的回转体，当突然将节气门打开，使发动机克服其惯性力矩加速旋转时，测得发动机的瞬时角加速度，进而求出发动机的瞬时输出功率。

根据刚体定轴转动微分方程，发动机有效转矩与角加速度间的关系为

$$M_e = J\frac{d\omega}{dt} = J\frac{\pi}{30}\frac{dn}{dt} \tag{2-2}$$

式中 M_e ——发动机有效转矩（N·m）；

J ——发动机运动部件对曲轴中心线的当量转动惯量（$kg \cdot m^2$）；

n ——发动机转速（r/min）；

$\frac{d\omega}{dt}$ ——曲轴角加速度（rad/s^2）；

$\frac{dn}{dt}$ ——曲轴转速变化率（r/s^2）；

ω ——曲轴的角速度（rad/s）。

将式（2-2）代入式（2-1）得

$$P_e = \frac{\pi}{30}\frac{J}{9549}n\frac{dn}{dt}$$

令

$$C_1 = \frac{\pi}{30}\frac{J}{9549}$$

则

$$P_e = C_1 n\frac{dn}{dt} \tag{2-3}$$

在节气门突然开启的急加速变工况条件下测试发动机功率时，混合气形成、发动机燃烧状况和热状况等与稳态测试时不同，其有效功率值比稳态测试时的功率值小，因此引入修正系数 K_1 对式（2-3）进行修正。即

$$P_e = K_1 C_1 n\frac{dn}{dt}$$

记 $C' = K_1 C_1$，则

$$P_e = C' n\frac{dn}{dt} \tag{2-4}$$

式（2-4）表明，加速过程中，发动机在某一转速下的功率与该转速下的瞬时加速度成正比。这样，发动机无负荷测瞬时功率的问题，实质上成为测定发动机转速和在该转速下的角加速度或曲轴转速变化率的问题。即只要测出发动机在加速过程中的转速 n 和对应的瞬时转速变化率$\frac{dn}{dt}$，便可求出该转速下的瞬时有效功率。

2. 平均功率测试原理

瞬时功率检测要求检测系统具有很快地处理、计算转速传感器输出的转速信

号的能力，在实际应用时有时会遇到一定困难。

平均功率测试指在无负荷工况下根据发动机从某一指定转速急加速到另一指定转速所经过的时间，求得在加速过程中发动机的平均有效功率 P_{em}。

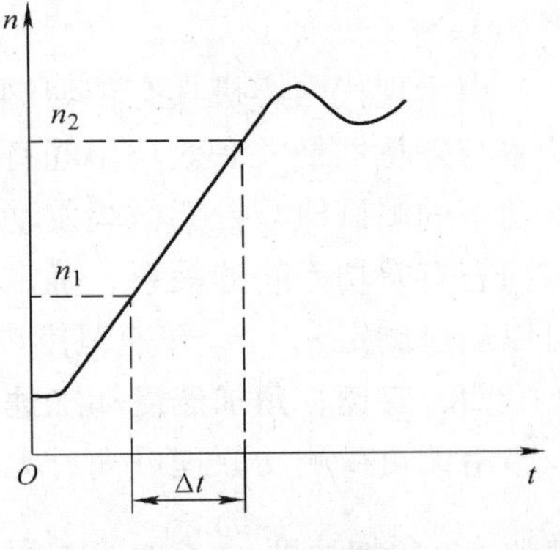

图 2-1　发动机转速上升曲线

发动机空载低速运转时，将加速踏板突然开至最大开度,相当于对发动机施加一个阶跃输入,其转速响应过程接近于二阶系统的阶跃响应曲线,见图 2-1。从图中可以看出,在一定时间内转速呈直线上升趋势。在此时间段内,发动机的功率克服自身加速运动产生的惯性力矩而做功。

根据动能原理，发动机无负荷加速过程中，其动能增量等于发动机所做的功。即

$$A=\frac{1}{2}J\,\omega_2^2-\frac{1}{2}J\,\omega_1^2$$

式中　A——发动机所做的功（J）；

ω_1——测定区间起始角速度（rad/s）；

ω_2——测定区间终止角速度（rad/s）。

若发动机曲轴旋转角速度从 ω_1 上升到 ω_2 的时间为 ΔT（s），则发动机在这段时间内的平均功率 P_{em}（W）为

$$P_{em}=\frac{A}{\Delta T}=\frac{1}{2}\,J\,\frac{\omega_2^2-\omega_1^2}{\Delta T}$$

显然，$\omega=\frac{\pi}{30}n$，如果以千瓦（kW）作为平均功率 P_{em}的单位，则有

$$P_{em}=\frac{C_2}{\Delta T} \tag{2-5}$$

$$C_2=\frac{1}{2}J\left(\frac{\pi}{30}\right)^2\frac{n_2^2-n_1^2}{1000}$$

若已知转动惯量 J（$kg\cdot m^2$），并确定测量时的起始转速和终止转速 n_1、n_2（r/min），则 C_2 为常数，称为平均功率测功系数。一般 n_1 要稍高于怠速转速，n_2 宜取额定转速。

式（2-5）表明，加速过程中，发动机在某一转速范围 $n_1\sim n_2$ 内的平均功率与加速时间 ΔT(s) 成反比。即节气门突然全开时，发动机由转速 n_1(r/min) 加速到转速 n_2（r/min）的时间越短，表明发动机功率越大，动力性越好；加速时间越长，则发动机功率越低。这样，测某转速范围的平均功率，实质上就成为测定该转速范围加速时间的问题。

与瞬时功率测试的情况类似，由于 $n_1\sim n_2$ 范围内的平均功率也是在急加速

变工况条件下测得的，其测试值与稳态工况下的测试值有一定差异，需引入修正系数 K_2 进行修正，并令 $C''=K_2C_2$。这样

$$P_{em}=\frac{C''}{\Delta T}$$

由于现代内燃机具有类似的外特性功率曲线和动态特性，发动机发出的平均功率与外特性最大有效功率间有较为稳定的比例关系。因此，通过对比无负荷平均功率的测试值与台架试验发动机功率的测试值，找到所测机型的动态平均功率与稳态有效功率间的关系，确定 K_2 的值，并据此对无负荷测功仪进行标定，便可以通过测定 $n_1 \sim n_2$ 转速范围内的加速时间 ΔT 测出发动机的功率值。

四、转速、角加速度和加速时间测试原理

由无负荷测功原理可知，无论瞬时功率测试还是平均功率测试，都离不开对转速 n、角加速度$\frac{d\omega}{dt}$或加速时间 ΔT 的测试。

1. 转速

对汽油发动机而言，其转速信号可取自点火线圈的漏磁或点火线圈低压、高压脉动电流。图 2-2a 为漏磁感应所用传感器，在螺栓形的磁芯上绕一匝数约为 10000 匝的电感线圈。当传感器靠近点火线圈时，在点火线圈脉动漏磁作用下，传感器 1、2 两端便会产生感生脉动电压信号。图 2-2b 为电流感应所用传感器，在 U 形磁芯上绕一电感线圈，点火线圈低压或高压连接线嵌入磁芯内，发动机运转时，连接线有脉动电流通过，在其周围产生脉动磁场，从而在传感器线圈两端产生脉动电压信号。

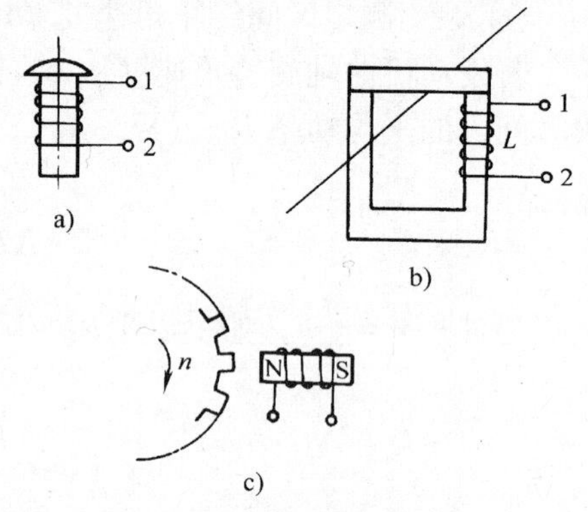

图 2-2　转速传感器工作原理
a）漏磁感应式　b）电磁感应式　c）磁阻式

发动机转速 n（r/min）与高压连接线中感生电压脉动频率 f（s^{-1}）的关系为

$$f=\frac{n}{60}\ \frac{\tau}{2}$$

式中　τ——发动机缸数。

对于柴油发动机，可利用磁阻式传感器从发动机飞轮上取得转速信号，见图 2-2c。磁阻式传感器由永久磁铁及绕在其上的线圈组成，使用时装在飞轮壳上并使其与飞轮齿顶保持 1 ~ 2mm 的间隙。当飞轮旋转时，轮齿的凹部和凸部交替通过磁阻式传感器，引起磁路中磁阻的变化，使通过线圈的磁通量发生强弱交替变

化，从而在线圈中产生交流电动势。电动势的交变频率等于飞轮每秒钟转过的齿数，由此得到发动转速 n 与传感器线圈中感应电动势的交变频率 f 间的关系为

$$f=\frac{n}{60}z$$

式中　z——飞轮齿圈齿数。

2. 角加速度

图 2-3 为瞬时角加速度测试原理框图。从传感器传来的转速脉冲信号，输入到脉冲整形装置整形放大，转变为矩形触发脉冲信号，并把脉冲信号的频率放大 2～4 倍，以提高仪器的灵敏性。矩形触发脉冲信号输入到加速度计算器，并且只有在发动机转速达到规定值时，整形装置才输出触发脉冲信号。触发脉冲信号通过控制装置触发加速度计算器工作，计算一定时间间隔内输入的脉冲数，并把这些脉冲数累加起来。时间间隔由时间信号发生器控制。每一时间间隔的脉冲数与发动机转速成正比，后一时间间隔和前一时间间隔脉冲数的差值则与发动机的角加速度成正比，而发动机的有效功率又与角加速度成正比。转换分析器可把计算器输出的脉冲信号，即与功率成正比的角加速度脉冲信号转变为直流电压信号，然后输入到指示电表。该指示电表可按功率单位标定，因而可直接测得功率值。时间间隔取得愈小，则所测出的有效功率愈接近瞬时有效功率。

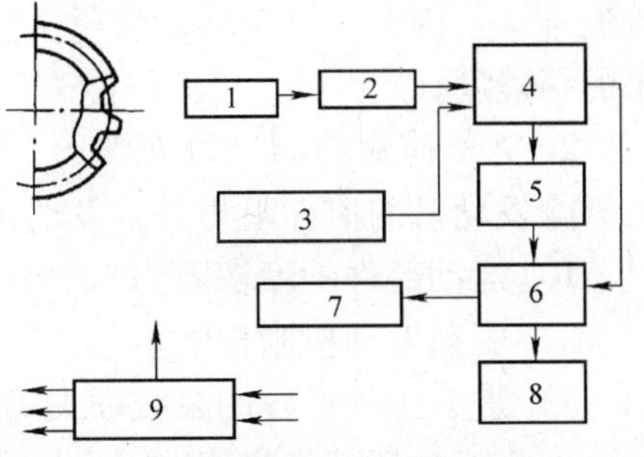

图 2-3　瞬时角加速度测试原理框图
1—传感器　2—整形装置　3—时间信号发生器　4—计数器和控制装置　5—转换分析器　6—转换开关　7—功率指示表　8—转速表　9—电源

3. 加速时间

图 2-4 为加速时间测试原理框图。来自传感器的发动机转速信号脉冲，经整形装置整形为矩形触发脉冲，并转变为平均电压信号。在发动机加速过程中，当转速达到起始转速 n_1 时，此时与 n_1 对应的电压信号通过 n_1 触发器触发计算与控制电路，使时标信号进入计算器并寄存。当发动机加速到终止转速 n_2 时，与 n_2 对应的电压信号通过 n_2 触发器又去触发计算与控制电路，使时标信号停止进入计算器，并

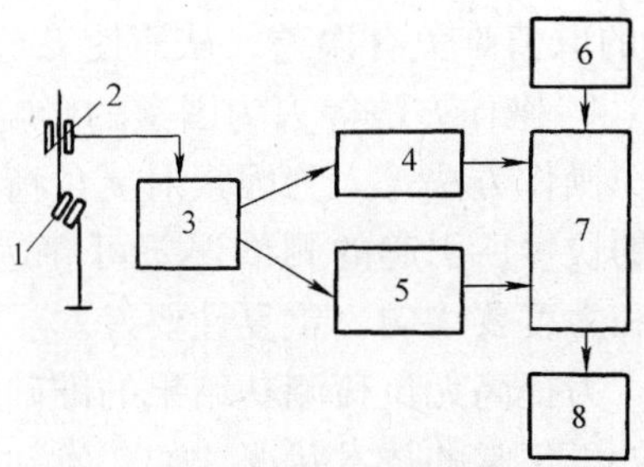

图 2-4　加速时间测量原理框图
1—断电器触点　2—传感器　3—转速脉冲整形装置　4—起动转速 n_1 触发器　5—终止转速 n_2 触发器　6—时标　7—计算与控制装置　8—显示装置

把寄存器中时标脉冲数经数模转换随时转换成电信号，通过显示装置显示出加速时间或直接标定成功率单位显示。

五、无负荷测功的误差分析

无负荷测功误差较大的主要原因如下：

1. 发动机运转部件的当量转动惯量 J 的误差

当量转动惯量 J（$kg \cdot m^2$）用于模拟发动机所有运动部件对曲轴中心线的转动惯量，不可避免会存在误差。即使对同型号发动机而言，J 的值也只是基本上接近常量。因此，当量转动惯量 J 值的精确度在很大程度上决定了无负荷测功结果的精确度。

2. 无负荷测功的阻力负载

除发动机的惯性阻力外，发动机加速过程中的阻力负荷还包括：

1）运动部件的摩擦阻力。

2）驱动发动机附件的阻力。

3）进、排气过程的泵吸损失等。

这些阻力都随相应部件、机构的技术状况而变化，不是定值。若不考虑其变化或视为定值，则会因此导致测试误差较大、重复性较差、可比性不好。

3. 变工况修正系数 K_1、K_2 的精确度

无论瞬时功率测试还是平均功率测试都是在节气门突然打开的急加速变工况条件下进行的，测试过程中的混合气形成、发动机燃烧状况和热状况等与稳态测试时不同，其有效功率值比稳态测试时的功率值小，因此引入了修正系数 K_1、K_2 对检测结果进行修正。但由于影响因素众多且不确定性较大，修正系数 K_1、K_2 的取值难免有误差，从而使无负荷功率检测结果产生较大误差。

4. 操作方法等人为因素的影响

操作方法等人为因素对无负荷加速测功的结果影响很大。测试时，踩加速踏板的快慢所引起的测试误差可高达 20%。因此，测功试验时，踩加速踏板的速度和力度要均匀，重复性要好。

为提高无负荷测功结果的准确性，测试前应使影响发动机加速过程的有关机构处于正常的技术状况。如：发动机供油系统的加速踏板拉索、节气门摇臂等机构的间隙应松紧适当，并应充分暖车以使冷却系统预热到正常工作温度。

六、无负荷测功仪的使用方法

在国产发动机无负荷测功检测仪中，有的采用测试加速时间以测定平均功率的测试原理，有的采用测试角加速度以确定瞬时功率的测试原理。无负荷测功仪既可以制成单一功能的便携式测功仪，又可以与其他测试仪器组合制成便携式或台式发动机综合性能分析仪。

近年来，便携式无负荷测功仪在国内发展很快，主要向小型化、使用方便性

和适用多车型的方向发展。有些袖珍式无负荷测功仪带有拔节天线，以拾取发动机运转时的点火脉冲信号，而不必与发动机有任何有线连接。发动机综合性能分析仪是一种测试项目较多的综合性仪器，一般具有无负荷测功的功能。

无负荷测功仪的一般使用方法如下：

1. 测试前的准备

（1）发动机的准备

1）调整发动机配气机构、供油系统和点火系统，使之处于技术完好状态。

2）预热发动机至正常工作温度（80～90℃）。

3）调整发动机怠速，使之在规定范围内稳定运转。

（2）测功仪的准备

1）接通电源，预热仪器并调零。

2）对测加速时间—平均功率的仪器，应按要求把 n_1、n_2 调好。

3）需置入转动惯量 J 的仪器，要把被测发动机的转动惯量 J 置入仪器内。若被测发动机的转动惯量未知时，则应先测定其转动惯量。其方法为，先选一台已知最大功率 P_{eman} 的同类型发动机，并设定其转动惯量为 J_1，利用无负荷测功仪对该发动机进行多次功率测量，若测得的最大功率为 P_1，则被测发动机的转动惯量 J 可用下式近似计算：

$$J = \frac{J_1}{P_1} P_{\text{eman}}$$

2. 测试方法

1）把传感器按要求连接在发动机规定部位，采用带拔节天线的袖珍式无负荷测功仪时则应拔出天线。

2）按下“复零”键，使指示装置复零。

3）按下其他必要的键位，如机型（汽油机、柴油机）选择键、缸数选择健和“测试”键等。需要输入操作码的仪器，则应按要求输入相应的操作码。

4）无负荷测功时，常用的测试方法为怠速加速法。

发动机在怠速下稳定运转，然后突然将节气门开到最大位置，发动机转速猛然上升，当转速达到所确定的测试转速 n（测瞬时功率）或超过终止转速 n_2 时，仪表显示出所测功率值。此后，应立即松开加速踏板，以避免发动机长时间高速运转。记下或打印出读数后，按“复零”键使指示装置复零。为保证测试结果可靠，一般重复测量 3 次取其平均值。该测试方法既适用于汽油机，又适用于柴油机。

为了保护发动机不受损害和提高使用的方便性，当转速上升超过 n_2 时，有些仪器能使发动机自动熄火；而当转速下降至低于 n_1 时，只要按下“复零”键，在指示装置复零的同时又能自动接通点火线路，使发动机怠速运转。

七、单缸功率检测

检查各个气缸的功率及各缸动力性能是否一致，是动力性检测的重要内容。在发动机正常工作情况下，发动输出功率应等于各缸功率之和，各缸输出功率应大致相等，即各缸动力应平衡。这样，发动机才能具有良好的动力性，其运转才能平稳。另一方面，在测得的发动机有效功率较小时，测试发动机单缸功率，可以发现引起发动机动力性下降的具体原因和部位。

发动机单缸功率或动力性检测有以下两种方法：

1. 用无负荷测功仪测试单缸功率

使用无负荷测功仪测定发动机单缸功率时，首先应测出各缸都工作时的发动机功率，然后在所测气缸断火（高压短路或柴油机输油管断开）的情况下测出所测气缸不工作时的发动机功率，两功率测试值之差即为断火气缸的单缸功率。显然，气缸数越多，单缸功率占总功率的份额越小，对单缸功率的检测越困难，无负荷测功仪检测结果的误差越大。

若各单缸功率相同，则说明发动机各缸功率均衡性好；若某缸断火后，测得的功率没有变化，则说明其单缸功率为零，该缸完全不工作；若发动机单缸功率偏低，则一般系该缸高压线、分线插座或火花塞技术状况不佳、气缸密封性不良所致，应更换、调整或维修。

2. 利用断火试验时的发动机转速下降值判断单缸动力性

发动机以某一转速稳定运转时，如果交替使各缸点火短路，则每次短路后发动机均应出现功率下降，导致发动机转速下降。若各气缸工作状况良好，则每次转速下降的幅度应大致相等；而当各缸依次断火后发动机转速下降的幅度差别很大，则说明各缸动力性均衡性差，有些缸工作不正常；若某缸断火后，发动机依旧以原来的转速旋转或下降幅度不大，则可以断定该缸不工作或工作状况不良。据此，可以采用简单的转速表测定某缸不工作时的转速下降值，以判断该缸的动力性好坏。

断火试验时，发动机转速下降的程度与起始转速有关。试验表明，若发动机起始转速为1000 r/min，正常情况下，某缸不工作时发动机转速的下降值见表2-2。检测时，单缸断火后的转速下降值应符合诊断标准，且最高和最低下降值之差不大于转速下降平均值的30%。

发动机单缸断火后转速下降的平均值与气缸数有关，气缸数愈多，单缸断火后转速的下降值愈小。因此，对于气缸数多于8个的发动机，用单缸断火后的转速下降值判断各缸工作性能的难度较大。

使用上述两种方法检测发动机单缸功率时，应该注意的是，由于某缸断开后，进入该缸的汽油混合气不参与燃烧，汽油会洗刷气缸壁上的润滑油膜，使气缸磨损加剧；同时，流入油底壳的汽油会稀释机油。因此，进行断火试验时，其时间不能太长。

表 2-2　某缸不工作时发动机转速的下降值

气缸数	平均转速下降值/（r/min）	允许偏差/（r/min）
4 缸	100	±20
6 缸	70	±10
8 缸	45	±5

第二节　底盘输出功率检测

汽车动力性，除了可以通过整车道路试验测定外，还可以用驱动车轮输出功率或驱动力作为诊断参数，在检测站的室内条件下用汽车底盘测功试验台检测。汽车驱动轮输出功率直接反映汽车动力性，是评价汽车技术状况的基本参数，也是汽车综合性能检测的必检项目。

底盘输出功率检测又称底盘测功，其主要目的是评价汽车动力性；同时，通过对驱动轮输出功率和发动机输出功率进行对比，可求出传动效率以评价汽车传动系统的技术状况。本节在介绍底盘测功机的构造原理的基础上，主要介绍利用底盘测功机检测汽车底盘输出功率的基本原理和方法；同时，对底盘测功机的其他基本功能和测试原理进行简单介绍。

一、汽车底盘测功机的功能

汽车底盘测功机是汽车底盘综合性能检测设备，其基本功能如下：

1）测试汽车驱动轮的输出功率。

2）测试汽车的加速能力。

3）测试汽车的滑行能力。

4）测试汽车传动系统的传动效率。

5）检测及校正车速—里程表。

6）间接测试汽车发动机的功率。

另外，辅以油耗计、废气分析仪、异响检测仪等设备，还可以对汽车的燃油经济性、排放性能和汽车发动机及底盘运转过程中的异响进行检测。因此，利用汽车底盘测功机可以对汽车的综合性能进行检测。

二、汽车底盘测功机的构造

汽车底盘测功机一般由滚筒装置、测功装置、飞轮机构、测速装置、控制与指示装置等构成，其机械部分的结构见图 2-5。

1. 滚筒装置

测功试验时，汽车驱动轮置于滚筒装置上，在滚筒上滚动行驶，驱动滚筒旋转。因此，滚筒装置的作用相当于能够连续移动的路面，用于支撑车轮并传递功率、转矩、速度。汽车底盘测功机的滚筒装置有单滚筒和双滚筒两种类型，见图2-6。滚筒的直径、表面状况和两滚筒（双滚筒）的中心距是影响汽车底盘测功机性能的重要参数。

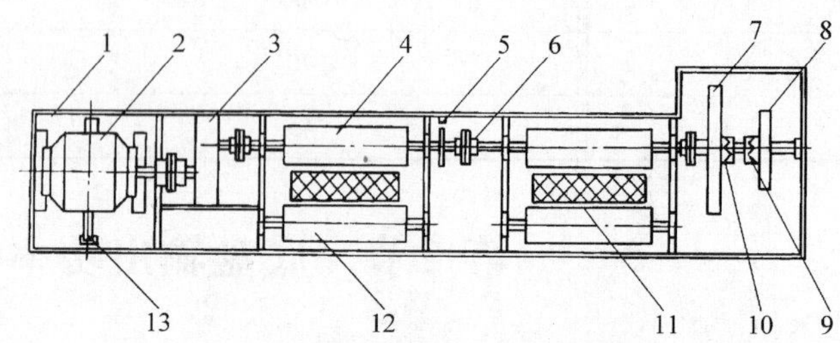

图 2-5　底盘测功机机械部分结构示意图

1—框架　2—电涡流测功机　3—变速器　4—主动滚筒　5—速度传感器　6—万向节　7、8—飞轮　9、10—电磁离合器　11—举升器　12—从动滚筒　13—压力传感器

同一车轴上的左、右驱动轮各由一个滚筒支撑或两驱动车轮共同由一个长滚筒支撑的底盘测功机称为单滚筒底盘测功机，其滚筒直径较大，多为1500～2500mm，有的可达4000mm。滚筒直径愈大，滚筒表面曲率愈小。车轮在滚筒上滚动与汽车在平路上行驶类似，轮胎与滚筒表面间的接触面积大，滑转率小，行驶阻力小，因而测试精度高。但大滚筒试验台制造成本大，占地面积大，同时对车轮在滚筒上的安放定位要求严格，其车轮中心与滚筒中心的对中比较困难，故使用不太方便。因此，单滚筒底盘测功机一般用于科研单位、大专院校和汽车制造部门，较少用于汽车维修和汽车检测诊断等生产企业。

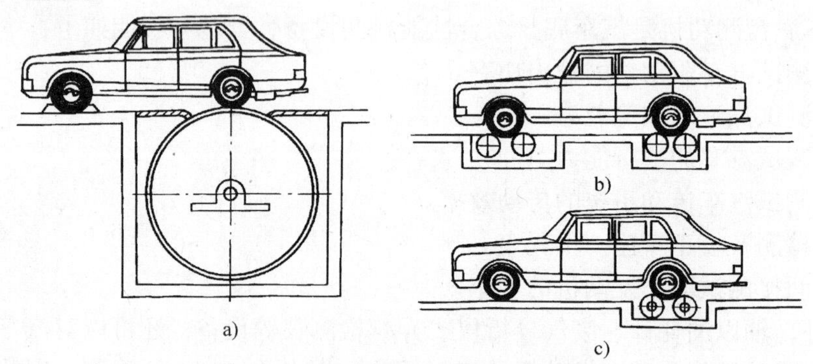

图 2-6　滚筒装置的结构简图

a）单轴单滚筒式　b）双轴双滚筒式　c）单轴双滚筒式

同一车轴上的左、右驱动轮各由两个滚筒支撑或两驱动车轮共同由两条长滚筒支撑的底盘测功机称为双滚筒底盘测功机，其滚筒直径一般为 185～400mm。由于曲率半径小，滚筒表面曲率大，因而轮胎与滚筒表面的接触面积与在平路上

行驶时相比小得多。接触面间比压和变形都较大，滑转率大，从而使滚动阻力增大，测试精度低。在较高试验车速下，轮胎的滚动功率损失可达到所传递功率的15% ~20%。但双滚筒底盘测功机具有车轮在滚筒上安放定位方便和制造成本低等优点，因而适用于汽车维修和汽车检测诊断等生产企业，尤其是单轴双滚筒式汽车底盘测功机应用广泛，见图2-6c。

按表面状况不同，底盘测功机滚筒装置的滚筒可分为光滚筒、滚花滚筒、带槽滚筒和喷涂滚筒等类型，其表面状况越接近路面状况越好。由于汽车在滚花滚筒、带槽滚筒底盘测功机上试验时，轮胎磨损严重，故目前已很少采用。喷涂滚筒的附着系数虽较高，但喷涂层易脱落，使用寿命短，且价格高。在汽车底盘测功机上，目前应用最多的滚筒类型是光滚筒，但光滚筒附着系数较低。

双滚筒底盘测功机的滚筒中心距应依据滚筒直径合理选取，应保证汽车试验时不会发生向前（或向后）越出滚筒的现象。当滚筒中心距一定时，若汽车车轮直径过大，则相应安置角过小，试验时很不安全；车轮直径过小时，则无法进行测试。因此，一定规格的底盘测功机只适用于某一范围内的车型。

2. 测功装置

测功装置用于吸收和测量汽车驱动轮的输出功率，通常称为测功器。汽车在底盘测功机上进行测功实验时，只有驱动轮运转驱动滚筒，其车身则静止不动，其外部阻力为驱动轮在滚筒上的滚动阻力及滚筒机构的轴承摩擦力等，这些阻力之和比汽车在道路上行驶时受到的外部阻力要小得多。另外，与汽车在道路上行驶时受到的阻力相比，在底盘测功机上试验时汽车不受空气阻力和坡度阻力的作用。因此，用底盘测功机检测汽车的技术状况，必须用加载装置模拟汽车在道路上行驶时受到的各种阻力，使车辆的受力情况如同在道路上行驶时一样。从这个角度出发，测功装置也是一个加载装置。

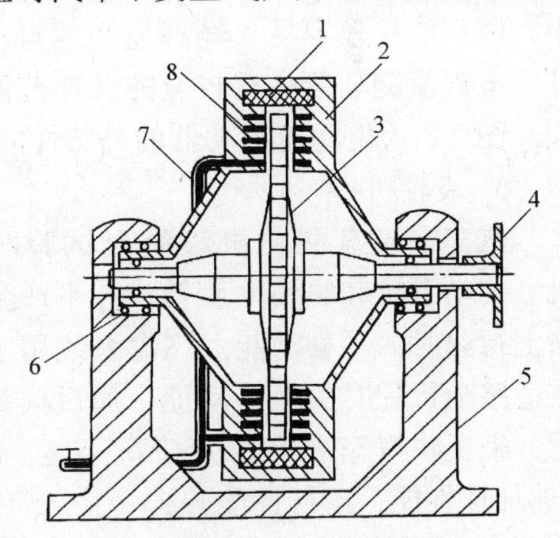

图2-7　水冷电涡流测功器结构示意图

1—励磁线圈　2—定子　3—转子　4—联轴器　5—底座　6—轴承　7—冷却水管　8—冷却室水沟

根据动力传递介质的不同，底盘测功机的常用测功装置有水力测功器、电力测功器和电涡流测功器三类。测功器主要由定子和转子构成。其中，测功器转子与底盘测功机滚筒相连，而测功器定子可绕其主轴线摆动。图2-7为常用水冷电涡流测功器的结构示意图。

水力测功器用水作为加载制动介质。水填充在测功器的定子和转子之间，转子转动时对其起阻碍作用，形成制动力矩，并把该力矩传递给定子。通过调节进出水量控制水面高度，改变转子旋转阻力矩的大小，可获得不同大小的制动力矩。而进出水流量一定时，测功器的制动力矩可随着转子转速的增大而提高。水力测功器的结构简单，使用可靠性好；但伺服性能较差，因此难以完成在自动控制下的循环试验。

电力测功器又称为平衡电机，作为负载使用时，其作用相当于直流发电机；而作为驱动机械使用时，可以输出功率，其作用相当于直流电动机。利用电子控制的电力测功器可以很好模拟汽车的行驶阻力和汽车加速时的惯性力，扩展了汽车底盘测功机的用途。但电力测功器的制造成本较高，较多用于高等院校及科研单位所用的大直径单滚筒底盘测功机。

汽车检测站和维修企业使用的底盘测功机多采用电涡流测功器（图 2-7）。电涡流测功器的定子内部沿圆周布置有励磁线圈和涡流环，转子外圆上加工有均匀分布的齿槽，齿顶与涡流环间留有一定的空气隙。当励磁线圈接通直流电时，在其周围形成磁场，因而磁力线通过定子、气隙、涡流环和转子形成闭合磁路。由于通过转子齿顶的磁通量比通过齿槽的磁通量大，因此转子旋转时，通过定子内圈涡流环上的某点的磁通呈周期性变化，而磁通的变化可以在定子涡流环内感应出感生电流（涡电流）以阻止磁通的变化，涡电流和励磁线圈形成的磁场相互作用，使转子受到一个制动力矩（与滚筒旋转方向相反），起到加载作用。电涡流测功器具有测量精度高、振动小、结构简单和易于调控的特点，只要使励磁电流的强弱发生变化，就可以控制测功器所产生的制动力矩的大小，因而能比较容易、经济地实现自动控制。此外，电涡流测功器具有较宽的转速范围和功率范围。图 2-8 为电涡流测功器的外特性曲线图。

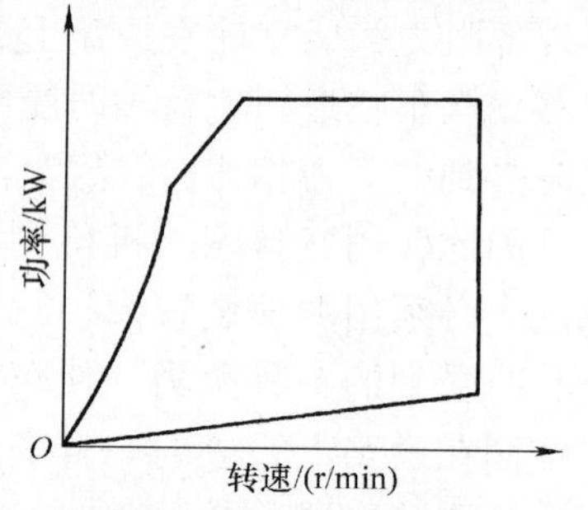

图 2-8　电涡流测功器的外特性曲线图

3. 飞轮机构

汽车在底盘测功机滚筒上试验时，仅发动机、传动系统和驱动轮旋转，并不产生汽车在道路上行驶时的平移动能。飞轮系统用于模拟汽车在道路上行驶时的平移动能，通过模拟汽车在运行速度变化时的平移动能的变化，来反映汽车在非稳定工况下运行时的阻力，进行非稳定工况的性能试验（如加速性能、滑行性能等）。

确定飞轮机构转动惯量的原则：相同车速下，底盘测功机滚筒和飞轮机构在测试时的旋转动能与汽车在道路上行驶的平移动能等效。由于车型不同，汽车的质量和车轮规格也不同。若要检测不同类型的汽车，就必须按车型配备具有不同转动惯量的飞轮，并通过不同转动惯量飞轮的组合形成若干个转动惯量级的飞轮组，飞轮的个数可根据底盘测功机需要检测的汽车质量范围及检测精度确定。通常，飞轮机构采用离合器以实现与汽车底盘测功机滚筒的自由结合。而没有配置飞轮机构的底盘测功机则只能测定稳定工况下汽车驱动轮的输出功率。

4. 测量装置

底盘测功机的测量装置由测力装置、测速装置和测距装置组成。

（1）测力装置　测力装置用于测量驱动轮作用在测功机滚筒上的转矩，经变换后得到作用在驱动轮上的驱动力。测力装置主要由电涡流测功器外壳、测力臂、测力传感器及信号处理电路等组成，见图 2-9。电涡流测功器的外壳（定子）用轴承安装在轴承座上，外壳可在轴承座上绕转子轴转动。测力臂的一端装在外壳上，另一端装测力传感器。

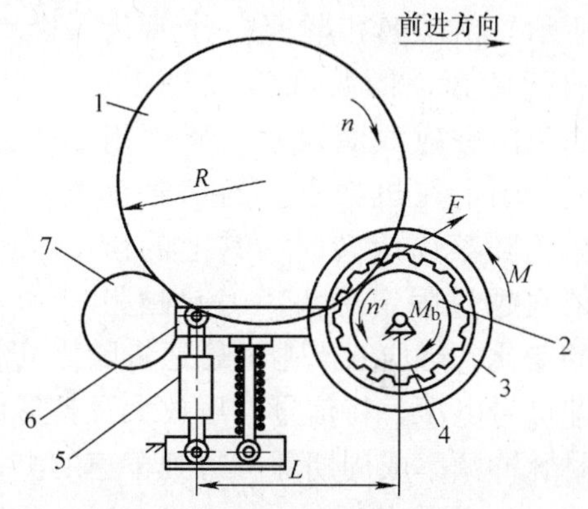

图 2-9　测力传感器工作原理
1—车轮　2—前滚筒　3—涡流机定子（外壳）　4—涡流机转子　5—测力传感器　6—力臂　7—后滚筒

电涡流测功器工作时，电涡流与其磁场的相互作用对转子形成制动力矩 M_b，作用方向与转子旋转方向相反。同时，外壳（定子）也受到一个与 M_b 大小相等、方向相反的力矩 M，迫使外壳连同固定在其上的测力臂转动，使之对测力传感器产生压力或拉力。测力传感器在拉力或压力作用下产生的应变，通过应变放大器，产生一定的输出电压，从而将压（拉）力信号转变成电信号。该电信号由仪表或显示装置显示出来，经过标定即可用于表示出作用于滚筒上的驱动力矩或驱动力。

（2）测速、测距装置　汽车在底盘测功机上进行驱动轮输出功率试验、加速试验、等速试验、滑行试验和燃油经济性试验时，都必须对试验车速和驶过的距离进行测试。测速装置一般由测速传感器、中间处理装置和指示装置构成。常用的测速传感器有光电式、磁电式、霍尔传感器和测速发电机等类型。通常安装在从动滚筒的一端，随从动滚筒一起转动，把滚筒的转速转变为电信号。该电信号经放大后送入处理装置，换算为车速（km/h）并在指示装置上显示出来。

光电式测速装置主要由光电传感器、计数器和控制电路构成。光电传感器主要由光源、光电盘、光电池组成。光电盘安装在从动滚筒一端并由滚筒带动旋转，光源和光电池固定在光电盘两侧，光源发出的光线可通过光电盘上的孔照在光电池上，由光电池把接收到的光能转化为电能。试验时，底盘测功机滚筒带动光电盘旋转，把持续发出的光线切割成光脉冲，从而在光电池的两极间产生电脉冲，见图 2-10a。在控制电路的控制下，计数器可记录试验过程中产生的电脉冲数。由于光电盘的孔数是一个定值，所以每接收与该数值相等的电脉冲数时，表明滚筒旋转了一圈，因此根据计数器记录的电脉冲数和滚筒的圆周长，可经折算得到试验过程中汽车驶过的距离。显然，根据每单位时间内记录得到的电脉冲数，亦可折算得到试验车速。

磁电式测速传感器由信号盘齿轮和磁头（感应线圈及永久磁铁）等组成，如图2-10b所示。信号盘齿轮是一个带齿的薄圆盘，固装在滚筒轴上；磁头由感应线圈及永久磁铁组成，固定在机架上。当信号盘齿轮随滚筒旋转时，其上的齿依次越过固定磁头，引起磁阻的变化，感应线圈中的磁通量随之变化，使磁电传感器输出交变的感应电动势，即信号电压。将信号电压放大及整形后，转化为脉冲信号输入处理装置，通过测量脉冲频率或周期即可得到车速的测量值。

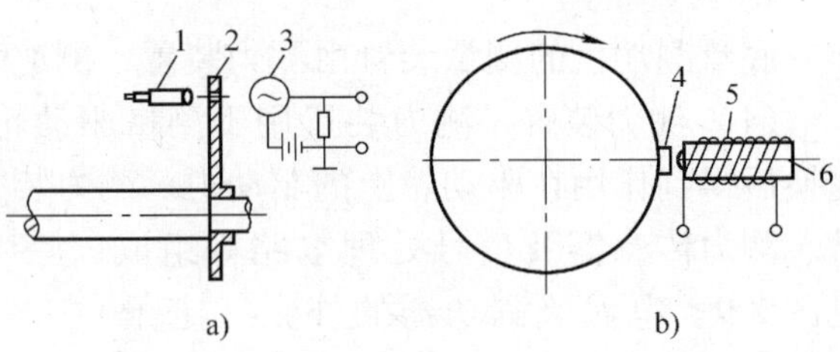

图2-10　测速装置

a）方向一　b）方向二

1—光源　2—圆盘　3—光电池 4—齿轮

5—感应线圈　6—永久磁铁

5. 反拖装置

有些汽车底盘测功机配置有反拖装置，提供原动力以驱动汽车驱动轮和传动系运转，用以检测底盘测功机滚筒系统的机械损失、传动系统的机械损失及车轮在滚筒上的滚动阻力。

反拖装置由反拖电动机、离合器及测力装置组成，见图2-11。反拖电动机通过离合器直接与滚筒轴连接（或经传动链条、离合器与滚筒轴连接），其转速可通过变频调速装置调节，使反拖速度在0～100 km/h的范围内变化，以模拟汽车的实际运行车速。

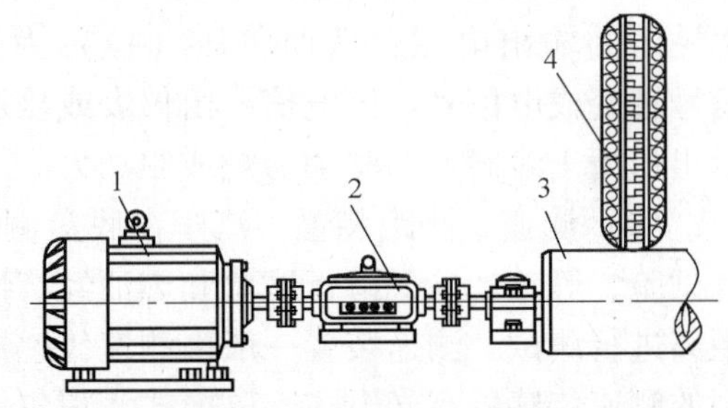

图2-11　反拖装置

1—反拖电动机　2—转矩计　3—滚筒　4—轮胎

测力装置有电功率表和测力传感器两种形式，用于测定被检汽车和底盘测功机传动系统的阻力。电功率表测定反拖电动机消耗的电功率，再测定反拖车速，经过换算求出反拖阻力。测力传感器可直接测定反拖阻力，其原理与电涡流测功机的测力装置的原理相同。反拖电动机外壳浮动支承在轴承座上，外壳（定子）受反力矩作用便可转动，从而对固装定位的测力传感器施加压力或拉力。

6. 控制系统

大多数汽车底盘测功机采用全自动控制方式，能够自动连续测试汽车在任一运行车速下的功率,整个测试过程由计算机控制。此外,全自动控制方式可以自动模拟汽车的运行工况。

汽车底盘测功机的全自动控制系统的原理框图见图2-12。控制系统是底盘测功机的核心，其技术水平的高低和性能好坏直接影响到整机性能。控制系统一般由控制柜、计算机及控制软件等组成。通过控制软件可实现数据采集与处理、结果输出、电涡流或电力测功器的载荷控制和其他附件的控制等。

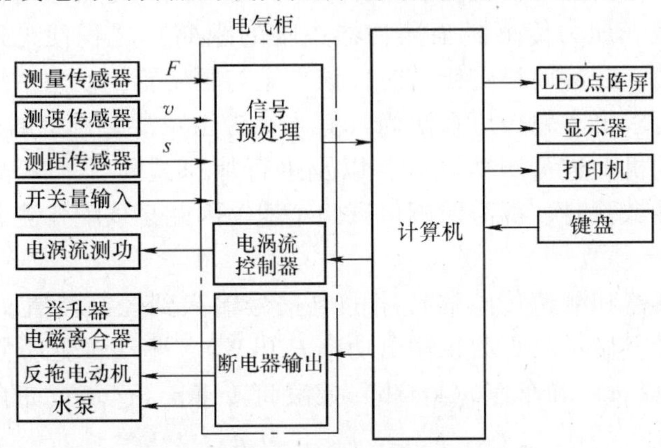

图 2-12 控制系统原理框图

7. 其他附属装置

此外，汽车底盘测功机还配置有举升、锁定、引导、安全、冷却风机等附属装置。举升和滚筒锁定装置的功能是便于被测汽车驶上和驶出滚筒；引导装置用于引导驾驶人按提示进行操作；安全装置包括左右挡轮、纵向约束装置等，用于保障检测作业安全；冷却风机用于防止汽车在试验过程中发动机和车轮过热。

三、汽车驱动轮输出功率检测

1. 检测原理

测功实验时，汽车驱动轮置于滚筒装置上驱动滚筒旋转，并经滚筒带动测功器的转子旋转。当定子上的励磁线圈（以电涡流测功器为例）没有电流通过时，转子不受制动力矩作用；而励磁线圈通以直流电时，所产生磁场的磁力线通过转子、空气隙、涡流环和定子构成闭合磁路。磁通的强弱与激磁线圈匝数和所通过的电流大小有关。由于通过转子齿顶的磁通量比通过齿槽的磁通量大，因此转子旋转时，通过定子内圈涡流环上某点的磁通呈周期性变化。当转子齿顶转到这一点时，通过的磁通量最大；而当转子齿槽转到该点时，所通过的磁通量最小。由电磁感应定理可知，通过涡流环的磁通量的周期性变化将在定子涡流环内产生周期性感应电流，以阻止磁通的变化。由于定子涡流环是整体式的，因此产生的感应电流是封闭的，称为涡电流。涡电流产生的磁场与励磁磁场相互作用，产生了与转子旋转方向相反的转矩，从而对滚筒起到了加载作用。测出该转矩和转子转速，便可据此换算得到由驱动轮通过滚筒传递给测功器转子的驱动功率。

作用力和反作用力是成对出现的。对转子施加制动力矩的同时，定子受到与制动力矩大小相同但方向相反的力矩作用，力图使可绕主轴摆动的定子顺着转子旋转方向摆动。在测功机定子上安装一定长度的测力杠杆，并在其端部下方安装压力传感器，压力传感器便会受压力作用而产生与其成正比的电信号。显然，该压力与杠杆长度（压力传感器至测功器主轴的距离）之积便是定子（或转子）所受力矩的数值。在滚筒稳定旋转时，该力矩与驱动轮驱动力对滚筒的驱动力矩相等。据此，可求出车轮作用在滚筒（其半径为已知常数）上的驱动力的大小。

在底盘测功机上进行测功试验，以及进行加速试验、车速表检验、滑行试验、燃油经济性试验时，都需要测得试验车速，因此必须配备测速装置和测距装置。

由压力传感器和测速传感器传来的电信号输入到控制装置，经计算机处理后，在指示装置上显示出驱动轮输出功率 P_k(kW)、驱动轮驱动力 F(N) 或滚筒驱动力矩 M_b(N·m) 和车速 v(km/h) 或滚筒转速 n（r/min）的数值。显然，

$$P_k = \frac{Fv}{3600} = \frac{M_b n}{9545}$$

同理，在装有反拖装置或在以电力测功器作为加载装置的底盘测功机上，以反拖装置或电力测功器作为动力，反拖底盘测功机滚筒、汽车驱动轮和传动系统运转，底盘测功机滚筒作用于汽车驱动轮的力克服汽车驱动轮的滚动阻力和汽车传动系统的阻力，反拖运转所消耗的功率等于汽车驱动轮的滚动阻力功率和传动阻力功率。据此可换算得到汽车传动系统的传动效率，详见第四章第二节。

2. 环境条件和检测工况

（1）环境条件

①环境温度：0～40℃

②环境湿度：<85%

③大气压力：80～100kPa

（2）检测工况　根据 GB/T 18276—2000《汽车动力性台架试验方法和评价指标》的规定，在汽车底盘测功机上检测汽车驱动轮的输出功率时，检测工况采用汽车发动机额定转矩和额定功率时的工况，即发动机全负荷与额定转矩转速和额定功率转速所对应的直接档（无直接档时，指传动比最接近于 1 的档）车速构成的工况。

3. 检测结果分析

在汽车底盘测功机上测得的驱动轮输出功率取决于发动机输出功率、传动系统传动效率、滚动阻力损失功率和底盘测功机传动效率等因素。由于受滚筒表面

曲率的影响，驱动轮在底盘测功机滚筒上滚动时的滚动阻力比在良好路面上行驶时的滚动阻力大，由滚动阻力所消耗的功率可达所传递功率的15%～20%。在传动系统技术状况良好的情况下，汽车传动系统的功率损失约占发动机输出功率的10%～20%，其具体数值取决于传动系统的类型。研究表明，检测在用汽车的驱动轮输出功率时，新车若能达到发动机输出功率的70%，载货汽车和大客车若能达到其发动机输出功率的60%（双级主传动器）、65%（单级主传动器），即可说明传动系统技术状况良好。汽车底盘测功机驱动轮功率的检测标准，可根据在用汽车发动机功率检测标准（不低于原额定功率的75%）、传动系统效率和滚动阻力损失功率的试验结果合理确定。

在用汽车的动力性是根据汽车在规定检测工况下，校正驱动轮输出功率与相应的发动机输出总功率的百分比与标准值进行比较来评价的。

（1）实测驱动轮输出功率　实测驱动轮输出功率指在实际环境状态下，利用底盘测功机测得的汽车驱动轮的输出功率。该功率不含轮胎滚动阻力和底盘测功机传动系统阻力所消耗的功率。

（2）驱动轮输出功率的校正　发动机额定功率和发动机额定转矩均为在标准环境状态和在规定的额定转速下输出的功率。标准环境状态定义为，大气压$p_0=100$kPa，相对湿度$\phi_0=30\%$，环境温度$T_0=298$K（25℃），干空气压$p_{s0}=$ 99 kPa。其中，干空气压是基于总气压100kPa，水蒸气分压1kPa经计算而得到的。

因实际测试环境与标准环境差别较大，在不同的测试环境下测得的驱动轮输出功率将明显不同。如在高原、热带和寒带地区，汽车发动机功率将显著下降。因此，以实测驱动轮输出功率与额定值比较将导致不正确的检测结论。为此，须将驱动轮输出功率实测值校正为标准环境状态下的功率，再与额定输出功率进行比较，以保证汽车驱动轮功率检测结果的可靠性。其校正公式为

$$P_0=\alpha P$$

式中　P_0——校正功率，即标准环境状态下的功率（kW）；

α——校正系数，汽油机为α_d，柴油机为α_d；

P——实测功率（kW）。

1）汽油车驱动轮输出功率校正系数α_a可用计算法或图表法求得，其计算公式为

$$\alpha_a=(99/p_s)^{1.2}\cdot(T/298)^{0.6}$$

式中　p_s——试验时的干空气压，（kPa）；

T——试验时的环境温度（K）。

$$p_s=p-\phi p_{sw}$$

式中　p——测试环境下的大气压（kPa）；

ϕ——测试环境下的大气湿度（%）；

p_{sw}——测试环境下的饱和蒸气压（kPa）。

求 α_a 的图表法为，根据测试时的环境温度 T 值及环境干空气压 p_s 值，由图 2-13 查得。如：当测试环境干空气压 p_s 为 100kPa、测试环境温度 T 为 293 K（20℃）时，从图 2-13 中的 T(K) 坐标找出 T = 293K 的点，从 p_s（kPa）坐标找出 p_s = 100kPa 的点，过两点作连线并延长至与 α_a 坐标相交，交点 α_a =0. 978 即为该测试环境温度下的功率校正系数。

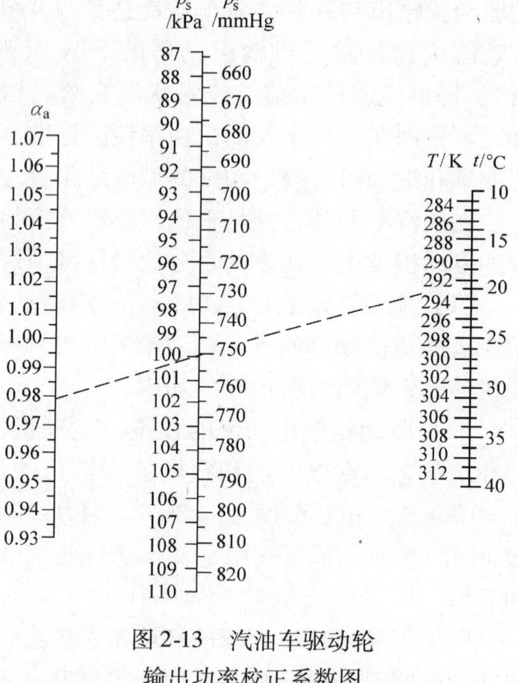

图 2-13　汽油车驱动轮输出功率校正系数图

注：1mmHg = 133. 322Pa

2）同理，柴油车驱动轮输出功率校正系数 α_d 也可用计算法或图表法求得，其计算公式为

$$\alpha_d = (f_a)^{f_n}$$

$$f_a = (99/p_s)^{1.2} \cdot (T/298)^{0.7}$$

$$f_m = 0.036 g_c / (r - 0.04)$$

式中　f_a——大气因子；

f_m——发动机因子；

g_c——校正的比排量循环供油量［mg/（L · 循环）］；

r——增压比，压缩机出口压力与进口压力之比（自然吸气发动机 $r = 1$）。

非增压及机械增压柴油机驱动轮输出功率的校正系数可从图 2-14 查得。如：测试环境的干空气压 p_s = 100kPa，温度 T = 288K，柴油发动机因子 f_m = 0. 6。从图 2-14 上通过 p_s 和 T 坐标的两点连线，并延长至 0. 968 点，作该点与 f_m 坐标上的 0. 6 点的连线，并延长至与 α_d 坐标点相交，可得该车在给定测试环境下驱动轮输出功率的校正系数为 0. 98。

（3）计算校正驱动轮输出功率与相应发动机输出总功率的百分比　根据 GB/T 18276—2000《汽车动力性台架试验方法和评价指标》，采用汽车在规定工况下校正驱动轮输出功率与相应的发动机输出总功率的百分比（η_{VM} 和 η_{VP}）来评价在用汽车动力性，即

$$\eta_{VM} = P_{VMO} / P_M$$

$$\eta_{VP} = P_{VPO} / P_e$$

式中　η_{VM}——汽车在额定转矩工况下的校正驱动轮输出功率与额定转矩时发动

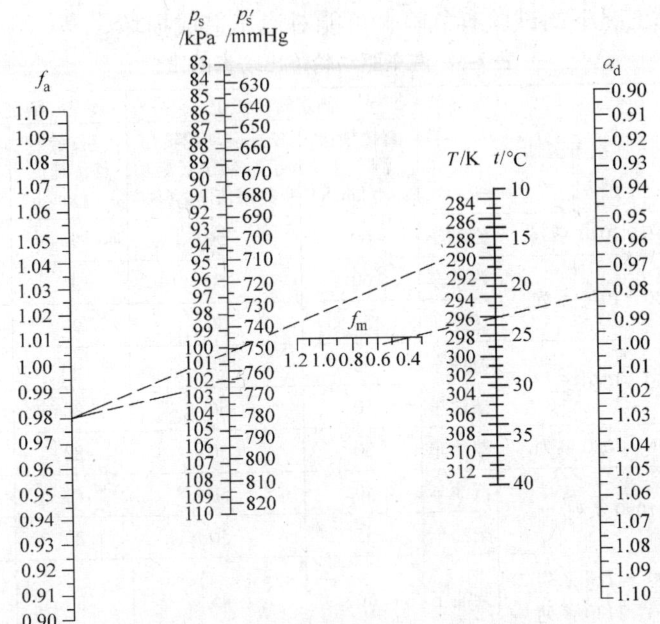

图 2-14　柴油车驱动轮输出功率校正系数图

机功率的百分比（%）；

η_{VP}——汽车在发动机额定功率工况下的校正驱动轮输出功率与额定功率的百分比（%）；

P_{VMO}——汽车在发动机额定转矩工况下的校正驱动轮输出功率（kW）；

P_{VPO}——汽车在发动机额定功率工况下的校正驱动轮输出功率（kW）；

P_M——发动机在额定转矩工况下的输出功率（kW）；

P_e——发动机的额定输出功率（kW）。

（4）在用汽车动力性的评价　根据 GB/T 18276—2000《汽车动力性台架试验方法和评价指标》，汽车驱动轮输出功率的限值见表 2-3。在用汽车动力性合格的条件为

$$\eta_{VM} \geqslant \eta_{Ma} \text{或} \eta_{VP} \geqslant \eta_{Pa}$$

式中　η_{Ma}——汽车在发动机额定转矩工况下的校正驱动轮输出功率与额定转矩时发动机功率的百分比的允许值（%）；

η_{Pa}——汽车在发动机额定功率工况下的校正驱动轮输出功率与发动机额定功率的百分比的允许值（%）。

根据 GB 18565—2001《营运车辆综合性能要求和检验方法》，轿车动力性按额定转矩工况进行检测和评价，其他车辆应在两种合格条件中任选一种工况进行检测和评价。这主要是由于乘用车发动机额定功率的转速很高，在底盘测功机上

进行额定功率工况下的试验有危险，可能对汽车造成损坏。

表 2-3 汽车驱动轮输出功率的限值

汽车类型	汽车型号		额定转矩工况		额定功率工况	
			直接档检测车速 v_m/(km/h)	校正驱动轮输出功率/额定转矩功率的限值 η_{Ma}(%)	直接档检测速度 v_p/(km/h)	校正驱动轮输出功率/额定转矩功率的限值 η_{Pa}(%)
载货汽车	1010、1020 系列	汽油车	60	50	90	40
	1030、1040 系列	汽油车	60	50	90	40
		柴油车	55	50	90	45
	1050、1060 系列	汽油车	60	50	90	40
		柴油车	50	50	80	45
	1070、1080 系列	柴油车	50	50	80	45
	1090 系列	汽油车	40	50	80	45
		柴油车	55	50	80	45
	1100、1110 系列 1120、1130 系列	柴油车	50	45	80	40
	1140、1150、1160 系列	柴油车	50	50	80	40
	1170、1190 系列	柴油车	55	50	80	40
半挂列车[①]	10t 半挂列车系列	汽油车	40	50	80	45
		柴油车	50	50	80	45
	15t、20t 半挂列车系列	柴油车	45	45	70	40
	25t 半挂列车系列	柴油车	45	50	75	40
客车	6600 系列	汽油车	60	45	85	35
		柴油车	45	50	75	40
	6700 系列	汽油车	50	40	80	35
		柴油车	55	45	75	35
	6800 系列	汽油车	40	40	85	35
		柴油车	45	45	75	35
	6900 系列	汽油车	40	40	80	40
		柴油车	60	45	85	45
	6100 系列	汽油车	40	50	85	35
		柴油车	40	40	85	35
	6110 系列	汽油车	60	45	85	35
		柴油车	55	50	80	35
	6120 系列	柴油车	60	40	90	35

（续）

汽车类型	汽车型号	额定转矩工况		额定功率工况	
		直接档检测车速 v_m/(km/h)	校正驱动轮输出功率/额定转矩功率的限值 η_{Ma}(%)	直接档检测速度 v_p/(km/h)	校正驱动轮输出功率/额定转矩功率的限值 η_{Pa}(%)
轿车	夏利、富康	95/65②	40/35②	—	—
	桑塔纳	95/65②	45/40②	—	—

注：1. 5010-5040 系列厢式货车和罐式货车驱动轮输出功率的允许值按同系列普通货车的允许值下调 2%。

2. 其他系列厢式货车和罐式货车驱动轮输出功率的允许值按同系列普通货车的允许值下调 4%。

① 半挂列车是按载质量分类。

② 为汽车变速器使用三档时的参数值。

四、汽车加速能力测试

底盘测功机对汽车加速能力（加速时间）的测试精度，首先取决于飞轮机构、滚筒装置及其他旋转部件的旋转动能是否与道路试验时汽车在相应车速下的动能相一致。

道路实验时，车速 v(m/s) 与汽车动能 A(J) 的关系为

$$A = \frac{1}{2}mv^2 + \frac{1}{2}(J_k + J_r)\omega^2 + A_0$$

式中 m——汽车质量（kg）；

ω——车轮角速度（rad/s）；

J_k——前车轮转动惯量（kg · m²）；

J_r——后车轮转动惯量（kg · m²）；

A_0——汽车传动系统旋转动能（J）。

汽车在底盘测功机上试验时，在同一车速下，汽车及滚筒、飞轮机构和其他主要旋转零件所具有的动能 A' 为

$$A' = \frac{1}{2}J\omega_f^2 + \frac{1}{2}J_0\omega_0^2 + \frac{1}{2}J_h\omega_h^2 + \frac{1}{2}J_r\omega^2 + A_0$$

式中 J、ω_f——飞轮转动惯量（kg · m²）、飞轮角速度（rad/s）；

J_0、ω_0——滚筒转动惯量（kg · m²）、滚筒角速度（rad/s）；

J_h、ω_h——测功器转子转动惯量（kg · m²）、转子角速度（rad/s）。

令 $A = A'$、$\frac{\omega_0}{\omega} = \frac{r}{r_0} = K_0$、$\frac{\omega_f}{\omega_0} = K_f$、$\frac{\omega_h}{\omega_0} = K_h$，注意到 $v = r\omega$，则飞轮机构的转动惯量应满足

$$J = \frac{mr^2 + J_k - J_0 K_0^2 - J_h K_h^2 K_0^2}{K_f^2 K_0^2}$$

式中 r、r_0——车轮滚动半径、滚筒半径（m）；

K_0——滚筒与车轮间速比；

K_f——飞轮与滚筒间速比；

K_h——测功机转子与滚筒间速比。

汽车在底盘测功机上试验时，驱动轮驱动滚筒旋转，但整车处于静止状况。这样，要测试汽车在一定速度区间内的加速时间，必须以具有相应转动惯量的飞轮机构模拟汽车行驶时的动能。汽车在滚筒上加速时，滚筒及飞轮机构转速的提高使滚筒及飞轮机构的旋转动能相应增大，从而消耗驱动轮输出功率，表现为汽车的加速阻力。滚筒圆周速度从某一值上升到另一值的时间与汽车路试时在相应速度区间的加速时间相对应。加速时间的长短则反映其加速能力的大小。

同理，以汽车底盘测功机滚筒机构作为活动路面，以飞轮机构、滚筒装置及其他旋转部件的旋转动能模拟汽车道路试验时的动能，则可以利用汽车底盘测功机检测汽车的滑行能力。即由于滚筒装置和飞轮机构具有的动能与汽车道路试验时具有的动能相等，因此摘档滑行后，储存在滚筒装置、飞轮机构的动能释放出来驱动汽车驱动轮和传动系统旋转，滚筒继续转过的圆周长与汽车路试时的滑行距离相对应。详见第四章第二节。

汽车在底盘测功机滚筒上做滑行试验时，滚动阻力与道路试验时的滚动阻力有一定差别，因此应参照道路试验时对滑行距离的有关规定，通过对比实验确定其滑行距离的检测标准。由于同样的原因，其加速时间检测标准，亦应通过把动力性良好的汽车在道路试验时的加速时间与在底盘测功机上测得的加速时间进行对比试验，合理确定。

五、车速表及其他项目的检测

用底盘测功机进行车速表检测时，将汽车驱动轮置于滚筒上，并以某一预定车速行驶，当底盘测功机测速装置所显示的车速达到该车速时，检查车速表指示值，二者比较便可检测出汽车车速表误差。根据 GB 7258—2012《机动车运行安全技术条件》的规定，车速表指示车速 v_1（km/h）与实际车速 v_2（km/h）间应满足如下关系：

$$0 \leqslant v_1 - v_2 \leqslant (v_2/10) + 4$$

当机动车车速表的指示值为 40km/h 时，底盘测功机速度指示仪表的指示值（实际车速）在 32.8～40km/h 范围内为合格；而当指示仪表的指示值为 40km/h 时，该机动车车速表的指示值在 40～48km/h 范围内为合格。由于汽车底盘测功机具有车速检测功能，所以在装备有底盘测功机的汽车检测站，可以不再配备车速表试验台。

除以上检测诊断项目外，利用底盘测功机滚筒装置作为活动路面，以测功器的制动力矩模拟汽车的行驶阻力，以飞轮系统模拟汽车的平动动能，则凡是汽车在运行中进行的检测和诊断项目，在配备所需仪器设备后均可在底盘测功机上进行。如：采用油耗计测试汽车在各种工况下的油耗；采用废气分析仪测试汽车在各种工况下的废气成分和烟度；采用发动机综合性能分析测试发动机点火提前角或供油提前角，观测发动机点火波形或柴油机供油波形；利用异响诊断分析仪诊断各总成或系统的异响；以及检测各总成工作温度和电气设备工作情况等。

六、底盘测功机的使用方法

型号不同的底盘测功机，其使用方法也有区别。以下以汽车驱动轮功率检测和滑行距离检测为例介绍其一般的操作方法。

1. 准备工作

（1）被测车辆的准备

1）调整发动机供油系统和点火系统至最佳工作状态。

2）检查发动机的机油压力。

3）检查传动系统、车轮的连接情况并紧固。

4）清洁轮胎，检查轮胎气压是否符合规定。

5）运行走热全车，使之达到正常热状态。

（2）汽车底盘测功机的准备

1）对于水冷测功机，将冷却水阀打开。

2）接通电源，根据被测车型选择测试功率的档位。

3）用三角铁抵住停在地面上的车轮，进行必要的纵向约束。

4）将冷却风扇置于被测汽车前方 0.5m 处，对发动机吹风，防止发动机过热。

2. 测试方法

（1）测试工况的选择　根据 GB 18565—2001《营运车辆综合性能要求和检验方法》的规定，在汽车底盘测功机上检测汽车驱动轮的输出功率时，检测工况采用汽车发动机额定转矩和额定功率时的工况，采用直接档（无直接档时，指传动比最接近于 1 的档位）。即发动机最大功率时的转速所对应的车速和发动机最大转矩时的转速所对应的车速。因此，首先应根据所检测汽车的车型按要求设定检测车速（表 2-3）。必要时还可以选用汽车的常用车速（如经济车速）进行试验。车速 v 和发动机转速 n 之间的关系为

$$v = 12 \times 10^{-5} n\pi r/i$$

式中　v——试验车速（km/h）；

n——选定试验工况发动机转速（r/min）；

i——传动系统转动比；

r——轮胎的滚动半径（mm）。

常用轮胎的滚动半径见表 2-4。

表 2-4 常用轮胎的滚动半径

轮胎规格	6.50—16	7.50—16	7.50—20	9.00—20	11.00—20	6.95—14
滚动半径/mm	365	395	440	480	525	302

汽车在底盘测功机上进行滑行试验时，汽车驱动轮首先驱动滚筒以稳定车速（一般取 30km/h）行驶，然后摘档滑行。传动阻力较小的汽车在水平良好路面上以 30km/h 的车速开始摘档滑行时，滑行距离应达到表 4-6 中所列数值，由于车轮在滚筒表面上的滚动阻力较大，因此滑行距离稍短。

在进行汽车燃油经济性和排放污染物分析实验时，汽车试验工况应与有关标准所规定的试验循环一致。

（2）功率测试方法

1）设定试验车速或力矩。

2）起动发动机，由低速档逐渐换入最高档，同时逐渐踩下加速踏板，使节气门全开。

3）调节底盘测功机加载装置的负荷，使试验车速稳定在设定车速（发动机最大功率时的转速所对应的车速、最大转矩时的转速所对应的车速、其他设定车速）。

4）待发动机转速稳定后，读取和记录仪表指示的功率值。

5）每个实验车速下重复测试三次，取功率的平均值。

3. 注意事项

1）走合期的新车或大修车不宜进行底盘测功。

2）测功时，应注意各种异响和发动机冷却液温度及轮胎表面温度。

3）被测汽车前严禁站人以确保安全。

第三节 汽车燃油经济性检测

汽车燃油经济性指汽车以最少的燃油消耗完成单位运输工作的能力。汽车的燃油消耗量除与发动机燃油供给系的技术状况有关外，还与发动机的曲柄连杆机构、配气机构、点火系统、润滑系统、冷却系统和汽车底盘的传动系统、行驶系统、转向系统等有关，因此是一个综合性评价指标。

现代汽车主要以汽油或柴油作为燃料，二者均为石油产品。石油是重要的战略物资，既是交通运输的主要能源，又是重要的化工原料。因此，为了减少能源消耗，节约石油资源，汽车的燃油经济性受到世界各国的广泛关注。在汽车的运输成本中，汽车所消耗燃油的费用占 20% ~30%。因此，提高汽车的燃油经济性，节约燃油，对降低汽车运输成本意义重大；同时，汽车的燃油消耗量又与汽车发动机和底盘的技术状况密切相关，因此汽车的燃油经济性可作为综合指标评价汽车的技术状况。

一、汽车燃油经济性的评价指标

汽车燃油经济性常用单位行程的燃油消耗量评价，即在一定运行工况下，汽车行驶每单位里程（常用百公里为单位）所消耗燃油的升数（L/100km）。汽车行驶单位里程所消耗燃油的升数越小，则汽车燃油经济性就越好。根据燃油消耗量试验时所采用的汽车运行工况的不同，主要表示方法有等速百公里燃油消耗量和循环工况百公里燃油消耗量两种。

1. 等速百公里燃油消耗量

等速百公里燃油消耗量是常用的汽车燃油经济性评价指标，指汽车在额定载荷下以最高挡在水平良好路面上等速行驶100km的燃油消耗量。试验时，通常可把汽车以某种速度等速行驶一定的距离所测得的燃油消耗量（L）折算成汽车在该车速下的等速百公里燃油消耗量。乘用车常用90km/h和120km/h的燃油消耗量（L/100km）来评价其燃油经济性，部分车型的等速百公里燃油消耗量见表2-5。

表2-5　部分车型的等速百公里燃油消耗量

车型	富康 988EL	赛欧 SL	本田雅阁 2.3L	现代 XH30	波罗 ALi	奥迪 A4-3.0	宝来 1.8T
90km/h 等速百公里燃油消耗量/(L/100km)	6.5	5.3	7.3	10.4	5.8	9.7	6.3

等速百公里燃油消耗量检测简单、使用方便，但因为该指标不能反映汽车实际行驶中频繁出现的加速、减速、怠速等非稳定行驶工况，而不能全面考核汽车燃油经济性。

2. 循环工况百公里燃油消耗量

循环工况百公里燃油消耗量是按规定的循环行驶试验工况来模拟汽车的实际运行工况所折算成的汽车百公里燃油消耗量。循环行驶试验工况包括了换档、怠速、加速、减速、等速、离合器脱开等汽车运行工况。车型不同时，汽车的实际运行工况也会有所不同，因此循环工况百公里燃油消耗量试验的多工况试验循环、规范也不一样，如乘用车常采用十五工况试验循环，城市客车和双层客车（包括城市铰接式客车）常采用四工况试验循环，货车常采用六工况试验循环等。

循环工况百公里燃油消耗量是一项综合性评价指标，能较实际地反映汽车的运行工况，从而较全面评价汽车的燃油经济性。

需说明的是，我国及欧洲一些国家多采用单位行程的燃油消耗量（L/100km）作为汽车燃油经济性评价指标。而美国、英国等一些国家则采用汽车消耗单位量的燃油所能驶过的里程作为汽车燃油经济性评价指标，单位是 mile/USgal，即每消耗 1 加仑的燃油汽车行驶的英里数。其数值越大，则汽车燃油经济性就越好。

二、常用油耗仪工作原理

油耗仪是测量汽车燃油消耗量的仪器，也称为燃油流量计。车用油耗仪一般由油耗传感器和计量显示装置组成，二者采用电缆线连接。油耗仪种类很多，按测试方法可分为容积式油耗仪、质量式油耗仪、流量式油耗仪和流速式油耗仪。以下主要介绍容积式和质量式油耗仪。

1. 容积式油耗仪

容积式油耗仪测量发动机运转时累计消耗燃料的总容积。

图 2-15 为行星活塞式油耗传感器的流量变换机构的工作原理图。该装置由十字形配置的四个活塞和曲轴构成，用于将一定容积的燃油流量转变为流量变换机构的曲轴旋转的圈数。

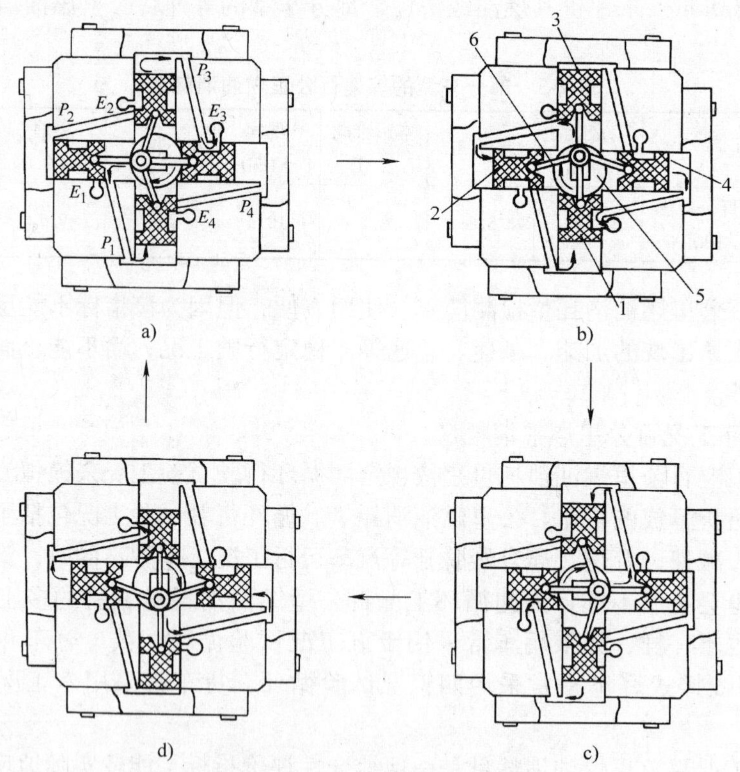

图 2-15 行星活塞式油耗传感器工作原理

1、2、3、4—活塞 5—曲轴 6—连杆

P_1、P_2、P_3、P_4—油道 E_1、E_2、E_3、E_4—排油口

在泵油压力作用下，燃油推动活塞往复运动，4 个活塞各往复运动一次则曲轴旋转一周，完成一个进、排油循环。活塞在油缸中处于进油行程或是排油行程，取决于活塞相对于进、排油口的位置。图 2-15a 表示活塞 1 处于进油行程，来自曲轴箱的燃油通过通道 P_1 推动其上行，并使曲轴作顺时针旋转。此时，活塞 2 处于排油行程终了，活塞 3 处于排油行程中，燃油从活塞 3 上部经通道 P_3 从排油口 E_3 排出，活塞 4 处于进油终了位置。当活塞和曲轴的位置如图 2-15b 所示时，活塞 1 处于进油行程终了位置，活塞 2 处于进油行程，通道 P_2 导通，活塞 3 处于排油行程终了位置，活塞 4 处于排油行程，燃油从通道 P_4 经排油口 E_4 排出。图 2-15c 和图 2-15d 的进排油状态及曲轴旋转方向如图中箭头所示。如此循环往复，曲轴每旋转一圈，各缸分别泵油一次，从而具有连续定容量泵油的作用。曲轴旋转一周的泵油量为

$$V = 4 \cdot \frac{\pi d^2}{4} \cdot 2h = 2\pi h d^2$$

式中 V——四缸泵油量（cm^2）；

h——曲轴偏心距（cm）；

d——活塞直径（cm）。

由此可见，经上述流量变换机构的转换后，把测燃油消耗量转化为测定流量变换机构曲轴的旋转圈数。这可由装在曲轴一端的信号转换装置完成。一般采用光电测量装置进行信号转换，把曲轴旋转圈数转化为电脉冲信号。

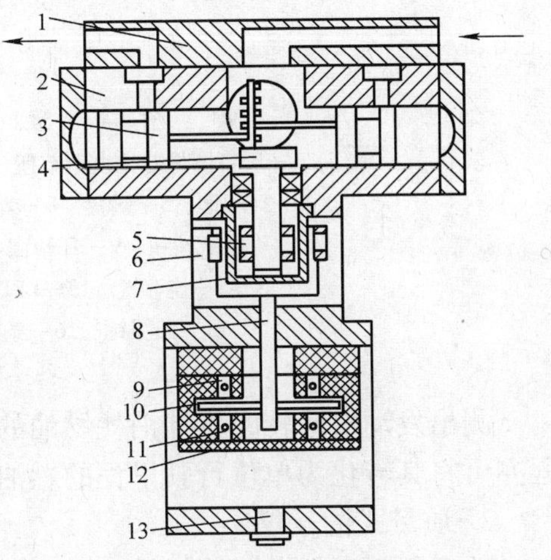

图 2-16 LCH-1 型流量传感器结构图
1—缸盖 2—缸体 3—活塞及连杆 4—曲轴 5—主动磁铁 6—从动磁铁 7—密封罩 8—从动轴 9—发光二极管 10—光栅 11—光敏二极管 12—线路板 13—插座

信号转换装置由主动磁铁、从动磁铁、转轴、光栅、发光二极管和光敏二极管等组成，见图 2-16。主动磁铁装在曲轴端部，从动磁铁装在转轴端部，两磁铁相对安装但磁铁之间留有间隙，其作用在于构成磁性万向节；光栅固定在转轴上，由转轴带动旋转：光栅两侧相对位置上固定有发光二极管和光敏二极管，光敏二极管用于接收发光二极管发出的光线，光栅位于二者之间，其作用是把发光二极管发出的连续光线转变为光脉冲。当曲轴转动时，通过磁性万向节带动转轴及光栅旋转，光栅在发光二极管和光敏二极管之间旋转，使光敏二

极管接收到光脉冲，由于光敏二极管的光电作用将光脉冲转换为电脉冲信号输入到计量显示装置。显然，该电脉冲数与曲轴转过的圈数成正比，从而经过运算处理，在显示装置上显示出燃油的消耗量。国产 LCH-1 型油耗仪采用四活塞式流量传感器，见图 2-16，其输出的光电信号为 0.2mL/脉冲。

现代四活塞式车用油耗仪多采用由微机控制的具有运算功能的智能化计量显示仪表，以微机为控制核心，可以测定各种类型发动机油耗的累计流量、瞬时流量、道路行驶流量和累计时间等参数，并具有定时间、定容积、定质量等功能，可以对数据进行运算、处理、存储、显示和打印。SLJ-3 型油耗仪的外形见图 2-17。

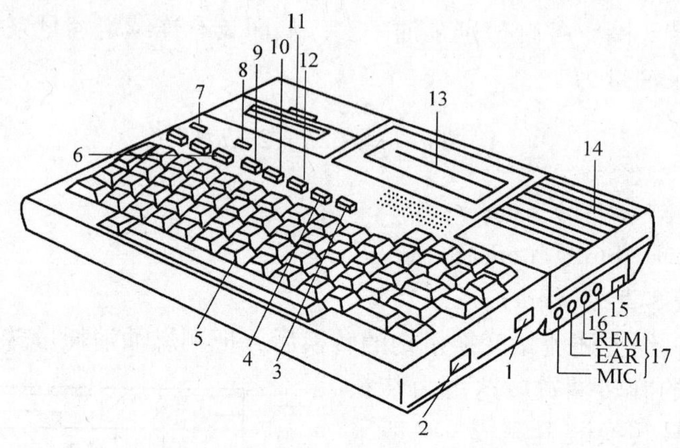

图 2-17　SLJ-3 型油耗仪外形图

1—屏幕图像对比度调节钮　2—电源开关　3—运行/功能键　4—打印键　5—键盘　6—复位键　7—打印机开关　8—手工供纸按钮　9—开始键　10—终止键　11—打印机　12—连存键　13—LED 显示器　14—微型磁带机　15—回零键　16—条形码接口　17—音频接口

测出发动机运转时累计消耗燃油的总容积后，根据在此时间内汽车的行驶里程亦可将其转化为单位行驶里程的燃油消耗量。

2. 质量式油耗仪

按容积测定的燃油消耗量，会因燃料规格和环境温度的变化使燃油密度变化而引起测量误差。而按质量法测定燃油消耗量，则不受燃油密度变化的影响，因而广泛应用于燃油消耗量的精密测量中。

质量式油耗仪测量消耗一定质量的燃油所用的时间，根据在此时间内汽车的行驶里程可将其转化为单位行驶里程所消耗燃油的质量，依据测试状态下燃油的密度可换算得到汽车单位行驶里程所消耗燃油升数。单位时间内的燃油消耗质量计算式为

$$G = 3.6\frac{q}{t}$$

式中　q——燃油质量（g）；

t——测量时间（s）；

G——燃油消耗量（kg/h）。

质量式油耗仪由称量装置、计数装置和控制装置构成，见图2-18。称量装置的秤盘上装有油杯1，燃油经电磁阀3加入油杯。电磁阀的开闭由装在平衡块上的行程限位器8拨动两个微型限位开关6和7进行控制。光电传感器由两个光敏二极管5、10和装在棱形指针上的光源9组成，用于确定燃油消耗的始点和终点信号。光敏二极管5为固定式，光敏二极管10装在活动滑块上，滑块通过齿轮齿条机构移动，齿轮轴与鼓轮12相连，计量的燃油量通过转动鼓轮12从刻度盘上读出。计量开始时，光源9的光束射在光敏二极管5上，光敏二极管发出信号使计数器13开始计数。随着油杯中燃油的消耗，指针移动。当光束射到光敏二极管10上时，光敏二极管10发出信号，使计数器停止计数。

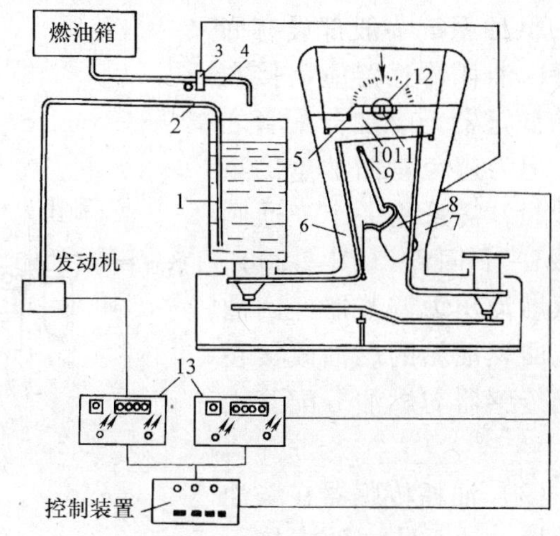

图2-18　质量式油耗仪

1—油杯　2—出油管　3—电磁阀　4—加油管　5、10—光敏二极管　6、7—限位开头　8-限位器　9—光源　11—鼓轮机构　12—鼓轮　13—计数器

三、油耗仪的连接

把油耗仪的油耗传感器连接在发动机燃油供给系统中是汽车燃油经济性检测的关键步骤。为保证检测结果的可靠性，连接时必须保证：

①经油耗传感器测量的燃油全部进入燃烧室，不会产生二次计数。

②进入油耗传感器的燃油不夹杂任何气体，以保证测量准确。

1. 油耗传感器的连接位置

油耗传感器在汽车发动机上的安装位置随发动机供油系统的不同而异。

（1）油耗传感器在化油器供油系统中的连接　对于一般无回油管路的汽油发动机，如大多数使用化油器供油系统的汽油发动机，可将油耗传感器串接在汽油泵与化油器之间，使油耗传感器的入口接汽油泵的出口，传感器出口则接化油器入口，见图2-19。

部分化油器发动机供油系统设有从供油泵到燃油箱的回油管，所采用的汽油泵供油量较化油器的出油量大得多，多余燃油经回油管流回燃油箱。此时，油耗传感器安装在上述同样位置时也可避免因回油造成的多余计数。

（2）油耗传感器在电控燃油喷射系统供油系统中的连接　装用电控燃油喷射系统的供油系统一般都设有回油管，油耗传感器应串接在燃油滤清器与燃油分配管之间。但为避免对回油量的重复计量，需采用一个三通阀构成一个回路（图 2-20），把从燃油压力调节器经回油管流回燃油箱的燃油改接在油耗传感器与燃油分配管之间。

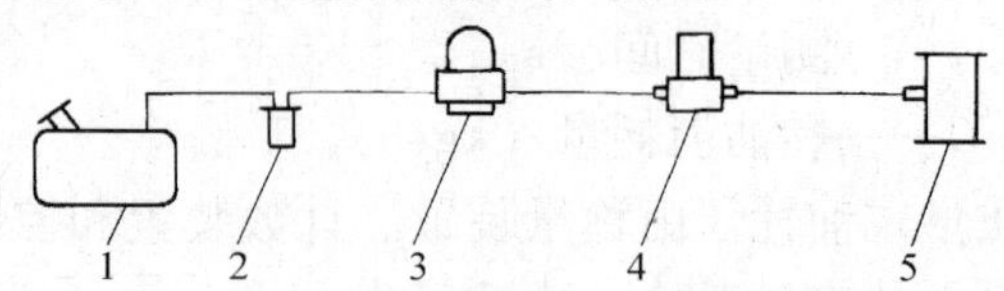

图 2-19　无回油管时油耗仪的安装

1—燃油箱　2—滤清器　3—汽油泵

4—油耗传感器　5—化油器

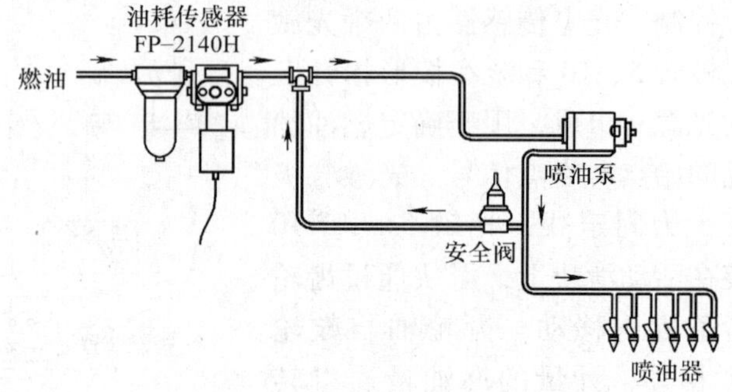

图 2-20　油耗传感器在电喷汽油车供油系统中的安装

（3）油耗传感器在柴油发动机供油系统中的连接　在柴油发动机的供油系统中，全部设置有回油管路，输油泵的供油量比喷油泵的出油量多 3 ~4 倍。为保持喷油泵油室中有一定压力，一般在喷油泵低压油出口装有溢流阀，大量多余燃油经溢流阀和回油管路流回输油泵入口或直接流回燃油箱；此外，从喷油器工作间隙处泄漏的少量燃油也经回油管流回燃油箱。图 2-21 为油耗传感器在柴油发动机供油系统中的连接方法。油耗传感器接在燃油箱到高压油泵之间的油路上，回油管路则用三通阀接在油耗传感器的出油管路上，以免燃油被油耗传感器重复计量。采用双油耗仪也可避免重复计量，即在输油管路和回油管路上分别安装一只油耗传感器，实际燃油消耗则为输油管路油耗仪的测量值减去回油管路上油耗仪的测量值。

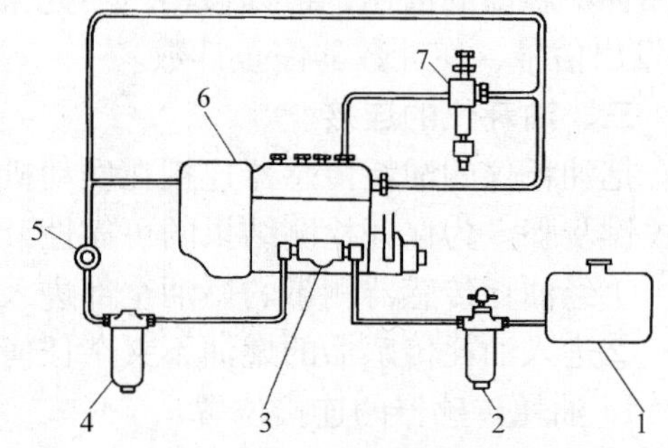

图 2-21　油耗仪在柴油机供油系中的安装

1—燃油箱　2—粗滤器　3—输油泵

4—细滤器　5—油耗传感器

6—喷油泵　7—喷油器

2. 油路中空气泡的排除

油路中的空气泡对检测结果的准确性影响极大，应予以排除。这是因为油耗仪会把空气泡所占的容积当成所消耗燃油的容积，从而使检测结果偏大而失准。因此，在安装油耗传感器后，必须把空气泡排除干净。

（1）油路中产生空气泡的原因　空气泡产生的原因如下：

①拆装油管时，油管中油液滴漏，装好后形成空气泡。

②连接时，油管接头处夹箍没夹好，造成渗漏，形成空气泡。

③燃油泵进油阀胶碗老化，密封性下降，供油压力不足，不断形成空气泡。

④发动机过热，形成气阻产生空气泡。

⑤从燃油箱到燃油泵管路局部老化，密封性差，不断产生空气泡。

⑥燃油滤清器堵塞或燃油箱盖上气孔堵塞，燃油泵泵油时形成真空，产生空气泡。

（2）油路中空气泡的排除方法　一般油耗传感器壳体上设有放气螺钉，可以排除油耗传感器内的气体。但排除检测油路中的空气泡比较费时。尤其当管路有堵塞或泄漏情况时，将使空气泡难以彻底排尽。

排除空气泡时，可采用手动泵泵油，同时卸开油管接头，连续泵油直至泵出的油不含气泡为止。或者用性能较稳定的电动汽油泵和汽油滤清器替换原车相应部件；在汽油泵到油耗传感器之间装上较短且密封性好的新油管，以缩短油管长度，减小油路阻力，避免空气泡对检测结果的影响。

在柴油发动机油路中装好油耗传感器后，也须用手动泵泵油以排除油路中的空气泡。柴油机与汽油机的差别：汽油机可以在发动机发动后排除空气泡，而柴油机必须在发动前排除空气泡；汽油车在拆去油耗传感器恢复原油路时，无需排除空气泡，而柴油车在恢复原油路后仍需排除油路中刚产生的空气泡。

油耗传感器的进出油管最好为透明塑料管，以便观察燃油流中有无气体。当管路中不断产生气泡时，应认真检查并消除密封不良的部位。测试开始前，应把供油管路中的气体排除干净。

（3）气体分离器的工作原理　在油耗传感器进口处串接气体分离器，可以在测试过程中消除气泡对测量结果的影响，保证测量精度。气体分离器简图见图 2-22。当混有气体的燃油进入气体分离器浮子室时，气体会迫使浮子室内的油平面下降，使针阀打开，气体排入大气，从而除去由出油管进入油耗仪传感器的燃油中的气泡。

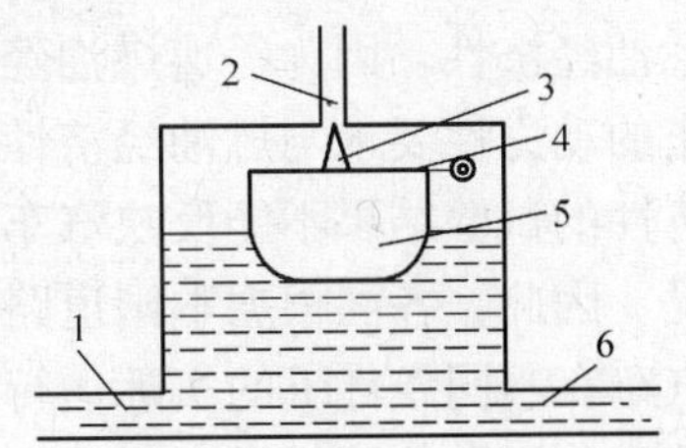

图 2-22　气体分离器简图

1—进油管　2—排气管

3—针阀　4—浮子室

5—浮子　6—出油管

3. 油耗仪传感器与电源和显示仪表装置的连接

油耗仪的电源线必须夹紧在蓄电池极桩上，不要随意就近接在电路某部位上，以免供电电压发生较大变化，影响油耗仪正常工作。

油耗仪传感器串接到供油管路后，传输信号的电缆线应插入油耗仪传感器的插座上，另一端插入计量显示仪表输入插座上。

四、汽车燃油经济性评价工况

汽车的燃油消耗量与行驶工况密切相关。行驶工况（汽车行驶的工作状况）主要由行驶速度和行驶时的载荷构成，分为稳态工况和循环工况两类，并用国家或行业标准予以规范。

1. 稳态工况

稳态工况，即等速行驶工况，是汽车运行的基本工况。汽车实际运行过程中，驾驶人根据运行条件在恒定载荷下随机选用不同速度行驶，因此，就需要规范在恒定载荷下用哪一种等速度量级的燃油消耗量表征汽车的燃油经济性。通常在变速器最高档的最小稳定车速至90%最高车速的范围内，以10的整数倍均匀选取至少5个试验车速，作为试验车在恒定载荷下燃油消耗量测试的稳态（等速）行驶工况。

根据GB/T 12545. 1—2008《汽车燃料消耗量试验方法 第1部分：乘用车燃料消耗量试验方法》，乘用车、轻型车的常用稳态（等速）试验工况为90km/h和120km/h，其试验载荷为整备质量加180kg。当车辆的50%载质量大于180kg时，车辆试验质量为整备质量加50%的载质量。根据GB/T 12545. 2—2001《商用车辆燃料消耗量试验方法》，商用车辆的稳态（等速）试验工况的试验载荷：M_1、M_2类城市客车为65%的载质量，其他车辆为满载。

根据GB 18565—2001《营运车辆综合性能要求和检验方法》，用底盘测功机检测汽车等速百公里燃油消耗量时，检测车速：轿车为60km/h，其他车辆为50km/h；实验时的基准质量为车辆满载。

2. 循环工况

等速行驶燃油经济性只能作为一种相对比较性的指标，不能全面考核汽车的燃油经济性。因为等速燃油经济性试验没有关于动力性的要求，容易造成试验汽车的动力性要求与燃油经济性匹配不合理的现象；此外，汽车的等速行驶燃油经济性的试验结果不能反映汽车实际行驶中频繁出现的加速、减速等非稳定行驶工况。因此，各国根据本国道路、交通状况制定了一些典型的循环工况，用于模拟汽车在不同条件下的实际运行工况，并据此进行燃油经济性试验，并以试验所得的百公里燃油消耗量评价汽车相应工况的燃油经济性。

我国针对载货汽车、城市公共汽车和乘用车提出了相应的燃油经济性试验规范。载货汽车采用六工况试验循环、城市公共客车采用四工况试验循环，乘用车采用十五工况试验循环。

（1）六工况循环　GB/T 12545.2—2001《商用车辆燃料消耗量试验方法》规定：商用车辆燃油消耗量试验采用六工况法循环试验，并规定了六工况循环中每个工况的行程、持续时间、车速、加速度等试验参数，见表2-6和图2-23。六工况循环模拟干线公路车辆的行驶工况，试验车辆载荷为满载，其整个循环共需96.2s，累计行程1350m。

表2-6　六工况循环试验参数表

工况	行程/m	时间/s	累计行程/m	车速/(km/h)	加速度/(m/s^2)
1	125	11.3	125	40	—
2	175	14.0	300	40~50	0.2
3	250	18.0	550	50	—
4	250	16.3	800	50~60	0.17
5	250	15.0	1050	60	—
6	300	21.6	1350	60~40	0.26

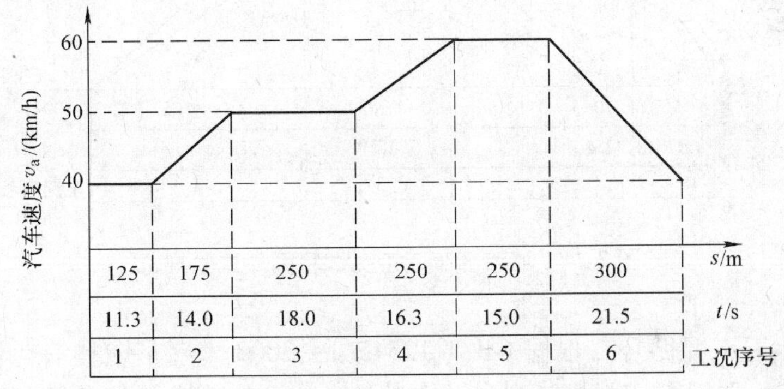

图2-23　载货汽车六工况试验循环试验规范

（2）四工况循环　GB/T 12545.2—2001《商用车辆燃料消耗量试验方法》规定：城市客车燃油消耗量试验采用四工况法循环试验，并规定了四工况循环中每个工况的运转状态、行程、持续时间、档位和换档车速等试验参数，见表2-7和图2-24。四工况循环模拟城市公交客车站间的行驶工况，试验车辆载荷为65%载质量，其整个循环共需72.5s（或75.7s），累计行程700m。

表2-7　城市客车和双层客车四工况循环试验参数

工况序号	运转状态/(km/h)	行程/m	累积行程/m	时间/min	变速器档位及换档车速/(km/h)	
					档位	换档车速
1	0~25 换档加速	5.5	5.5	5.6	Ⅱ~Ⅲ	6~8
		24.5	30	8.8	Ⅲ~Ⅳ	13~15
		50	80	11.8	Ⅳ~Ⅴ	19~21
		70	150	11.4	Ⅴ	

（续）

工况序号	运转状态/(km/h)	行程/m	累积行程/m	时间/min	变速器档位及换档车速/(km/h)	
					档位	换档车速
2	25	120	270	17.2	V	
3	(30) 25~40	160	430	(20.9) 17.7	V	
4	减速行驶	270	700		空档	

注：1. 对于5档以上变速器采用Ⅱ档起步，按表中规定循环试验；对于4档变速器Ⅰ档起步，将Ⅳ档代替表中Ⅴ档，其他依次代替，则按表中规定试验循环进行。

2. 括号内数字适用于铰接式客车及双层客车。

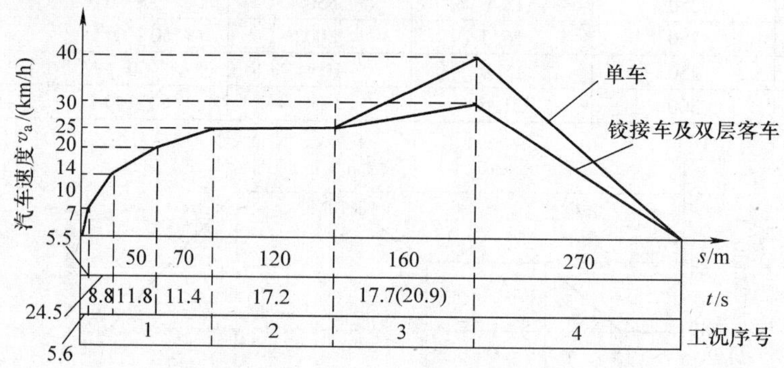

图2-24　城市客车四工况试验循环试验规范

（3）十五工况循环　根据GB/T 12545.1—2008《汽车燃料消耗量试验方法 第1部分：乘用车燃料消耗量试验方法》，乘用车模拟城市运行工况燃油消耗量试验采用十五工况法循环试验，并规定了十五工况循环中每个工况的运转次序、加速度、速度、每次运转时间、变速器档位等试验参数，见表2-8和图2-25。十五工况循环模拟乘用车、轻型汽车在城市道路上的运行工况，试验车辆载荷为车辆基准质量，即整备质量加100kg，其整个循环共需195s。

表2-8　乘用车十五工况循环试验参数

工况	运转次序	加速度/(m/s²)	速度/(km/h)	每次时间		累计时间/s	手动变速器使用档位
				运转/s	工况/s		
1	1 怠速	—	—	11	11	11	6sPM+5sK$_1$
2	2 加速	1.04	0→15	4	4	15	1
3	3 等速	—	15	8	8	23	1
4	4 等速	-0.69	15→10	2	15	25	1
	5 减速/离合器脱开	-0.92	10→0	3		28	
5	6 怠速	—	—	21	21	49	16sPM+5sK$_1$
6	7 加速	0.83	0→15	12	12	54	1
	8 换档					56	—
	9 加速	0.94	15→32			61	2

（续）

工况	运转次序	加速度 /(m/s^2)	速度 /(km/h)	每次时间		累计时间 /s	手动变速器使用档位
				运转/s	工况/s		
7	10 等速	—	32	24	24	85	2
8	11 减速	−0.75	32→10	8	11	93	2
	12 减速/离合器脱开	−0.92	10→0	3		96	K_2
9	13 怠速	—	—	21	21	117	$16sPM+5sK_1$
10	14 怠速	0.83	0→15	26	26	122	1
	15 换档					124	—
	16 加速	0.62	15→35			133	2
	17 换档					135	—
	18 加速	0.62	35→50			143	3
11	19 等速		50	12	12	155	3
12	20 等速	0.52	50→35	8	8	163	3
13	21 等速	—	35	13	13	176	3
14	22 换档	—	—	12	12	178	
	23 减速	−0.86	32→10			185	2
	24 减速/离合器脱开	−0.92	10→0			188	K_2
15	25 怠速	—	—	7	7	195	7sPM

注：1. PM 指变速器在空档，离合器接合。

2. K_1（或 K_2）指变速器挂 1 档（或 2 档），离合器脱开。

3. 如车辆装备自动变速器，驾驶人可根据工况自行选择合适的档位。

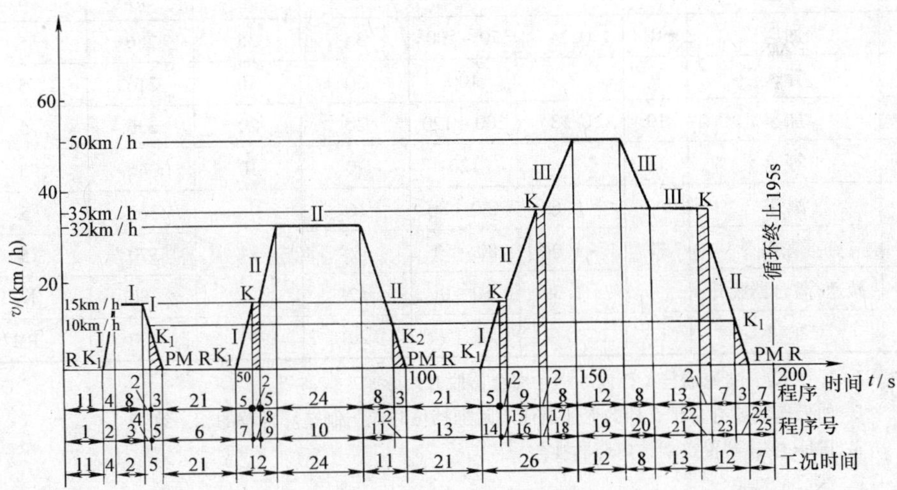

图 2-25　乘用车十五工况循环试验规范

K—离合器分离　K_1、K_2—离合器分离，变速器结合 1 档或 2 档

Ⅰ、Ⅱ、Ⅲ—变速器 1 档、2 档、3 档　PM—空档　R—怠速（图中阴影表示换档）

（4）十三工况循环　十三工况循环用于模拟乘用车和轻型汽车在市郊条件下行驶时汽车的运行工况，见表 2-9 和图 2-26。试验车辆载荷为车辆基准质量，即整备质量加 100kg，其整个循环共需 400s。

表 2-9　乘用车、轻型汽车模拟市郊十三工况循环试验参数

操作序号	运转状态	工况	加速度 /(m/s^2)	速度 /(km/h)	每次时间		累计时间 /s	手动变器使用档位
					操作/s	工况/s		
1	怠速	1			20	20	20	K_1
2	加速	2	0.83	0～15	5	41	25	1
3	换档				2		27	—
4	加速		0.62	15～35	9		36	2
5	换档				2		38	—
6	加速		0.52	35～50	8		46	3
7	换档				2		48	—
8	加速		0.43	50～70	13		61	4
9	等速	3		70	50	50	111	5
10	减速	4	−0.69	70～50	8	8	119	4s·5+4s·4
11	等速	5		50	69	69	188	4
12	加速	6	0.43	50～70	13	13	201	4
13	等速	7		70	50	50	251	5
14	加速	8	0.24	70～100	35	35	286	5
15	等速	9		100	30	30	316	5
16	加速	10	0.28	100～120	20	20	336	5
17	等速	11		120	10	10	346	5
18	减速	12	−0.69	120～80	16	34	362	5
19	减速		−1.04	80～50	8		370	5
20	减速/离合器脱开		−1.39	50～0	12		380	K_5
21	怠速	13			20	20	400	PM

注：1. K_1、K_5—变速器挂 1 档或 5 档，离合器脱开。

2. 如果车辆装有多于 5 档的变速器使用附加档位时应与制造厂推荐的相一致。

3. PM—变速器置空档，离合器接合。

（5）乘用车和轻型汽车燃油经济性试验的多工况循环　GB 19578—2004《乘用车燃料消耗量限值》中规定的乘用车燃油消耗量限值试验规范由试验 1 部和试验 2 部构成，见图 2-27。试验 1 部包括 4 个市区运转循环，试验 2 部是 1 个市郊运转循环。其中，市区运转循环为十五工况循环（表 2-8、图 2-25），用来模拟市区条件下汽车的行驶工况；市郊运转循环为十三工况循环（表 2-9、图 2-26），用来模拟市郊条件下汽车的行驶工况。

五、汽车燃油经济性检测方法

汽车燃油经济性试验是检测汽车在规定条件下的燃油消耗量，以获取评价其燃油经济性指标的试验。汽车燃油经济性试验可分为道路试验法和室内台架试验法两类。

1. 道路试验法

道路试验法是测量汽车在规定行驶工况下的燃油消耗量的常用方法。由于道路试验法简单、易行，试验时汽车所受阻力与汽车实际行驶阻力一致，油耗测量数据的可靠度好，而且设备费用低廉。因此，道路试验早就广泛用于试验、评价汽车的燃油经济性。

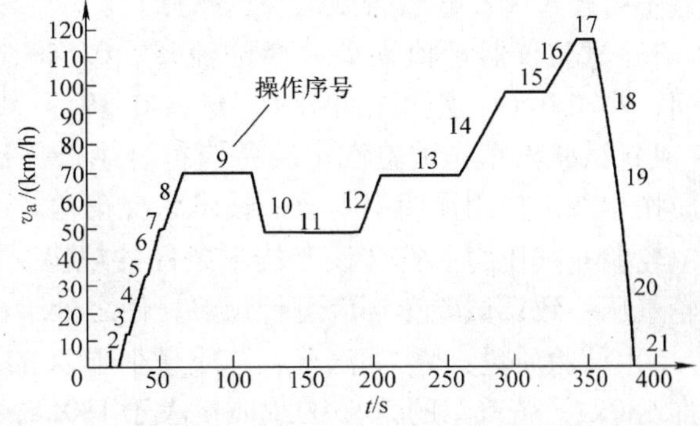

图 2-26　十三工况循环试验规范

道路试验法的主要不足：需要有符合规定的道路；受气象条件限制；试验结果受道路条件和试验人员的影响，可比性和可重复性较差；难以实现复杂的多工况循环行驶试验。

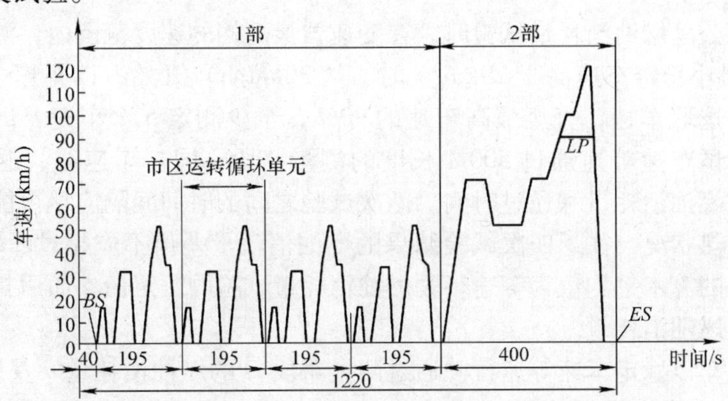

图 2-27　用于乘用车、轻型汽车测试的多工况循环试验规范

BS—取样开始　*ES*—取样结束　*LP*—低功率车辆

（1）试验条件　根据 GB/T 12545. 1—2008《汽车燃料消耗量试验方法　第 1 部分：乘用车燃料消耗量试验方法》和 GB/T 12545. 2—2001《商用车辆燃料消耗量试验方法》，汽车燃油经济性的试验条件如下。

1）道路条件：试验道路应为沥青或混凝土铺装的、平坦的直线路，道路长2～3km，宽不小于8m，纵向坡度在0.1%以内，最大横向路拱高度小于1.5%。路面应干燥、清洁（需清除路面上的砂石颗粒）。

2）气象条件：无雨、无雾，相对湿度小于95%，气温0～40℃，风速小于3 m/s。试验时的空气密度与基准状态（P=100kPa，T=293.2K）下的空气密度相差不得超过±7.5%，否则需要进行修正。

3）试验仪器示值误差：燃油流量，0.5%；车速，小于0.1m/s或0.5%；时间，小于0.1s；距离，小于0.1m或0.3%；风速，小于0.5%。

4）试验汽车：试验汽车装备应符合生产厂出厂的规定；若试验车为新车，则应按生产厂使用说明书走合；技术状况正常。

轮胎充气压力应符合该车技术条件的规定，误差不超过±10kPa，并保持各车轮气压一致；试验车辆应运行预热，使之处于正常行驶的温度状况。

5）试验质量：M_1类汽车、总质量小于2t的N_1类汽车的试验质量为整备质量加180kg，若汽车的50%的载质量大于180kg，则试验质量为整备质量加50%的载质量（包括测量人员和仪器的质量）；M_2、M_3类城市客车试验质量为装载质量的65%；最大总质量大于2t的N类及其他车辆的试验质量为满载。

（2）稳态工况燃油消耗量试验　汽车稳态道路运行工况燃油消耗量试验，即等速百公里燃油消耗量试验，一直是评价汽车燃油经济性常用方法，且已标准化。

等速百公里燃油消耗量试验时，在变速器最高档的速度范围内，测试车速从20km/h（最小稳定车速高于20km/h时，从30km/h）开始，以车速10km/h的整数倍均匀选取车速，直至最高车速的90%，至少测定5个车速。试验时，汽车以规定测试车速等速通过500m长度的测量路段，同一车速往、返各进行两次，测定其燃油消耗量和通过时间。两次试验之间的时间间隔应尽可能缩短，以保持稳定的热状况，往返四次试验结果的燃油消耗量差值不应超过±5%，取四次试验结果的算术平均值为等速行驶燃油消耗量试验的测定值，而后折算得到汽车的百公里燃油消耗量。

测得汽车以稳定车速等速行驶通过测量路段D的燃油消耗量q及所用时间t后，按下式计算汽车的实际试验车速v(km/h)和百公里燃油消耗量Q(L/100km)：

$$v = 3.6\frac{D}{t}$$

$$Q = \frac{100q}{D}$$

式中　D——给定长度的测量路段（m）；

t——汽车通过测量路段时间（s）；

q——汽车通过给定长度测量路段的油耗量（mL）。

根据各车速下的百公里燃油消耗量数据，便可以在横坐标为车速、纵坐标为百公里燃油消耗量的坐标系中绘出该车的百公里燃油消耗量特性曲线图，见图2-28。

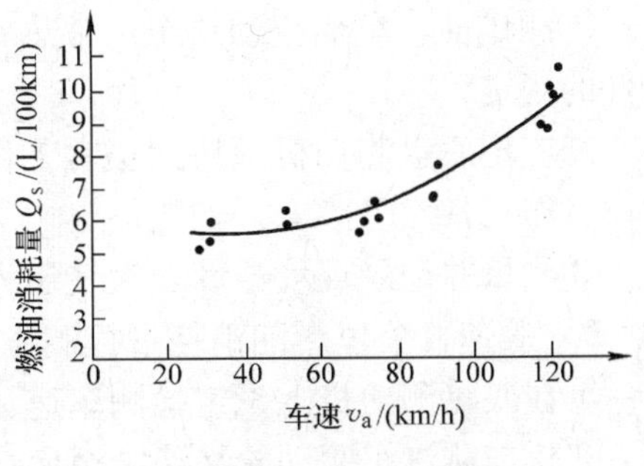

图 2-28　百公里燃油消耗量特性曲线图

乘用车常用 90km/h 和 120km/h 的燃油消耗量（L/100km）来评价其燃油经济性，因此一般取测试车速 90km/h 或 120km/h，测试车速误差 ±2km/h。

（3）循环工况燃油消耗量试验　道路循环工况燃油消耗量试验只适于较简单的四工况、六工况循环，见图 2-23 和图 2-24。

试验前，根据规定工况的行程在试验道路上安置标杆，以帮助驾驶人准确驾驶汽车按规定工况行驶。试验时，汽车按规定的车速—时间规范（如换档、怠速、加速、减速、等速、离合器脱开等）和档位，通过测试路段，用试验仪器记录汽车的行程—车速—时间曲线，记录每一次循环试验的燃油消耗量和行驶时间。

在进行循环工况试验时，汽车终速度的允许偏差为 ±3km/h，其他各工况的速度偏差为 ±1.5km/h；在工况改变过程中，允许车速的偏差大于规定值，但在任何条件下超过车速偏差的时间不应大于 1s，即时间偏差为 ±1s。

每辆车的循环工况燃油消耗量试验应进行四次，取四次试验结果的算术平均值为循环工况燃油消耗量试验的测定值，而后根据循环工况的距离折算得到汽车在相应循环工况下的百公里燃油消耗量。

2. 室内台架试验法

室内台架试验是以底盘测功机作为活动路面，模拟汽车道路行驶阻力和车速，以进行汽车等速行驶燃油消耗量试验和循环工况燃油消耗量试验的方法。

汽车燃油消耗量的台架试验是由底盘测功机和油耗仪配合使用完成的。底盘测功机用于提供活动路面，并模拟汽车在道路上行驶时的阻力；油耗仪则用于燃油消耗量的测量。汽车燃油消耗量检测结果的准确性除与油耗仪的测试精度有关外，还与底盘测功机对汽车行驶阻力的模拟是否准确，及所采用的试验循环是否合理有关。

（1）稳态工况燃油消耗量台架试验　根据 GB 18565—2001《营运车辆综合性能要求和检验方法》，用底盘测功机检测汽车等速百公里燃油消耗量时的测试条件如下。

1）检测环境条件

①环境温度 0 ~40℃。

②环境湿度小于 85%。

③大气压力 80 ~110kPa。

2）台架和车辆的准备

①测试前，车辆应预热至正常热状态，车辆轮胎规格和气压应符合该车技术条件的规定。

②应把底盘测功机预热到正常工作温度，底盘测功机和油耗仪应符合使用要求，工作正常。

③测量并记录环境温度、大气压力和燃料密度。

3）等速百公里燃油消耗量检测方法

①在底盘测功机上设定检测车速：轿车为60km/h，其他车辆为50km/h。

②将被测汽车驱动轮平稳驶至底盘测功机滚筒上，起动汽车，逐步加速并换至直接档（无直接档至最高档），使车速达到规定的车速。给测功机加载 P_{PAU}，使其模拟汽车满载等速行驶在平坦良好路面时的行驶阻力功率为

$$P = P_{PAU} + P_{PL} + P_F$$

式中 P——汽车满载等速行驶在平坦良好路面时的行驶阻力功率（kW）；

P_{PAU}——底盘测功机吸收单元的吸收功率（kW）；

P_{PL}——测功机内部摩擦损失功率（kW）；

P_F——汽车驱动轮、传动系统等摩擦损失，由测功机使用者自行测定（kW）。

当 $P_{PL} + P_F \geqslant P$ 时，则车辆不能在该测功机上进行检测；当 $P_{PL} + P_F < P$ 时，则需调整 P_{PAU}，使 $P_{PAU} + P_{PL} + P_F = P$。

其中，行驶阻力功率 P 可按有关规定试验测得，试验时基准质量为车辆满载；也可以按汽车在平坦良好路面等速行驶所消耗的功率值计算得到。

在台架试验汽车的等速百公里燃油消耗量时，合理确定测功机的加载量，以模拟汽车在平直道路上以规定车速行驶时所受到的阻力极其重要。此时，汽车克服滚动阻力和空气阻力所消耗的驱动轮功率为

$$P_k = \left(Gf + \frac{1}{21.15}C_D AV^2\right)\frac{v}{3600}$$

式中 P_k——驱动轮输出功率（kW）；

G——汽车总重（N）；

f——滚动阻力系数；

C_D——空气阻力系数；

A——迎风面积（m^2）；

v——试验车速（km/h）。

在汽车底盘测功机上试验时，汽车驱动轮输出功率应等于底盘测功机加载装置的加载功率与测功机内部摩擦阻力功率之和。对某一固定结构的底盘测功机而言，摩擦阻力功率为一常数。因此，合理确定公式中各个系数并求出试验车速下的驱动轮功率后，便可据此确定测功机的模拟加载量。

③待车速稳定后开始测量，要求测量不低于500m距离的燃油消耗量。连续测量两次并记录。

④计算等速百公里燃油消耗量和2次检测结果的算术平均值。

显然，在不同试验车速下，底盘测功机所对应的加载功率不同。若把汽车底盘测功机用作活动路面和汽车行驶阻力模拟装置，精确控制汽车驱动轮在底盘测功机滚筒上的运行速度，并模拟汽车在相应车速下的运行阻力，便可代替汽车燃油经济性的道路试验，在室内条件下进行各种不同车速的燃油消耗量试验。根据汽车在不同车速下的等速百公里燃油消耗量试验结果，便可画出汽车的等速百公里燃油消耗量特性曲线，见图2-28。

（2）循环工况燃油消耗量台架试验　根据GB/T 12545.1—2008《汽车燃料消耗量试验方法　第1部分：乘用车燃料消耗量试验方法》，乘用车模拟城市工况循环燃油消耗量试验应在底盘测功机上进行，其试验循环工况见表2-8和图2-25。

车辆试验质量：M_1类车辆的试验质量为整车整备质量加上100kg；N_1类车辆试验为整车整备质量加上180kg；当车辆的50%装载质量大于180kg时，测试质量为整车整备质量加上50%的装载质量（包括测量仪器和人员的质量）。

燃油消耗量的测量值由两个连续的模拟城市工况循环所消耗的燃料量来决定。进行循环之前，应使发动机在规定条件下进行足够次数（至少进行5次循环）的模拟城市工况循环试验，直到其工作温度稳定，特别应使机油温度稳定。发动机温度应保持在制造厂规定的正常工作范围内。

为了便于测量燃油消耗量，两个连续的模拟城市工况循环之间的间隔时间（怠速状态）不应超过60s。

试验结果：按模拟城市工况循环测量的燃油消耗量应等于按上述规定进行的3次连续测量的算术平均值。如果进行3次试验后的燃油消耗量极限值与平均值之差超过5%，则按上述规定继续试验，直至获得至少5%的测量精度为止。

根据测量结果和十五工况循环的累计行程，可以折算得到所测汽车城市工况循环下的百公里燃油消耗量。

GB/T 19233—2008《轻型汽车燃料消耗量试验方法》规定，在底盘测功机上模拟市区和市郊行驶工况进行汽车燃油消耗量试验；GB 19578—2004《乘用车燃料消耗量限值》规定，乘用车燃油消耗量限值试验规范由两部分构成，试验1部包括4个模拟市区条件下汽车的行驶工况循环（十五工况），试验2部是1个模拟市郊条件下汽车的行驶工况循环（十三工况），见图2-27。其试验车辆载荷为车辆基准质量，即整备质量加100kg。

汽车燃油消耗量室内模拟试验不受道路、气象条件的限制，可模拟复杂的汽车行驶工况，可采用质量法、容积法、碳平衡法中的任一方法测量燃油消耗量，试验条件可控，试验结果重复性好，可同时进行燃油经济性和排放污染物试验。

室内台架试验的主要不足：能模拟汽车复杂行驶工况的底盘测功机价格昂贵；不易准确模拟汽车的道路行驶阻力；底盘测功机用电惯量或机械惯量均难以准确、实时的模拟汽车加、减速行驶时的惯性阻力。如若设定底盘测功机模拟的行驶阻力与试验车道路试验时的实际行驶阻力差别太大，就会明显降低测试结果的可靠度和可比性。

3. 燃油消耗量检测结果处理

（1）燃油消耗量测试数据的重复性　汽车的燃油消耗量测试数据必须满足的要求为

$$\frac{Q_{max}-Q_{min}}{Q_A}\leqslant R$$

式中　Q_{max}——百公里燃油消耗量量测试数据中的最大值（L/100km）；

Q_{min}——百公里燃油消耗量量测试数据中的最小值（L/100km）；

Q_A——百公里燃油消耗量量测试数据中的算术平均值（L/100km）；

R——比例系数，其取值见表2-10。

表2-10　比例系数 *R* 的取值

试验次数 n	2	3	4	5	10
R	0.053	0.063	0.069	0.073	0.085

若测试数据的重复性达不到上述要求，必须排除测试仪器及发动机或底盘的有关故障后重新进行检测。

（2）燃油消耗量测试数据的修正　在测试条件下测得的汽车燃油消耗量测试数据应修正为标准状态下的数值。标准状态指：气温为20℃，气压为100kPa，汽油密度为0.742g/mL，柴油密度为0.830g/mL。修正公式为

$$Q_c=\frac{Q_A}{C_1\times C_2\times C_3}$$

$$C_1=1+0.0025(20-T)$$

$$C_2=1+0.0021(p-100)$$

$$C_3=1+0.8(0.742-\rho)\text{（汽油车）}$$

$$C_3=1+0.8(0.830-\rho)\text{（柴油车）}$$

式中　Q_c——修正后的燃油消耗量（L/100km）；

Q_A——实测的燃油消耗量均值（L/100km）；

C_1——环境温度修正系数；

C_2——大气压力修正系数；

C_3——燃油密度修正系数；

T——试验时的环境温度（℃）；

p——试验时的大气压力（kPa）；

ρ——试验时的燃油密度（g/mL）。

六、汽车燃油消耗量限值

1. 乘用汽车燃油消耗量限值

GB 19578—2004《乘用车燃料消耗量限值》规定了国产乘用车的燃油消耗量限值，见表 2-11。

如果汽车在结构上具有以下一种或多种特征，其限值则见表 2-12。

①装有自动变速器。

②具有三排或三排以上座椅。

③符合 GB/T 15089—2001《机动车辆及挂车分类》中规定条件的 M_1G 类汽车，即包括驾驶人在内，座位数不超过 9 座的越野汽车。

GB 19578—2004《乘用车燃料消耗量限值》适用于以点燃式发动机或压燃式发动机为动力，最大设计车速大于或等于 50km/h，最大总质量不超过 3500kg 的 M_1 类车辆的燃油消耗量型式认证和生产一致性检查。其试验工况为模拟市区工况循环的试验 1 部和模拟市郊工况循环的试验 2 部构成的多工况循环（图 2-27）；其试验载荷采用基准质量，即汽车整备质量加 100kg。乘用车燃料消耗量限值分两阶段实施。新车型式认证：第一阶段为 2005 年 7 月 1 日，第二阶段为 2008 年 1 月 1 日；在生产汽车：第一阶段为 2005 年 7 月 1 日，第二阶段为 2009 年 1 月 1 日。

表 2-11　乘用车燃油消耗量限值（1）

整车整备质量 CM /kg	第一阶段 /(L/100km)	第二阶段 /(L/100km)	整车整备质量 CM /kg	第一阶段 /(L/100km)	第二阶段 /(L/100km)
$CM \leqslant 750$	7.2	6.2	$1540 < CM \leqslant 1660$	11.3	10.2
$750 < CM \leqslant 865$	7.2	6.5	$1660 < CM \leqslant 1770$	11.9	10.7
$865 < CM \leqslant 980$	7.7	7.0	$1770 < CM \leqslant 1880$	12.4	11.1
$980 < CM \leqslant 1090$	8.3	7.5	$1880 < CM \leqslant 2000$	12.8	11.5
$1090 < CM \leqslant 1205$	8.9	8.1	$2000 < CM \leqslant 2110$	13.2	11.9
$1205 < CM \leqslant 1320$	9.5	8.6	$2110 < CM \leqslant 2280$	13.7	12.3
$1320 < CM \leqslant 1430$	10.1	9.2	$2280 < CM \leqslant 2510$	14.6	13.1
$1430 < CM \leqslant 1540$	10.7	9.7	$2510 < CM$	15.5	13.9

表 2-12　乘用车燃油消耗量限值（2）

整车整备质量 CM /kg	第一阶段 /(L/100km)	第二阶段 /(L/100km)	整车整备质量 CM /kg	第一阶段 /(L/100km)	第二阶段 /(L/100km)
$CM \leqslant 750$	7.6	6.6	$1540 < CM \leqslant 1660$	12.0	10.8
$750 < CM \leqslant 865$	7.6	6.9	$1660 < CM \leqslant 1770$	12.6	11.3
$865 < CM \leqslant 980$	8.2	7.4	$1770 < CM \leqslant 1880$	13.1	11.8
$980 < CM \leqslant 1090$	8.8	8.0	$1880 < CM \leqslant 2000$	13.6	12.2
$1090 < CM \leqslant 1205$	9.4	8.6	$2000 < CM \leqslant 2110$	14.0	12.6
$1205 < CM \leqslant 1320$	10.1	9.1	$2110 < CM \leqslant 2280$	14.5	13.0
$1320 < CM \leqslant 1430$	10.7	9.8	$2280 < CM \leqslant 2510$	15.5	13.9
$1430 < CM \leqslant 1540$	11.3	10.3	$2510 < CM$	16.4	14.7

2. 轻型商用汽车燃油消耗量限值

GB 20997—2007《轻型商用车辆燃料消耗量限值》规定了我国生产的轻型商用车的燃油消耗量限值，见表 2-13 ~ 表 2-16，适用于以点燃式发动机或压燃式发动机为动力，最大设计车速大于或等于 50km/h 的 N_1 类和最大设计总质量不超过 3500kg 的 M_2 类车辆的燃油消耗量型式认证和生产一致性检查。其试验工况为模拟市区工况循环的试验 1 部和模拟市郊工况循环的试验 2 部构成的多工况循环（图 2-27），试验载荷采用基准质量，即汽车整备质量加 100kg。自 2008 年 2 月 1 日起，新认证基本型车及其变型车应符合第二阶段限值要求；自 2009 年 1 月 1 日起，在 2008 年 2 月 1 日前认证车型的在生产车及其变型车应符合第一阶段要求；自 2011 年 1 月 1 日起，适用于本标准的所有车辆应符合第二阶段限值的要求。

表 2-13　N_1 类汽油车辆燃油消耗量限值

最大设计总质量 M/kg	发动机排量 V/L	第一阶段限值 /(L/100km)	第二阶段限值 /(L/100km)
$2000 \leqslant M$	全部	8.0	7.8
$2000 < M \leqslant 2500$	$V \leqslant 1.5$	9.0	8.1
	$1.5 < V \leqslant 2.0$	10.0	9.0
	$2.0 < V \leqslant 2.5$	11.5	10.4
	$V > 2.5$	13.5	12.5
$2500 < M \leqslant 3000$	$V \leqslant 2.0$	10	9.0
	$2.0 < V \leqslant 2.5$	12.0	10.8
	$V > 2.5$	14.0	12.6
$M > 3000$	$V \leqslant 2.5$	12.5	11.3
	$2.5 < V \leqslant 3.0$	14.0	12.6
	$V > 3.0$	15.5	14.0

表 2-14　N_1 类柴油车辆燃油消耗量限值

最大设计总质量 M/kg	发动机排量 V/L	第一阶段限值/(L/100km)	第二阶段限值/(L/100km)
2000≤M	全部	7.6	7.0
2000＜M≤2500	V≤2.5	8.4	8.0
	2.5＜V≤3.0	9.0	8.5
	V＞3.0	10.0	9.5
2500＜M≤3000	V≤2.5	9.5	9.0
	2.5＜V≤3.0	10.0	9.5
	V＞3.0	11.0	10.5
M＞3000	V≤2.5	10.5	10.0
	2.5＜V≤3.0	11.0	10.5
	3.0＜V≤4.0	11.6	11.0
	V＞4.0	12.0	11.5

表 2-15　最大设计总质量小于 3.5t 的 M_2 类汽油车辆燃油消耗量限值

最大设计总质量 M/kg	发动机排量 V/L	第一阶段限值/(L/100km)	第二阶段限值/(L/100km)
M≤3000	V≤2.0	10.7	9.7
	2.0＜V≤2.5	12.2	11.0
	2.5＜V≤3.0	13.5	12.2
	V＞3.0	14.5	13.1
M＞3000	V≤2.5	12.5	11.3
	2.5＜V≤3.0	14.0	12.6
	V＞3.0	15.5	14.0

表 2-16　最大设计总质量小于 3.5t 的 M_2 类柴油车辆燃油消耗量限值

最大设计总质量 M/kg	发动机排量 V/L	第一阶段限值/(L/100km)	第二阶段限值/(L/100km)
M≤3000	V≤2.5	9.4	8.5
	V＞2.5	10.5	9.5
M＞3000	V≤3.0	11.5	10.4
	V＞3.0	12.6	11.5

3. 营运车辆燃油消耗量限值

为有效降低道路运输的能源消耗，限制高能耗运输车辆进入道路运输市场，交通运输部于 2008 年发布了 JT 711—2008《营运客车燃料消耗量限值及测量方法》和 JT 719—2008《营运货车燃料消耗量限值及测量方法》交通行业标准。

两项标准都从2008年9月1日开始实施。自实施日起执行第一阶段限值，2010年3月1日后开始执行第二阶段限值。

营运车辆燃油消耗量限值用综合燃油消耗量指标表示。营运车辆的综合燃油消耗量Q按下式计算：

$$Q = \overline{Q}_{0i}k_i$$

式中 Q——综合燃油消耗量（L/100km）；

$\overline{Q}_{0i}$——在第 i 个车速下校正后的满载等速燃油消耗量（L/100km）；

k_i——在第 i 个车速下的满载等速燃油消耗量权重系数。

营运柴油客车燃油消耗量限值见表2-17，营运柴油载货汽车、自卸汽车和半挂车的燃油消耗量限值分别见表2-18、表2-19。营运汽油客、货车燃油消耗量限值为相应总质量柴油客、货车限值的1.15倍（取值按四舍五入圆整至小数点后一位）。营运客、货车辆在各个车速下的满载等速燃油消耗量权重系数见表2-20、表2-21。

表2-17 营运柴油客车燃油消耗量限值

车型	车长 L/m	第一阶段/（L/100km）		第二阶段/（L/100km）	
		高级车	中级及普通级车	高级车	中级及普通级车
特大型	$L>12$	28.5	28.0	28.0	27.0
大型	$11<L\leqslant12$	27.1	22.8	24.4	20.5
	$10<L\leqslant11$	26.5	21.7	23.9	19.5
	$9<L\leqslant10$	25.0	19.4	22.5	17.5
中型	$8<L\leqslant9$	21.5	17.3	19.4	15.6
	$7<L\leqslant8$	20.0	16.7	18.0	15.0
	$6<L\leqslant7$	17.1	14.3	15.4	12.9
小型	$L\leqslant6$	14.4	12.0	13.0	10.8

表2-18 营运柴油汽车和自卸汽车燃油消耗量限值

车辆总质量 M/kg	第一阶段/（L/100km）		第二阶段/（L/100km）	
	柴油汽车	自卸汽车	柴油汽车	自卸汽车
$3500<M\leqslant5000$	12.6	12.4	11.3	11.2
$5000<M\leqslant7000$	16.3	15.4	14.7	13.9
$7000<M\leqslant9000$	18.8	18.3	16.9	16.5
$9000<M\leqslant11000$	21.5	20.7	19.4	18.6
$11000<M\leqslant13000$	23.8	22.7	21.4	20.4
$13000<M\leqslant15000$	25.7	24.2	23.1	21.8
$15000<M\leqslant17000$	27.4	25.4	24.7	22.9

（续）

车辆总质量 M/kg	第一阶段/（L/100km）		第二阶段/（L/100km）	
	柴油汽车	自卸汽车	柴油汽车	自卸汽车
17000 < M≤19000	28.9	26.1	26.0	23.5
19000 < M≤21000	30.2	26.6	27.2	23.9
21000 < M≤23000	31.4	26.9	28.3	24.2
23000 < M≤25000	32.5	27.2	29.3	24.5
25000 < M≤27000	33.5	27.9	30.2	25.1
27000 < M≤29000	34.5	29.0	31.1	26.1
29000 < M≤31000	35.5	31.1	32.0	28.0

表 2-19　营运柴油半挂汽车燃油消耗量限值

车辆总质量 M /kg	第一阶段 /（L/100km）	第二阶段 /（L/100km）	车辆总质量 M /kg	第一阶段 /（L/100km）	第二阶段 /（L/100km）
M≤27000	30.9	35.1	35000 < M≤43000	42.0	38.0
27000 < M≤35000	39.9	35.9	43000 < M≤49000	43.0	39.0

表 2-20　营运客车在各规定车速下的满载等速燃油消耗量权重系数

车速		40	50	60	70	80	90	100
特大型	高级	—	0.03	0.02	0.02	0.20	0.55	0.18
	中级及普通型	0.05	0.10	0.25	0.30	0.30	—	—
大型	高级	—	0.01	0.02	0.02	0.15	0.55	0.25
	中级及普通型	0.05	0.10	0.25	0.30	0.30	—	—
中型	高级	—	0.05	0.05	0.05	0.20	0.60	0.05
	中级及普通型	0.05	0.10	0.30	0.30	0.25	—	—
小型	高级	—	0.02	0.04	0.04	0.30	0.30	0.30
	中级及普通型	0.05	0.10	0.30	0.30	0.25	—	—

表 2-21　营运货车在各规定车速下的满载等速燃油消耗量权重系数

车速/（km/h）		30	40	50	60	70	80
k_i	汽车（单车）	—	0.05	0.05	0.10	0.20	0.60
	自卸汽车（单车）	0.05	0.10	0.25	0.30	0.30	—
	半挂汽车列车	—	0.05	0.10	0.10	0.50	0.25

随着行驶里程增长，在用汽车的技术状况逐渐下降，燃油消耗量增大。在用营运汽车燃油消耗量限值是以该车型原厂规定的等速百公里燃油消耗量限值为基

础确定的，采用等速百公里燃油消耗量作为评价汽车燃油经济性的指标。根据GB 18565—2001《营运车辆综合性能要求和检验方法》，用底盘测功机在规定检测车速（乘用车60km/h，其他汽车50 km/h）、规定模拟载荷（满载）工况下测得的汽车百公里燃油消耗量不得大于该车型原厂规定的相应车速等速百公里燃油消耗量的110%。根据JT/T 198—2004《营运车辆技术等级划分和评定要求》，在上述工况下，其一级车的百公里燃油消耗量应小于该车型制造厂规定的相应车速等速百公里燃油消耗量的103%，而二、三级车则应小于110%。

复 习 题

1. 发动机测功有哪两种基本方法？各有什么优缺点？
2. 发动机无负荷测功的基本原理是什么？其测试值为何要修正？
3. 转速测试的基本原理是什么？常用转速传感器有哪几类？
4. 无负荷测功前要做哪些准备？怎样进行测试？
5. 怎样进行单缸功率检测？检测时应注意哪些问题？
6. 发动机综合性能检测仪的主要功能有哪些？
7. 发动机综合性能检测仪有哪几种传感器？测试时怎样连接？
8. 什么是汽车底盘测功？底盘测功机有哪些主要功能？
9. 汽车底盘测功机由哪些装置构成？各装置有什么作用？
10. 简述底盘测功机检测驱动轮输出功率的基本原理。
11. 简述底盘测功机检测汽车加速能力和滑行能力的基本原理。
12. 简述底盘测功机速度测试和距离测试的基本原理。
13. 怎样用底盘测功机检测汽车传动系统的效率？
14. 底盘测功机测试前要做哪些准备工作？怎样进行测试？
15. 简述容积式油耗计的测试原理。
16. 油耗传感器在燃油管路中怎样连接？
17. 如何检测汽车的等速百公里油耗？模拟加载量如何确定？
18. 如何进行汽车多工况燃油消耗量检测？
19. 汽车燃油消耗量测试数据的重复性应满足什么要求？怎样对检测数据进行修正？
20. 汽车燃油经济性检测时的注意事项有哪些？

第三章 发动机技术状况检测与诊断

发动机是汽车行驶的动力来源，是汽车的主要总成，其技术状况的好坏直接影响到汽车的动力性、经济性和排放性能。由于发动机结构复杂，工作条件恶劣，因而其故障率较高。尽管现代汽车发动机设计制造中大量采用了新技术、新工艺、新材料，其性能日臻完善，可靠性越来越高，但由于其结构的复杂性，仍是汽车运行故障发生率最高的总成。因此，发动机技术状况的检测与诊断是汽车综合性能检测诊断的重点之一。

在发动机的各个系统或机构中，因工作条件和零件数量不同，因而其可靠度也不同。对发动机各机构、系统故障比例和排除故障所占工时比例的统计表明，发动机多数故障发生在电路、油路。电路（电气设备、点火系统、蓄电池等）故障比例高达45%，排除故障所占工时比例40%；油路故障比例为18%，占工时比例10%；二者相加则油路、电路故障比例及排除故障的工时比例均占发动机总故障及排除故障总工时的50%以上。由于气缸活塞组和曲柄连杆组在高温、高压条件下工作，也是故障多发部位。气缸活塞组故障比例约占发动机总故障的13%，排除故障工时比例占排除发动机故障总工时的23%；曲柄连杆机构的故障比例约占12%，占工时比例17%；二者相加，故障比例占发动机总故障的25%，占工时比例40%。上述系统或机构的技术状况直接影响着发动机的动力性、经济性和排放性能，理应成为发动机技术状况检测诊断的重点。

第一节 发动机综合性能检测

发动机是汽车动力的来源，发动机综合性能检测是考核发动机的动力性、经济性和工作可靠性等技术指标不可缺少的手段。

发动机的综合性能用一组从各个角度反映其工作状况的指标或参数表示，如输出功率、燃油消耗、气缸压缩压力、点火电压和点火提前角等。对发动机进行检测诊断，可以使用单一功能的检测设备，如无负荷测功仪、点火正时仪、点火示波器等，也可以使用具有多种检测功能的发动机综合性能分析仪。单一功能的检测设备可靠性好，价格便宜；综合性能分析仪检测项目多，可以实现微机自动控制，自动分析、判断和输出检测结果。但对同一检测项目而言，单一功能检测设备与综合性能分析仪比较，其基本检测原理一般并无本质不同。因此，本节仅介绍发动机综合性能分析仪的功能、基本结构等，其主要单项检测项目的检测原理见本章其他各节。

一、发动机综合性能分析仪的基本功能和特点

发动机综合性能分析仪是汽车检测设备中功能最多、检测项目和涉及系统最广的装置，也是结构较复杂、技术含量较高的设备。

1. 发动机综合性能分析仪的基本功能

发动机综合性能分析仪的基本功能一般如下：

①无负荷测功功能。

②检测点火系统。包括初级与次级点火波形的采集与处理，平列波、并列波和重叠角的处理与显示，断电器闭合角和开启角、点火电压值、点火提前角的测定等。

③机械和电控喷油过程各参数（压力、波形、喷油、脉宽、喷油提前角等）的测定。

④进气歧管真空度波形测定与分析。

⑤各缸工作均匀性测定。

⑥起动过程参数（电压、电流、转速）测定。

⑦各缸压缩压力测定。

⑧电控供油系统各传感器的参数测定。

⑨数字万用表功能。

⑩排放污染物分析功能（需附带废气分析仪或烟度计）。

国产 EA2000 型发动机综合性能分析仪的主要检测项目见表 3-1。

表 3-1　国产 EA2000 型发动机综合性能分析仪的主要检测项目

测试对象	测试项目
汽油机	无外载测功及转动惯量测试
	初、次级点火波形及特征值测试（常规点火、单缸独立点火、双缸独立点火发动机）
	点火提前角测试
	动力平衡功能测试
	气缸效率分析功能测试
	进气管真空度波形测试
	相对气缸压缩压力功能测试
	起动电流、电压及波形测试
	充电电流、电压及波形测试
柴油机	喷油压力及波形测试
	喷油提前角测试
	起动电流、电压及波形测试
	充电电流、电压及波形测试
	无外载测功及转动惯量测试
电控系统传感器测试	转速、温度、进气管真空度、节气门位置、爆燃信号、空气流量、喷油脉冲信号、氧传感器
其他	数字示波器及万用表功能、检测线联网功能、废气分析仪、烟度计联机功能和信号回放与分析

2. 发动机综合性能分析仪的特点

（1）动态测试功能　发动机综合性能分析仪的信号采集系统，能迅速、准确地获取发动机运转过程中各瞬时变化参数随时间变化的函数曲线，便于对发动机的工作性能和技术状况进行准确判断提供科学依据。

（2）普遍性和通用性　发动机综合性能分析仪的测试、分析过程不依据被测发动机的数据卡（即检测软件），只针对发动机基本结构和工作原理的实际情况进行。因此，检测结果具有良好的普遍性，检测方法具有广泛的通用性。

（3）主动性　发动机综合性能分析仪不仅能适时采集发动机的动态参数，而且还能主动地发出某些指令干预发动机的工作，以完成某些特定的试验程序，如发动机断火试验等。

二、发动机综合性能分析仪的构成和作用

发动机综合性能分析仪见图 3-1，其基本组成部分包括信号拾取系统（各种传感器）、信号处理系统和采控与显示系统，见图 3-2。

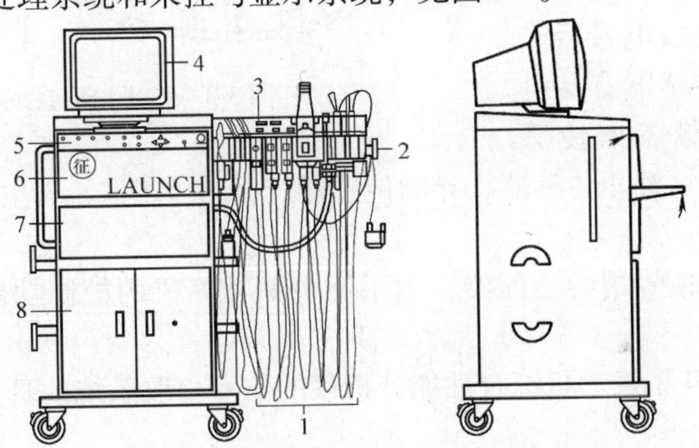

图 3-1　发动机综合性能分析仪

1—信号拾取装置　2—传感器挂架　3—前端处理器

4—高速采集、处理与显示系统　5—热键板

6—主机柜与键盘柜　7—打印机柜

8—排放仪柜

图 3-2　发动机综合性能分析仪基本构成

1. 信号拾取系统

信号拾取系统见图 3-3，其作用为测取发动机有关参数的信号，并把非电量转化为电量。因此，该系统必须配备多种传感器，直接或间接地与被测点接触而

进行检测。鉴于被测点的机械结构和参数性质不同，信号拾取系统必须具有多种形式，以适应不同的测试部位。根据接触形式不同，大多数发动机综合性能分析仪的信号拾取系统可以分为四类：

①直接接触式的拾取器，如探针、鳄鱼夹和各种插头。

②非接触式的拾取器。对于高电压和强电流等直接接触测量困难很大的信号，需采用非接触式拾取器。这类传感器主要有次级高电压传感器、标准缸压传感器、卡式供油传感器和正时灯传感器。

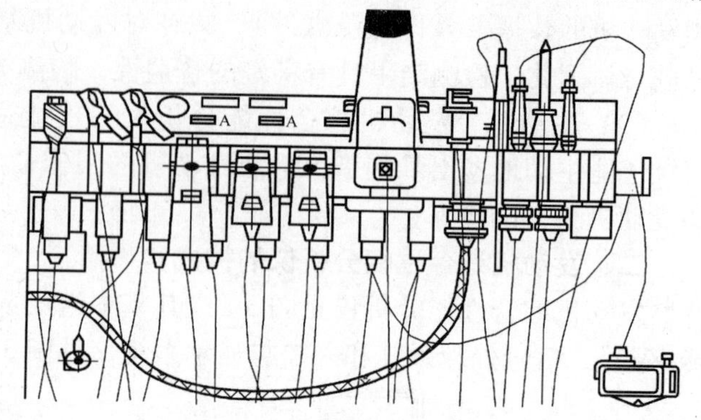

图 3-3　信号拾取系统

③非电量转变成电量传感器。这类传感器与被测点直接接触，直接采集电信号或将非电量转换成电量后采集信号。这类传感器有蓄电池传感器、初级点火传感器、缸压传感器、油压传感器、异响传感器、振动传感器、真空度传感器和温度传感器。

④各种转接信号用的适配器。为了不中断计算机的控制功能，通过 T 形插头来提取信号。

国产 EA2000 型发动机综合性能分析仪的信号拾取系统的具体配置和主要作用见表 3-2。

表 3-2　国产 EA2000 型发动机综合性能分析仪的信号拾取系统

信号拾取系统		主要作用
编　号	名　称	
1280401	初级信号拾取器（小鳄鱼夹）	红、黑夹分别连接点火线圈“+”、“-”极，可测试初级电压波形及自动断缸控制
1280401-1	DSI 初级信号拾取器	测试除常规点火系统以外的其他点火系统的初级信号
1280402	柴油机外卡式喷油压力传感器	将标有 AVL 字的红色夹安装在 6mm 管径的高压油管上，其作用是拾取柴油机喷油过程信号
1280403	蓄电池电压拾取器（电源夹）	测量蓄电池电压值，并接通汽车直流电源；夹持器连接汽车蓄电池，红正、黑负
1280404	起动电流拾取器(大电流互感器)	测试发动机起动电流
1280405	充电电流拾取器(小电流互感器)	测试发动机充电电流

（续）

信号拾取系统		主要作用
编　号	名　　称	
1280406	气缸信号传感器	测试发动机转速，更重要的是用于高速采集的信号触发
1280406-1	喷油脉冲及初级同步适配器	提取一缸的喷油脉冲及初级信号，并整形为系统可识别的信号，以作为缸号识别标志
1280407	提前角和进气压力传感器	正时灯用于检测汽油机的点火提前角和柴油机喷油提前角；进气压力传感器用于检测汽车发动机配气系统的故障等
1280408	次级高压信号和温度传感器	次级高压信号传感器用于检测次级高压点火波形；温度信号传感器用于检测汽车发动机进气温度、冷却液温度和机油温度
1280408-1	电感式次级信号传感器	拾取无中心高压线的非直接点火车型的次级信号，如广州本田
1280408-D1		拾取常规双缸点火系统的次级高压点火波形的信号和测试
1280408-S1		拾取 PASSAT 1.8GSI 和 1.8GLI 车型的次级高压点火波形的信号和测试
1280408-S2		拾取宝马各车型的次级高压点火波形的信号和测试
1280408-S3		拾取 BENZ E320 和 E200 车型的次级高压点火波形的信号和测试
1280408-S4		拾取 NISSAN、HONDA LEGEND、TOYOTA CAMRY 3.0 各车型的次级高压点火波形的信号和测试
1280409	万用表探针	检测电压、电流、电阻。红色和黑色探针用于检测电压和电阻，黄色探针和黑色探针用于检测电流
1280410	充电电压探针	检测汽车发电机电压
1280411	上止点位置传感器	检测发动机上止点信号
1280412	通用探针	检测电控燃油喷射传感器信号和数字示波器的信号输入端子
其他	初级及电控测试转接线	测试初级信号及电控传感器时转接信号，以方便将信号引入设备进行测试
	次级信号测试线	由汇接线、次级信号转接线、次级信号连接线和次级信号夹组成，可构成次级信号的输入通道
	次级信号感应片	拾取汽车的次级信号。各专用感应片与相应的次级信号适配器配合使用，用于测试相应车型的次级信号

2. 信号处理系统

信号处理系统也称为前端处理器，其作用是把各种传感器输出的发动机有关参数的信号经衰减、滤波、放大、整形，并转换成标准的数字信号送入中央处理器。即对采集来的信号进行预处理，并能把所有脉冲信号和数字信号直接输入CPU的高速输入端。信号预处理系统是发动机综合性能分析仪的关键部分。从发动机采集来的信号千差万别，不能被发动机综合性能分析仪的中央控制器直接使用，必须经过预处理、转换后，才能输入微机。某型发动机综合性能分析仪的前端处理器系统见图3-4。该系统由部分信号预处理、32路换线开关等组成，并承担与微机的并行通信。其前端处理器底面有8个适配器插座、4个航插插座和1个主电缆插座以便与信号拾取系统连接。

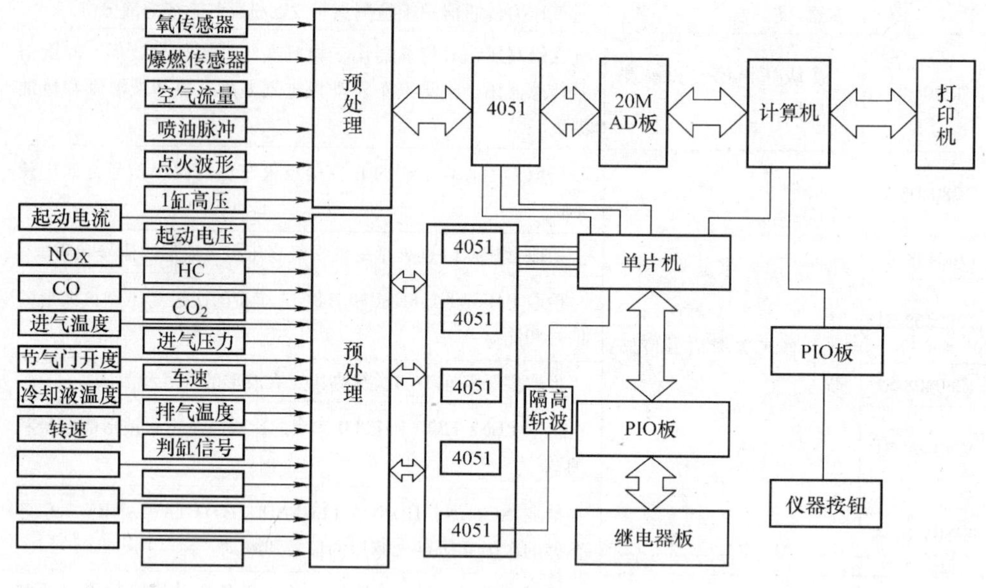

图3-4 信号预处理系统框图

车载传感器的输出信号分为模拟信号和频率信号两种,其处理方法也相应不同。

(1) 模拟信号的处理　对于模拟信号，应根据其信号的特点进行相应处理。

①模拟信号的幅值较小时，需经信号放大、低通滤波和信号隔离后，才能进行A/D转换。如氧传感器为0~1V，废气分析仪的电气接口输出信号多为0~50mV，均需进行上述处理。

②模拟信号的幅值较大时，应先经过信号衰减，再由低通滤波和信号隔离后才能进行A/D转换。如初、次级点火信号，由于线圈的自感和互感作用，其电压幅值可达300V或30kV，甚至更高，故要用电压衰减器进行衰减后再进行后续处理，由于其频率很高（可达1 MHz以上），故要使用高速A/D转换器，才能保证转换后的信号不失真；起动电流的峰值可达200 A以上，无法直接测量，要利用电流互感器转换成0~5V的电压信号再进行测量。

③模拟信号为电荷量时，可采用电荷放大器作为前级放大，且要从频率非常

丰富的振动信号中准确提取有效信号，必须对其进行带通滤波。车用爆燃传感器和柴油机喷油压力传感器多用压电晶体作为敏感元件，其输出信号为电荷量，需进行上述处理。

（2）频率信号的处理　对于频率信号，如发动机的转速、车速信号等，由于多选用电磁式、霍尔效应式或光电式传感器，其输出信号本身即为数字脉冲。但由于传输过程中的衰减、交变电磁波辐射等原因，其输出常出现一定程度的失真，故需对其进行整形。整形后输出的标准数字脉冲，再经高速光电隔离器送入后继电路，以消除其干扰，提高系统的工作可靠性。

为了实现传感器的准确测量，不影响发动机的正常运转，进行信号拾取时必须保证电路有足够高的输入阻抗，同时为保证预处理系统的主板安全，对各输出信号均采取了限幅措施。

3. 采控与显示系统

现代发动机综合性能分析仪多为微机控制式，为了捕捉高频信号（如喷油爆燃信号等），分析仪采集卡一般都具有高速采集功能，采样速率可达 10 ~ 20Mbit/s，采样精度不低于 10bit，并行 2 通道；同时，现代采控与显示系统具有存储功能，以使波形回放或锁定，供观察、分析或输出、打印。

现代发动机综合性能分析仪，不管是台式移动式还是手提便携式，其显示装置一般采用彩色 CRT 显示器或液晶 LCD 显示器，采用多级菜单操作，能实时显示被测发动机的动态参数和波形，使用十分方便，观察非常醒目。

三、发动机综合性能分析仪的使用方法

发动机综合性能分析仪的种类、型号繁多，各有其使用特点。因此，应按使用说明书的要求、操作步骤使用，以进行发动机综合性能检测。以下仅介绍其一般使用方法。

1. 准备工作

（1）仪器的准备

①接通电源，打开发动机综合性能分析仪总开关、微机主机开关和微机显示器开关，暖机 20min。

②在发动机不工作和点火系统断开的情况下，将信号提取系统连接到被测发动机上。

③使电源线可靠搭铁。

④在测试电控燃油喷射发动机的电子控制单元（ECU）时，除仪器电源搭铁外，仪器搭铁线必须与发动机共同搭铁，测试人员必须随时与汽车车身接触。

（2）发动机的准备

①发动机应预热至正常工作温度。

②调整发动机怠速至规定范围之内。

③使发动机运转。

2. 启动综合性能分析仪

①分析仪经过预热后，用鼠标双击显示器上相应图标，启动分析仪的综合性能检测程序。

②分析仪主机对检测系统的配置逐一进行自检。自检通过为绿，未通过将给予提示。

③显示屏出现“用户资料录入”界面。单击“修改”按钮，录入汽车用户资料，然后单击“确定”按钮，显示屏出现检测程序主、副菜单，见图3-5。

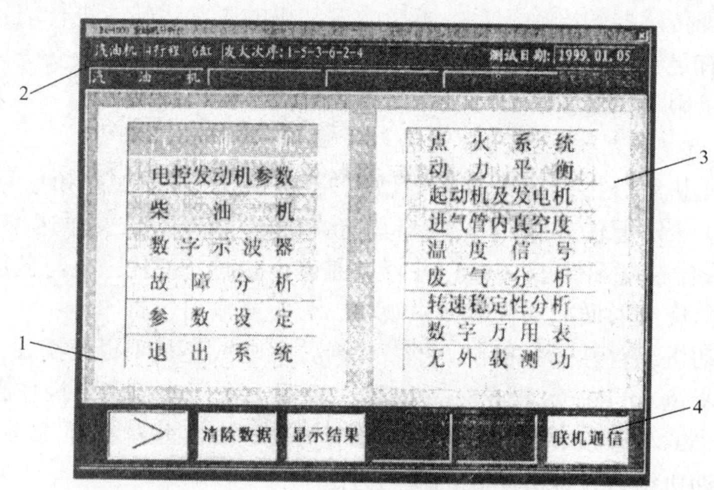

图3-5 显示屏主、副菜单及分区

1—主菜单区 2—发动机类型及其资料区

3—副菜单区 4—六个软开关操作区

3. 检测方法

①在主菜单上选择要测试的“汽油机”、“柴油机”、“电控发动机参数”或“故障分析”等项中的其中一项，单击后进入下一级菜单。

②在下一级菜单中再选择要测试的项，单击后进入检测界面。

③按检测界面上的要求进行操作、读数、存储和打印。

④如需清除测试数据，按F2键或单击显示屏下方的“清除数据”按钮即可。

第二节 发动机气缸活塞组检测

气缸活塞组的技术状况与发动机的气缸密封性直接相关。因而关于气缸密封性的检测诊断参数可作为气缸活塞组技术状况的评价指标。

这里所指的气缸活塞组包括气缸、活塞、活塞环、气门、气缸盖和气缸垫等包围发动机工作介质的零部件（图 3-6），是发动机的心脏。在使用过程中，由于磨损、烧蚀、结胶、积炭等原因，气缸活塞组的技术状况变坏，从而使气缸密封性不良。不但使发动机的动力性、燃油经济性和排放性能下降，而且决定了发动机的使用寿命。

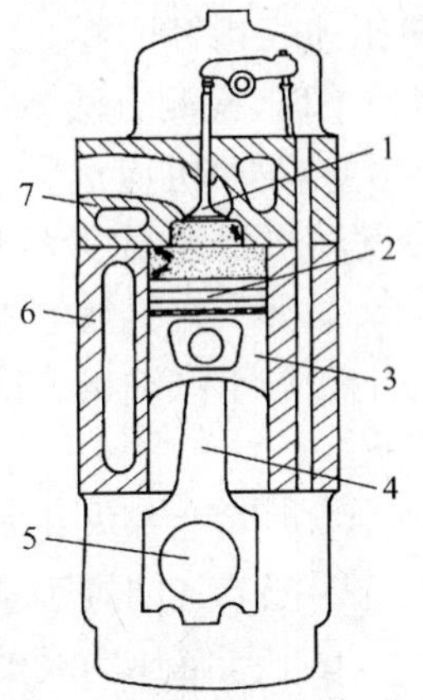

图 3-6　气缸活塞组
1—气门　2—活塞环
3—活塞　4—连杆
5—曲轴　6—缸体
7—缸盖

评价气缸密封性的主要参数有气缸压缩压力、气缸漏气率、曲轴箱窜气量、进气管真空度等。但这些参数各有侧重，具有不同的使用特点，在使用时应注意各自的适用性。

一、气缸压缩压力检测

气缸压缩压力检测指测量活塞在气缸内压缩终了到达上止点时气缸内的压缩气体压力。发动机气缸活塞组的技术状况正常，气缸密封性良好，是保证发动机气缸内压缩压力正常的基本条件。气缸密封性差，则压缩过程中压缩气体从缸内泄漏量大，必然使气缸压缩压力降低。因此，根据气缸压缩压力检测值可以判断气缸的密封性，进而判断发动机气缸活塞组的技术状况。

根据热力学的有关结论，气缸压缩压力与发动机的热效率和平均指示压力有直接关系，发动机输出的转矩和功率取决于各缸内的平均压力。若气缸密封性差，则发动机的动力性、燃油经济性和排放性能都将下降。

气缸压缩压力是评价气缸密封性最为直接的指标，并且由于所用仪器简单，测量方便，因此得到广泛应用。根据所用仪器的不同，气缸压缩压力检测的方法有以下几种。

1. 利用气缸压力表检测法

（1）气缸压力表的结构　气缸压力表（图 3-7）是一种专用压力表，一般由表头、导管、单向阀和接头等组成。压力表头多为鲍登管式，通过导管与接头相连。气缸压力表接头有螺纹管接头和锥形或阶梯形橡胶接头两种。螺纹管接头可以拧在火花塞或喷油器的螺纹孔中，橡胶接头可以压紧在火花塞或喷油器孔中。与之相适应，导管也有橡胶软导管和金属硬导管两

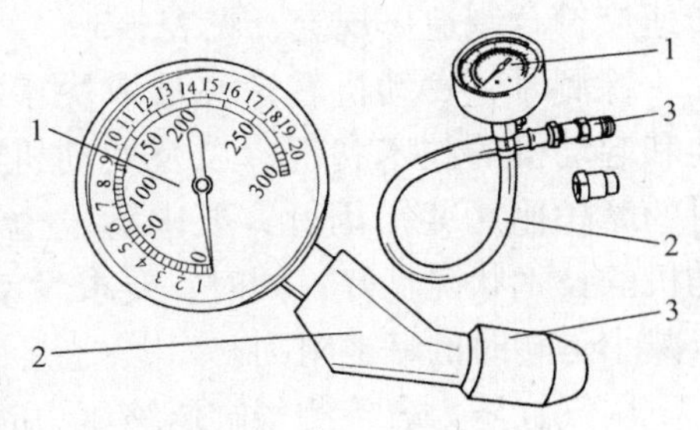

图 3-7　气缸压力表
1—表头　2—导管　3—接头

种，前者与螺纹接头匹配，后者与橡胶接头匹配。单向阀用于控制压缩气体，单向阀处于关闭位置时，压缩气体控制在压力表内，可保持测得的气缸压缩压力读数（保持压力表指针位置）；单向阀打开时，压缩空气从压力表内泄入大气，可使压力表指针回零，以用于下次测量。

（2）检测方法

①发动机应运转至正常工作温度，水冷发动机冷却液温度为75～95℃，风冷发动机机油温度为80～90℃。

②拆下空气滤清器，用压缩空气吹净火花塞或喷油器周围。

③对于汽油机，应把点火系统次级点火总线拔下并可靠搭铁，以防止电击或着火。

④拆除全部火花塞或喷油器（柴油机）。

⑤把节气门置于全开位置。

⑥把气缸压力表的锥形橡胶接头压紧在被测缸的火花塞孔内或喷油器孔中，或把螺纹管接头拧在火花塞孔上或喷油器孔上。

⑦用起动机带动曲轴旋转3～5s，指针稳定后读取读数，然后按下单向阀使指针回零。每个气缸的测量次数应不少于两次，测量结果应取其平均值。

⑧按上述方法依次检测各个气缸。

（3）检测结果的影响因素　用气缸压力表测得的气缸压缩压力不仅与气缸密封性有关，还受发动机转速的影响，即与活塞在缸内压缩行程所持续的时间密切相关。图3-8为气缸压缩压力与发动机曲轴转速的关系曲线。由图可见，当起动机带动发动机在较低转速范围内运转时，即使是较小的转速差Δn，也能使气缸压缩压力检测结果发生较大的变化Δp。只有当发动机曲轴转速超过某一值时，检测结果受转速的影响才会较小。因此，检测时的转速应符合制造厂规定，见表3-3。

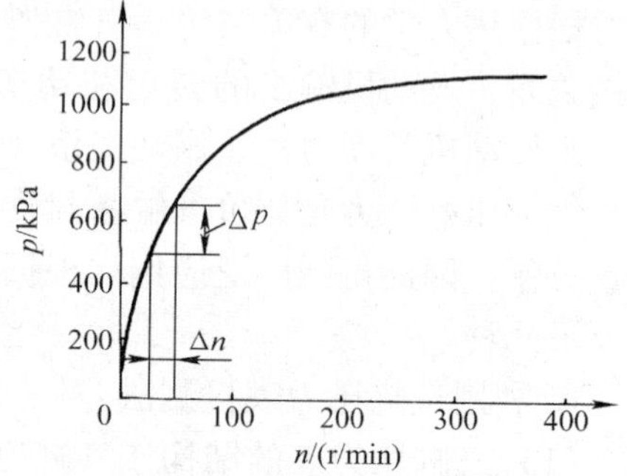

图3-8　气缸压缩压力与曲轴转速的关系

检测时，发动机转速高低取决于蓄电池和起动机的技术状况，以及发动机旋转时的摩擦阻力矩。因此，要求蓄电池、起动机的技术状况良好；同时，要求发动机润滑条件良好，并运转至正常热状况，以减小运转时的摩擦阻力。

用气缸压力表检测气缸压缩压力时，引起测试误差的主要原因是起动转速不符合检测气缸压缩压力时的转速要求。因此在检测气缸压力时，如能监控曲轴转速，对于减小测量误差，以获得正确的检测分析结果是非常重要的。

表 3-3　常用汽车发动机气缸压缩压力

发动机型号	压缩比	气缸压力/kPa	检测转速/(r/min)
东风 EQ6100-Ⅰ	7.2	880	130~150
解放 CA6102	7.4	930	130~150
北京 BJ1040	7.2	785~981	200~250
跃进 NJ1041	7.5	980	200~250
夏利 TJ7100	9.5	1029~1225	350
夏利 TJ376Q-E	9.5	1000~1225	200~250
桑塔纳 JV	8.5	1000~1300	200~250
桑塔纳 2000AFE	9.0	1000~1300	200~250
桑塔纳 2000AJR	9.5	1000~1300	200~250
奥迪 100	8.5	800~1100	200~250
切诺基	8.6	1068~1275	200~250
神龙富康（TU3F2/K）	8.8	1200	200~250
天津大发	9.0	1225	200~250
丰田 1Y、2Y、3Y	8.8	1225	250
丰田 4M、5M	8.5、8.8	1078	250
丰田 12R	8.5	1078	250
广州本田雅阁	8.9	930~1230	200~250
上海别克 L46	9.0	不小于 689	200~250
五十铃 4JA1	18.4	3100	200
五十铃 4JB1 或 493Q	18.2	3100	200
日产 RD8	16	2549	200
日野 EC100	20.3	3138~3530	250
三菱扶桑 6DS70A	19	2549	250

（4）气缸压缩压力检测结果分析

1）检测标准

气缸压缩压力与发动机的压缩比有直接关系，其检测标准值一般由制造厂通过汽车使用说明书提供。常用汽车发动机压缩压力标准值见表 3-3。

根据交通部《汽车运输业车辆技术管理规定》，在用汽车发动机气缸压缩压力不得低于原设计发动机压缩压力标准值的 75%，否则应进行大修。根据 GB 18565—2001《营运车辆综合性能要求和检验方法》的规定，对于营运车辆，发动机各气缸压缩压力应不小于原设计规定值的 85%，每缸压力与平均压力的差：汽油发动机应不大于 8%，柴油发动机应不大于 10%。

2）检测结果分析

气缸压缩压力的检测值低于标准值时，可以根据润滑油具有密封作用的特点，以下述方法确定导致气缸密封性不良的原因所在。

由火花塞或喷油器孔注入适量（一般 20~30mL）润滑油后，再次检测气缸压缩压力，并比较两次检测结果。

①第二次检测结果比第一次高，并接近标准值，表明气缸密封性不良可能是

由于气缸、活塞环、活塞磨损过大或活塞环对口、卡死、断裂及缸壁拉伤等原因而引起。

②第二次检测结果与第一次近似，表明气缸密封性不良的原因为进、排气门或气缸垫不密封（滴入的润滑油难以达到这些部位，起不到密封作用）。

③两次检测结果均表明某相邻两缸压缩压力低，其原因可能是两缸相邻处的气缸垫烧损窜气。

对于压缩压力检测值低的气缸，还可以采用压缩空气判断气缸内漏气部位。具体方法如下：拆下空气滤清器盖，打开散热器盖、加机油口盖和节气门。摇转发动机，使被测气缸的活塞处于压缩终了上止点位置。然后用带锥形橡皮头的软管把压缩空气从火花塞或喷油孔引入气缸，并注意倾听发动机漏气声。如果在进气管处听到漏气声，说明进气门关闭不严密；如果在排气消声器口处听到漏气声，说明排气门关闭不严密；如果在散热器加水口处看到有气泡冒出，说明气缸垫不密封造成气缸与水套沟通；如果在加机油口处听到漏气声，说明气缸活塞配合副磨损严重。注意：在把压缩空气引入气缸前，应把变速器挂入高速档，拉紧驻车制动器。

如果气缸压缩压力高于标准值，并不一定表示气缸密封性好；具体原因应结合使用和维修情况分析。因为燃烧室内积炭过多、气缸垫过薄或缸体与缸盖的结合平面经多次修理后加工过甚，均会导致气缸压缩压力过高。同时，气缸压缩压力高于标准值常会导致爆燃、早燃等不正常燃烧情况的发生。

2. 利用气缸压力测试仪检测法

（1）用气缸压力传感器式气缸压力测试仪检测　气缸压力传感器式气缸压力测试仪利用压力传感器（图3-10）提取气缸内的压力信号，经放大后送入A/D转换器进行模、数转换，输入显示装置即可指示出所测气缸的压缩压力。

用压力传感器式测试仪测试气缸压力时，需先拆下被测气缸的火花塞或喷油器，旋上仪器配置的压力传感器，使发动机节气门位于全开位置，用起动机转动曲轴3~5s，即可检测出气缸的压缩压力值。

（2）用起动电流或起动电压降式气缸压力测试仪检测

1）起动电流式气缸压力测试仪工作原理

发动机起动时的阻力矩，主要由气缸与活塞之间及曲柄连杆机构产生的摩擦力矩、惯性阻力矩和各缸在压缩行程中压缩气体的反力矩三部分组成。摩擦力矩、惯性阻力矩可认为是稳定的常数，而各缸压缩行程压缩气体的反力矩是随各缸压缩压力变化的波动值。起动机带动发动机曲轴旋转所需要的转矩是起动电流的函数，起动电流的变化与气缸压缩压力的变化间存在着对应的关系，而起动转矩又与气缸压缩压力成正比。因此，可以用起动过程中起动电流的变化去评价各缸的气缸压缩压力。

发动机起动时，起动机驱动曲轴的转矩 M 和起动工作电流 I_s 之间存在一定函数关系。电枢电流 I_s 与磁场（通常由励磁电流产生）的磁通量 Φ 相互作用，产生电磁力和电磁转矩。其关系为

$$M = K_m \Phi I_s$$

式中 K_m——电机常数，与结构有关；

Φ——磁通量（Wb）；

I_s——电枢电流（A）；

M——起动力矩（N·m）。

另一方面，电枢在磁场中旋转时，电枢绕组也要切割磁场的磁力线，从而在绕组中感应出反电动势 E'，其方向与电枢绕组电流 I_s 的方向相反，其值大小与电动机转速成正比。

$$E' = K_E \Phi n$$

式中 E'——感应电动势（V）；

K_E——常数，与电机结构有关；

n——起动机转速（r/min）。

起动机电枢端电压 U(V)、电枢内阻 R_a(Ω) 与电枢电流 I_s(A) 间的关系为

$$I_s = \frac{U - E'}{R_a}$$

起动机的电磁转矩 M 为驱动力矩，稳定运转时，应与发动机的起动阻力矩 M'平衡。发动机的起动阻力矩 M'由机械阻力矩、惯性阻力矩和气缸压缩空气的反力矩构成。正常情况下，前两种阻力矩变化不大，可看作常数；而压缩空气反力矩 M'是周期性波动的，在每一缸活塞到达压缩行程上止点时具有峰值。若阻力矩增大，电磁转矩 M 便暂时小于阻力矩 M'，起动机转速 n 下降；随着 n 下降，反电动势 E'将减小，而电枢电流 I_s 将增大。于是，电磁转矩 M 随之增加，直到与阻力矩 M'达到新的平衡。若阻力矩降低，则起动机加速旋转，转速 n 增大，反电动势 E'随之增大，从而电枢电流 I_s 及转矩 M 减小，直至 M 与 M'平衡。由此可见，发动机起动时，压缩压力的波动引起了起动机起动工作电流的波动，电流波动的峰值与气缸压缩压力成正比。如果能确定某一电流峰值所对应的气缸（如第Ⅰ缸），按点火次序即可确定各个气缸所对应的起动电流峰值，其大小可代表该缸的气缸压缩压力值。用示波器记录的起动机起动电流曲线见图 3-9。

如果在测发动机起动电流的同时，用缸压传感器（图 3-10）测出任一气缸（例如第 1 缸）的气缸压缩压力值，则其他各缸的气缸压缩压力值可按其起动电流波形峰值计算而得。应注意的是，标准缸的气缸压缩压力值是由缸压传感器直接测出的，其余各缸的压缩压力值则是通过各缸起动电流峰值与标准缸起动电流峰值相比较而得到的。因此，为保证测试结果可靠、准确，应经常用气缸压力表

的检测值与用缸压传感器的检测值相比较，以检查缸压传感器是否准确。

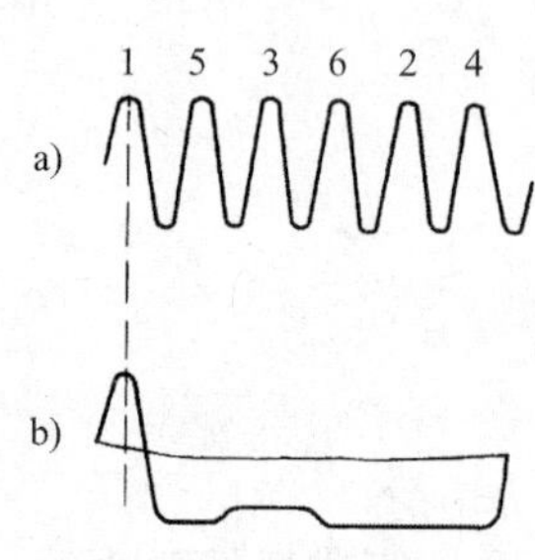

图 3-9 起动电流与缸压波形图

a）起动电流波形 b）缸压波形

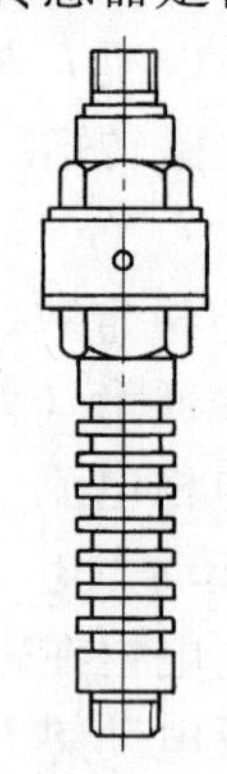

图 3-10 缸压传感器

2）起动电压降式气缸压力测试仪工作原理

起动机工作电流 I_s 与蓄电池端电压 U 的关系为

$$U = E - I_s R$$

式中 E——蓄电池电动势（V）；

R——蓄电池内阻（Ω）。

因此，由气缸压缩空气阻力矩引起的起动机工作电流波动会导致蓄电池端电压的波动。起动电流增大时，端电压降低，即起动电流与电压降成正比。如前所述，起动电流峰值与气缸压缩压力成正比，因此起动时蓄电池的电压降也与气缸压缩压力成正比。所以，可以通过测量蓄电池的起动电压降检测气缸压缩压力。

3）检测方法

根据上述原理制成的气缸压缩压力测试仪，称为起动电流式或起动电压降式气缸压缩压力测试仪。有的测试仪可以显示各缸压缩压力的具体数值，并能与标准值对照；有的仅能定性显示“合格”或“不合格”；也有的只能显示波形；有些发动机综合性能分析仪，把起动电流的波形变成柱状图来显示各缸的压缩压力，非常直观。对于后者，如果检测时显示的各缸波形振幅一致，峰值又在规定范围内，说明各缸压缩压力符合要求；若各缸波形振幅不一致，对应某缸电流峰值低于规定范围，则说明该缸压缩压力不足，应借助其他方法测出压缩压力的具体数值以便分析判断。至于各缸波形峰值对应的缸号，一般是通过点火传感器或喷油传感器（柴油机）确定Ⅰ缸波形位置，其他缸的波形位置按点火次序确定。

不同类型发动机综合性能分析仪，其检测方法也略有差异。下面以 EA2000 型发动机综合性能分析仪为例，说明发动机气缸压缩压力的检测方法。

①将发动机运转至正常工作温度（冷却液温度达 70 ~ 90℃）后停机。

②接通电源，打开分析仪总开关、显示器开关、主机开关，预热仪器。

③按仪器使用说明书给定的方法，连接好测试线和传感器。

④启动检测程序。用鼠标左键双击显示器上“远征发动机检测仪”图标，启动检测仪综合性能检测程序，其主机将进入系统自检画面，通过系统自检后，进入用户数据录入界面，单击“修改”按钮，录入汽车用户资料，然后单击“确定”按钮，显示屏就出现检测程序主、副菜单。

⑤用鼠标选择“起动机及发电机”，进入起动电流检测功能。

⑥按下“检测”键，起动发动机，分析仪自动发出全部断油指令，仪器屏幕将显示出发动机转速、起动电流，同时绘制出起动电流曲线和相对气缸压力的柱状图，从而检测出各气缸压缩压力及其变化量，见图3-11。

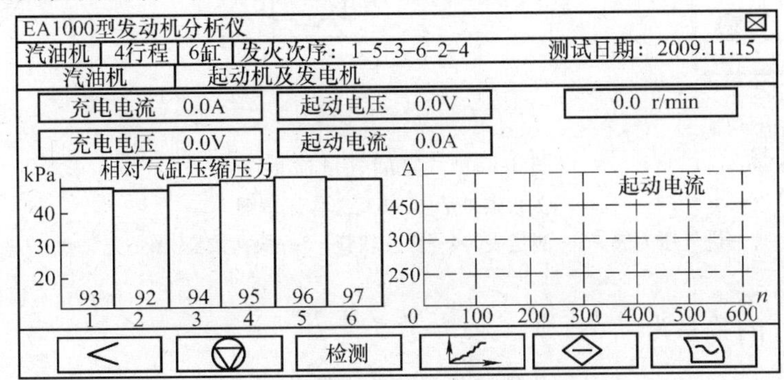

图3-11 起动电流及起动电压检测

⑦视需要打印输出检测结果。

用发动机综合性能分析仪检测气缸压缩压力，不需拆装火花塞或喷油器（柴油机），且能同时检测各个气缸，因而其检测速度快，效率高，适用于发动机一般技术状况的定性检查。

二、气缸漏气量（率）检测

气缸的漏气量（率）也可用于对气缸密封性进行检测。检测气缸的漏气量（率）时，发动机不运转，活塞处于压缩行程上止点。其基本检测原理：若把具有一定压力的压缩空气从火花塞或喷油器孔充入气缸，检测活塞处于上止点时气缸内压力的变化情况，以此表征气缸的密封性。气缸漏气量（率）不仅反映气缸活塞摩擦副的磨损状况，还反映进排气门、气缸垫、气缸盖和气缸的密封性。

1. 气缸漏气量检测原理

气缸漏气量检测仪及工作原理见图3-12。测试时，拆下发动机的火花塞，使所测缸的活塞处于上止点位置，并把检测仪的充气嘴安装于所测气缸的火花塞孔上。外接气源的压力应相当于气缸压缩压力，一般为0.6～0.8MPa，其具体压力值由进气压力表显示；压缩空气进入漏气量检测仪后，经调压阀调压至某一确定

压力 p_1（0.4MPa），然后经过校正孔板上的量孔及快换管接头、充气嘴进入气缸。当气缸密封不严时，压缩空气就会从不密封处泄漏，使校正孔板量孔后的空气压力下降为 p_2。该压力值由测量表显示，其压力变化情况 p_1-p_2 即可反映气缸的密封性。

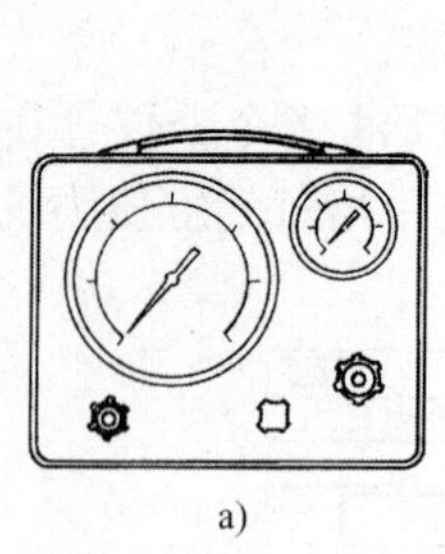
a)

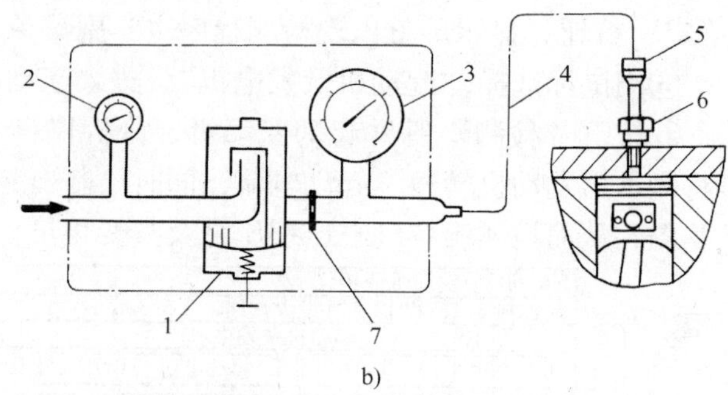

b)

图 3-12　气缸漏气量检测仪

a）仪器外形图　b）工作原理图

1—调压阀　2—进气压力表　3—测量表　4—橡胶软管　5—快换接头　6—充气嘴　7—校正孔板

p_1 和 p_2 的关系为

$$p_1-p_2=\rho Q^2/2\phi^2A^2$$

式中　Q——空气流量（m^3/s）；

A——量孔截面积（m^2）；

ρ——空气密度（kg/m^3）；

ϕ——流量系数，$\phi=1/\sqrt{1+\xi}$，ξ 为量孔局部阻力系数。

当校正孔板量孔截面积和结构一定时，A 和 ϕ 为常数；而进气压力 p_1 及测试时的环境温度一定时，空气密度 ρ 亦为常数。因此，校正孔板量孔后的压力 p_2（由测量表指示）取决于经过量孔的空气流量 Q。显然，空气流量 Q 的大小（漏气量）与气缸的密封程度有关。当气缸、活塞、活塞环和气门、气门座等处磨损过大或因发生故障，密封不良时，漏气量 Q 增大而使测量表指示压力 p_2 低于进气压力 p_1 的量增大。因此，根据测量表压力下降值即可判断气缸的漏气量，并据此检测气缸的密封性。

2. 气缸漏气率检测原理

检测气缸漏气率时，无论所使用的是何种仪器、检测方法，还是何种判断故障的方法，其基本原理都与检测气缸漏气量一致。所不同的是气缸漏气量的测量表以 kPa 或 MPa 为单位，而气缸漏气率测量表的标定单位为百分数。即密封仪器出气、漏气量为 0 时，测量表指针指示值为 0%；而打开仪器出气口，表示气缸内压缩空气完全漏掉，测量表指针指示值为 100%。测量表指示值在 0% 和

100%之间均匀分度，并以百分数表示。这样，把原表盘的气压值标定为漏气的百分数，就能直观地指示气缸的漏气率了。

气缸的磨损情况，可根据活塞在压缩行程不同位置时的气缸漏气率间接测出。首先测定在压缩行程开始，进气门关闭后气缸的漏气率；而后，在曲轴每旋转10°曲轴转角的位置测量一次，直到活塞到达上止点位置为止，从而得到活塞在气缸内不同位置时的气缸漏气率；所测结果与新发动机气缸偏气率所测结果比较，即可了解气缸的磨损情况。同时，把所测在用发动机的气缸漏气率与已达到大修极限的同类型发动机的气缸漏气率相比较，便可大致估计所测发动机的使用寿命。

通过气缸漏气量（率）检测，发现某一缸的密封性不良后，可进一步在进气管、排气消声器出口、散热器加水口和机油加注口等处，倾听有无漏气声，以判断气缸的漏气部位。当活塞到达压缩行程上止点位置时，若在进气管处能听到漏气声，说明进气门密封不良；在排气管处能听到漏气声时，表明排气门密封不良；若在散热器加水口有漏气声并出现水泡时，则属于气缸垫漏气。

3. 气缸的漏气量（率）检测标准

对于气缸漏气量（率），我国尚无制定统一的检测诊断标准，气缸漏气量（率）检测标准应根据发动机种类、缸径、磨损情况等因素通过试验确定。对于缸径为102mm左右的汽油发功机，用QLY-1型气缸漏气量检测仪检测时，在确认进、排气门和气缸垫密封性良好的前提下，当测量表调定初始压力为400kPa时，若测量表上的压力指示值大于0.25MPa，则密封性良好，说明气缸活塞配合副的技术状况较好；而当测量表压力指示值小于0.25MPa时，密封性较差，说明气缸活塞配合副的技术状况较差。当气缸密封性不良时，应进一步察听漏气部位，找出故障原因。

气缸漏气率检测标准可参考表3-4。对于新发动机，在排气门开始关闭至活塞到达上止点的整个过程中的不同位置，气缸漏气率一般在3%～5%范围内；若大修竣工后，发动机气缸漏气率超过10%，则表明大修质量不佳。当气缸漏气率达到30%～40%时，若能确认气缸衬垫、气缸盖等处均不漏气，则说明气缸活塞摩擦副的磨损临近极限值。

表3-4　气缸漏气率检测标准参考表

气缸密封状况	仪器读数值(%)	气缸密封状况	仪器读数值(%)
良好	0～10	较差	20～30
一般	10～20	换环或镗缸	30～40

气缸漏气量（率）的检测虽然比较麻烦、费时，但检测全面，指示直观，比用气缸压缩压力检测值反映气缸密封性精确。

4. 气缸漏气量（率）检测方法

气缸漏气量（率）检测的步骤如下：

①发动机预热至正常工作温度。

②用压缩空气吹净火花塞周围，清除脏物，而后拧下所有气缸的火花塞，并在火花塞孔上装好充气嘴。

③接好压缩空气源，在检测仪出气口堵塞的情况下，用调压阀调节进气压力，使测量表指针指示 0.4MPa。

④安装好活塞定位盘（图 3-13），使分火头旋转至第 1 缸跳火位置（此时 1 缸活塞到达上止点，1 缸进、排气门均处于关闭位置），然后转动定位盘使刻度 1 对准分火头尖端（分火头也可用专用指针代替）。

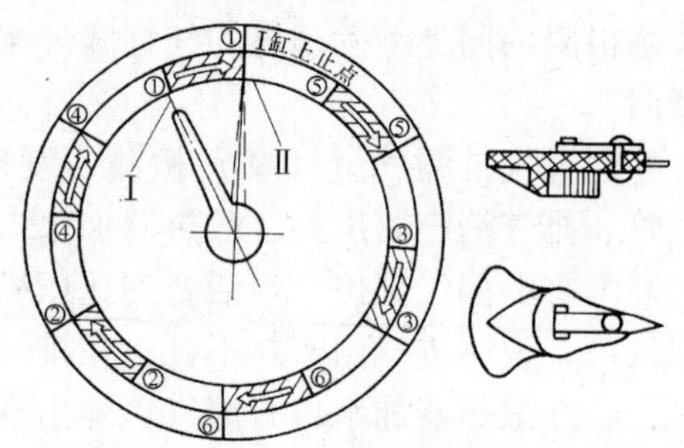

图 3-13　活塞定位盘

⑤为防止压缩空气推动活塞使曲轴转动，变速器挂高速档，拉紧驻车制动。

⑥把 1 缸充气嘴接上快换管接头，向 1 缸冲入压缩空气，此时测量表上的压力读数或漏气率百分比读数便反映了该缸的密封性。

⑦转动曲轴，使分火头（或指针）对准活塞定位盘上下一缸刻度线，按以上方法检测下一缸的漏气量（率）。

⑧按以上方法和点火次序检测其余各缸的漏气量（率）。为使检测结果可靠，各缸应重复检测一次。

三、发动机进气管真空度检测

1. 影响进气管真空度检测结果的因素

进气管真空度指进气管内的进气压力与外界大气压力之差。通过检测发动机进气歧管真空度来评价发动机的气缸密封性，主要是针对汽油机而言。

汽油机负荷采用“量”调节，即依靠节气门开度变化控制进入气缸的混合气的量，改变发动机输出功率。怠速时，节气门开度小，进气节流作用大，进气管中真空度较高；节气门全开时，进气管中真空度较小。由此可见，进气管真空度首先取决于发动机的工作状态。检测进气管真空度，大多数是在怠速条件下进行。因为技术状况良好的汽油机怠速时，进气管真空度有一较为稳定的值；同时怠速时进气管真空度高，对因进气管、气缸密封性不良引起的真空度下降较为敏感。

进气管真空度还与发动机的技术状况有关，可以反映气缸活塞组和进气管的密封性。若进气管垫、真空点火提前机构等处密封不良，气缸活塞组、配气机构因磨损或故障间隙增大，以及点火系统和供油系统的调整等都会影响发动机进气管的真空度。因此，通过对进气管真空度的检测可发现这些部位的故障。如能确认进气管自身密封性良好，则进气管真空度的检测结果可用于分析、判断发动机气缸活塞组的密封性。进气管真空度可以用真空表或示波器检测。

2. 用真空表检测进气管真空度

（1）检测步骤　检测进气管真空度的真空表由表头和软管构成。软管一头固定在真空表上，另一头可方便地连接在进气管上的检测孔上（真空助力或真空控制装置从进气管取真空的孔，即可作为检测孔）。其检测步骤如下：

①将发动机预热至正常工作温度。

②把真空表软管与进气歧管上的检测孔连接。

③将变速器置于空档，发动机怠速稳定运转。

④在真空表上读取真空度读数。

⑤必要时，改变节气门的开度，通过观察进气管真空度的变化情况判断相关故障。

（2）检测结果分析　分析进气管真空度检测结果，可以判断发动机的技术状况和故障。以下是一些汽油机进气管真空度检测的典型实例。

①怠速时，若真空表指针稳定在 57 ~ 70kPa 之间，见图 3-14a，则表明气缸密封性正常。此外，海拔每升高 500m，真空度应相应降低 4 ~ 5kPa。

②怠速时，若真空表指针跌落 3 ~ 23kPa，见图 3-14b，而且指针有规律地摆动，则表明气门与气门座密封不良。

③怠速时，若真空表指针时常快速跌落 10 ~ 16kPa，见图 3-14c，则表明气门与导管卡滞。

④怠速时，若真空表指针在 33 ~ 74kPa 范围内缓慢摆动，且随发动机转速升高摆动加剧，见图 3-14d，则表明气门弹簧弹力不足。

⑤怠速时，若真空表指针较正常值低 10 ~ 13kPa，且缓慢地在 47 ~ 60kPa 范围内摆动，见图 3-13e，则表明气门导管磨损严重。

⑥当发动机转速升至 2000r/min 左右时，突然关闭节气门，若真空表指针迅速跌落至 6 ~ 16kPa 以下，而当节气门关闭时，若指针不能回复到 83kPa，见图 3-14f，则表明活塞环失效。当快速开启节气门时，若指针不低于 6 ~ 16kPa，则表明活塞环工作状况良好。

⑦怠速时，若真空表指针从正常值突然跌落至 33kPa，随后指针又恢复至正常值，在发动机运转过程中，真空表指针总是这样来回的波动，见图 3-14g，则表明气缸垫窜气。

⑧怠速时，若真空表指针不规则跌落，见图 3-14h，则表明发动机的混合气过稀；若真空表指针缓慢摆动，则表明发动机的混合气过浓。

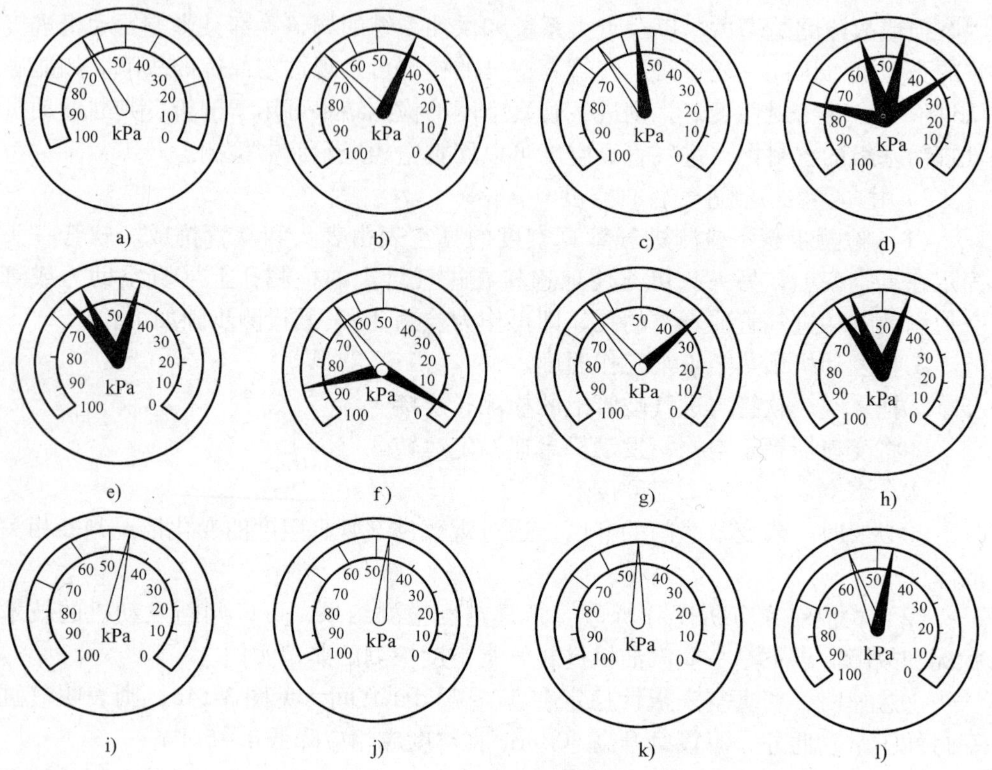

图 3-14　真空表检测实例

⑨怠速时，若真空表指示值比正常值约低 10～30kPa，但很稳定，见图 3-14i，则表明进气歧管衬垫漏气。

⑩怠速时，若真空表指针稳定地指示在 47～57kPa 之间，见图 3-14j，则表明发动机点火过迟。

⑪怠速时，若真空表指针稳定地指示在 27～50kPa 之间，见图 3-14k，则表明发动机气门开启过迟。

⑫怠速时，若真空表指针缓慢地摆动在 47～54kPa 之间，见图 3-14l，则表明火花塞电极间隙太小，断电器触点接触不良。

3. 用发动机综合性能分析仪检测进气管真空度

发动机综合性能分析仪可以检测进气管真空度波形。由传感器采集到的进气管真空度的电压信号，经仪器处理后送入显示器，于是屏幕上便可显示出进气管真空度波形。

（1）检测步骤　进气管真空度的检测步骤如下（以元征 EA-2000 型发动机综合性能分析仪为例）：

①发动机运转至正常工作温度。

②将分析仪真空度传感器的橡胶软管通过三通接头连接到发动机的真空管上，电控燃油喷射发动机的真空软管一般在发动机总成顶部。

③使发动机转速稳定在规定转速（1700r/min 左右）。

④在主菜单下的副菜单上选择“进气管内真空度”，进入进气管真空度检测状态。

⑤按下检测界面下方的“检测”按钮，分析仪高速采集进气管真空度值，并显示出被检发动机的进气管真空度波形。

⑥对进气管真空度波形观测、分析和判断。

⑦再按下“检测”按钮，高速采集结束。

⑧必要时可按下 F4 按钮，检测仪提供 4 缸、6 缸或 8 缸发动机的进气管真空度标准波形。其中，4 缸发动机进气管标准波形见图 3-15。除此之外，可检测进气门开启不良、进气门漏气、排气门开启不良和排气门关闭不良等故障波形。

⑨按“F2”按钮可对数据进行存储，按“F3”按钮可进行图形存储，按“F6”按钮可进行图形打印，按“F3”按钮返回主菜单。

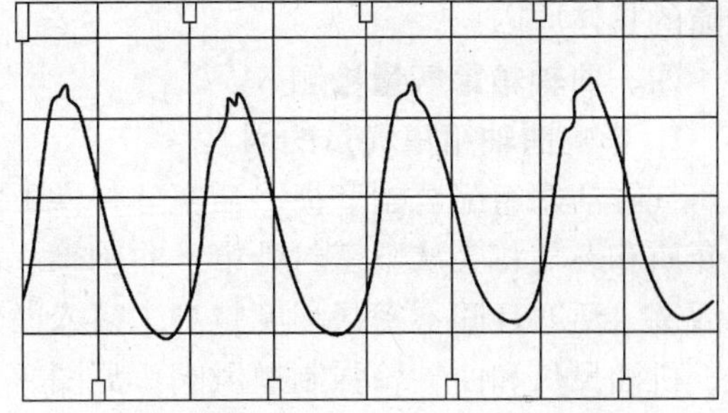

图 3-15　4 缸发动机进气管标准波形

（2）进气管真空度波形分析

往复式活塞发动机的进气过程是间歇的，必然会引起进气压力的波动。进气管真空度波形中包含着丰富的有关进排气机构的信息，如配气机构、进排气门与活塞环等密封元件技术状况的变化。因此，通过分析进气管真空度波形可实现对发动机的不解体检测。

发动机技术状况良好时，各缸进气管真空度波形基本相似，只是因进气管形状与断面情况不尽相同，致使其进气真空度波形稍有差异。但若气缸的结构参数或技术状况变化，则进气管真空度波形会有明显改变，如气缸与活塞配合副磨损使其密封性变差、气缸衬垫或气门漏气、气门弹簧弹性不足、混合气过浓或过稀等均会引起进气管真空度波形的改变，由此判断发动机故障是十分方便有效的。

分析真空度波形时，将发动机进气管各缸真空度的检测波形进行对照比较，若各缸进气过程所造成的进气管负压基本一致，且与标准波形相同，则说明该发动机进气系统和气缸活塞组技术状况正常；若个别气缸波形异常，则说明进气系统和气缸活塞组存在故障，图 3-16 所示为四缸发动机第 4 缸进气门严重漏气的进气管真空度波形。

4. 进气管真空度检测标准

根据 GB/T 3799. 1—2005《商用汽车发动机大修竣工出厂技术条件　第 1 部分：汽油发动机》的规定，在正常工作温度和标准状态下，发动机怠速运转时，进气管真空度符合原设计规定，其波动范围：6 缸汽油发动机一般不超过 3kPa，4 缸汽油发动机一般不超过 5kPa。

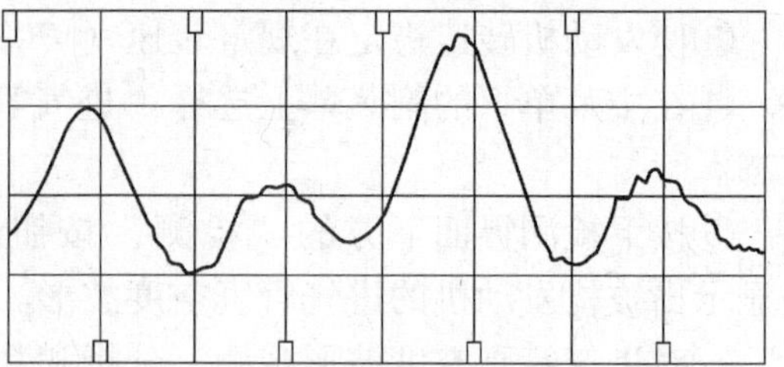

图 3-16　四缸发动机第 4 缸进气门严重漏气波形

进气管真空度随海拔升高而降低。海拔每升高 1000m，真空度将降低 10kPa 左右。因此，检测发动机进气管真空度时，应根据当地海拔修正检测标准。

进气管真空度检测是一种综合性检测，能检测多种故障现象，而且检测时不需要拆下火花塞，因此是较实用、快速的检测方法；但不足之处是往往不能确定故障的具体原因。

四、曲轴箱窜气量检测

1. 影响曲轴箱窜气量的因素

气缸活塞组配合副磨损、活塞环弹性下降或黏结均会使气缸密封性下降，工作介质和燃气将会从不密封处窜入曲轴箱。窜入曲轴箱的气体量越多，表明气缸与活塞、活塞环间不密封程度越高。窜入曲轴箱的废气可以逸出的通道有加机油口、机油尺口和曲轴箱强制通风阀，见图 3-17。

显然，曲轴箱窜气量与使用工况有关。但在确定工况下，曲轴箱窜气量可反映气缸活塞组的技术状况或磨损程度。图 3-18 表明曲轴箱窜气量与功率、油耗的关系。随着曲轴箱窜气量增大，发动机输出功率逐渐下降，而燃油消耗量则线性增长。

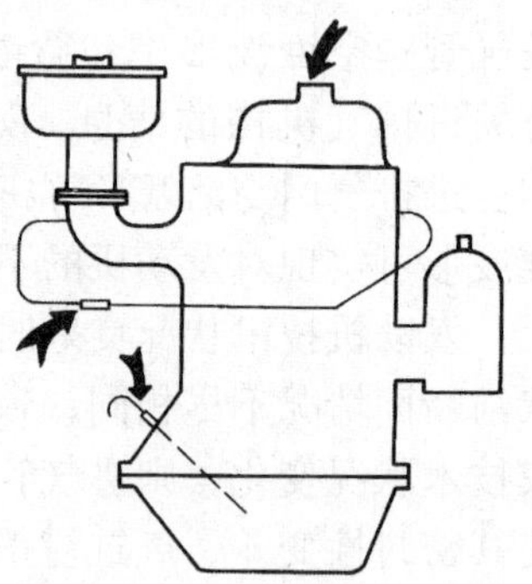

图 3-17　曲轴箱废气可以溢出的通道

因此，检测发动机工作状态下单位时间内窜入曲轴箱的气体量，可评价气缸活塞配合副的密封性。

2. 曲轴箱窜气量的检测方法

由于从曲轴箱窜出的气体具有温度高、量小、脉动、污浊的特点，因而检测曲轴箱窜气量的难度较大。

曲轴箱窜气量可采用曲轴箱窜气量检测仪（图 3-19）检测。曲轴箱窜出的废气经集气头、软管输送到气体流量计，并测出单位时间流过气体流量计的废气流量。目前，曲轴箱窜气量检测仪使用微压传感器，当废气流过取样探头孔道时，在测量小孔处产生负压，微压传感器检测出负压并将其转换成电信号。流过集气头孔道的废气流量越大，测量小孔处产生的负压越大，微压传感器输出的电信号越强。该信号输送到仪表箱，由仪表指示出废气流量大小，以反映曲轴箱窜气量的大小。

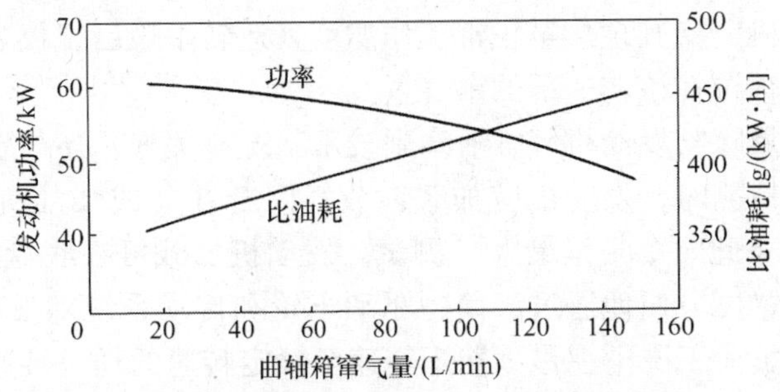

图 3-18　曲轴箱窜气量与功率、油耗的关系

曲轴箱窜气量的检测也可采用专用气体流量计进行。图 3-20 所示的玻璃气体流量计由 U 形管式压力计、流量孔板、刻度板和通往曲轴箱的胶管等组成。使用前，先将曲轴箱密封（堵住机油尺口、曲轴箱通风进出口等），再用胶管从加机油管口处将曲轴箱内的废气导出，接入气体流量计。当气体流过流量孔板时，由于两边存在压力差，使压力计水柱移动，直至气体压力与水柱落差平衡为止。压力计水柱高度可以确定窜入曲轴箱的气体量。流量孔板备有不同直径的小孔，可以根据窜气量的大小调节选用。

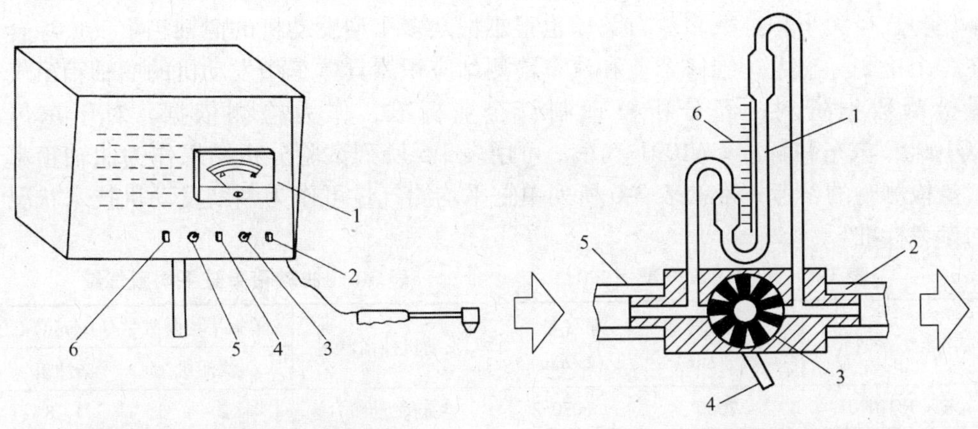

图 3-19　曲轴箱窜气量检测仪

1—指示仪表　2—预测按钮　3—预调旋钮
4—档位开关　5—调零旋钮
6—电源开关

图 3-20　气体流量计简图

1—压力计　2—通大气管　3—流量孔板
4—流量孔板手柄　5—通曲轴箱胶管
6—刻度板

测试步骤如下：

①打开电源开关，按仪器使用说明书的要求对检测仪进行预调。

②密封曲轴箱，即堵塞机油尺口、曲轴箱通风进出口等，将取样探头插入机油加注口内。

③起动发动机，待其预热至正常工作温度且运转平稳后，仪表箱仪表的指示值即为发动机曲轴箱在该转速下的窜气量。

曲轴箱窜气量除与发动机气缸活塞副技术状况有关外，还与发动机转速和负荷有关。因此在检测时，发动机应加载，节气门全开（或柴油机最大供油量），在最大转矩转速（此时窜气量最大）测试。发动机加载可在底盘测功机上实现。测功机的加载装置可方便地通过滚筒、驱动车轮和传动系统对发动机进行加载，可使发动机在全负荷工况下在最大转矩转速至额定转速的任一转速下运转，因此可用曲轴箱窜气量检测仪检测出任一工况下曲轴箱的窜气量。

3. 曲轴箱窜气量检测标准

随着气缸活塞摩擦副的磨损，窜入发动机曲轴箱的气体量增加。据资料统计，国外新发动机曲轴箱漏气量为 15～20L/min，磨损后的发动机则高达 80～130L/min。所以，发动机工作时单位时间内窜入曲轴箱的气体量，可以作为衡量气缸活塞摩擦副密封性的评价指标。

GB 18565—2001《营运车辆综合性能要求和检验方法》规定，用 U 形水压计或微型压力计在机油标尺处检查怠速、50% 额定转速的曲轴箱压力，不得出现正压力。

对曲轴箱窜气量，还没有制定统一的检测标准；同时，由于曲轴箱窜气量大小还与缸径大小和缸数多少有关，也很难把众多车型发动机的曲轴箱窜气量综合在一个检测标准内。维修企业和汽车检测站应积累具体车型发动机的曲轴箱窜气量检测数据资料，经分析整理制订企业标准，作为检测依据。对于东风 EQ1090E 汽车和解放 CA1091 汽车，可用表 3-5 所列试验分析结果作为曲轴箱窜气量检测时的参考标准。表 3-6 所列单缸平均漏气量可作为判断发动机技术状况的参考标准

表 3-5　曲轴箱窜气量

车　　型	发动机转速/(r/min)	窜气量/(L/min)
东风 EQ1090E	2000	<70
解放 CA1091	1000	<40

表 3-6　曲轴箱单缸平均窜气量

发动机技术状况	单缸平均漏气量/(L/min)	
	汽油机	柴油机
新发动机	2～4	3～8
需大修发动机	16～22	18～28

曲轴箱窜气量大的主要原因：气缸活塞、活塞环磨损量大，配合间隙增大或活塞环对口、结胶、积炭、失去弹性、断裂及缸壁拉伤等。要结合发动机使用、

维修和配件质量等情况进行分析判断。

第三节　发动机点火系统检测

汽油发动机在不同工况下工作时，不仅需要供给各个气缸适量且浓度适当的可燃混合气，还必须由发动机点火系统按点火次序适时供给具有足够能量的电火花，以点燃混合气。点火系统的技术状况不仅严重影响发动机的动力性、燃油经济性和排放性能，还决定了发动机能否正常工作。前已述及，点火系统是汽油发动机各系统、机构中故障率最高的系统，因此是发动机检测诊断的重点。

在不解体情况下，发动机点火系统的检测与诊断主要分为点火波形的检测与分析和点火正时检测两个方面。点火系统常见故障的深入诊断，可见本书下册。

一、发动机点火系统的类型

发动机点火系统的基本功能是在适当时刻为发动机的各个气缸提供足够能量的电火花，以点燃气缸内的压缩可燃混合气。

目前，汽车发动机常用点火系统的类型如下所述。

1. 机械点火系统

机械触点式点火系统的工作原理见图3-21。触点闭合时，初级电流流经点火线圈初级绕组后搭铁，形成回路，电流流过点火线圈，同时产生磁场；触点打开时，回路断开，初级电流突然中断，由于流过点火线圈初级绕组的电流所产生的磁场骤然衰减，从而在点火线圈次级线圈上产生很高的感应电压（15000～20000V）；该感应电压产生时，分电器分火头旋转到正好接触某缸点火高压线，从而在高电压作用下，火花塞（处于气缸燃烧室内）间隙被击穿，产生电火花，点燃气缸内经过压缩的可燃混合气。

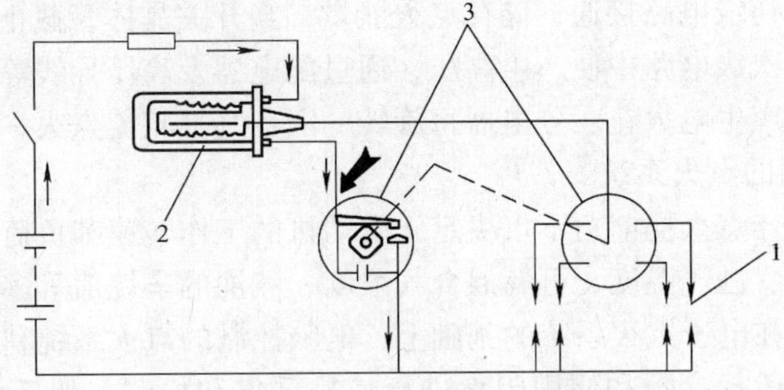

图3-21　触点式点火装置工作原理图

1—火花塞　2—点火线圈　3—分电器

机械触点式点火系统由于其结构简单，工作可靠，曾长期在汽车上得到广泛使用。但随着现代汽油机性能和转速的不断提高，机械触点式点火系统已不能满足现代汽油机点火的要求，已被电子点火系统所代替。

2. 电子点火系统

电子点火系统（又称为半导体点火系统或晶体管点火系统）在传统点火系统的基础上，利用半导体元器件（如晶体管、晶闸管等）组成的电子开关电路（即点火电子组件或点火器），代替传统点火系统中的断电器触点，以接通和断开点火线圈初级电路。而接通和断开点火线圈初级电路的具体时刻，则由点火信号发生器产生的点火信号来控制。其基本组成见图 3-22。

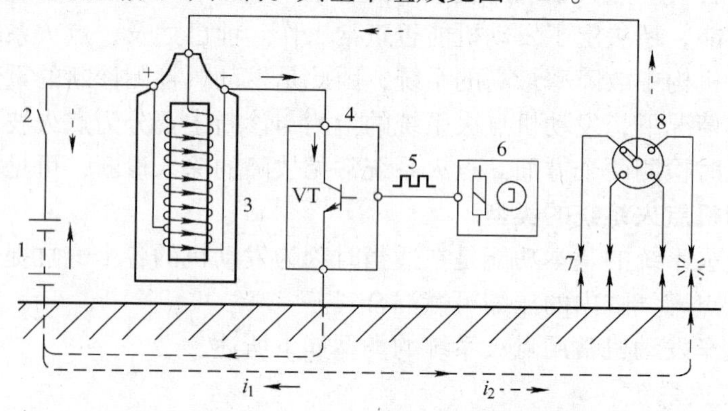

图 3-22　电子点火系统的基本组成和工作原理

1—蓄电池　2—点火开关　3—点火线圈　4—点火电子组件　5—点火信号　6—点火信号发生器　7—火花塞　8—高压配电器

点火信号发生器安装在分电器内，分电器轴转动时，产生与发动机曲轴位置相对应的点火信号。此点火信号经电子点火组件前置电路处理后，控制大功率开关晶体管的导通或截止，使点火线圈初级电流适时地通断。大功率开关晶体管导通时，点火线圈初级电路接通，储存点火能量；当开关晶体管截止时，点火线圈初级电路断开，次级电路中便产生高压，通过配电器及高压导线等将高压送至点火缸火花塞使之产生电火花。分电器每旋转一圈各气缸轮流点火一次。

3. 电脑控制的点火系统

发动机的最佳点火提前角不仅决定于发动机的工作转速和负荷，而且还与发动机冷却液温度、进气温度、可燃混合气浓度、汽油的辛烷值等多种运行参数和使用因素有关。在电子点火系统的基础上，电脑控制的点火系统利用传感器对与点火有关的各种运行参数和使用因素进行信号采集和检测，然后由电脑进行运算、处理后，给点火控制器提供最佳的点火控制信号，从而使发动机在任何工况下都处于最佳的点火时刻和初级电路导通时间，以进一步改善发动机的动力性和燃油经济性，降低排气污染。因此，电脑控制的点火系统也称点火提前角控制系统。

电脑控制的点火系统可分为有分电器式和无分电器式两类。前者仍由传统的机械式分电器完成高压配电；而后者则由电子分火方式完成高压配电。

有分电器电脑控制的点火系统主要由与点火有关的各种传感器、电子控制器（点火 ECU）、点火电子组件（点火器）、点火线圈、高压配电器、火花塞等组成，见图 3-23。

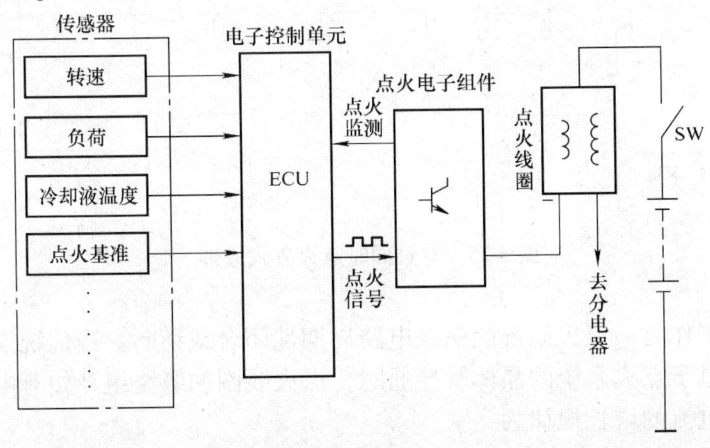

图 3-23　有分电器式电脑控制的点火系统基本组成

无分电器电脑控制的点火系统取消了分电器的机械配电方式，因此完全消除了分电器的缺陷，进一步提高了点火性能，降低了点火能量的高压传输损失，提高了点火系统的可靠性和耐久性。无分电器点火系统所采用的配电方式均为电脑控制的电子配电方式。目前常用的分火方式有各缸单独点火和双缸同时点火两种。

单独点火方式即一个火花塞配一只点火线圈（图 3-24），并且可将点火线圈直接安装在火花塞顶上，不仅没有分电器，而且也不用高压线。

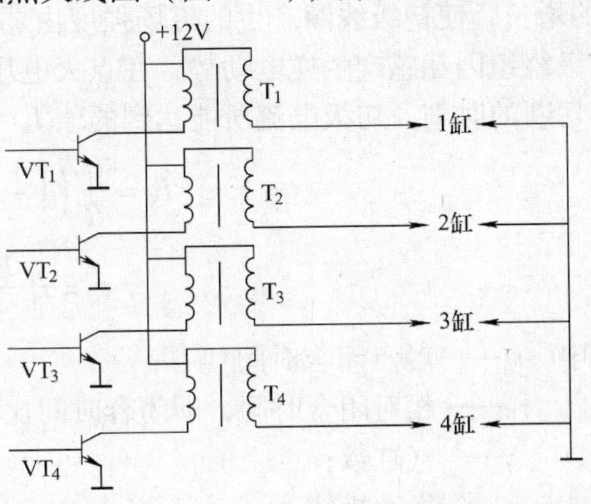

图 3-24　各缸单独点火原理

双缸同时点火方式即一只点火线圈同时为两个气缸点火，见图 3-25。

二、点火电压波形检测与分析

1. 点火电压波形的形成

无论是机械触点式点火系统，还是无触点电子点火系统或电脑控制的点火系统，都是由点火线圈通过互感作用把低压电转变为高压电，通过火花塞跳火点燃混合气做功的。发动机点火波形形成的基本原理如下所述。

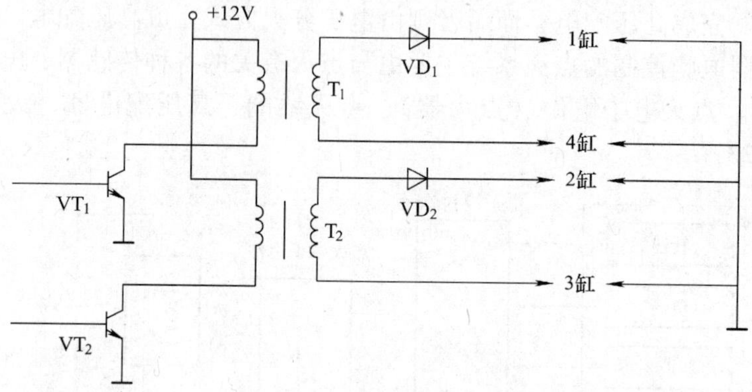

图 3-25 双缸同时点火方式原理

发动机工作时，点火系统的初级电路周期性闭合或切断。当传统点火系统的触点闭合或电子点火系统的晶体管导通时，点火线圈初级绕组开始有电流通过并增强，初级电流的增长规律为

$$i = \frac{U}{R}\left(1 - e_1^{-\frac{R}{L}t}\right)$$

式中 U——蓄电池电压（V）；

e_1——初级绕组的自感电动势（V）；

R——初级电路中的电阻（Ω）；

t——导通时间（s）；

L——初级绕组电感（H）。

此时，触点两端的初级电压接近于零；但初级电路从切断到闭合及初级电流 i 的增长，使初级线圈产生的磁场强度由弱到强，初级绕组产生自感电动势；而次级绕组因互感产生逆电动势，在点火电压波形上表现为向下的振荡。在初级电路切断的时刻，初级电流所能达到的值 I_K 为

$$I_K = \frac{U}{R}\left(1 - e_1^{-\frac{R}{L}t_b}\right)$$

$$t_b = \tau_b \frac{120}{zn}$$

式中 t_b——触点闭合时间（s）；

τ_b——相对闭合时间，即闭合时间比例；

z——气缸数；

n——发动机转速（r/min）。

由上式可见，在其他因素不变的条件下，缸数 z 增多，转速 n 增高，初级电

流值 I_K 降低；而闭合角增大后，闭合时间比例 τ_b 增大，I_K 也增大。初级线圈流过电流 I_K 时，储存在线圈及铁心中的磁场能量 E_1 为

$$E_1 = \frac{1}{2}LI_K^2$$

初级电路切断后，初级电流及磁场迅速消失，初级电压迅速升高。由于磁场强度剧烈衰减，在次级绕组中感应出很高的感生电压 U_2，次级电压的最大值 U_{2max}为

$$U_{2max} = I_K \sqrt{\frac{L}{C_1\left(\frac{N_1}{N_2}\right) + C_2}\eta}$$

式中 C_1——电容器电容量（F）；

C_2——分布电容，指点火线圈电容、火花塞中心电极与电极间、高压线与机体间电容的总和（F）；

N_1——初级绕组匝数；

N_2——次级绕组匝数；

η——热耗系数，$\eta = 0.75 \sim 0.85$。

次级电压的最大值 U_{2max} 一般可达 15000 ~ 20000V。实际上，次级电压在小于 U_{2max}的某一数值时，即可把火花塞的电极击穿，此时的电压值称为击穿电压 U_j。电极被击穿后，初级、次级电压均迅速下降，电极间形成火花放电并延续一段时间，在次级电压波形上表示为火花线，即发火线后的一条起伏小而密的高频振荡曲线。当储存在点火线圈中的能量消耗到不足以继续维持放电时，火花终了，次级电压略有上升后又剧烈下降。此后，点火线圈和电容器中的残余能量以阻尼振荡的形式耗尽，在次级电压波形上出现低频振荡波形。由于初级、次级线圈的互感作用，上述高频振荡和低频振荡波形也出现在初级电压波形中。通过放电和阻尼振荡消耗尽点火线圈的能量后，在初级电路接通之前，初级电压稳定于蓄电池的电压值，而次级电压降至零，直至初级电路接通后下一点火循环开始。

图 3-26 为点火过程初级电流 i、初级电压 U_1 和次级电压 U_2 的波形图。

如上所述，发动机工作过程中，其点火系统低压部分、高压部分的电压变化过程是有规律的，点火系统有关元件的性能和技术状况的变化必然会反映在点火波形的变化中。因此，把实际测得的点火系统点火电压波形与正常工作情况下的点火电压波形进行比较并分析，可判断点火系统技术状况好坏及故障所在。

2. 发动机点火波形检测仪器

发动机点火波形通常用汽车专用示波器检测（如国产 QDS-ⅠA 型示波器），也可以用发动机综合性能分析仪检测。因为，大多数发动机综合性能分析仪（如 EA2000 型和 QFC-5 型发动机综合性能分析仪）都配备有示波器，用于观测

点火波形、缸压波形、油压波形、真空度波形、喷油器针阀升程波形、异响振动波形和汽车电控元件信号波形等。

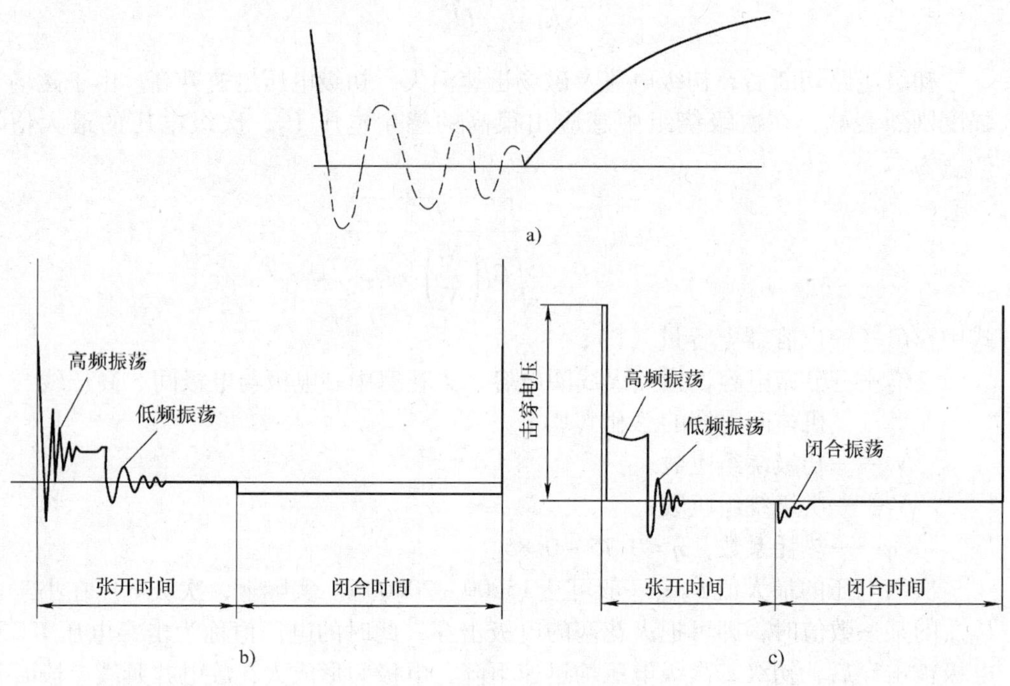

图 3-26　点火工作过程波形图

a）初级电流　b）初级电压　c）次级电压

汽车专用示波器主要由检测探头、外接线、电控系统和显示器等组成，见图 3-27。

检测探头是示波器的信号获取装置（传感器），用于连接测量点，感应测量点的被测信号，并通过其外接线传输给示波器的电控系统。

电控系统用来接受、处理外接线输入的信号和波形控制旋钮输入的控制信号，并将其传送给显示器控制输出波形。现代示波器多采用带有微处理器的电控系统，能将模拟电压信号转换为数字信号输至显示器，并具有记忆功能，以实现对检测波形的显示、记录、打印和储存进行控制。

显示器用来显示被测信号的波形。

示波器是可以将点火系统电压随曲轴转角或凸轮轴转角的变化关系用波形直观表示出来，以便于观察和分析的测试仪器。凡是电压、电流以及能通过传感器转换为电压、电流的其他非电量，如压力、振动、温度、流量等均可以用示波器观测。

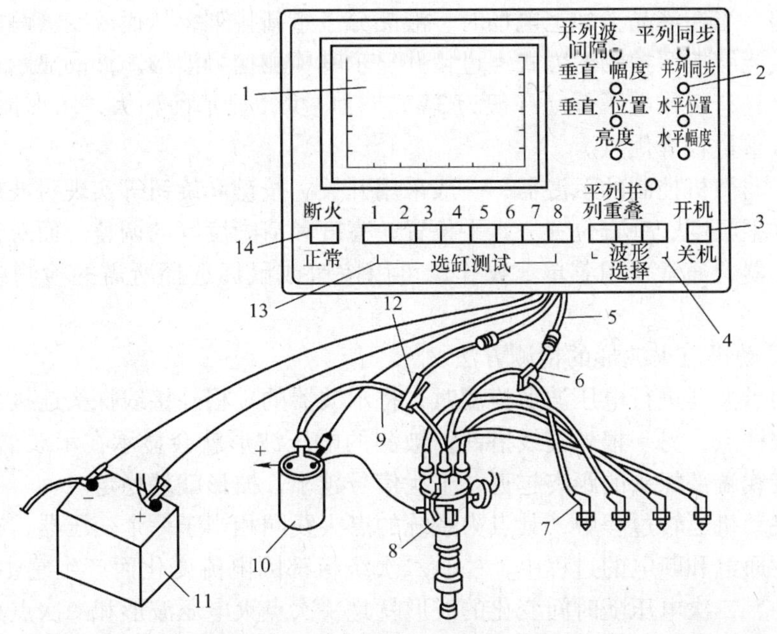

图 3-27 汽车专用示波器及其连接

1—显示器 2—波形控制旋钮 3—电源开关 4—波形选择按钮 5—外接线 6、12—探头（感应夹） 7—火花塞 8—分电器 9—中央高压线 10—点火线圈 11—蓄电池 13—选缸测试按钮 14—断火按钮

图 3-28 为示波器原理图。传统汽车专用示波器多采用阴极射线管即显像管（CRT）显示器。在示波器的显像管中，电子枪把电子束射向荧光屏产生一个亮点。显像管中设有水平偏转板和垂直偏转板。水平偏转板垂直设置，使电子束在水平方向上产生弯曲，亮点从左至右横扫过荧光屏，形成一条亮线；垂直偏转板水平设置，从发动机点火电路通过示波器电路接收电荷，且此电荷的量与点火系统电压的瞬时变化成比例，随着电子束从左到右的扫描，变化着的电荷使其在垂直方向产生弯曲，因此光亮点在荧光屏上扫出一条曲线。曲线代表了点火系统的电压随时间（凸轮轴转角）而变化的规律。其曲线图形的坐标：水平方向表示时间（凸轮轴转角）；垂直方向表示电压，并且以基线为准，向上为正电压，向下为负电压。

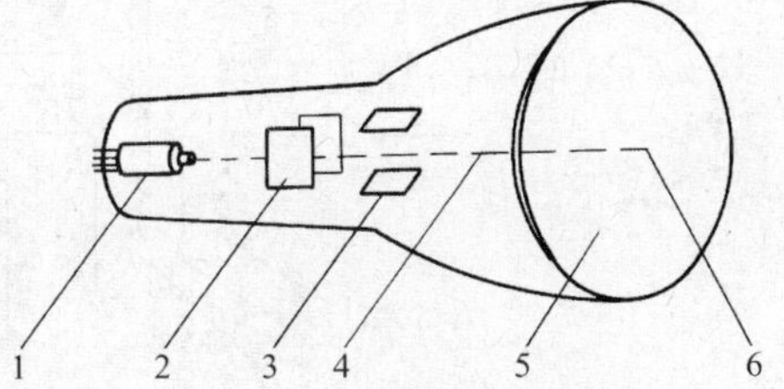

图 3-28 示波器原理图

1—电子枪 2—水平偏转板 3—垂直偏转板 4—电子束 5—荧光屏 6—亮点

现代汽车专用示波器多采用液晶显示器（LCD），其液晶显示器屏幕为双层

夹层结构。当在液晶上加上电场时，液晶分子重新排列，从而改变液晶的透光特性使光线能够按照控制的方式通过，并显示其检测信号波形。液晶显示属于非发光显示，具有工作电压低（一般为3V），耗电少，显示面积大，图形清晰度高，体积小，重量轻等优点。

对于非微机控制的示波器，一般采用开关、按键和旋钮等实现对波形的垂直幅度、水平幅度、垂直位置、水平位置、亮度和清晰度等的调整。而对于微机控制的示波器，通常采用菜单式操作，可用按钮或鼠标选择所需的检测或调整项目。

3. 发动机点火波形的检测方法

利用示波器进行电压波形检测时，将示波器的一根外接线探头连接到被测线路电压取样点，另一根外接线搭铁，被测的电压波形就会显示在示波器屏幕上。两根外接线端部探头的距离越近，干扰信号越小，波形就越稳定。

在发动机运转过程中，其点火系统的点火线圈相当于一个变压器，在一次绕组周期性通电和断电的过程中，一、二次绕组都因电流变化而产生感生电动势，而此时一、二次电压随时间变化的波形就是一次点火电压波形和二次点火电压波形。

利用汽车专用示波器检测发动机点火波形的方法见图3-29。检测时，使发动机运转，将示波器探针分别连接点火线圈的“ - ”接线柱和搭铁，可以测得初级电压波形；将示波器的外接线用感应夹连接高压线，另一个探针搭铁，可测得次级电压波形。

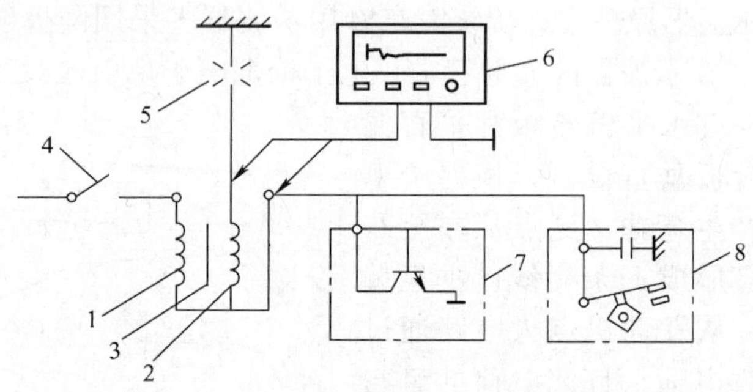

图3-29　点火波形的检测

1—一次绕组　2—二次绕组　3—铁心　4—点火开关　5—火花塞
6—示波器　7—晶体管点火器（电子点火用）　8—分电器（传统点火用）

（1）点火波形检测仪器与发动机的连接　点火波形检测仪通过点火传感器与发动机连接。检测仪器或发动机点火系统不同，其检测仪器与发动机的连接和测试方法也有所差异，因此传感器的具体连接方式应参考其使用说明书。当使用

EA2000型发动机综合性能分析仪检测发动机的次级点火波形时，传感器的连接方法如下所述。

1）传统点火系的连接：把发动机综合性能分析仪的电源夹持器夹持在蓄电池正、负极上（红正、黑负）；初级信号红、黑小鳄鱼夹分别夹在点火线圈的初级接线柱上（红正、黑负）；1缸信号传感器（外卡式感应钳）卡在第1缸高压线上；次级信号传感器（外卡式电容感应钳）卡在点火线圈中心高压线上，见图3-30。通过次级信号传感器的信号可获得次级点火波形，通过1缸信号传感器信号的触发，可使各缸波形按点火次序排列。

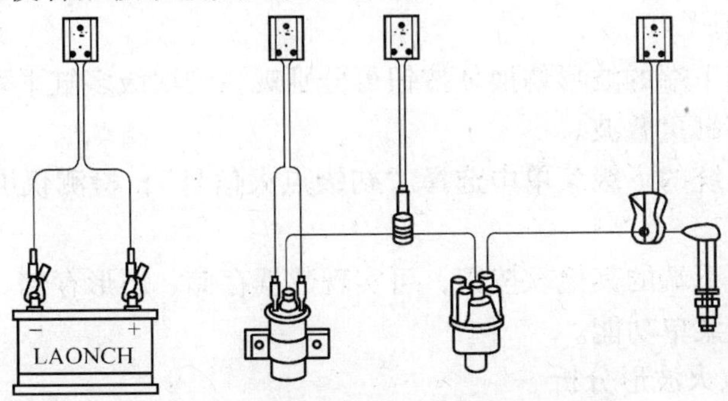

图3-30　传感器与传统点火系统的连接

2）无分电器点火系统的连接：对于单缸独立点火线圈式点火系统，应采用分析仪的金属片式次级信号传感器，连接方法见图3-31。

对于双缸独立点火线圈式点火系统，在检测任一缸点火波形时，应将1缸信号传感器和次级信号传感器共同卡在该缸高压线上，见图3-32。

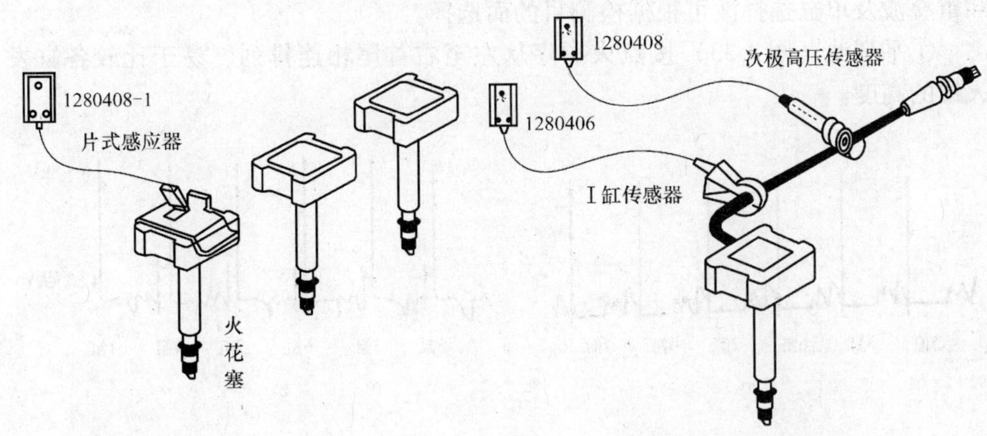

图3-31　传感器与单缸独立点火线圈式点火系统的连接

图3-32　传感器与单缸独立点火线圈式点火系统的连接

（2）检测步骤

1）按发动机点火示波器或发动机综合性能分析仪使用说明书的要求对仪器通电预热，检查校正。

2）起动发动机并预热至正常工作温度，使发动机在规定转速下稳定运转。

3）按要求正确联机，即把各类传感器连接在发动机有关部位。

4）使系统进入检测状态，检测发动机点火系统的初级或次级点火波形。

①在综合性能分析仪主菜单上选择“汽油机”，在副菜单上选择“点火系统”，在点火系统的下级菜单中选择“次级点火信号”，分析仪屏幕显示点火系统次级检测界面。

②单击界面下端的波形切换软按钮可分别观测到次级多缸平列波、次级多缸并列波和次级多缸重叠波。

③在点火系统的下级菜单中选择“初级点火信号”，检测仪屏幕显示点火系统初级检测界面。

④单击界面下端的其他软按钮，可实现数据存储、图形存储、故障诊断、图形打印和返回主菜单功能。

4. 发动机点火波形分析

点火波形分析指把汽车发动机点火系统实际点火波形与标准波形比较以判断故障的过程。

（1）点火波形的选择　通过观测和分析波形，可直观快速地分析判断发动机点火系统的技术状况。对于不同功能、不同型式的示波器，一般可以通过按键、输入操作码、菜单选择等方法，能够在示波器屏幕上显示出被测发功机的初级或次级多缸平列波、多缸并列波、多缸重叠波和单缸选择波。平列波、并列波和重叠波及单缸选择波可根据检测目的而选择。

①平列波（图3-33）按点火顺序从左至右首尾相连排列，易于比较各缸发火线的高度。

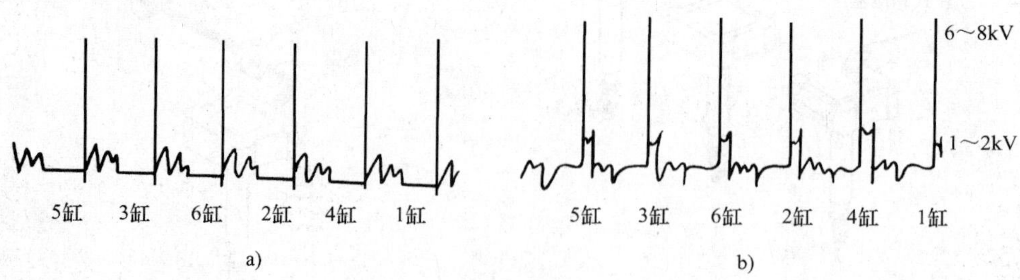

图3-33　平列波

a）标准初级平列波　b）标准次级平列波

②并列波（图 3-34）按点火顺序从下至上分别排列，可以比较火花线长度和初级电路闭合区间的长度。

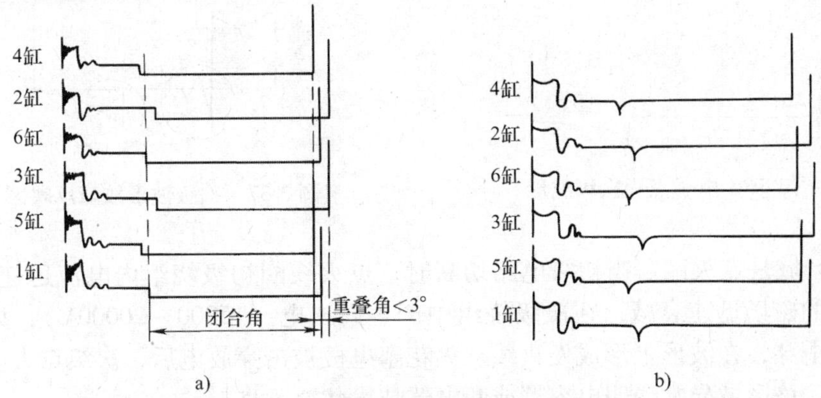

图 3-34　并列波

a）标准初级并列波　b）标准次级并列波

③重叠波（图 3-35）把各缸波形之首对齐重叠在一起排列，用于比较各缸点火周期、闭合区间及断开区间的差异。

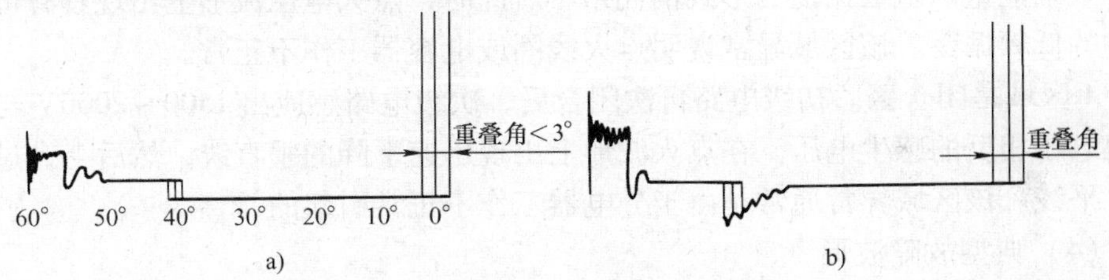

图 3-35　重叠波

a）标准初级重叠波　b）标准次级重叠波

④单缸选择波按点火顺序逐个单选出一个缸的波形进行显示，把横坐标拉长，以看清点火波形各阶段的变化，也可看清火花线的长度和高度。采用单缸选择波便于对火花线和低频振荡阶段进行观察和分析。

（2）点火电压标准波形　传统机械点火系统初级、次级标准点火电压波形见图 3-26。电子点火系统的次级点火波形与机械点火系统点火波形的主要区别：其闭合段后部电压略有上升；有的波形在闭合段中间也有一个微小的电压波动，这反映了点火控制器（电子模块）中限流电路的作用；另外，电子点火波形闭合段的长度随转速变化而变化。电子点火次级波形见图 3-36。

（3）点火波形上的故障反映区　如果用示波器测得的发动机的实际次级点火电压波形与标准波形比较有差异，说明点火系统有故障。传统机械点火系统的故障在波形（以次级波形为例）上有四个主要反映区，见图3-37。

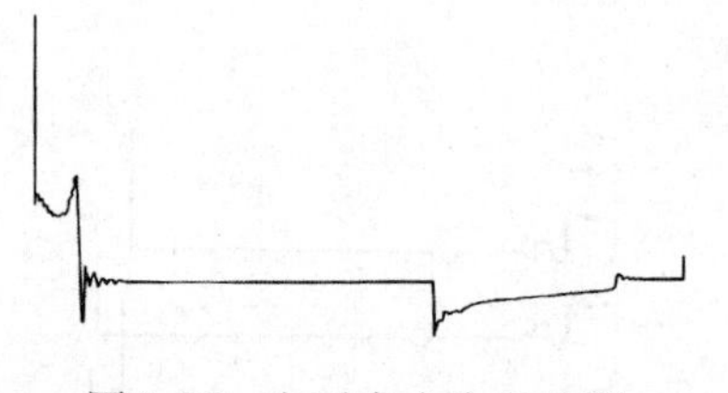

图3-36　电子点火次级波形

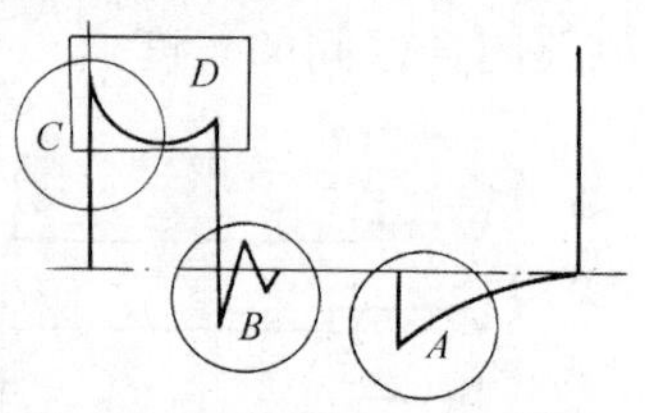

图3-37　次级波形故障反映区

*C*区域是点火区。当初级电路切断时，点火线圈初级绕组内电流迅速降低，所产生的磁场迅速衰减，在次级绕组中产生高压电（15000～20000V），火花塞间隙被击穿，在波形上形成发火线。火花塞电极被击穿放电后，次级点火电压随之下降。该区域异常说明电容器或断电器技术状况不良。

*D*区域是燃烧区。当火花塞电极间隙被击穿后，电极间形成电弧使混合气点燃。火花放电过程一般持续0.6～1.5ms，在次级点火电压波形上形成火花线。该区域异常说明分电器或火花塞不良。

*B*区域是振荡区。在火花塞放电终了，点火线圈中的能量不能维持火花放电时，残余能量以阻尼振荡的形式消耗殆尽。此时，点火电压波形上出现具有可视脉冲的低频振荡。该区域异常说明点火线圈或电容器工作不正常。

*A*区域是闭合区。初级电路再次闭合后，次级电路感应出1500～2000V与蓄电池电压相反的感生电压。在点火波形上出现迅速下降的垂直线，然后上升过渡为水平线。该区域异常通常是由于分电器工作不正常引起的。

（4）典型故障波形

1）发火线分析

①点火电压过高。发动机点火系统各缸的点火击穿电压应符合规定。国产载货汽车击穿电压值一般为6～8kV或8～10kV；进口或国产轿车的击穿电压值一般为10～12kV；各缸击穿电压应一致，相差不超过2kV。当转速稳定后，选择显示出各缸平列波，若点火电压高于标准值，说明高压电路有高电阻。

若各缸都高，说明高电阻发生在点火线圈插孔及分火头之间，如高压断线、接触不良、分火头脏污等。

个别缸电压高，说明该缸火花塞间隙过大，高压线接触不良或分火头与该缸高压线接触不良。

②点火电压过低。点火电压过低一般是由于电路中某处漏电或短路引起。

若各缸点火电压均过低，低于规定值下限，则可能是混合气过浓、各缸火花塞间隙过小、火花塞电极油污、蓄电池电压不足或电容器容量不足等原因造成的。

如果个别缸点火电压过低，则可能是火花塞电极油污、间隙太小、火花塞绝缘性能差或高压短路等原因引起。

如果二次并列波击穿电压不足5kV，则说明次级线圈漏电。

③多余波形。发火线下端出现多余波形，一般反映了白金触点烧蚀或接触不良、电容器漏电或电子点火系统中开关晶体管故障等。如果二次并列波在一次电路断开处出现小平台，见图3-38，则说明电容器漏电。

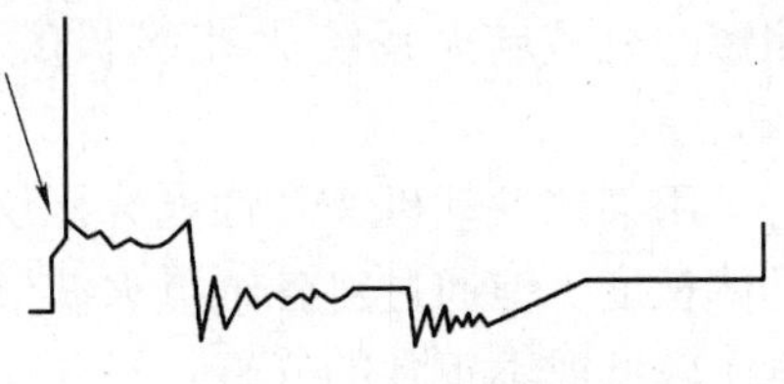

图3-38　电容器漏电

④单缸开路电压。当显示出各缸平列波。拔下除第1缸以外任一缸的高压线（第1缸高压线上夹持着示波器的传感器），使高压线端与搭铁部位的间隙逐渐增大，此时的点火电压值称为单缸开路高压值。从波形上看，该缸发火线应明显上升（图3-39），其电压值应是点火线圈的最高输出电压。对传统点火系统，此电压应高于20kV；对电子点火系统，则应高于30kV。否则，说明高压线、分电器盖绝缘不良或点火线圈、电容器技术状况不良。

⑤单缸短路电压。若使拔下的高压线搭铁，发火线应明显缩短，其值应低于5kV（图3-40）；否则，说明分火头或分电器盖插孔电极间隙大，或分缸高压线与插孔接触不良。

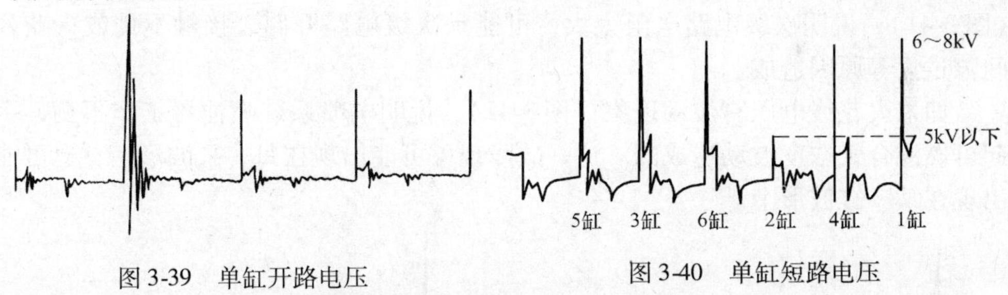

图3-39　单缸开路电压

图3-40　单缸短路电压

⑥转速升高电压。当荧光屏上显示次级点火平列波时，如果使发动机转速突然增高，所有缸的发火线相应均匀升高，说明各缸火花塞工作正常，火花塞加速性能良好。若一个缸或几个缸的发火线不能升高，说明火花塞有积炭或电极间隙过小。若某缸高压峰值上升很高，则说明该缸火花塞电极间隙偏大或电极烧蚀。例如，当转速稳定在800r/min左右，突然开大节气门使发动机加速运转，此时各缸点火电压增高量不应超过3kV，否则应更换火花塞。

2）火花线分析。利用单缸选择波可较容易观察该缸火花线。在具有毫秒扫描装置的示波器上，可以从刻度上读出火花线延续时间和点火电压值（如美国BEAR-200型发动机综合性能分析仪可显示出火花线延续时间的毫秒数）。对于装有电子点火系统的大多数汽车发动机而言，火花延续时间在转速为1000r/min时约为1.5ms。火花延续时间小于0.8ms时，就不能保证混合气完全燃烧，同时排气污染增大，动力性下降；若火花持续时间超过2ms，火花塞电极寿命会明显缩短。机械点火系统火花线长度一般为0.6～0.8ms，燃烧区电压一般为1～2kV。

用某些发动机综合性能分析仪观测点火波形时，尽管不能准确确定火花线的具体长度，但通过对各缸点火波形的比较，亦可发现火花延续时间较短及火花线电压较低或不正常的气缸。

①火花线过短。若火花线过短，其原因一般如下：

a）火花塞间隙过大。

b）分火头和分电器盖电极烧蚀或二者间隙过大。

c）高压线电阻过高。

d）混合气过稀。

②火花线过长。若火花线过长，其原因一般如下：

a）火花塞脏污。

b）火花塞间隙过小。

c）高压线或火花塞短路。

③火花线较陡或波动。如果在火花放电过程中，火花的持续阶段较为陡峭（图3-41），说明次级电路电阻太大，可能是次级电路开路、接触不良或火花塞间隙过大等原因造成。

如果火花线电压有波动现象（图3-42），说明电喷系统喷油器工作不良，引起可燃混合气浓度波动造成的。这一故障现象可能出现在每一缸波形上，也可能出现在某一缸波形上。

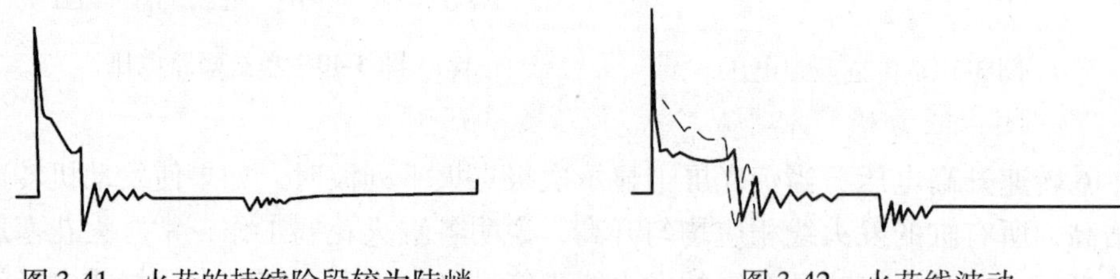

图3-41　火花的持续阶段较为陡峭　　　图3-42　火花线波动

④点火电压过低。

a）如果火花线电压较低，且呈现图3-43所示情况时，可能是混合气过浓或火花塞漏电造成的。当可燃混合气过浓时，虽然点火初期的离子电离程度小，击穿电压高，但在火花持续阶段离子电离程度提高，火花电压有所降低。当火花塞漏电时，火花电压也降低。

b）如果火花线电压较低，且呈现图3-44所示情况时，可能是可燃混合气过稀或气缸压力低造成的。这是由于可燃混合气过稀或气缸压力太低时，都会引起可燃混合气密度降低，易产生碰撞电离现象，无须多高电压就可将火花塞间隙击穿，故火花电压有下降现象。

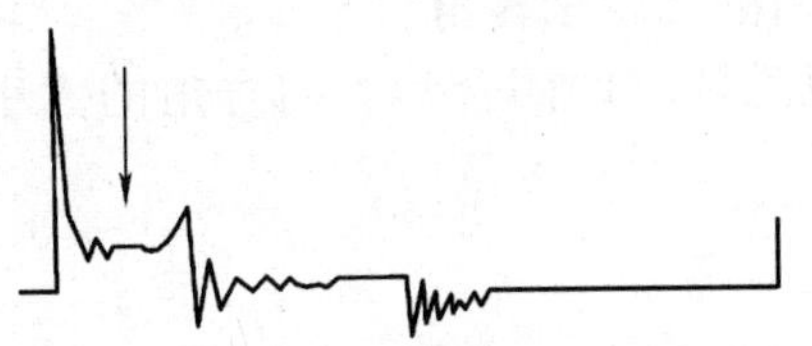
图3-43　混合气过浓或火花塞漏电

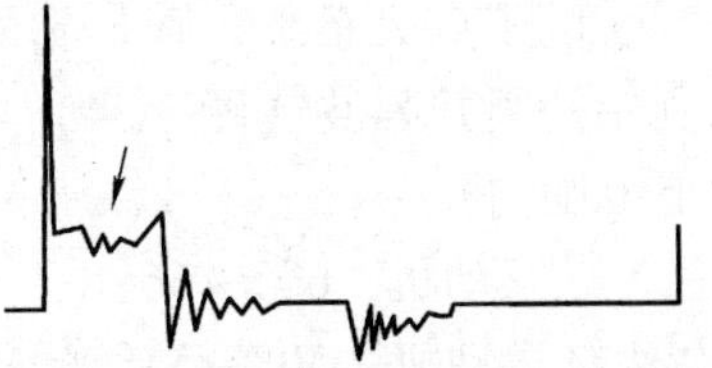
图3-44　混合气过稀或气缸压力低

c）如果火花线电压较低，且呈现图3-45所示情况时，可能是火花塞积炭或间隙太小造成的。由于积炭是具有电阻的导体，消耗了一部分电能，引起火花电压降低。火花塞间隙太小，也会引起点火电压降低。

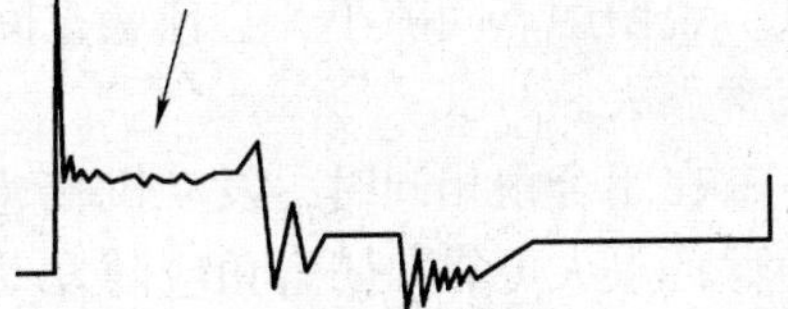
图3-45　火花塞积炭或间隙太小

3）低频振荡区分析。发动机点火系统技术状况良好时，其低频振荡区应有5个以上可见脉冲；高功率线圈所产生的脉冲将多于8个。振荡脉冲数少且振幅也小的原因如下：

①点火线圈短路。

②电容器漏电。

③点火线圈初级电路插头或线路连接不良，阻值过大。

若振荡脉冲数过多，则表明电容器容量过大。

对于电子点火系统，低频振荡区异常时，仅表示点火线圈技术状况不正常，而与电容器无关，这是因为电子点火系统无电容器的缘故。

4）闭合区分析。对于传统点火系统，在初级电路闭合时，点火波形上产生垂直向下的直线，在此处有杂波说明白金触点烧蚀、接触不良、触点弹簧弹力不足，见图3-46。同理，在闭合区末端发火线前若有杂波，也说明白金触点技术状况不良。

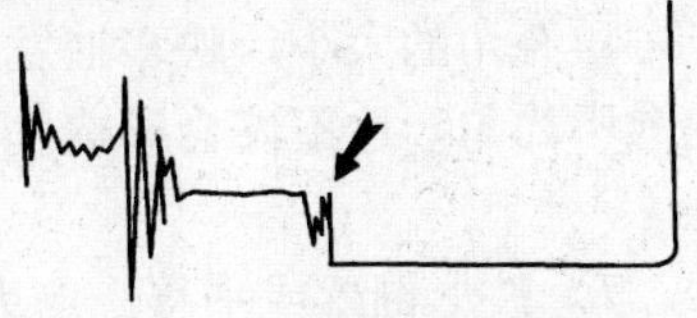
图3-46　触点烧蚀故障波形

对于电子点火系统而言，闭合区的波形虽与传统点火系统相似，但反向电压和击穿电压是由于晶体管导通和切断初级电流而产生的。因此这两处波形异常是由于晶体管技术状况不良造成的。电子点火系统闭合区波形的长度、形状与传统点火系统不同，主要表现在：闭合区在高转速时拉长，闭合段内有波纹或凸起；

有的电子点火系统在闭合区结束前，先产生一条锯齿状的上升斜线，而后出现点火线。以上均属正常情况。

5）闭合角检测。汽油机点火过程中，初级电路导通阶段所对应的凸轮轴转角称为闭合角。对于传统点火系统，闭合角为白金触点闭合时期所占的凸轮轴转角；对于电子点火系统，则是晶体管导通所占的凸轮轴转角。

利用初级并列波（图 3-34）可方便地观测各缸的闭合角，闭合角的大小应在以下范围内：

①3 缸发动机：60°～66°。

②4 缸发动机：50°～54°。

③6 缸发动机：38°～42°。

④8 缸发动机：29°～32°。

对于机械触点式点火系统而言，测出的闭合角小，说明触点间隙太大，触点闭合时间短，初级电流增长不到需要的数值，会使点火能量不足；若闭合角太大，说明触点间隙小，会使触点间发生电弧放电，反而削弱了点火能量，不利于正常点火。

在闭合角相同时，发动机转速高则闭合时间短，转速低则闭合时间长。因此为保证点火可靠，闭合角应随发动机转速而变化。由于点火系统中的点火控制器可对闭合角的大小进行控制和调节：低速时，减小闭合角；高速时，增大闭合角。

6）重叠角检测。各缸点火波形首端对齐，最长波形与最短波形长度之差所占的凸轮轴转角称为重叠角（图 3-35）。

重叠角不应大于点火间隔的 5%，即：

①4 缸发动机≤4.5°。

②6 缸发动机≤3°。

③8 缸发动机≤2.25°。

重叠角的大小反映多缸发动机点火间隔的一致程度，重叠角愈大，则点火间隔愈不均匀。这不仅会影响发动机的动力性、经济性，还影响发动机运转的稳定性。

7）波形倒置或平移。点火线圈正负极接反时，发动机也能起动，但点火消耗的能量增大。这是因为火花塞工作时，中心电极的温度较旁电极高，电子从中心电极向旁电极运动较容易；反之则稍难。点火线圈正负极接线正确时，发火线向上；极性接反时，则发火线向下，见图 3-47。

如果二次并列波不时有上下平移现象，见图 3-48，则说明次级电路有间歇性断电现象。

（5）无触点电子点火系统点火波形的特点　随着电子技术在汽车上的应用，

无触点电子点火系统一经问世，就在提高发动机的动力性、燃油经济性和减轻排气污染等方面显示出优越性，从而得到广泛应用。无触点电子点火系统点火波形与机械点火系统点火波形相比有以下相同点和不同点。

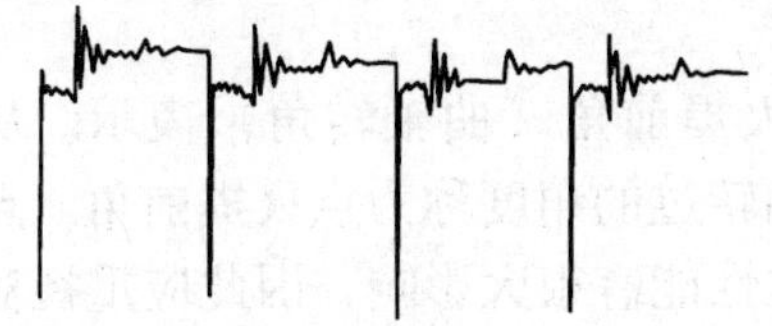

图 3-47　点火线圈极性接反的故障波形

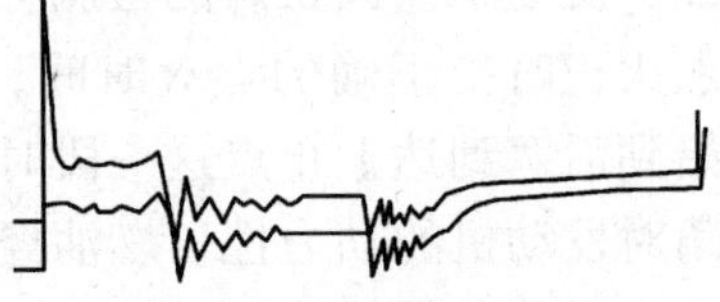

图 3-48　次级电路间歇性断电

1）相同点

①无触点电子点火系统波形的排列形式、波形观测方法与机械点火系统相同。

②无触点电子点火系统的初级点火波形、次级点火波形基本上与机械点火系统的点火波形相同。波形上也有高频振荡波（点火线、火花线）、低频振荡波和次级闭合振荡波，也有张开段和闭合段，点火线和火花线的解释也与机械点火系统相同。

2）不同点

①无触点电子点火系波形上低频振荡波异常时，仅表示点火线圈的技术状况不佳，而与电容器无关，这是因为电子点火系统无电容器的缘故。

②无触点电子点火系统波形上闭合点处和张开点处的波形，虽然与机械点火系统极为相似，但不是断电器触点闭合和张开造成的，而是晶体管或晶闸管的导通与截止电流造成的。

③无触点电子点火系统波形上闭合段的长度、形状与机械点火系统波形不完全相同，甚至不同车型之间也略有差异。主要表现在：有的车型闭合段在发动机高转速运转时加长，次级点火波形闭合段内有波纹或凸起，这些现象均属正常。

④无触点电子点火系统中，有的点火系统当波形闭合段结束时，先产生一条锯齿状的上升斜线，然后导出点火线。不像机械点火系统点火波形那样，随着触点打开产生一条急剧上升的点火线，但这属于正常现象。

⑤在无分电器点火系统中，有两缸共用一个点火线圈的点火系统。该种点火系统在一个气缸中会发生两次点火：一次点火发生在压缩行程终了，为有效点火；另一次点火发生在排气行程终了，为无效点火。在有效点火波形上，因气缸内可燃混合气电离程度低，所以击穿电压和火花电压都较高。在无效点火波形上，因气缸内废气电离程度高，所以击穿电压和火花电压都较低。这些均属正常现象。

利用示波器观测点火波形，是实现快速检测诊断的重要方法之一，其应用十分普遍。其中，特别是观测次级波形，被认为是一项综合检测手段。这是因为，如果被测发动机的次级波形正常，则说明点火系统、供油系统的技术状况良好。

三、发动机点火正时的检测

点火正时指正确的点火时间，一般用点火提前角（曲轴转角）表示。从点火开始到活塞到达上止点这一段时间内，曲轴转过的角度称为点火提前角。点火提前角对发动机的动力性、燃油经济性和排放性能有很大影响，因此应重视对发动机点火提前角的检测。

发动机的最佳点火提前角应随转速、负荷、汽油的抗爆性和使用环境条件等因素而变化。点火提前角应随发动机转速增高而增大，因为转速升高后，曲轴转过同样角度所用的时间将会缩短；同时，点火提前角应随发动机负荷（节气门开度）的增大而减小，因为在大负荷时，压缩行程终了的压力和温度增高，燃烧速度加快。对于传统点火系统，分电器中具有离心点火提前机构和真空点火提前机构，以实现点火提前角随转速和负荷变化的调节。在离心点火提前机构和真空点火提前机构工作正常的情况下，发动机点火提前角是否正确往往取决于初始点火提前角，即点火提前装置进入工作状态前的点火提前角。所使用汽油的辛烷值和使用条件（环境温度、海拔）变化后，初始点火提前角亦应随之改变。

对于现代发动机上的计算机控制电子点火系统，各种传感器将关于发动机工作状况的信息传输至计算机，并计算出正确的点火时间，以控制晶体管的导通或截止，控制点火线圈初级电流的接通和切断，实现点火时刻的调节。计算机控制点火时刻除根据发动机转速和负荷两个因素外，还根据发动机的工作温度、海拔、爆燃倾向等有关因素。

尽管凭经验可对发动机的点火正时进行粗略检查并校正，但点火提前角的精确检测必须借助于仪器。常用的检测方法有频闪法和缸压法。

1. 点火提前角的检测方法——频闪法

用频闪法检测点火提前角时，所使用的点火正时检测仪又称为正时灯，见图3-49a。该仪器由闪光灯、传感器、整形装置、延时触发装置和显示装置构成，利用闪光时刻与1缸点火同步的原理测出发动机的点火提前角。其基本工作原理建立在频闪原理的基础上，即如果在精确的确定时刻，相对转动零件的转角，照射一束短暂（约1/5000s）的且频率与旋转零件转动频率相同的光脉冲，由于人们视力的生理惯性，似乎觉得零件是不转动的，见图3-49b。

用频闪法制成的点火正时检测仪，既可以制成单一功能的便携式，又可以与其他功能的仪器构成多功能综合式（如发动机综合性能分析仪）。其指示装置既可以是指针式，也可以是数字式，有的带有打印输出功能。指示装置具有测速并显示瞬时转速的功能时，可在规定转速下测得发动机的点火提前角。

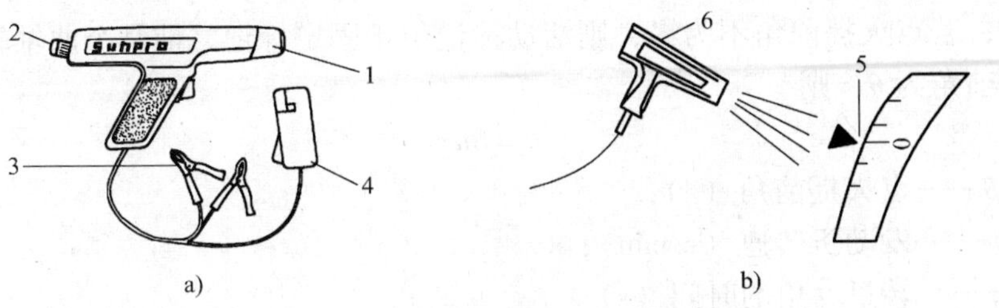

图 3-49　正时灯及点火正时检测示意图

a）组成　b）工作原理

1—闪光灯　2—电位计旋钮　3—电源夹　4—点火脉冲传感器　5—正时标记　6—检测仪

（1）点火正时检测仪工作原理　在发动机飞轮或曲轴带轮上，一般都刻有正时标记，在与之相邻的固定机壳上也刻有标记。曲轴旋转至活动标记与固定标记对齐时，第 1 缸活塞刚好到达上止点。如果用第 1 缸的点火信号触发闪光灯，并使之发出短暂光脉冲，当用闪光灯照射刻有活动定时标记的飞轮或曲轴带轮时，若发动机转速稳定，则活动标记与闪光灯闪光在光学上是相对静止的，活动标记似乎不动。当闪光灯在第 1 缸点火信号发生的同时闪光时，1 缸活塞尚未到达上止点，活动标记与固定标记尚未对齐，此时两标记之间所对应的发动机曲轴转角即为点火提前角，见图 3-50。

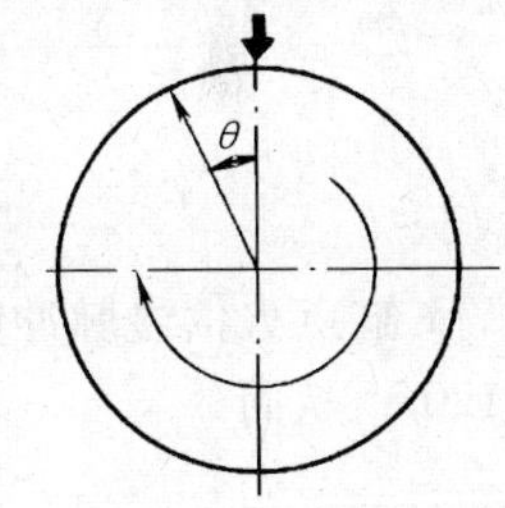

图 3-50　飞轮及壳上的标记和点火提前角

为了测出点火提前角的大小，点火正时检测仪具有延时触发电路，并可用电位计来改变延时常数，使闪光滞后于 1 缸点火一定的时间发生。此时，当闪光照射于活动标记时，发现随着延时常数增大，活动标记距固定标记转过的角度越来越小。当两标记对齐时，延时常数所对应的发动机曲轴转角即为点火提前角。

图 3-51 为点火正时检测仪工作原理框图。测试时，把点火脉冲传感器串接或外卡在第 1 缸高压线上；传感器输出的第 1 缸点火信号电脉冲经过整形后，进入延时装置。延时装置是一个单稳态延时可调电路。如果此时延时电路处于非延时状态，即延时常数为零，则延时电路即刻输出一极窄的矩形脉冲，直接使闪光灯触发装置工作，闪光灯闪光。此时，1 缸点火脉冲，延时电路脉冲和闪光灯触发信号处于同一时刻（图 3-52a）。如在闪光灯下，活动标记与固定标记重合，说明提前

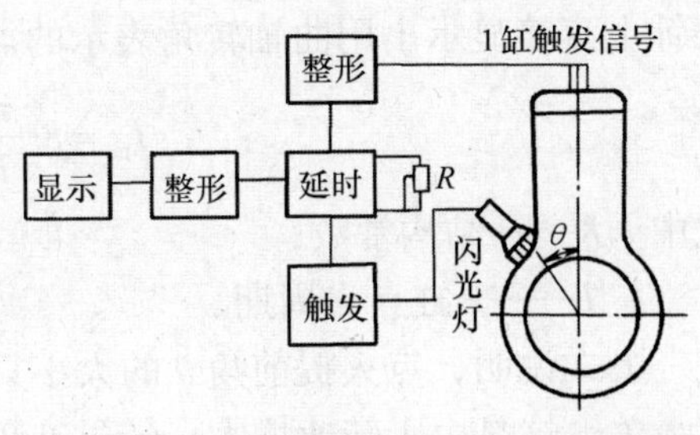

图 3-51　点火正时检测仪工作原理框图

角为零；若点火提前角不为零，则活动标记位于固定标记之前某个曲轴转角。设点火提前角为 θ，则

$$\theta = 6n\tau$$

式中　θ——点火提前角（°）；

　　　n——发动机转速（r/min）；

　　　τ——转过 θ 角的时间（s）。

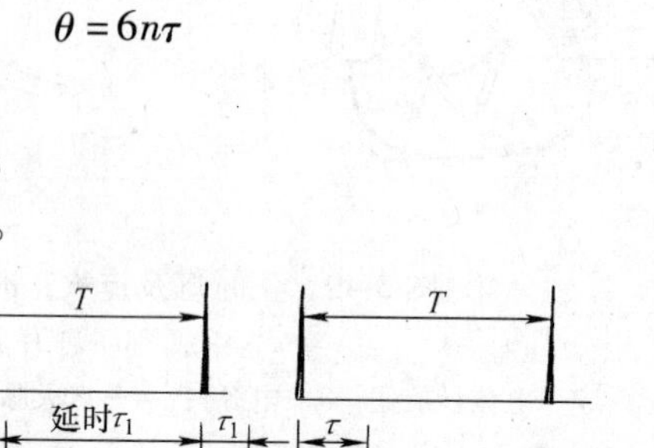
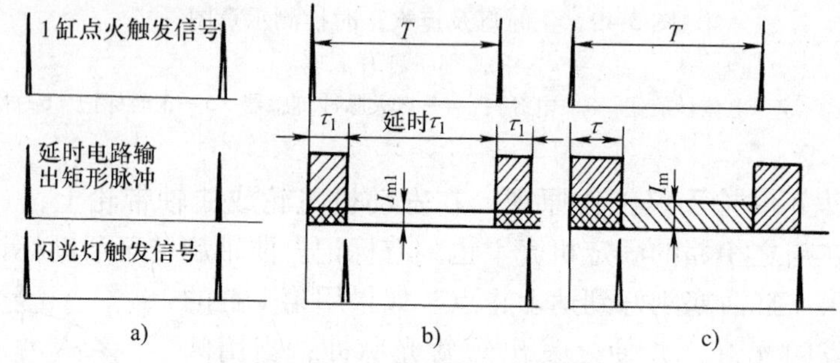

图 3-52　点火、延时、闪光信号示意图

1 缸点火信号脉冲频率 f（次/s）与发动机转速 n（r/min）之间的关系为 $n=120f$，从而

$$\theta = 720f\tau$$

稳定转速下，f 为常数，故只需测出转过 θ 角的时间 τ 即可得到点火提前角。

改变延时电路电位计电阻值 R 至 R_1，以改变延时电路的时间常数。此时延时电路输出一个矩形脉冲，脉冲宽度对应时间 τ_1，该矩形脉冲的后沿微分，产生触发闪光灯工作的脉冲，所以此时闪光灯发光延迟了时间 τ_1（图 3-52b）。在闪光灯下，活动标记向固定标记靠拢，转过的角度为 $\theta_1 = 6n\tau_1$。代表延时电路矩形脉冲宽度的平均工作电流为 I_{m1}，τ_1 与 I_{m1} 成正比。因此，θ 也与 I_{m1} 成正比。继续改变电位计电阻值，直至活动标记与固定标记重合。此时闪光灯延时时间 τ 与提前角 θ 成正比，也与矩形脉冲的平均工作电流 I_m 成正比（图 3-52c）。因此，在稳定转速下，电流 I_m 的大小可表示点火提前角，经标定后，可在显示屏上或表针上直接显示出用曲轴转角表示的点火提前角的值。延时电路输出的电流值为

$$I_m = K\frac{\tau}{T} = Kf\tau = K'\theta$$

式中　K——结构常数；

　　　T——1 缸点火周期。

上式说明，点火提前角 θ 的大小只决定于延时电路输出的电流值 I_m，而与转速无关。这是由于转速增大，转过 θ 角所需时间 τ 和 1 缸点火周期均相应缩短，比值不变的缘故。

（2）点火正时的检测方法

1）准备工作

①仪器准备：把正时灯的两个电源夹，接到蓄电池的正、负电极上；再把点火脉冲传感器串接在1缸火花塞与高压线间或外卡在1缸高压线上（感应式传感器）；把正时灯的电位计调到初始位置，打开开关，正时灯应闪光，指示装置应指示零位。

②发动机准备：擦拭飞轮或曲轴带轮使之清晰显露出正时标记；发动机运转至正常工作温度。

2）检测步骤

①置发动机于怠速工况下稳定运转，打开正时灯并使之对准正时标记，见图3-49。

②调整电位计旋钮，使活动标记与固定标记对齐，此时所显示的读数即为怠速工况下的点火提前角。

③用同样方法可测出不同工况下的点火提前角。

发动机怠速运转时，离心式和真空式点火提前装置未起作用或起作用很小，此时测得的点火提前角为初始点火提前角。测出的各工况下的点火提前角若符合规定，说明初始点火提前角调整正确，同时说明离心点火提前装置和真空点火提前装置工作正常。也可对各种工况下的离心点火提前角和真空点火提前角进行测试。拆下分电器真空提前装置的真空软管，用在真空提前装置不起作用时各种转速下的点火提前角减去初始点火提前角，即可得到在各种转速下的离心点火提前角；在连接真空提前装置真空软管的情况下，用在同样转速下测得的点火提前角减去离心点火提前角和初始点火提前角，则又可得到真空点火提前角。

④如果需要检测并调试汽车在实际运行中的点火提前角，则应在采用汽车底盘测功机模拟汽车的实际运行工况的条件下进行检测，见图3-53。

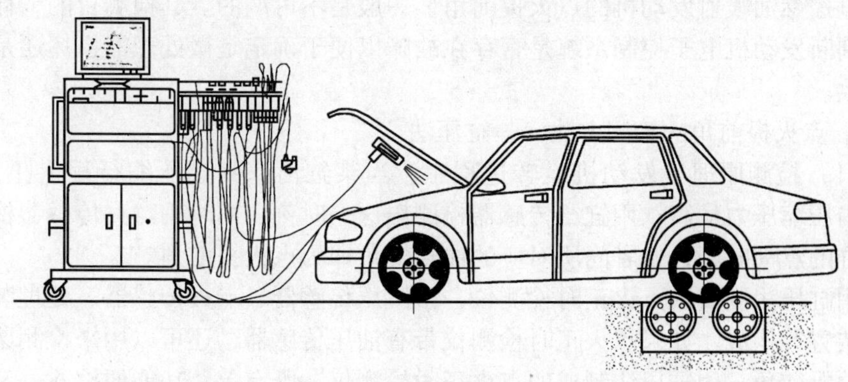

图3-53　在汽车底盘测功试验台上检测点火正时

⑤检测完毕，关闭正时灯，退回电位计，取下外卡式传感器和两个电源夹。

电控燃油喷射发动机采用的是由中央处理器 ECU 控制的点火系统，其点火提前角包括初始点火提前角、基本点火提前角和修正点火提前角三部分。其中，基本点火提前角是点火提前角中最主要的部分，其大小取决于发动机工况。发动机工况不同时，基本点火提前角的大小也不相同。基本点火提前角是在设计发动机电控系统时，根据发动机性能要求并通过大量试验、优化处理而获得的，并预先存储在 ECU 内微机的只读存储器 ROM 的存储单元中，以此构成点火提前角脉谱图。汽车运行中，传感器检测出发动机的实际工况（转速与负荷），中央处理器 ECU 根据发动机转速、进气量（或进气管压力）等信号，从存储器 ROM 的存储单元中调出与此工况相对应的基本点火提前角，再根据其他有关传感器信号加以修正，就可获得最佳点火提前角。

检测电控燃油喷射发动机的点火提前角时，一般应先把发动机罩下的点火正时检测接线柱搭铁，使计算机控制点火提前不起作用，首先检测基本提前角（即发动机自动控制点火提前装置不起作用时的点火提前角）；检测完后再把搭铁导线拆除。具体检测方法和步骤应查阅说明书。表 3-7 为常见车型发动机的基本点火提前角。使用闪光灯检测电控燃油喷射发动机点火提前角的原理和方法与传统发动机相同。

表 3-7　基本点火提前角

车型或发动机型号	基本点火提前角	车型或发动机型号	基本点火提前角
EQ6100	9°	广州标致	10°/(900～950r/min)
CA6102	14° ±2°/(1200r/min)	一汽捷达	20°/(8500r/min)
桑塔纳(JV)	6° ±1°/(850r/min)	富康	8°/(750r/min)
北京切诺基	12°/(1600r/min)	TJ7100	5° ±2°/(800r/min)

电控燃油喷射发动机的点火提前角，一般是不可调的。其检测目的，往往是为了判断发动机电子控制系统是否存在故障以便于确定是微处理器损坏还是传感器失效。

2. 点火提前角的检测方法——缸压法

（1）检测原理　发动机运转过程中，当某缸活塞到达压缩行程上止点时，气缸内压缩压力最高。用缸压传感器检测出这一时刻，同时用点火传感器检测出同一缸的点火时刻，二者间所对应的曲轴转角即为点火提前角。

用缸压法制成的点火正时检测仪，由缸压传感器、点火传感器、处理装置和指示装置等构成。如果点火正时检测仪带有油压传感器，还可以用来检测柴油机的供油提前角。用缸压法制成的点火正时检测仪，既有单一功能便携式，又可以与其他仪表一起构成多功能综合式。许多类型的发动机综合性能分析仪都具有用缸压法检测发动机点火提前角的功能，其检测原理见图 3-54。

（2）检测方法　用缸压法检测发动机点火提前角的步骤如下。

①运转发动机使其达到正常工作温度后停机。

②拆下某缸的火花塞，把缸压传感器（图 3-10）装在火花塞孔内。

③把拆下的火花塞固定在机体上使之搭铁（注意中心电极不能与机体接触），并把点火传感器插接在火花塞上，连接好该缸的高压线。此时，该缸火花塞可缸外点火。

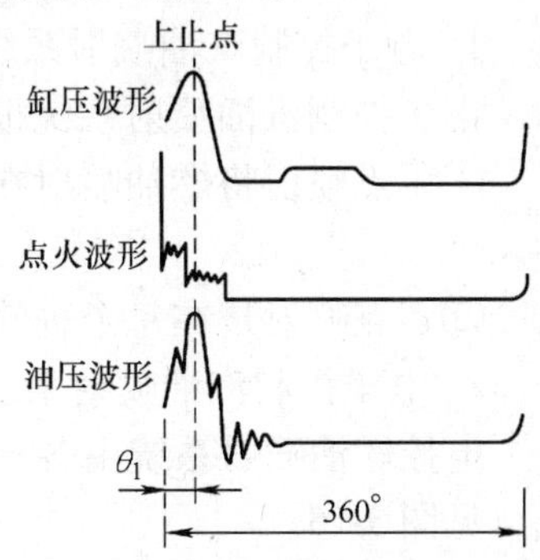

图 3-54　缸压法检测点火、供油提前角原理图

④起动发动机运转，由于被测缸不工作，因而缸压传感器输出的缸压信号反映气缸压缩压力大小，其最大值产生于活塞压缩终了上止点，连接在该缸火花塞上的点火传感器输出点火脉冲信号或点火电压波形信号。从检测仪指示装置上获得该缸从出现点火信号至出现最高缸压所对应的曲轴转角，即点火提前角。

⑤按仪器使用说明书的要求操作，可从指示装置上测得怠速、规定转速或任一转速下的点火提前角。对具有打印功能的检测仪，在按下打印键后，还可打印出检测结果。

缸压法与频闪法一样，可测得初始点火提前角和不同工况下的总提前角、离心提前角、真空提前角以及计算机控制电子点火系统的基本点火提前角。

检测点火正时时，一般仅需实测一个缸（例如第 1 缸）的点火提前角，其他各缸的点火提前角是否符合要求，则决定于点火间隔。点火间隔可从示波器屏幕上显示的重叠波和并列波上得到（微机控制式点火示波器可直接显示点火间隔），然后根据被测缸的点火正时和各缸的点火间隔，推算出其他各缸的点火提前角。当测得的各缸波形的重叠角很小时，可认为各缸间的点火间隔是相等的，因而其他各缸的点火提前角与被测缸的点火提前角相等，此时被测缸的点火提前角可以认为是被测发动机的点火提前角。

第四节　汽油机燃油供给系统检测

汽油机燃油供给系统的作用：根据发动机各种工况的要求，向气缸即时提供一定数量和浓度的可燃混合气，以便在临近压缩终了时使发动机点火燃烧而膨胀做功，最后把燃烧产物排至大气。汽油机燃油供给系统的技术状况好坏直接影响着发动机的动力性、燃油经济性和工作稳定性。同时，燃油供给系统也是发动机各机构、各系统中较易发生故障的系统之一。因此，燃油供给系统技术状况的检测诊断及正确调整，对于保障发动机的技术状况具有重要意义。

一、电子控制汽油喷射系统的组成及工作原理

1. 电子控制汽油喷射系统的类型

电子控制汽油喷射系统根据喷射部位分为单点喷射和多点喷射。

①单点喷射将燃油喷射在节气门体的混合室中，再经进气歧管分配到各气缸中。

②多点喷射是在每个进气门外侧的气道中设一个喷油器。

2. 电子控制汽油喷射系统的构成

电控燃油喷射系统由各种传感器、电控单元（ECU）、执行器及连接线路组成，见图 3-55。

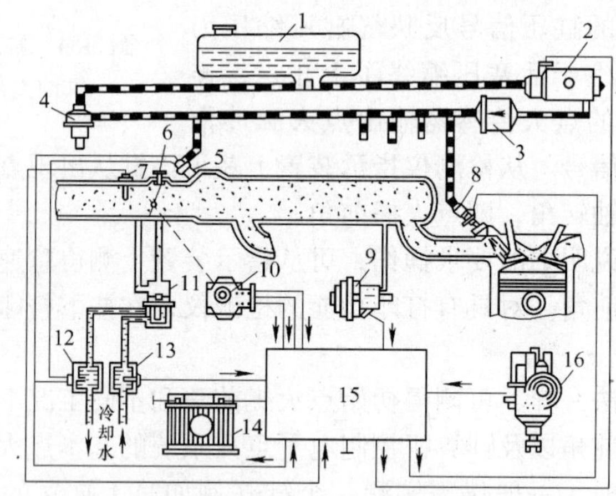

图 3-55　电控燃油喷射系统

1—汽油箱　2—电动汽油泵　3—汽油滤清器　4—压力调节器　5—冷起动喷油器　6—怠速调整螺钉　7—进气温度传感器　8—喷油器　9—压力计　10—节气门温度传感器　11—附加空气阀　12—热敏时控开关　13—冷却液温度传感器　14—蓄电池　15—电子控制器　16—分电器（转速信号）

3. 电控汽油喷射系统的基本工作原理

电动汽油泵将汽油从油箱中吸出，经过滤清器滤去杂质和水分后，由输油管路中的压力调节器维持 250 ~ 300kPa 的稳定供油压力，输送到喷油器。当压力超过规定值时，压力调节阀内的减压阀打开，汽油经回油管流回油箱，使输油压力保持恒定。

在喷油控制系统中，喷油器的喷油截面积和喷油压力都是恒定的，喷油量由喷射时间决定。传感器将采集到的各种信息传给电子控制器，计算确定满足发动机运转状态需要的燃料量，并根据该需要的喷射量转化成不同电脉冲信号，控制

喷油器的打开及延续时间，以控制汽油喷射时刻及延续时间长短，满足发动机不同工况对混合气的要求。

为了改善发动机的起动性能，有些发动机在进气管道上设有冷起动喷油器，在发动机冷态起动时，由热敏时控开关根据发动机冷却液温度高低控制其开闭，提供不同程度的加浓混合气。

二、混合气质量检测

无论何种类型的汽油机燃油供给系统，都必须根据发动机的工况供给气缸高质量的混合气，只有这样，发动机才能正常工作并具有良好的动力性和经济性。因此，混合气质量是发动机燃油供给系统检测的综合检测项目。

混合气质量可以用空燃比（A/F）或过量空气系数（α）评价。空燃比指可燃混合气中空气的质量与燃油质量的比值；理论空燃比为 14.8，即 1kg 汽油完全燃烧所需要的空气量为 14.8kg。过量空气系数指燃烧过程中实际供给的空气质量与理论上完全燃烧所需要空气质量的比值。混合气的空燃比可以用分析发动机排气成分的方法进行间接分析。

1. 汽油机的排气成分与混合气空燃比的关系

在保证发动机动力性的前提下，获得最佳经济性和排气净化，是发动机燃油供给系统技术状况好、供给可燃混合气质量高的表现。随着世界各国制定的汽车排放法规逐步严格，汽车排放废气中的成分及含量也逐渐成为评价混合气质量的重要指标。

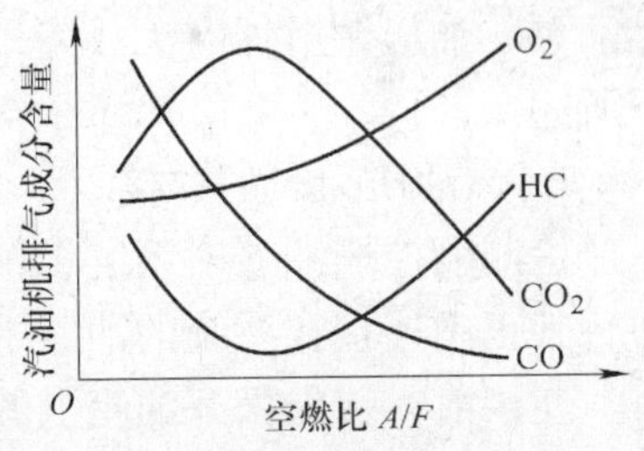

图 3-56　汽油机排气成分与空燃比的关系

在一定转速和节气门开度下，发动机空燃比或过量空气系数与发动机排放废气的成分及含量间存在一定关系，见图 3-56。由图可见，当 A/F 值低时，混合气较浓，燃油在燃烧过程中缺氧，一部分燃油未经燃烧而排出，HC 排放量较高；当 A/F 值高时，混合气较稀，若稀到一定程度，就会发生缺火现象，未燃的 HC 经排气管排出，HC 排放量也增大。CO 生成的主要原因是空燃比低，A/F 值低时，混合气浓，燃油缺氧燃烧会产生大量 CO；当 A/F 值高时，燃油在高氧含量状态下燃烧，排气中的 CO 含量降低。由图可见，CO 含量与空燃比的大小有极好的对应关系，因此可通过检测废气中 CO 的含量来判断空燃比的大小。汽车排气中的含氧量，是电控燃油喷射式发动机监测空燃比、控制排放量、保护三元催化转化器正常工况的重要信号，排气中氧的含量与空燃比亦有很好的对应关系，但变化趋势与 CO 含量的变化趋势相反。

2. 混合气空燃比的分析方法

汽油发动机排气成分的检测方法见本书第五章第二节，根据检测结果可对混合气的空燃比是否适当进行分析。

如果排出的废气中 CO、HC 的含量很高，CO_2 和 O_2 的含量很低时，表示空燃比太小，混合气过浓；如果 HC、O_2 的含量高，而 CO、CO_2 的含量均较低时，表明空燃比太大，混合气过稀。

O_2 的含量是最有用的诊断分析依据之一。发动机技术状况正常时，装有催化转换器的发动机所排出的废气中氧的含量在 1.0% ~2.0% 之间。小于 1.0% 时，说明空燃比太小，混合气太浓，不利于完全燃烧；大于 2.0% 时，说明空燃比太大，混合气过稀，易于导致缺火。

由于发动机排气成分与空燃比具有直接关系，因此可在使用气体分析仪对发动机排放进行监测的条件下，对其进行调整，改善混合气质量，使其达到各工况下的最佳空燃比，以提高发动机的动力性、经济性和排放性能。

电控燃油喷射系统的电子控制喷油信号和燃油压力可反映发动机电子控制燃油喷射系统的技术状况。若所测电控燃油喷射系统不能提供满足使用工况要求的适宜浓度的可燃混合气，可进一步对电控喷射系统的喷油信号、喷油压力和汽油泵的技术状况进行检测。

三、燃油压力的检测

燃油压力和进气歧管压力的高低决定喷油器供油压力的高低，因此直接影响混合气的浓度；同时，通过检测发动机运转时燃油管路内的油压，可以判断电动燃油泵、油压调节器有无故障，汽油滤清器是否堵塞等。检测燃油压力的方法如下所述。

1. 燃油压力表的连接

检测电控燃油喷射系统燃油压力时应采用量程为 1MPa 左右的专用压力表，并将其正确连接在系统的油路中。

连接前，首先松开油箱上的加油盖，释放油箱中的蒸气压力，并检查油箱内燃油量。然后，起动发动机后，拔下燃油泵继电器或其线束插接器，使发动机自行熄火。如此重复 2 ~3 次，直到不能起动为止。用上述方法使燃油系统压力充分释放后，关闭点火开关，接上燃油泵继电器或其线束插接器。检查蓄电池电压，拆下蓄电池负极搭铁线。

以上准备工作完成后，把专用压力表（量程为 1MPa 左右）连接在油路中。燃油供给系统有油压检测孔时可直接把油压表接在油压检测孔上；无油压检测孔时，可断开进油管，用三通管接头把油压表安装在系统的管路中，见图 3-57。

连接后，重新装上蓄电池负极搭铁线。

2. 燃油供给系统静态压力的检测

用导线在检测插座上短接电动燃油泵端子和电源端子，接通点火开关使电动燃油泵运转，其压力表读数即为系统的静态燃油压力，其正常油压约为 300kPa 左右。若油压过低，应检查油路有无渗漏，检查电动燃油泵、汽油滤清器和燃油压力调节器等；若油压过高，应检查燃油压力调节器。

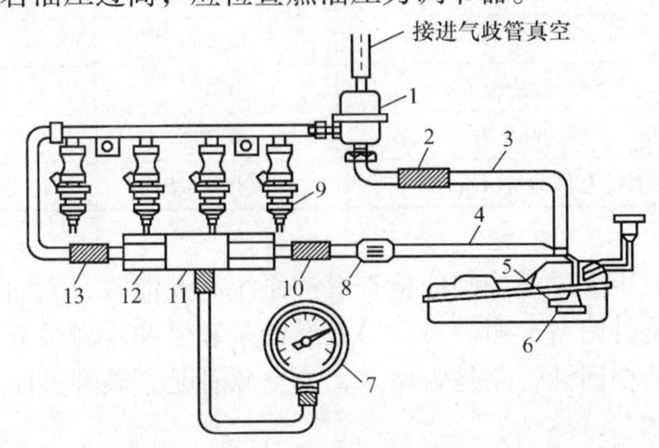

图 3-57　压力表在多点燃油喷射系统中的连接

1— 燃油压力调节器　2、10、13—软管　3—回油管　4—进油管
5—燃油泵　6—燃油泵滤网　7—油压表　8—燃油滤清器
9—喷油器　11—三通管接头　12—管接头

3. 发动机运转时燃油压力的检测

起动发动机，使发动机怠速运转，其压力表读数即为发动机怠速运转时的燃油压力。

缓慢踩下加速踏板，至节气门全开，其压力表读数即为节气门全开时的燃油压力。

使发动机怠速运转，拔下燃油压力调节器上的真空软管，并用手堵住，此时压力表压力读数应与节气门全开时的燃油压力基本相等，通常多点喷射系统的压力约为 250 ~ 350kPa，见表 3-8。

表 3-8　电控燃油喷射系统的供油压力和供油量

类型	测　试　项　目		压力值/MPa	测试条件
MPI 型电控喷射系统	系统压力		0.25 ~ 0.35	燃油泵运转或怠速
	调节压力		0.20 ~ 0.26	
	系统保持压力	10min 后	>0.20	熄火后开始计时
		20min 后	>0.15	
	燃油泵压力		0.5 ~ 0.7	燃油泵运转
	燃油泵保持压力		0.35	燃油泵运转
	燃油泵供油量（L/min）		1.2 ~ 2.6	燃油泵运转

（续）

类型	测试项目	压力值/MPa	测试条件
SPI 型电控喷射系统	系统压力	0.07～0.10	燃油泵运转或怠速
	调节压力	0.10	
	调节保持压力	0.05	
	燃油泵压力	0.30	燃油泵运转
	燃油泵供油量（L/min）	0.83～1.5	燃油泵运转

若测得的燃油压力过低，则应检查燃油系统有无泄漏，燃油泵滤网、燃油滤清器和燃油管路是否堵塞；而后，应检查燃油泵和燃油压力调节器。若测得的燃油压力过高，应检查回油管路是否堵塞，真空软管是否破裂；而后，则应检查油压调节器。

4. 燃油供给系统保持压力的检测

保持压力指发动机熄火后为便于再次起动，燃油管路中所应保持的压力。测得发动机怠速运转的燃油压力后，发动机熄火，待 5min 后油压表上的油压读数即为燃油供给系统的保持压力。该压力应大于或等于 147kPa。若保持压力过低，则发动机难以发动或不能发动。保持压力过低时，应检查燃油供给系统油路有无泄漏，并进一步检查燃油泵出油阀、燃油压力调节器回油阀或喷油器密封情况。

5. 燃油压力调节器保持压力的检测

当燃油供给系统保持压力低于标准值时，其原因有可能是燃油压力调节器故障，应检测燃油压力调节器的保持压力。检测方法：用导线在检测插座上短接燃油泵端子和电源端子，接通点火开关使燃油泵运转 10s 左右时间。然后，关闭点火开关，拔去燃油泵检测插座上的短接导线。夹紧燃油压力调节器回油管上的软管 2（图 3-57），堵住回油通道。待 5min 后油压表上的压力读数即为燃油压力调节器的保持压力。

若燃油供给系统保持压力低于标准，而燃油压力调节器保持压力又大于燃油供给系统保持压力，则说明燃油压力调节器回油阀泄漏，应更换燃油压力调节器；若调节器保持压力仍然与燃油供给系统保持压力相同，则说明保持压力过低的原因可能是燃油泵、喷油器、油管泄漏。

6. 燃油泵最大压力和保持压力的检测

当燃油供给系统的保持压力及运转时燃油压力低于标准，其原因可能是燃油泵故障。因此，必要时需检测燃油泵的最大压力和保持压力。检测方法：夹紧通往喷油器的软管 13（图 3-57），堵塞燃油的输出通道；用导线在检测插座上短接电动燃油泵端子和电源端子。然后，接通点火开关使燃油泵运转 10s 左右时间，此时油压表指示的压力即为燃油泵的最大压力。关闭点火开关，拔掉燃油泵检测插座上的跨接线 5min 后，油压表上的压力值即为电动燃油泵的保持压力。

车型不同，燃油泵的最大压力和保持压力标准也不一样。通常，燃油泵的最大压力约为 490 ~ 640kPa，保持压力应大于 340kPa。

四、电子控制喷油信号检测

对于电控燃油喷射系统而言，如果燃油压力由调节器控制，使其与进气歧管的压力之差为规定值，则从喷油器喷出的燃油量仅取决于喷油器的开启时刻和开启时间的长短，该时刻和开启时间是由微处理器向喷油器电磁线圈发出指令的信号控制的。

1. 喷油信号控制原理

喷油信号对于喷油器开启的控制原理见图 3-58。微机的指令信号控制大功率晶体管的导通与截止，当大功率晶体管导通时，喷油器电磁线圈电路接通，产生电磁力，当电磁力超过针阀弹簧力时，铁心被吸起，针阀被打开，喷油器开始喷油；当大功率晶体管截止时，喷油器电磁线圈电路切断，电磁力消失，弹簧力又使针阀返回阀座，喷油器停止喷油。为了正确判断喷射系统的基本喷油控制是否正常，各种传感器喷油量的修正控制（加浓补偿）是否良好，ECU 和喷油器是否存在故障，有必要对喷油控制信号波形进行检测与分析。

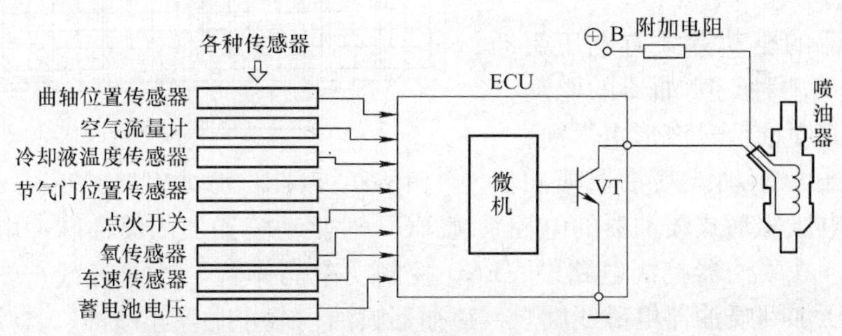

图 3-58　电子控制燃油喷射系统原理

2. 喷油信号波形检测方法

电子控制燃油喷射系统喷油器工作时的喷油信号波形，可以用发动机综合性能分析仪或汽车专用示波器来检测，其检测方法如下：

①按照使用说明书的要求连接好检测仪器。为测得电控喷油系统的喷油压力脉冲信号，可拆开喷油器电路插头，中间接入专用 T 形接头。其一端接喷油器，另一端接电路插头，中间引出端接发动机综合性能分析仪的信号拾取系统的信号探针，见图 3-59。该 T 形接头有两种形式，图 3-59a 为直接插头引出式，图 3-59b 为鱼夹引出式，可供多种传感器信号引出用。

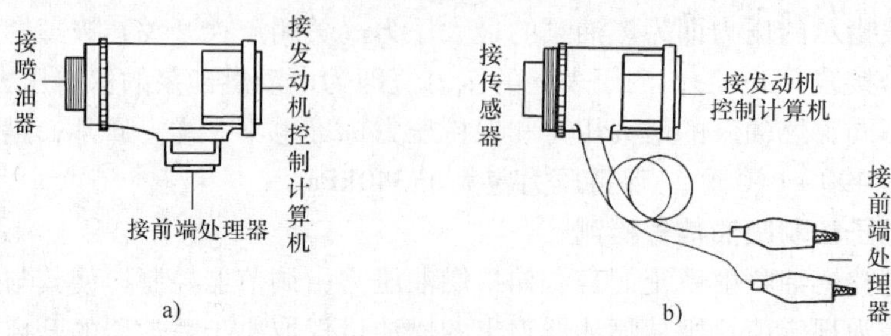

图 3-59　T 形接头的连接

a）直接插头引出式　b）鱼夹引出式

②起动发动机，使发动机稳定运转预热至正常温度。

③打开检测仪器。按规定工况运转发动机，示波器则显示喷油器工作时的喷油信号波形和喷油脉宽，见图 3-60。

3. 标准喷油信号波形

标准喷油信号波形是指电控燃油喷射系统工作正常时，喷油控制信号电压随时间变化的波形，它是不解体动态检测电控燃油喷射系统的诊断依据。

喷油器的驱动方式有电压驱动和电流驱动两种。喷油器的驱动方式不同，其喷油信号波形也不同。

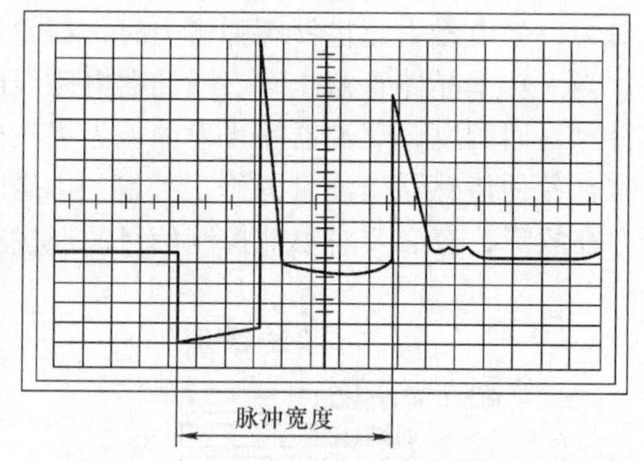

图 3-60　电流驱动式喷油器喷油信号波形

（1）电压驱动式喷油器喷油信号波形　电压驱动式喷油器的电控系统 ECU 对驱动喷油器的喷油脉冲电压进行恒定控制。在喷油器控制电路中，ECU 控制功率晶体管导通或者截止。导通时蓄电池电压加到喷油器电磁线圈上，喷油器喷油；截止时停止喷油。其喷油器标准喷油信号波形见图 3-61a。

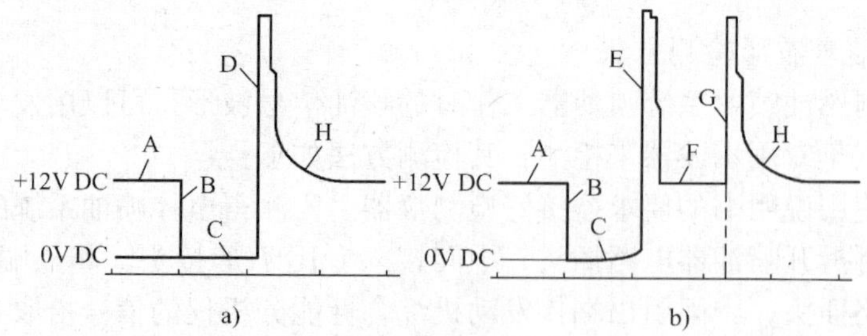

图 3-61　喷油器标准喷油信号波形

a）电压驱动式喷油器喷油信号波形　b）电流驱动式喷油器喷油信号波形

（2）电流驱动式喷油器喷油信号波形　电流驱动式喷油器的电控系统ECU对驱动喷油器的电磁线圈电流进行调节控制。在电流驱动式控制电路中，功率晶体管除起基本的开、关作用外，还具有限流功能。在基本喷油时间内，功率晶体管导通，驱动电流不受限制；在加浓补偿喷油时间内，控制其电流迅速下降到能维持喷油器处于全开状态的较小值，以免喷油器电磁线圈过热损坏。电流驱动式喷油器标准喷油信号波形见图3-61b。

（3）喷油器喷油信号波形各线段的含义

A线：喷油器关闭时的系统电压信号，通常为12V。

B线：电子控制装置（ECU）给出喷油信号，喷油器控制回路搭铁、开始喷油的时刻。此时，功率晶体管完全导通，电压迅速下降接近0V。B线应光滑平顺，无毛刺。否则，说明功率晶体管性能不良。

C线：喷油器喷油。此时，喷油器驱动电路处于饱和导通阶段，由于喷油器控制回路搭铁，波形电压接近0V，喷油器电磁线圈电流由零迅速上升至最大(4A)，产生最大磁力使喷油器针阀迅速全开喷油。对于电压驱动式喷油器（图3-61a)，该波形对应的时间为喷油时间，当燃油控制系统能正确控制混合气浓度时，喷油时间将根据发动机的工况和氧传感器的输出电压发生变化，通常情况下，怠速下的喷油时间为1~6ms，起动时或最大负荷时的喷油时间一般为6~35ms。对于电流驱动式喷油器（图3-61b)，该波形对应的时间为基本喷油时间，大约为0.8~1.1ms。在实际波形中，由于电流增强时喷油器电磁线圈所产生的感应电压的影响，C线向右逐渐向上弯曲也属正常现象。若C线波形异常，则多是喷油器驱动电路搭铁不良引起。

D线：喷油信号终止时刻。此时，喷油器控制电路断开，喷油结束，喷油器线圈因电流突变而产生感应脉冲电压。其电压尖峰高度与喷油器线圈匝数、喷油器电流强度有关。线圈匝数越多，电流变化越大，则尖峰电压越高；反之，则尖峰电压越小。通常，D处的峰值电压不低于35V。装有齐纳二极管保护线路的喷油器，尖峰的顶部应以方形截止；否则，说明其峰值电压未达到齐纳二极管的击穿电压，其原因可能是喷油器的电磁线圈不良。对于电压驱动式喷油器，从喷油开始信号B到喷油截至信号D所对应的时间即为总喷油时间。

E线：基本喷油时间结束线，同时也是电流限制起始线。此时，ECU起动电流限制，减小驱动电路电流。喷油器控制回路的电流强度由最大（4A）立即转换到一个带限流电阻的电路，使电流强度降低到一较低值（1A)，但仍维持喷油器针阀开启，以便转入加浓补偿量喷油。由于电流强度骤减，导致喷油器电磁线圈感应出较高的电压脉冲。其电压脉冲峰值通常与喷油器的阻抗成正比，约为35V。

F线：补偿加浓时期。该时期长短由ECU根据各种传感器输送的有关转速、负荷、进气温度、进气歧管压力的信息计算确定，一般约为1.2~2.5ms。此时，喷油器处于电流限制模式状态，其功率晶体管在不停地截止与导通，使通过喷油器电磁线圈的电流强度约为1A左右，喷油器针阀处于开启状态，以使喷油器进行加浓补偿喷油。曲线中的电压与电源电压接近。若波形发生畸变，则表明喷油器功率晶体管不良。

G线：补偿加浓喷油信号截止时刻，喷油器驱动电路断开。由于电流强度突变，而在喷油器线圈中产生30V左右的自感电压脉冲。对电流驱动式喷油器，从喷油开始信号B至喷油截止信号G所对应的时间就是总喷油时间。

H线：喷油器针阀关闭，电压从峰值逐渐衰减到电源电压。

（4）喷油信号波形诊断　发动机综合性能分析仪在显示喷油信号波形的同时，可以将喷油脉宽用数字显示。喷油脉宽指喷油信号开始至喷油信号截止所经历的时间，该时间由ECU根据各种传感器输送的有关发动机的空气流量、进气歧管压力转速、节气门开度、进气温度、冷却液温度等信号计算确定。喷油脉宽越宽，喷油量越大。当检测得到的喷油脉宽与标准不同时，则表明喷射系统存在故障。通过改变发动机的工作状况、工作条件可以观测喷油信号波形的变化，从而诊断电控燃油喷射系统的故障。检测方法如下：

①检测时，首先按照使用说明书的要求把专用示波器或发动机综合性能分析仪的检测线通过专用插头与喷油器的插接器相连，将变速杆置于空档，再起动发动机，使发动机运转至正常工作温度。

②在怠速、高速及加速时观察喷油信号波形，在正常情况下，喷油脉宽应随转速提高和节气门开度加大而相应增长。否则，可能是喷油器、燃油喷射控制系统及氧传感器存在故障。

③在高速稳定运转时，通过改变混合气浓度来观察喷油信号波形。当遮盖发动机滤清器或从进气管中加入丙烷使混合气变浓时，若喷油脉宽变窄，以试图对浓混合气进行修正，则系统正常；当拔下发动机某一真空软管使混合气变稀时，若喷油脉宽延长，以试图对稀混合气进行补偿，则系统正常。若混合气浓度变化时，喷油脉宽没变化，则可能是喷油器、燃油喷射控制系统及氧传感器存在故障。

④使发动机在2500r/min的转速下稳定运转，若可以观察到许多被测波形上的喷油时间在稍宽与稍窄之间来回变换，变换时间范围为0.25~0.5ms，则说明燃油控制系统能使混合气在正常浓、稀之间转换，喷油器工作正常。若喷油脉宽毫无变化，则可能是喷油器、燃油喷射控制系统及氧传感器存在故障。

由此可见，观察并分析喷油器波形，不仅可以观测出喷油器的技术状况，而且可以分析、判断出燃油供给系统工作是否正常。

发动机在怠速工况下检测喷油信号时，由于总喷油脉宽变化很小，因此不易准确判断 ECU 的加浓补偿功能。因此，在底盘测功机上模拟运行工况来检测喷油信号，可以有效地对 ECU 的喷油补偿功能进行全面检测，有利于正确判断电子控制喷油系统的控制作用。

第五节　柴油机燃油供给系统检测

柴油机具有热效率高、可靠性强，排气污染少和较大功率范围内的适应性等优点，因而在汽车上的应用愈来愈广泛。与汽油机相比，柴油机最大的不同点是所用燃料和燃料供给、着火方式的不同。汽油机吸入气缸中的混合气是由电火花点燃的，而柴油机采用压燃点火，即在压缩行程接近终了时，把柴油喷入气缸，使之与空气混合成可燃混合气，并利用空气压缩所形成的高温、高压使其自行发火燃烧。柴油机燃油供给系统的作用是根据柴油机各种工况的需要，将适量的柴油在适当的时间并以合理的空间形态喷入燃烧室，即对燃油喷入量、喷油时间和油束的空间形态三方面进行有效控制。柴油机燃油供给系统的技术状况对于混合气的形成及燃烧过程的组织具有重要作用，是对发动机的动力性和燃油经济性影响最大的因素。

由于所采用的燃料和相应燃料供给系统的不同，柴油机燃油供给系统检测诊断的内容、方法与汽油机相比有许多不同之处。

一、混合气质量检测

测试柴油机排放废气的烟度，根据空燃比或过量空气系数与烟度的关系可以对混合气质量进行分析评价。

过量空气系数指发动机工作过程中每千克燃油实际供给的空气量与该燃料完全燃烧所需理论空气量的比值。在一定工况下，发动机的过量空气系数取决于进入气缸的空气量和喷油器的喷油量。对于柴油机而言，过量空气系数 α 只能通过改变供油量调整，即 α 主要与供油量的多少有关。柴油机所排放的废气的烟度由供油量、喷油泵和喷油器的调整、容积效率和喷雾质量决定。一般情况下，柴油机每一工况对应于一确定的 α 值（称冒烟界限）。低于该值时，混合气过浓，燃烧不完全，烟度增大。若进气系统工作状况正常，则由冒烟界限决定了柴油机在各种工况下的极限供油量。由于在不同转速下，冒烟界限有所不同，因此不同转速下的极限供油量也会有所不同。如果在任何转速下，喷油泵－喷油器的供油量均略低于极限供油量，则可以为柴油发动机提供质量较高的浓度适宜的可燃混合气，柴油机排放废气的烟度就较低。

图 3-62 为柴油机所排放废气中 CO 体积分数和烟度（哈特里季烟度 R_H）的关系。由图可见，烟度（R_H）与过量空气系数几乎成线性关系。因此，可根据测得的柴油机排放废气的烟度值反映混合气质量好坏以及过量空气系数是否适

当；同时，可在对排放烟度值进行监测的条件下，对喷油泵的循环供油量进行精确调整。如果柴油发动机的气缸压缩压力和所燃用的燃油质量均正常，则发动机怠速时烟度大，说明怠速循环供油量太大；如果额定转速时烟度大，说明额定循环供油量太大；而如果大负荷运转时烟度大，则说明校正加浓供油量太大。所以，在对柴油机排放废气的烟度进行检测的同时，对柴油机燃油供给系统进行调整，可以改善可燃混合气质量，提高柴油机的动力性、燃油经济性和排放性能。

二、柴油机燃油喷射过程及压力变化

图 3-63 为在有负荷情况下实测得到的高压油管内压力 p 和喷油器针阀升程 S 随凸轮轴转角 θ 变化的关系曲线。由于高压柴油在油管沿程以波动方式传播，使得高压油管内靠近喷油泵端和靠近喷油器端的压力并不完全相同，因此分别给出了燃油喷射过程中该两端的压力变化曲线。

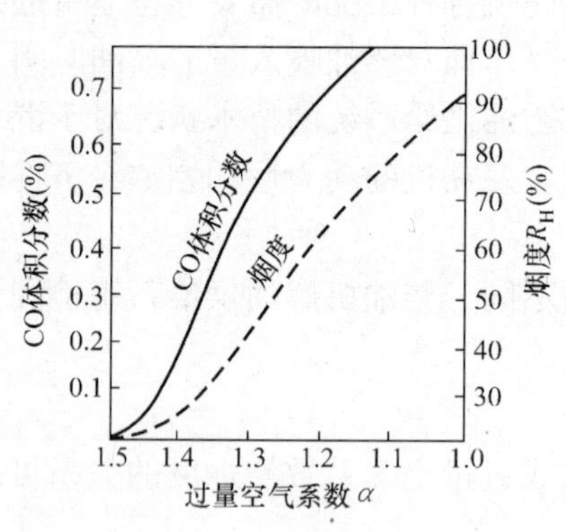

图 3-62　柴油机废气中 CO 体积分数和烟度与过量空气系数的关系

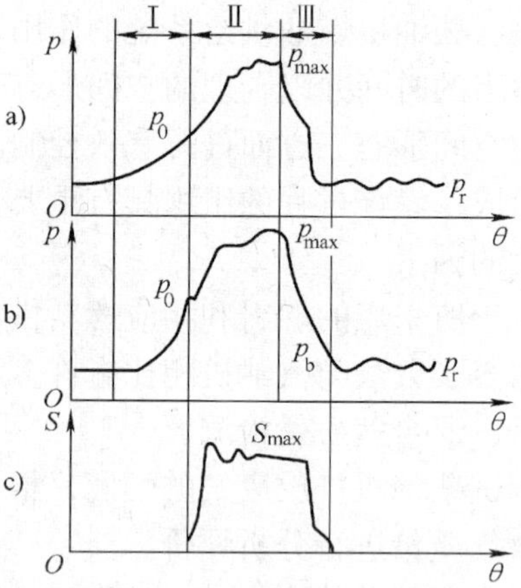

图 3-63　高压油管内压力曲线和针阀升程曲线
a）喷油泵端压力曲线　b）喷油器端压力曲线
c）针阀升程曲线

图中，高压油管中的压力 p_0、p_{max}、p_b、p_r 分别表示针阀开启压力、最高压力、针阀关闭压力和油管中的残余压力。整个燃油喷射过程中，高压油管中的压力变化可分为三个阶段：

第Ⅰ阶段为喷油延迟阶段，对应于从喷油泵泵油压力上升到超过高压油管内的残余压力 p_r，燃油进入油管使油压升高到针阀开启压力 p_0 的一段时间，即喷油泵供油始点至喷油器喷油始点的一段时间。若针阀开启压力 p_0 过高、高压油管渗漏、出油阀偶件或喷油器针阀偶件不密封而使残余压力 p_r 下降，以及增加油管长度或增加高压油系统的总容积，均会使喷油延迟阶段增长。

第Ⅱ阶段为主喷油阶段，由于喷油泵柱塞继续上行，因而高压油管内压力继续升高，直到喷油泵回油孔打开。该阶段长短取决于喷油泵柱塞的有效供油行程，并随发动机负荷大小而变化。负荷越大，则该阶段越长。

第Ⅲ阶段为自由膨胀阶段，当柱塞有效行程结束，出油阀关闭后，尽管燃油不再进入油管，但由于油管中的压力仍高于针阀关闭压力 p_b，燃油会继续从喷孔中喷出。若油管中最大压力 p_{max} 不足，该阶段缩短，反之则该阶段延长。

由图可见，喷油泵的实际供油阶段为第Ⅰ、Ⅱ阶段。喷油器的实际喷油阶段为Ⅱ、Ⅲ阶段。若循环供油量即柱塞有效行程一定，则第Ⅰ阶段延长和第Ⅲ阶段缩短时，喷油器针阀开启所对应凸轮轴转角减少，喷油量减少；反之，若第Ⅰ阶段缩短，第Ⅲ阶段延长，则喷油量增大。因此，压力曲线上三个阶段的长短，对发动机工作状况的好坏会产生影响。对多缸发动机而言，若各缸供油压力曲线上的Ⅰ、Ⅱ、Ⅲ段不一致，则对发动机工作性能的影响会更大。

三、柴油机供油压力波形检测

柴油机喷油泵和喷油器的技术状况决定了燃油的喷射质量，从而对柴油机的工作性能有很大影响。在不解体情况下，可以通过燃油喷射过程中高压油管中的压力变化来检测柴油机燃油供给系统的技术状况。因为当燃油供给系统某一主要零部件工作不良时，必然会对燃油喷射过程产生影响，其供油压力波形也就会发生变化。因此，根据测得的供油压力波形的特征并与标准波形进行比较，就可以据此判断燃油供给系统的技术状况和故障原因。

1. 油压传感器及其安装

检测高压油管中的压力波形时，首先要将非电量的供油压力信号转变成电量信号。常用压电式油压传感器来获取供油压力信号，其油压传感器主要有外卡式和串接式两种。

外卡式油压传感器见图 3-64。检测时，传感器以一定预紧力卡夹在喷油泵与喷油器之间的高压油管上。柴油机工作时，油管在高压油脉冲的作用下产生微小膨胀，挤压外卡式油压传感器内的压电传感元件，产生压电电荷，经分析仪中的电荷放大器放大后输入检测系统进行油压分析。

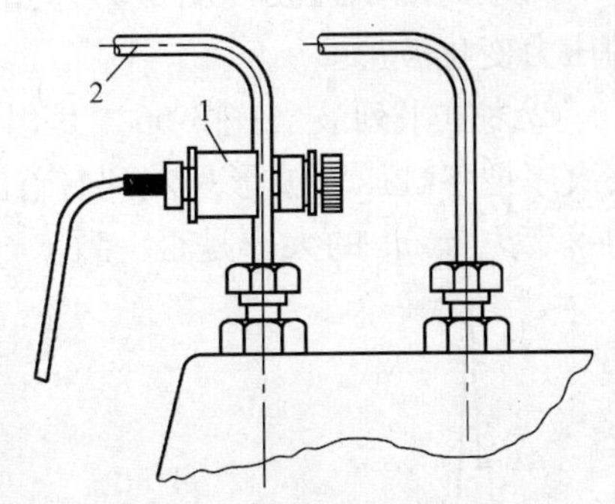

图 3-64　外卡式油压传感器及其安装

1—外卡式油压传感器　2—高压油管

安装串接式油压传感器时，需要拆下高压油管，让其串接在喷油泵与喷油器之间。柴油机工作时，油压传感器的压电元件直接将高压油管内的油压信号转换为电量信号对外输出。串接式油压传感器灵敏度高，但安装比较麻烦。

2. 供油压力波形的检测

采用柴油机专用示波器和柴油机综合性能分析仪、汽柴油机综合性能分析仪等，均能在柴油机不解体情况下，检测各缸高压油管中的压力波形和喷油器针阀升程波形。通过波形分析，不但可以得到最高压力 p_{max}，针阀开启压力 p_0、关闭压力 p_b 以及残余压力 p_r，还可判断喷油泵、喷油器故障和各缸喷油过程的均匀性。常用的检测仪器有 CFC-Ⅰ型柴油发动机综合性能分析仪、QFC-4 型发动机综合性能分析仪、EA2000 型发动机综合性能分析仪等。其检测步骤如下：

①检测时，检测仪器经预热、自校、调试后，把串接式油压传感器按使用要求安装在高压油管与喷油器之间或把外卡式油压传感器按要求卡在高压油管上。

②运转预热发动机，使其工作温度正常，并使发动机在检测工况下稳定运转（一般转速为 800 ~1000r/min）。

③按使用说明书的要求通过按键选择，屏幕上即可出现被测发动机的供油压力波形。据此可测出各缸高压油管内的最高压力 p_{max}、残余压力 p_r、针阀开启压力 p_0、针阀关闭压力 p_b 等。

④把测得的实际压力波形与标准波形进行比较，以判断柴油机燃油供给系统的技术状况和故障原因。

3. 供油压力波形选择

高压油管内的压力波形可以根据需要和观测方便，通过按键选择用全周期单缸波、多缸平列波、多缸并列波和多缸重叠波四种方式进行观测。

①全周期单缸波（图 3-65）指喷油泵凸轮轴旋转 360°时某单缸高压油管中的压力变化波形。

②多缸平列波（图 3-66）是以各缸高压油管中的残余压力 p_r 为基线，按发火次序把各缸压力波形从左到右首尾相接所形成的波形，利用该波形可比较各缸的 p_0、p_{max}、p_b 的大小是否一致。

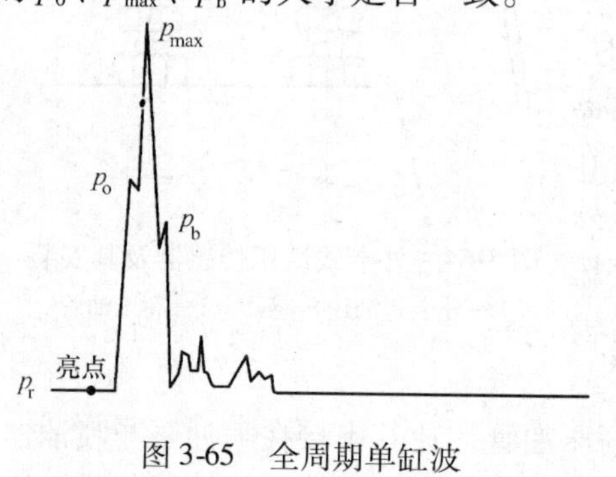

图 3-65 全周期单缸波

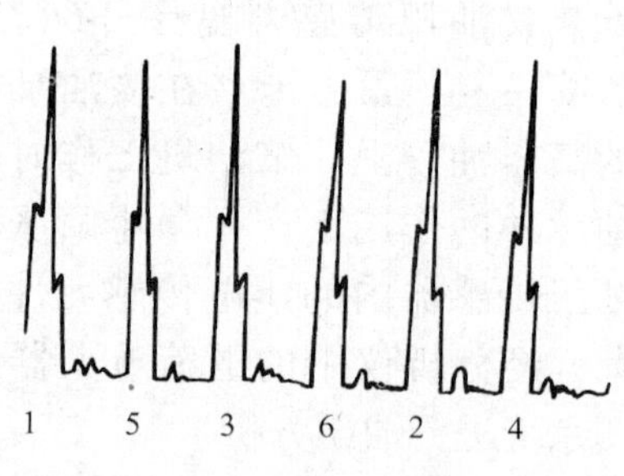

图 3-66 六缸平列波

③多缸并列波（图 3-67）指把各缸压力波形首部对齐，按发火次序在垂直方向上自下而上展开所形成的波形，通过比较各缸压力波形三阶段面积的大小，即可判断各缸喷油量的一致性。

④多缸重叠波（图 3-68）指将各缸压力波形首部对齐重叠在一起所形成的

波形，利用重叠波可比较各缸压力波形的高度、长度、面积和各缸 p_0、p_{max}、p_b、p_r 的一致性。

用现代发动机综合性能分析仪检测柴油机燃油供给系统时，除用示波器显示外，还可打印发动机转速值、最大压力 p_{max}、残余压力 p_r 和压力波形。

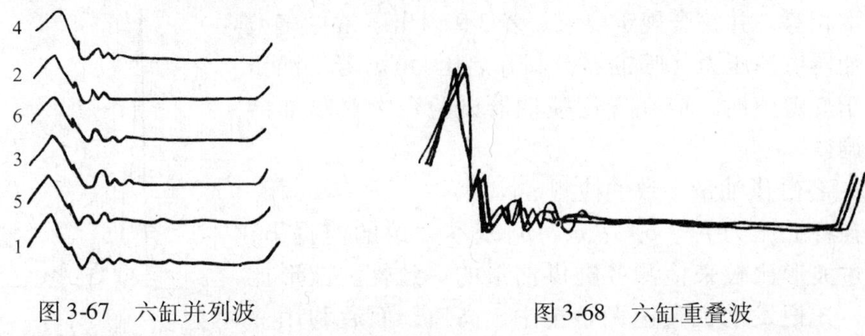

图 3-67　六缸并列波　　　　图 3-68　六缸重叠波

把测得的柴油机实际供油压力波形与标准供油压力波形进行比较，即可评价柴油机燃油供给系统的技术状况。

4. 柴油机燃油供给系统的主要检测项目

利用柴油机示波器，对柴油机燃油供给系统的主要检测项目如下所述。

①观测压力波形。以多缸平列波、多缸并列波、多缸重叠波、单缸选缸波和全周期单缸波等不同形式，观测各缸高压油管中的压力波形。

②观测针阀升程波形。不仅可观测到喷油器针阀升程与喷油泵凸轮轴转角对应关系的波形，而且可观测针阀升程与高压油管中压力变化对应关系的波形。

③检测瞬态压力。即测出高压油管内的最高压力 p_{max}、残余压力 p_r、针阀开启压力 p_0 和针阀关闭压力 p_b。

④判断供油均匀性。通过比较各缸高压油管中压力波形的面积，可判断各缸供油量的一致性，并能找出供油量过大或过小的缸。

⑤观测异常喷射。根据针阀升程波形和压力波形，可观测到停喷、间隔喷射、二次喷射、喷前滴漏、针阀开启卡死和喷油泵出油阀关闭不严等故障。

⑥检测供油间隔。通过观测屏幕上各缸并列波对应的喷油泵凸轮轴角度，可检测到各缸之间供油间隔的大小。

四、供油压力波形分析

1. 高压油管内的瞬态压力检测

使柴油机以 800 ~ 1000r/min 的转速稳定运转，通过柴油机示波器菜单或按键选择，使示波器屏幕上显示出稳定的被测缸的全周期单缸波，调节示波器上的电位器，使亮点沿全周期单缸波形移动（图 3-65），亮点所在位置的瞬态压力由示波器指示出来。由此可分别测出高压管内喷油器针阀开启压力 p_0、关闭压力

p_b、最大压力 p_{max} 和残余压力 p_r。当发动机空转且循环供油量很小时，有时 p_0 与 p_{max} 相等，即针阀开启压力等于油管内最大压力，见图 3-69。

为使柴油发动机有良好的工作性能，在发动机各缸供油压力波形曲线上观测到的最高压力 p_{max}、针阀开启压力 p_0、针阀关闭压力 p_b 和油管中的残余压力 p_r 应基本相等，并符合规定要求。表 3-9 列出了常见车型的喷油器供油压力（喷油器针阀开启压力）。若供油压力低于规定值时，应在专用喷油器试验台上对喷油器进行调试。

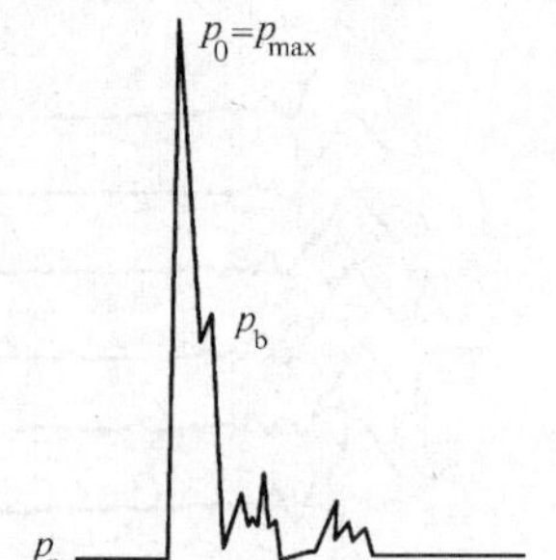

图 3-69　循环供油量很小时的全周期单缸波

2. 各缸供油量一致性检测

在各缸压力 p_0、p_{max}、p_b、p_r 基本一致的前提下，可通过波形比较来检测各缸供油量的一致性。波形比较时，先把发动机转速调整至中、高速，而后利用并列波或重叠波比较各缸油压波形的一致性。若波形三阶段的重叠均较好，则说明各缸供油量比较一致；若某一缸波形窄，则说明该缸供油量小；若波形宽，则说明该缸供油量大。

表 3-9　常见柴油车的供油压力

车型或发动机型号		供油压力/MPa	车型或发动机型号		供油压力/MPa
EQ6100		22	五十铃	TXD50	9.8
EQ6105		18.5		TD72LD	
黄河 JN162		21		TD50A-D	
太脱拉	T138	16.66	日野	KL 系列	11.8
	T148			KM400	
	T815		三菱扶桑 T653BL		11.8
斯太尔 91 系列		22.5	日产 GWL50P		19.6
东风 6102QB		19.5	依发 H6		9.8
红岩 6140		21.5	沃尔沃	GB88	18.1
斯柯达	706	13.7		N86-44S	15.4
	706R		斯堪尼亚 L_{1105}		19.6
斯柯达 RT		17.2			

柴油机的起动供油量往往等于或大于额定供油量。检查起动供油量时，应将加速踏板踩到底，此时喷油泵的操纵臂靠在高速限制螺钉上，然后观察或测量供油拉杆是否能处在供油方向上的极端位置。否则，应进行调整。但起动供油量调整得太大，也会造成柴油机起动困难。

3. 针阀升程波形检测

观测针阀升程波形时，应拆下所测缸喷油器的回油管，并旋入针阀传感器。当传感器触杆被顶起时，把传感器锁紧，使发动机在中等转速下运转，按使用要求通过按键选择，使屏幕上出现六条并列线，被测缸的针阀升程波形则会显示在屏幕上相应并列线上（图3-70）。必要时，可把该缸针阀升程波形和压力波形同时显示在屏幕上，以便对照观测。

观测针阀升程波形可对针阀开启、关闭时刻是否正确作出判断。由于喷油器隔次喷射、二次喷射、针阀“咬死”不喷射或喷油泵不供油引起的不喷射、针阀抖动等都会反映在针阀升程波形中，因此根据针阀升程波形还可以对上述异常喷射现象作出正确判断。其中，隔次喷射或不喷射在喷油量较小的怠速或低速情况下发生较为频繁。此时，压力波形峰值 p_{max} 和残余压力 p_r 均发生变化，针阀升程波形表现为时有时无或升程时大时小。

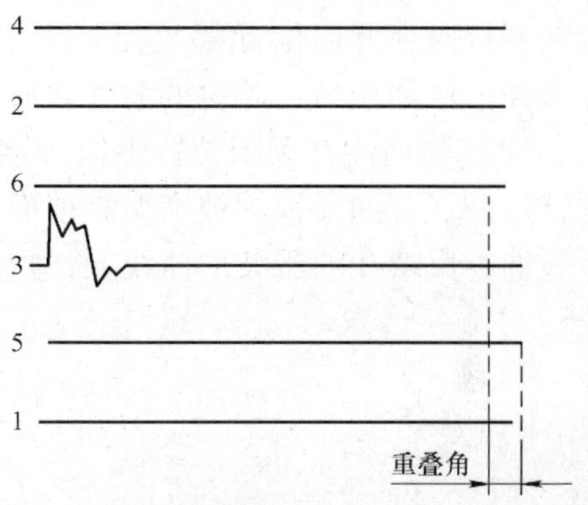

图3-70　针阀传感器安装在3缸喷油器上的针阀升程波形

4. 各缸供油间隔检测

利用发动机综合性能分析仪示波器检测各缸供油间隔时，应在观测针阀升程波形之后接着进行，仍保特原来的操作键位。观测时，通过操作有关旋钮使屏幕上的并列线首端与屏幕左边的横标尺零线对齐，而尾端处于屏幕右边横标尺的60°（喷油泵凸轮轴转角）左右。读取各线所占屏幕横标尺度数，即为各缸实际供油间隔。若各并列线的长度不相等，其中最短并列线与最长并列线之间的重叠区所占凸轮轴转角，称为喷油泵重叠角，见图3-70。重叠角以接近零为好，即各缸供油间隔的误差越小越好。

柴油机按工作顺序的各缸供油间隔（凸轮轴转角）可用下式计算：

$$\theta_g = \frac{360°}{\tau}$$

式中　θ_g——供油间隔（°）；

τ——发动机缸数。

可以看出，6缸柴油机的各缸供油间隔为60°凸轮轴转角，而4缸、8缸柴油机的各缸供油间隔分别为90°和45°凸轮轴转角。

各缸供油间隔之差也可以用曲轴转角表示。根据规定，实际供油间隔与标准供油间隔相比，其误差应在±0.5°曲轴转角的范围内。

如果各缸供油间隔不符合要求，可通过调整喷油泵柱塞与滚轮之间的调整螺钉高度或更换不同厚度的调整垫块加以解决，直至符合要求。

5. 典型故障波形

把所测供油压力波形与典型供油压力波形比较，可判断喷油泵或喷油器故障，使用发动机综合性能分析仪测得的常见故障波形如下所述。

（1）喷油泵不泵油或喷油器在开启位置咬死“不能关闭　当喷油泵柱塞弹簧折断或因其他原因而使喷油泵不泵油或泵油很少时，高压油管内的压力很低；喷油器针阀在开启位置“咬死”不能落座关闭时，高压油管内同样不能建立起足够高的供油压力，此时的故障波形见图 3-71。

（2）喷油器在关闭位置不能开启　产生该故障的主要原因是针阀开启压力调整过高或喷油器针阀被高温烧蚀而“咬死”。此时，喷油泵正常供油但喷油器不喷油，反映在油压波形曲线上，则曲线光滑无抖动，见图 3-72。

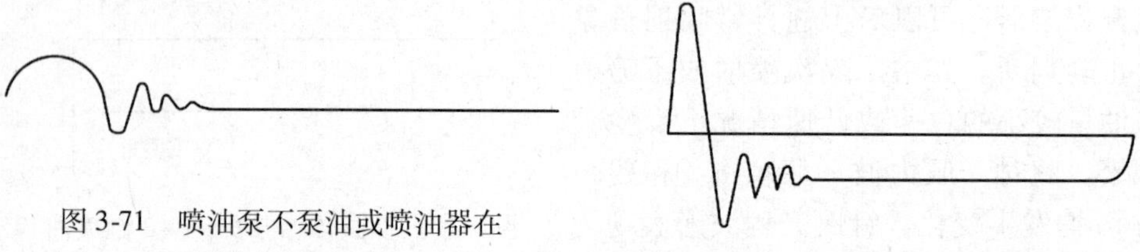

图 3-71　喷油泵不泵油或喷油器在开启位置“咬死”

图 3-72　喷油器在关闭位置不能开启

（3）喷油器喷前滴漏　产生喷前滴漏的主要原因是喷油器针阀密封不严，或者针阀磨损过度，或者脏物粘在针阀密封表面。在油压波形曲线上，表现为压力上升阶段有两个抖动点，见图 3-73。

（4）高压油路密封不严　高压油路密封不严时，油压波形曲线残余压力部分呈窄幅振抖并逐渐降低，见图 3-74。

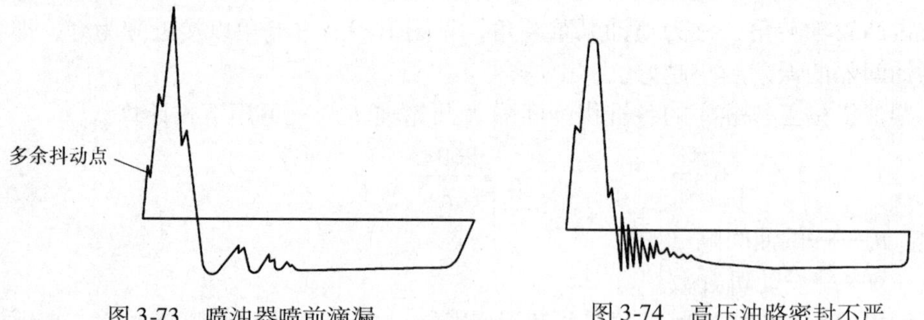

图 3-73　喷油器喷前滴漏

图 3-74　高压油路密封不严

（5）隔次喷射　隔次喷射指某次喷射后，油管内残余压力低，而下次初级供油量又很小，高压油管中产生的油压不足以使喷油器针阀开启，于是燃油储存在油管中，直到第 2 次供油时针阀才开启，使两次供油一次喷出。隔次喷射一般在供油量较小、喷油器弹簧压力较高时发生。反映在油压波形曲线上，则残余压力部分上下抖动，见图3 75。

五、柴油机供油正时检测

供油正时指喷油泵正确的供油时刻，可用供油提前角表示。供油提前角则指喷油泵的柱塞开始供油时，该缸活塞距压缩行程上止点所对应的曲轴转角。供油提前角的大小对柴油机的工作性能有很大影响。柴油喷入气缸后过一段时间（称着火落后期）才能燃烧；喷油泵向喷油器供油时，由于高压油管的弹性变形、压力的升高和传递过程均使喷油器喷油的时刻滞后于喷油泵供油的时刻。因此，要使活塞在通过压缩行程上止点附近气缸内出现最高爆发压力，以获得最佳燃烧效率，喷油泵必须在上止点前开始供油。供油提前角过大时，气缸内燃油的速燃期在上止点前发生，活塞到达上止点前，气缸内压力升高速率过大或出现压力峰值，将使发动机工作粗暴、功率下降、油耗增加、怠速不良、加速不灵及起动困难；当供油提前角过小时，气缸内燃油的速燃期在活塞越过上止点下行后逐渐发生，将使爆发压力峰值降低，也会使发动机功率下降、油耗增多、加速无力，同时会因补燃增多而使发动机过热。供油提前角的最佳值，应能在供油量和转速一定的情况下获得最大功率和最小油耗。柴油机的最佳供油提前角应能随转速和负荷变化而变化。转速升高或供油量增大时，供油提前角也应相应增大。喷油泵上装有供油提前角调节器，可在初始供油提前角的基础上，随转速变化而自动调节。

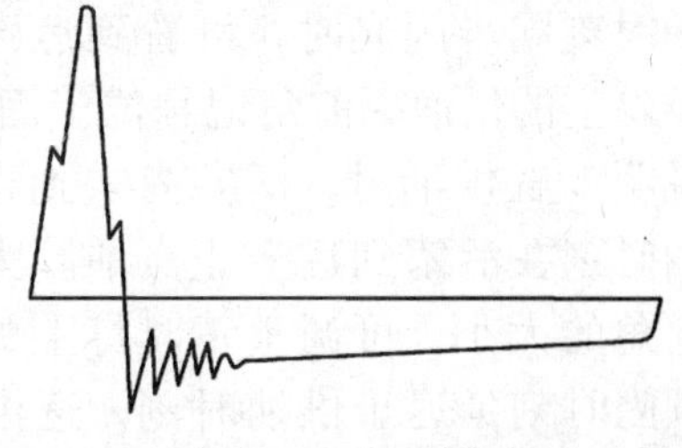

图3-75　喷油器隔次喷射

尽管凭经验可对柴油机的供油提前角进行粗略检查并校正，但供油提前角的精确检测必须借助仪器。常用方法有缸压法检测和频闪法检测二种。

1. 供油提前角检测——缸压法

使用发动机综合性能分析仪，采用缸压法可快速检测发动机1缸或某缸的供油提前角。其基本原理：用缸压传感器确定某缸压缩压力最大点（即该缸活塞上止点），用油压传感器确定该缸的供油时刻。二者之间所对应的曲轴转角即是该缸供油提前角的数值，见图3-54。

检测时，拆下所测缸的喷油器，并在其座孔上安装缸压传感器；把油压传感器按要求串接在所测缸的喷油器和高压油管之间，使喷油器向外喷油；把发动机转速稳定在规定转速（800～1000r/min），根据仪器使用说明书的要求选择按键，即可在屏幕上显示出所测缸供油提前角的检测值。

2. 供油提前角检测——频闪法

在频闪原理基础上制成的柴油机供油正时仪，其组成、工作原理和使用方法与汽油机点火正时仪基本相同（参阅本章第三节）。

检测时，供油正时仪的油压传感器串接于第 1 缸高压油管与喷油器之间或外卡于高压油管，使油压脉冲信号转变为电信号，并触发正时灯闪光。闪光一次，则 1 缸供油一次，二者具有相同频率。用正时灯对准 1 缸压缩终了上止点标记，并与供油时刻同步闪光时，可看到运转飞轮或曲轴带轮上的供油提前角记号位于固定记号之前，说明 1 缸供油时，活塞尚未到达上止点，供油时刻在活塞到达上止点前。为测得供油提前角的大小，可调整正时灯上的电位计，使频闪时刻延迟于供油时刻，逐渐使转动部件上的供油提前角标记接近固定标记，并使两标记对齐，见图 3-76。闪光延迟的时间即为供油提前的时间，经仪器变换为供油提前角数值后，即可在指示装置上显示出来。

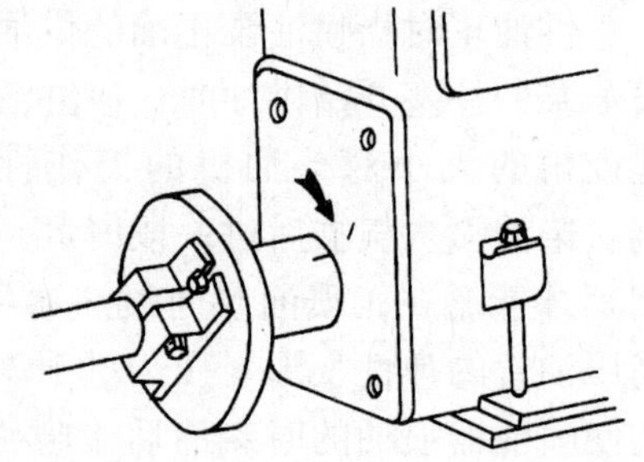

图 3-76　喷油泵 1 缸开始供油记号

1 缸供油提前角检测出来后，如果按工作顺序各缸供油间隔相等，则各缸的供油提前角均等于 1 缸供油提前角。所以，必须检测各缸间的供油间隔，以确知各缸的供油提前角是否符合要求。各缸供油间隔的检测方法如前所述。

柴油机的供油提前角应符合原厂规定。可在供油正时仪监控下边检测边调整，以使供油提前角达到规定值。常见柴油机供油提前角的规定值见表 3-10。

表 3-10　常见车型的供油提前角

项目 车型		供油顺序	供油提前角
黄河	JN1150/100	1-5-3-6-2-4	28°~30°
	JN1150/106		24°±1°
	TD50A-D		17°
五十铃	TXD50	1-4-2-6-3-5	17°
	TD72LC		
	KL 系列		
日野	KM400	1-4-2-6-3-5	18°
	650E	1-4-2-6-3-5	10°
菲亚特	$683N_3$	1-5-3-6-2-4	24°
	$693N_1$		20°
三菱扶桑	T653BL	1-5-3-6-2-4	15°（带送油阀）
	T653EL		17°（不带送油阀）

（续）

车型＼项目		供油顺序	供油提前角
斯柯达	706	1-5-3-6-2-4	30°
	706R		
太脱拉	138A	1-6-3-5-4-7-2-8	26°～28°
	$148S_1M$		23°～25°
依发 H_6		1-5-3-6-2-4	27°～29°
沃尔沃 GB-88		1-5-3-6-2-4	23°～24°
斯堪尼亚 L_{1105}		1-5-3-6-2-4	25°

第六节　发动机冷却系统和润滑系统检测

发动机冷却系统的功能是使发动机在任何工况下都保持在适当的工作温度范围内。若冷却强度不足，发动机将会过热，工作过程恶化，零件强度降低，机油变质，零件磨损加剧；而过度冷却则会使散热损失增大，零件磨损加剧。发动机润滑系统的功能是在发动机工作时连续不断地把数量足够、温度适当的洁净机油输送到全部传动件的摩擦表面，并在摩擦表面间形成油膜，实现液体摩擦，从而减小摩擦阻力，降低功率消耗，减轻机件磨损。因而发动机冷却系统和润滑系统的技术状况对于发动机的动力性、燃油经济性和工作可靠性具有重要影响。

一、发动机冷却系统检测

发动机冷却系统检测主要包括冷却系统密封性检测、电动风扇及温控开关和节温器技术状况检测等。

1. 冷却系统密封性能检测

目前，汽车发动机普遍采用压力循环水冷系统。当长期使用后，由于其密封性变差，会导致冷却液渗漏。冷却液渗漏分为外部渗漏和内部渗漏：外部渗漏是指冷却液在密封不严处直接渗漏到发动机外部，常见的渗漏部位有冷却系统各软管接头、散热器及其盖阀、水泵及其密封垫等；内部渗漏是指冷却液通过冷却水道的裂纹或密封不严处直接渗漏到发动机内部油底壳或燃烧室，常见的渗漏部位有缸体、缸盖裂纹处，气缸垫密封等。当发动机冷却液过少而导致过热时，应检查冷却系统的密封性。

（1）直观检查

1）外漏的直观检查

①发动机停机时，直观检查冷却系统各部件有无冷却液渗漏的痕迹，主要查

找冷却系统各软管接头、散热器及其盖阀、水泵及其密封垫等。

②发动机以中等转速运转时，观察有无冷却液滴漏现象。此时，由于冷却液有一定的压力，更容易泄漏。而且大多数冷却液成黄色或绿色，所以发动机运转时，容易观察其是否外漏。

应特别注意散热器盖及其密封垫的检查，若其密封性差，则发动机工作时易使冷却液蒸发逸出或洒出。

2）内漏的直观检查

①发动机停机，拔出机油尺观察。若发动机机油成白色或有水泡，则说明冷却液内部渗漏严重。

②发动机运转时，若排气管的排气中有水雾，则说明冷却液有内部渗漏。

③发动机运转时，拆下散热器盖查看加液口，若有高温气体涌出或有大量气泡，则说明冷却液内部渗漏。

（2）压力试验　发动机不工作时，将发动机冷却系统压力试验仪装到散热器加液口上并保持密封，见图3-77。然后，用试验仪的手动泵向散热器内加压至50～100kPa，并由试验仪压力表观察压力变化情况。若压力表指针保持不动，表明冷却系统密封良好，无冷却液渗漏；若压力表指针缓慢回落，表明冷却系统密封不良，冷却液有轻微渗漏；若压力表指针迅速回落，表明冷却液严重渗漏。

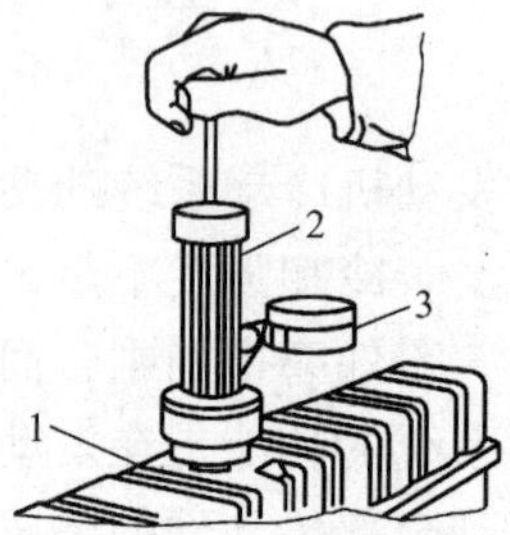

图3-77　冷却系统压力试验
1—散热器　2—冷却系统压力试验仪　3—压力表

当压力下降时，若没有任何外部渗漏，可以将发动机运转至正常工作温度后，再加压至48kPa，并使发动机怠速运转。若此时压力上升，则表明冷却系统有内部渗漏。

压力试验时，还可用冷却系统压力试验仪对散热器盖的蒸汽阀、空气阀开启压力进行检查，若散热器盖阀的开启压力不符合标准，则应更换散热器盖。

2. 电动风扇及温控开关检测

采用电动风扇的发动机冷却系统中，其冷却风扇的驱动电动机是由温控开关根据冷却液的温度控制的，一般有两档转速。冷却液温度高时，风扇转速快；冷却液温度低时，风扇转速慢，甚至停转。如桑塔纳轿车，冷却风扇电动机的通、断电转速变化，由装在散热器一侧的温控（热敏）开关控制。当冷却液温度高于93℃时，温控开关的低温触点闭合，风扇电动机以1600r/min低速转动；当冷却液温度升高到105℃时，温控开关的高温触点闭合，风扇电动机便以2400r/min高速转动。

（1）电动风扇高温不转的检查

①停机后用手转动风扇，若运转正常，说明无机械故障。

②若冷却液温度很高（100℃），但风扇不工作，应检查熔断器。若熔断器完好，则应停机检查温控开关和电动机的功能。

③直接连接温控开关插接器内的12V电源线和电动机接线，可判断温控开关及电动机的故障。若连接后风扇开始运转，说明电动机功能正常；若高温时，连接温控开关插接器后风扇仍不转，则说明温控开关损坏。

（2）温控开关功能的检测　温控开关的主要检测内容为电动风扇低、高速时的导通及断开温度是否符合要求。其检测方法（以桑塔纳轿车为例）：将电动风扇的温控（热敏）开关放入正在加热的水中，并用温度计测量水温变化，同时用万用表测量温控（热敏）开关导通及切断时的温度。第1档，当水温达到93～98℃时应导通，而当水温达到88～93℃时应断开；第2档，当水温达到105℃时导通，而当水温达到93～98℃时断开。否则，说明电动风扇的温控（热敏）开关有故障。

3. 节温器性能检测

节温器能随冷却液温度的高低，自动调节流经散热器的冷却液流量，从而使冷却液温度保持平衡。若节温器性能不佳或存在故障，则发动机冷却液温度可能过高或过低。节温器的常见故障：主阀门不能开启或开启和全开的温度过高，主阀门关闭不严。前者导致冷却液不能有效地进行大循环，使发动机过热；后者将造成发动机升温缓慢，使发动机工作温度过低。此外，随着节温器性能的逐渐衰退，主阀门的开度将逐渐减小，进而造成进入大循环的冷却液流量减少，发动机将逐渐过热。节温器性能的检测方法如下所述。

（1）就车检测法

1）在冷却液温度升高过程中检查。冷车时，使发动机运转并观察冷却液温度表的指示情况。若发动机工作时，冷却液温度很快升高，而当升至80～90℃后，即达到主阀门开启时刻的温度后，升温明显减慢，则说明节温器性能正常；若发动机工作时，温度上升很慢，长时间达不到正常工作温度，则说明节温器主阀门卡滞不能关闭，无小循环；若发动机工作时，温度一直上升，则说明节温器主阀门不能开启，无大循环。

2）在发动机高温时检查。若冷却系统冷却液的量满足要求，同时冷却液泵及散热器工作正常，但当发动机运转过热时，缸盖冷却液出口处与散热器冷却液进口处的温度相差很大，则表明冷却液不能进入大循环，节温器失效。

（2）拆下检测法　拆下节温器，并浸入可调温的热水容器中，测量节温器主阀门开启温度、全开温度及全开升程，以检验节温器的性能。不同型号的节温器所应满足的要求也有所不同，若节温器的性能不符合要求，则必须更换。如富康轿车发动机蜡式节温器，当冷却液温度低于89℃时，主阀门关闭，侧阀门打开；当冷却液温度为89℃时，主阀门开启，随着冷却液温度的提高，主阀门渐开，侧阀门渐关；当冷却液温度升到101℃时，主阀门全开，侧阀门全关。节温器主阀门全开时最大升程为8mm。

二、发动机润滑系统检测

摩擦阻力是发动机起动和运转时的主要内部阻力。改善润滑状况可减小发动机的机械损失，提高发动机输出的有效功率；同时，润滑状况不良时，发动机做相对运动的配合副磨损加剧，正常配合间隙被破坏，还易于产生发动机“拉缸”或“烧瓦”等破坏性故障。因此，发动机润滑系统的技术状况对于保障发动机正常工作，延长使用寿命是非常重要的。

发动机润滑系统主要由机油泵、机油滤清器、机油散热器和各种油阀构成。润滑系统检测的主要参数包括机油压力、机油消耗量和机油品质。这些参数既可表征润滑系统的技术状况，又可反映曲柄连杆机构有关配合副的技术状况。

1. 机油压力检测

为了给摩擦表面不断供给润滑油以使摩擦副保持可靠润滑，润滑系统的机油压力应高于某一最低压力。在低于最低允许压力时，由于润滑不良会使零件磨损加剧而早期损坏。在常用转速范围内，若发动机技术状况正常，汽油机的机油压力应为196 ~392kPa，柴油机应为294 ~588kPa。若中等转速下的机油压力低于147kPa，怠速时低于49kPa，则发动机应停止运转并检查润滑系统。

发动机润滑系统机油压力的高低首先取决于润滑系统的技术状况，如机油泵性能、限压阀的调整、机油通道和机油滤清器的阻力等；同时，机油压力还与机油品质和机油的温度、粘度有关。机油粘度低、温度高，则机油压力变小；反之，则油压升高。此外，机油压力还与曲轴主轴承、连杆轴承和凸轮轴轴承的间隙有关，轴承磨损后间隙增大时，轴承间隙处机油泄漏量增大而使机油压力下降。因此，机油压力也常常作为诊断相关轴承间隙的重要参数。若机油泵技术状况正常，则机油压力降低主要是由曲轴主轴颈和连杆轴颈磨损过大而引起。试验表明，曲轴主轴承间隙每增加0.01mm时，其机油压力大约降低0.01MPa。

润滑系统的机油压力值可在汽车仪表板上的机油压力表上显示出来，但由于机油压力表和油压传感器不能保证必要的测量精度，因此在定期检测时应采用专用检验油压表。检测时，首先拆下发动机润滑油道上的油压传感器，装上油压表；然后起动发动机使其在规定转速下运转，此时油压表上的指示值即为润滑系统的机油压力。表3-11为常见发动机润滑系统机油压力和测试转速。

2. 机油消耗量检测

机油消耗量的影响因素很多，润滑系统渗漏、空气压缩机工作不正常、机油规格选用不当、气缸活塞组磨损等都会影响机油消耗量。因此，机油消耗量除可反映发动机润滑系统技术状况外，还可据此判断发动机气缸活塞组的磨损情况。因为，在所用机油牌号正确且其他机构技术状况正常的情况下，气缸活塞组磨损过多、间隙增大、机油窜入燃烧室燃烧是机油消耗量增大的重要原因。

表 3-11　常见发动机润滑系统的机油压力、测试转速

厂牌车型		机油压力		主油道限压阀	
		转速/(r/min)	压力/kPa	安装位置	开启压力/kPa
上海桑塔纳	63kW	2000	180～200		
	66kW	2150			
北京	BJ1020	450～500 中速	≥49 196～392	气缸体右前方 主油道末端	294～392
	BJ2020				
	BJ2020A				
	BJ1040				
	BJ1040A				
	BJ1040S				
跃进 NJ1041		怠速	≥147	机油粗滤清器盖	340～390
		中速	200～400		
跃进 NJ1041A		怠速	≥49		
		1500	147～343		
东风 EQ1090		450～550	≥147		
		1200～1400	≥294		
东风 EQ1090E		热车怠速	≥98		
		其余工况	98～392		
解放 CA1090		怠速	≥98	气缸体左侧后部	392～441
		1400～3000	294～392		
黄河 JN1150/100		500～600	≥98	机油细滤器水平方向	392
		中速	294～392		
黄河 JN1150/106		500～600	≥98	机油细滤器垂直方向	392
		中速	294～392		

汽车正常使用时，发动机机油消耗量并不大。磨损小、工作正常的发动机，机油消耗量约为 0.1～0.5L/100km；发动机磨损严重时，可达 1L/100km 或更多。

测定机油消耗量时，只需把汽车行驶一定里程（1000～1500km）后机油的实际消耗量（L）换算为汽车每百公里的平均机油消耗量（L/100km）即可。常用的检测方法为油标尺测定法和质量测定法。

（1）油标尺测定法　测试前，汽车置于水平地面上，把发动机起动并预热到正常工作停机，将机油加至油底壳规定的液面高度，然后在油尺上清晰地划上刻线，以标记这一油面高度。当汽车投入实际运用，行驶若干里程后，停止运行，仍把汽车置于原地点，按原测试条件，向油底壳内加入已知量（质量或体积）的机油，使油面仍升至油尺上的原刻线位置。此时，所加机油的量即为汽车行驶相应里程所消耗机油的量，可将其折算为每100km的机油消耗量。

（2）质量测定法　预热发动机至正常温度，将汽车停在水平路面上。打开油底壳的放油螺塞，放出机油。至机油由流变成滴时，拧上油底壳的放油螺塞。然后，将已知质量的机油加入油底壳至规定的液面，使汽车投入实际运行。汽车行驶若干里程后，按同样的测试条件，放出油底壳内的在用机油，至机油由流变成滴时，拧上油底壳的放油螺塞，并称出其质量。加入与放出的机油质量之差即为汽车行驶已知里程的机油消耗量，可将其折算成每100km的机油消耗量。

3. 机油品质的变化

发动机工作过程中，润滑系统连续不断地把数量足够、温度适当的洁净机油输送到全部传动摩擦副的摩擦表面，并在摩擦表面间形成油膜，实现液体摩擦，从而减小摩擦阻力、降低功率消耗、减轻机件磨损，以达到提高发动机工作可靠性和耐久性的目的。

机油在润滑油道里循环流动过程中，由于杂质污染、燃油稀释、高温氧化、添加剂消耗或性能丧失等原因，其品质会逐渐变坏。在外观上，还表现为颜色变黑、粘度上升或下降。

引起机油污染的杂质主要来自摩擦表面的磨损微粒、外界尘埃以及积炭等；发动机工作不正常、不完全燃烧或缺火可使未燃燃油流入油底壳使机油受到稀释；发动机工作过程中产生的高温，特别是当发动机气缸活塞组磨损严重、间隙增大，在燃烧行程有高温、高压气体窜入曲轴箱时，会加剧机油氧化，生成氧化产物和氧化聚合物而使机油变质。机油中的清净分散剂是机油的一种重要添加剂，具有从发动机摩擦表面分散、移走磨损微粒、积炭等的能力，使之悬浮在机油中而不沉淀在摩擦表面，以减轻摩擦表面的磨损。由于机油在使用过程中清净分散剂的消耗及性能降低，也会逐渐失去其清净分散作用。

机油品质变坏会使发动机润滑变差、磨损加剧，甚至引发严重机械故障。因而，应加强对发动机机油品质的定期检测与分析，实行按质换油，以保证发动机良好润滑。更为重要的是，通过对机油品质的检测，可分析并监控发动机技术状况的变化。

机油品质检测的具体方法见本章第七节。

第七节　机油品质检测与分析

机油品质的变化不仅影响发动机润滑系统的润滑效果和技术状况，而且与发动机有关系统、机构的性能和技术状况密切相关。因此，检查并分析发动机润滑系统机油品质的变化，在监控发动机润滑系统技术状况的同时，还可以直接或间接反映发动机曲柄连杆机构和配气机构中有关摩擦副的技术状况，从而可以监控发动机技术状况的变化。

机油品质检测与分析的常用方法有机油不透光度分析法、介电常数分析法、滤纸油斑试验法、光谱分析法、铁谱分析法等。

一、机油不透光度分析法

润滑油在使用过程中会逐渐变黑。机油污染程度越大，变黑的程度也越大。因此，可通过测量一定厚度机油膜的不透光度来检测机油的污染程度。

机油不透光度分析仪的结构原理见图3-78。稳压电源保证光源和电桥电路的电压稳定；油池由两块玻璃构成，具有确定的间隙，以放入机油油样形成确定厚度的机油膜；电桥的一臂上装有光敏电阻，当电源发出的光线透过油膜照射到光敏电阻上时，作为一个桥臂的光敏电阻值发生相应变化。

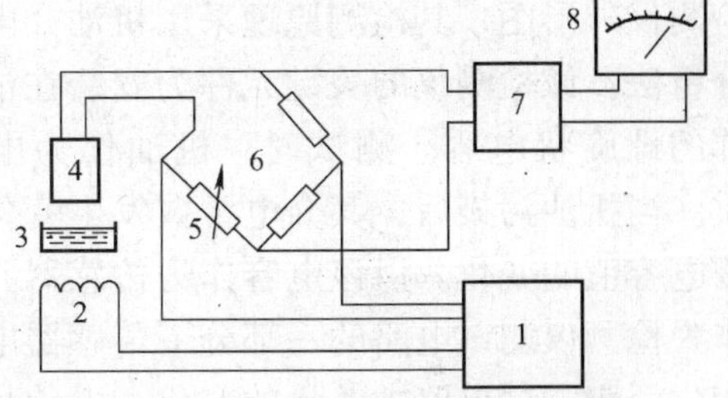

图3-78　机油不透光度分析仪结构原理
1—稳压电源　2—光源　3—油池　4—光敏电阻　5—可调电阻　6—电桥　7—直流放大器　8—透光度计

测定机油污染程度时，首先在油池内放入所测机油的标准油样（清洁机油），调整参比可调电阻使电桥平衡，此时透光度计指示为零；然后把发动机刚停车后曲轴箱油尺上的机油作为测试油样滴入油池。由于测试油样已受到污染，油池内测试油样油膜与标准油样油膜的透光度有差异，光源照到光敏电阻上的光线强度也有差异，从而引起光敏电阻阻值的变化，电桥失去平衡。测试油样污染程度越大，电桥不平衡程度越大，电桥输出的电流越强，透光度计指针偏转越大，从而就反映出了机油的污染程度。

二、介电常数分析法

1. 介电常数分析法的基本原理

电容值除与两极板间的面积和极板间的距离有关外，还与极板间充填的物质有关。对于一个已经确定了极板面积和距离的电容，极板间充填物质对于电容值的影响可用一个系数反映，称为介电常数。即

$$C = \varepsilon S/\delta$$

式中　C——电容（F）；

S——极板间相互覆盖的面积（m^2）；

δ——极板间距离（m）；

ε——介电常数。

物质的介电常数（亦称电容率）是同一电容器中用某一物质作为电介质时的电容与其中为真空时电容的比值。清洁机油不含有杂质时有较为稳定的介电常数；在汽车使用过程中，由于机油的污染程度不同，机油中所含杂质成分和数量不同，其介电常数也会发生变化。因此，介电常数值可反映润滑油的污染程度。被测机油的介电常数与清洁机油介电常数的差别越大，表明机油的污染程度越大。

2. 介电常数检测仪工作原理

图3-79是国产RZJ-2A型润滑油质量微机检测仪外形图，其检测原理采用机油介电常数分析法。该检测仪的关键元件为安装在油槽底部的螺旋状电容。测试时，机油作为电容介质。当机油污染后，其介电常数发生变化引起该电容值的变化。以该电容作为传感器并使其作为检测仪测试电路的一部分，传感器电容的变化引起测试电路中电量的变化，电信号通过专用数字电路转变为数字信号，送入微电脑处理并与参考信号比较。当数字显示屏显示值为零时，表明所测机油无污染；显示值不为零时，表明所测机油有污染；显示值越偏离零值，表明机油污染程度越大。用机油介电常数检测仪测试机油污染程度时，所推荐的换油标准：汽油机油的测试值>4.2～4.7，柴油机油的测试值>5.0～5.5。

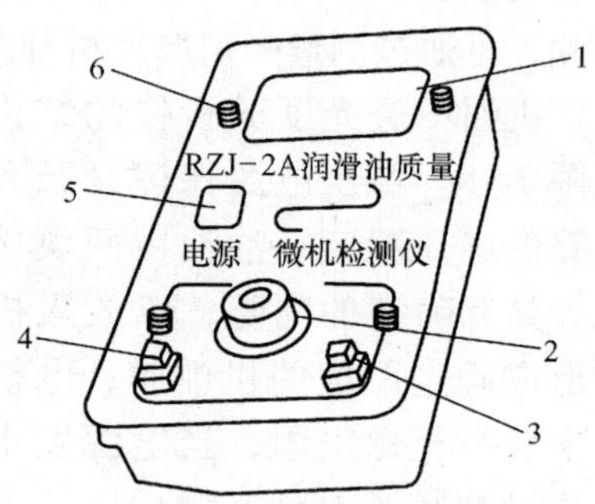

图3-79　RZJ-2A型润滑油质量微机检测仪

1—数字显示屏　2—机油传感器　3—清零按键　4—测量按键　5—电源开关　6—固定螺钉

3. 机油介电常数检测方法

用国产RZJ-2A型润滑油质量微机检测仪测试机油污染程度时，其操作步骤如下：

①用脱脂棉彻底清洁传感器油槽。

②将3～5滴与被测机油同牌号的清洁机油置于油箱中，使之充满油槽底部。

③等机油扩散完后，按清零按钮，仪器自动标定零位，显示±0.00。

④再次清洁传感器油槽。

⑤用3～5滴被测机油置于油槽中，等机油充分扩散后，按“测量”按钮即

可显示出测量值。被测机油的油样，应该在从发动机运转停止后5min内，工作温度正常（清洁机油油样也需加热到这一温度）的发动机油底壳内提取。

机油不透光度分析法与介电常数分析法的共同特点：仅能检测润滑油的污染程度，但不能反映机油清净分散剂的消耗程度及性能，也难以判断引起机油污染的杂质种类。

三、滤纸油斑试验法

滤纸油斑试验法利用现代电测方法快速测定机油的污染程度和清净分散剂的消耗程度及性能，但并不对机油中各种杂质的成分进行测定。

1. 滤纸油斑测试原理

实践证明，若把使用中的机油按规定要求滴在专用滤纸上，油滴逐渐向四周浸润扩散，最终形成中央有深色核心的颜色深浅不同的多圈环形油斑，见图3-80。若机油所含杂质的浓度和粒度不同及清净分散能力不同，所形成油斑的每一环形区域的颜色深浅亦有不同。

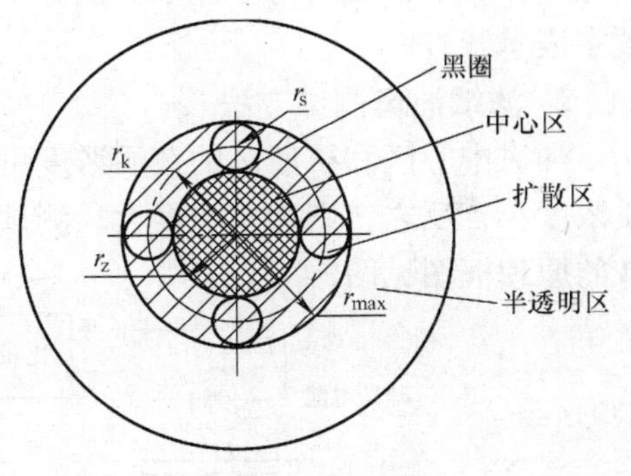

图3-80　油斑斑痕

如果机油中杂质粒度小，且清净分散能力良好，则杂质颗粒就会扩散到较远处，中心区与扩散区的杂质浓度及颜色深浅程度差别较小；若机油中杂质粒度大，且清净分散剂性能丧失，则机油中杂质就越来越集中于中心区，中心区与扩散区的杂质浓度和颜色深浅度的差别也就越大。因此，油斑上中心区杂质浓度反映机油的总污染程度，而中心区单位面积的杂质浓度与扩散区单位面积杂质浓度之差可反映机油中清净分散剂的清净分散能力。

为了实际测定机油油斑中心区杂质浓度及扩散区杂质浓度，必须控制油斑尺寸并确定油斑的尺寸规律。对实际油斑尺寸的统计分析表明，油滴在滤纸上扩散终了时，扩散区的最大半径 r_{max} 取决于滴棒的尺寸（直径）。所以，应使用统一规格的滴棒，并使滴棒尺寸保证油斑的尺寸等于光度计的感光内半径。

为了比较中心区杂质浓度和扩散区杂质浓度，根据试验确定中心区中心圆半径 r_z，一般应略小于中心区平均尺寸。同时在扩散区上确定四个均匀分布的半径为 r_s 的小圆，其圆心都在 $r_z \sim r_{max}$ 间同心圆半径为 r_k 的圆周上，四个小圆的面积之和等于中心圆的面积。即

$$\pi r_z^2 = 4\pi r_s^2$$

设中心区杂质平均浓度为 δ_1，扩散区杂质平均浓度为 δ_2。$\delta_1 = \delta_2$ 时，表明机油的清净分散性极好；而 $\delta_1 >> \delta_2$ 时，表示机油的清净分散能力不佳；$\delta_1 + \delta_2$ 则

反映总杂质浓度。

定义清净性系数 D_d 为

$$D_d = \frac{\delta_1 - \delta_2}{\delta_1 + \delta_2}$$

定义清净性质量系数 Δ 为

$$\Delta = 1 - D_d = \frac{2\delta_2}{\delta_1 + \delta_2}$$

当 $\delta_1 = \delta_2$ 时，$D_d = 0$、$\Delta = 1$，表示机油的清净分散性极好；而 $\delta_2 = 0$ 时，$D_d = 1$、0，表示机油的清净分散性极坏。因此，机油的清净分散性可用 0~1 间的数字表示。

2. 滤纸油斑测试方法

油斑中心区和扩散区的杂质浓度可用两区域的透光度评价。透光度大，则杂质浓度小；反之，则杂质浓度大。测试两区域透光度所采用的滤纸油斑检验光度计的原理框图见图 3-81。

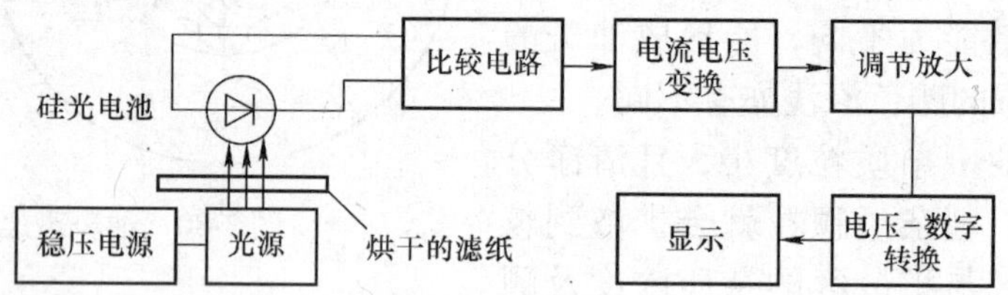

图 3-81 滤纸油斑检验光度计的原理框图

测试时，从发动机正常热工况下取出油样放入试管，用规定尺寸的滴棒（直径 2mm、长度 150mm 尖端光滑的金属棒）插入试管油面下一定深度，取出滴棒后，把第三滴油滴在专用滤纸上，形成油斑并置于烘干箱中保温以加速油滴扩散。待油滴扩散终了滤纸烘干后，把滤纸放在光度计测试平台上压紧，光电池制成的传感器正对油斑。传感器可装两种遮光片，一种具有直径为 r_z 的中心孔，另一种具有圆心在半径为 r_k 的圆周上、半径为 r_s 的均布小孔。使用中心孔半径为 r_z 的遮光片时，光源发出的光线通过中心区照在光电池上，光电池产生的电压经放大后在显示器上显示，从而测得中心区的透光度 O_1；采用四小孔遮光片时，光线通过扩散区上与中心区相同面积的区域照在光电池上，从而测得扩散区的透光度 O_2。若考虑滤纸的不均匀性，可分别测量试验前空白滤纸的透光度 O_{1p}、O_{2p}，然后采用下式计算出机油用透光度表达的清净性质量系数 Δ 和污染系数 O。

$$O_{1c} = O_1 + \Delta O_1 ; \Delta O_1 = (O_{1p} - 20)\frac{100 - O_1}{100 - 20}$$

$$O_{2c}=O_2+\Delta O_2;\Delta O_2=(O_{2p}-20)\frac{100-O_2}{100-20}$$

$$\Delta=\frac{2O_{2c}}{O_{1c}+O_{2c}}$$

$$O=\frac{(O_{1c}+O_{2c})}{200}$$

仪器标定时，光线完全通过，不透光度为 0；光线被完全阻挡时，不透光度为 100。这样，测出的 Δ 和 O 的值均在 0 ~ 1 之间。当中心区和扩散区的不透光度无差别时，$\Delta=1$，则测出的 Δ 值越大，表示机油的分散清净性越好；而污染系数 O 越小，表示机油的污染程度越小。

关于清净性质量系数 Δ 和污染系数 O 的诊断标准，则应通过试验确定。即利用大量达到换油污染程度的机油油样实际测定 Δ 和 O 的值，然后经统计分析合理确定其许用值，或者把滴定好的滤纸斑点图谱与标准滤纸斑点图谱对比分析，即可对在用机油品质作出判断。

3. 滤纸斑点分析

标准滤纸斑点图谱分 6 级。每级斑点图特征和分析、判断方法如下所述。

1 级：滤纸斑点图的核心区和扩散环，光亮无色或颜色很浅，无明显沉积环。

在用机油滤纸斑点图如属此类，说明是新机油或使用时间很短的机油，尚无污染，继续使用。

2 级：滤纸斑点图的沉积环与扩散环界限分明，扩散环很宽，油环明亮。

在用机油滤纸斑点图如属此类，说明机油使用时间不长，污染程度很轻，清净分散性良好，继续使用。

3 级：滤纸斑点图沉积环暗黑，扩散环较宽，油环明亮。

在用机油滤纸斑点图如属此类，说明机油使用时间较久，污染程度较重，但清净分散性尚好，继续使用。

4 级：滤纸斑点图沉积环深黑，扩散环开始缩小，油环浅黄。

在用机油滤纸斑点图如属此类，说明机油使用时间很长，污染严重，沉积物增多，清净分散性下降，尚可继续使用。

5 级：滤纸斑点图沉积环深黑，甚至呈油泥状，不易干，扩散环狭窄，油环扩大且呈黄色。

在用机油滤纸斑点图如属此类，说明机油的污染已很严重，清净分散性已很差，清净分散剂消耗将尽，不能继续使用，必须换用新油。

6 级：滤纸斑点图只剩极黑的沉积环与棕黄色油环，扩散环已完全消失。

在用机油滤纸斑点图如属此类，说明机油的污染已十分严重，污染杂质完全凝聚在沉积环内，清净分散剂耗尽，清净分散性消失，早就超过了换油期。

滤纸斑点分析法比较简单、快速，适合现场作业，并能给人以直观印象。但是，它只能粗略分析机油品质，无法实现精确的定量分析。

四、机油中金属杂质分析——光谱分析法

发动机工作时，循环工作的机油把摩擦表面的磨损微粒带至油底壳并悬浮在机油中，其含量与机件磨损量直接相关。因此，检测机油中金属微位的含量，不仅能表明机油被机械杂质污染的程度，还可用来确定机件磨损的程度；同时，机油中金属微粒含量的变化速度又可反映有关零件摩擦表面的磨损程度。

由于机油中金属微粒的含量很低且种类多，一般采用灵敏度高的光谱分析法测定机油中的金属微粒含量。

1. 光谱分析原理

机油中金属元素微粒具有受电能或热能激发后发出特征光谱的性质。光谱分析法是根据金属元素发射出的相应特征光谱光线的强度，对机油中金属元素的种类和含量进行定量分析的方法。特征光谱是分析机油中金属微粒种类的基础，而特征光谱光线的强度是确定相应金属微粒在机油中含量的依据。

图 3-82 为机油光谱测定分析仪原理图。测试时，被测油样放于油样糟中，回转石墨圆盘浸入油样，并作为高压激发源的一个电极，其外圆表面距高压激发源杆式电极位的距离为 1.5 ~2mm。当石墨电极回转时，机油不断地被带入到两电极之间，在激发源高电压（15000V）作用下，两电极间隙被击穿，产生电弧，使处于电极间电弧区的机油及其所含杂质一起焚烧，每种金属元素在焚烧中都发出具有一定特征光谱的光或辐射能。发射光谱由入口缝隙照射到凹面衍射光栅上，经光栅反射后把入射光线分解成具有不同特征光谱的单色光光线，对应于一种金属元素焚烧时发出的光谱。反射分解后的不同单色光线聚集于焦点曲线，经出口缝隙照在相应光电传感器上，传感器输出的电信号强度与具有相应特征光谱的光线强度有关，而不同特征光谱的光线强度取决于焚烧机油中相应金属元素的浓度。因此，传感器输出的电信号可反映机油中相应金属元素的浓度。光电传感器输出的电信号传输到信号积分仪、信号处理仪放大并处理后，可由打印机打印出油样中每种金属元素的浓度。

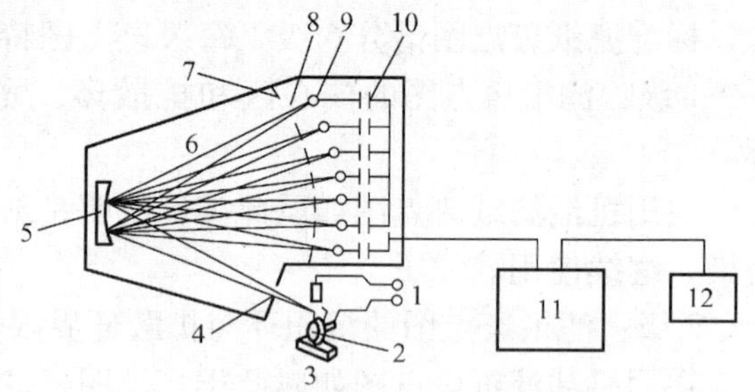

图 3-82　光谱测定分析仪原理图

1—高压激发源　2—回转石墨盘　3—油样池　4—入口隙缝　5—光栅　6—特征光谱　7—焦点曲线　8—出口缝隙　9—光电传感器　10—信号积分仪　11—信号处理仪　12—打印机

光谱分析法具有分析速度快、精度高、灵敏度高和操作简单等优点，但也具有仪器价格昂贵和所测金属微粒的粒度受限的缺点。通常只用于测定分析直径小于10μm的金属微粒。

2. 光谱分析测试方法

光谱分析的测试步骤如下：

①按使用说明书的要求对仪器预热、调零。

②发动机运转至正常热工况后停车。

③用专用注射器从机油加注口吸取100~150g油样，放入量筒中，并贴上标签，写明油样粘度、汽车车号和行驶里程等。

④测试前，反复摇晃油样或用超声波处理，使所含杂质在机油中均匀分布。然后，取6~8g机油油样放入油样池。

⑤按使用说明书的要求操作仪器，打印出测试结果。

3. 光谱分析测试结果分析

光谱分析仅能确定所测油样中金属元素的种类和含量，并不能反映金属微粒产生的原因、部位及有关摩擦表面的磨损程度。因此，必须对测试结果进行进一步分析。

试验表明，发动机气缸与活塞环配合副的磨损产物，约占机油中全部金属微粒的85%左右。机油中含铁量过高时，说明气缸与活塞环磨损严重；其次，当曲轴、凸轮轴的各轴颈和挺杆与凸轮配合副磨损时，也使机油中铁含量增加。若缸套镀铬或活塞环镀铬，则当机油中铬含量增加时，也可表明气缸、活塞环的磨损情况，但铬含量远比铁含量要小。

活塞磨损使机油中铝含量增加。

发动机曲轴和凸轮轴使用的滑动轴承多为锡基、铅基、铜基、铝基巴氏合金材料制造的。当机油中锡、铅、铜、铝等元素增多时，若可知发动机的轴承材料配方，即可判断滑动轴承的磨损情况。

机油中硅含量增多时，表明发动机空气滤清器和曲轴箱强制通风滤清器工作能力不良。

机油中某金属元素含量突然增大时，说明发动机内有关摩擦副异常磨损，应视为紧急情况进行处理。待排除故障后，发动机才能继续使用，以免引起破坏性故障或使发动机寿命急剧缩短。

定期用机油中金属微粒的含量评价发动机磨损速度和磨损程度非常有效，但该法对磨损程度的评价，只能表明摩擦表面磨损量的总值，而无法确知磨损量在具体部位的分布情况和磨损部位尺寸、形状及强度等方面的变化情况。

机油内金属含量的极限值只能在具体使用条件下通过统计分析的方法确定。

五、机油中金属杂质分析——铁谱分析法

1. 铁谱分析原理

铁谱分析用于机油分析的基本原理：用高强度磁场力把铁磁性金属微粒从机油中分离出来，按微粒尺寸大小顺次沉积在铁谱片（玻璃片）上，用铁谱显微镜或电子显微镜、光密度计、X 射线能谱仪或 X 射线波谱仪等，对金属微粒进行观察、测定和分析，以获得金属微粒的大小、外形、成分和含量，进而分析出金属微粒产生的原因、部位和机件磨损程度。因此，铁谱分析法不仅可测得机油被金属微粒污染的程度，而且也是发动机不解体诊断的重要方法之一。

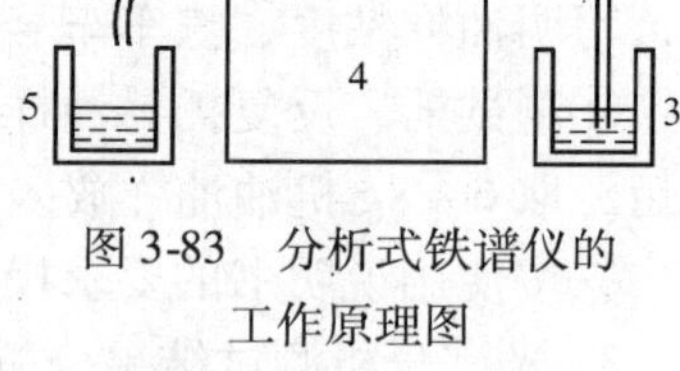

图 3-83　分析式铁谱仪的工作原理图

1—基片（玻璃片）　2—泵　3—油样池　4—磁铁　5—容器

2. 铁谱分析仪器

铁谱分析使用的仪器有分析式铁谱仪、直读式铁谱仪和旋转式铁谱仪等。

（1）分析式铁谱仪　国产 TPE-1 型分析式铁谱仪的工作原理见图 3-83。该仪器工作时，在泵的作用下，经过稀释的油样流过基片，在磁力作用下金属微粒沉积在基片上形成铁谱片，用双色光学显微镜或电子扫描显微镜观察铁谱片，确定金属微粒的成分和形态，并根据形态分析出摩擦面磨损类型。磨损类型有正常滑动磨损、切削磨损、滚动疲劳磨损、严重滑动磨损等。

（2）直读式铁谱仪　直读式铁谱仪（图 3-84）工作时，带金属微粒的油样从进入口流经玻璃管，在玻璃管下方磁场力作用下，铁磁性金属微粒便沉积在玻璃管内（图 3-85），机油从排出口排出。直读式铁谱仪的主要部件是光密度计。其两个光密度测头布置在玻璃管的大颗粒读数位置和小颗粒读数位置上。光源通过两个纤维光导通道照射玻璃管的大颗粒读数位置和小颗粒读数位置，由两个光密度测头测得光密度信号，经两个光电接收通道传输给光电检测器，然后由显示装置指示金属微粒的数量和大小。

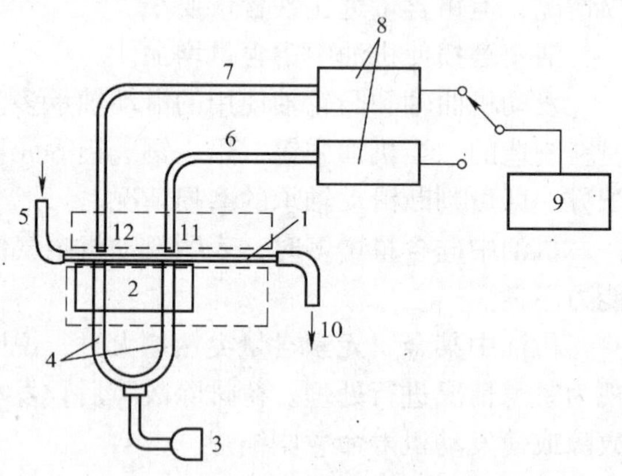

图 3-84　直读式铁谱仪的工作原理图

1—玻璃管　2—磁铁　3—光源　4—纤维光导通管　5—进入口　6—小微粒光电接收通道　7—大微粒光电接收通道　8—光电检测器　9—显示装置　10—排出口　11、12—光密度测头

国产直读式铁谱仪有 ZTP-1 型和 ZTP-2 型，后者为单板机控制。

分析式铁谱仪和直读式铁谱仪，对于污染严重的机油分析误差较大。原因是非金属污染物颗粒在倾斜不大的基片或玻璃管内因重力作用也有所沉积，各种颗粒混在一起造成了分析误差。旋转式铁谱仪可克服这一不足。

（3）旋转式铁谱仪　旋转式铁谱仪的工作原理见图 3-86a。仪器工作时，带有微粒的油样从输入管进入到基片中心，基片、环形磁铁在驱动轴带动下旋转。在离心力作用下，机油和杂质甩出基片由排出管流出。在离心力和磁场力共同作用下，铁磁性金属微粒按颗粒大小在基片上沿磁力线方向排列成环形铁谱片，见图 3-86b。由于排除了非金属污染物的影响，因而提高了分析精度。目前国内已研制开发了 KTP-1 型旋转式铁谱仪。

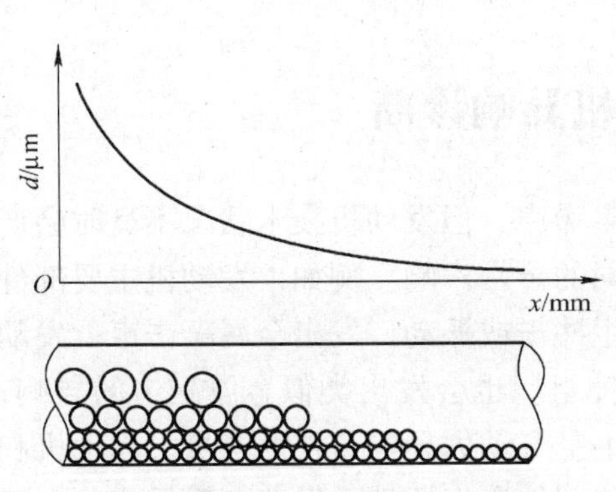

图 3-85　金属微粒在玻璃管内的沉积

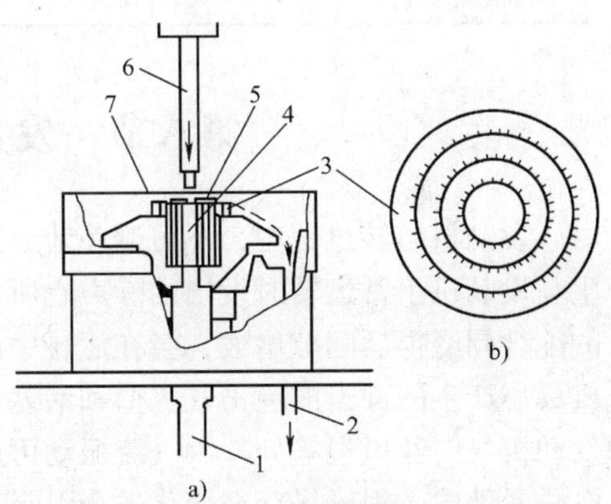

图 3-86　旋转式铁谱仪的工作原理图

a）原理图　b）环形铁谱片

1—驱动轴　2—排出管　3—基片　4—环形磁铁　5—油流　6—输入管　7—真空排出罩

铁谱分析仪的主要缺点是分析误差较大、速度慢，难以适应现场分析的要求。

六、机油中金属杂质分析——磁性探测分析法

发动机机油流经各摩擦部位，冲刷并带走各种金属微粒。如果在润滑系统安装磁性探测器，就可利用磁力捕获机油中悬浮的铁磁性金属微粒，再进行观察和测量，就可得知金属微粒的形状、尺寸和含量。根据含量可分析出金属微粒对机油的污染程度，根据形状、尺寸和含量可分析出金属微粒的来源和成因，并进而分析出摩擦面的磨损速度和磨损程度。

磁性探测器一般由壳体和磁性探头组成。壳体可长久安装在润滑系统中最容易获得金属微粒的部位，而固装在其内的探头的磁铁部分则必须暴露在循环着的机油中，磁性探测器的壳体应能保证磁性探头可方便地取出和装入，并保证当磁性探头取出时内部的单向阀自动关闭出油口，防止机油外漏。

上述机油分析方法对金属微粒粒度的灵敏度范围见表3-12。可以看出，光谱分析法主要适用于对较小微粒的分析，而旋转式铁谱仪分析法使用范围广泛，对各种尺寸的金属微粒都有较高的检测效率。

表3-12　各种油样分析法对粒度的灵敏度范围

油样分析方法	对粒度的灵敏度范围/μm	油样分析方法	对粒度的灵敏度范围/μm
光谱分析	小于0.1～9.0	旋转式铁谱仪分析	0.1～1000以上
一般铁谱分析	0.1～70	磁性探测器分析	9.0～1000以上

第八节　发动机异响诊断

发动机运转过程中，不可避免地会产生噪声，但发动机技术状况不良时会产生与发动机正常运转时发出的噪声有所不同的异常声响。例如，发动机主要部件的配合副磨损后间隙增大，会在运转中产生冲击或振动，发出金属敲击声；发动机爆燃产生的冲击波撞击气缸壁和活塞连杆组，也会发出类似金属敲击的异响；发动机气门及风扇等处，因气流振动可产生空气动力异响；在发电机、起动机和电磁元件内，因磁场交替变化，会引起某些部件产生振动而发出电磁异响。由于只有在主要部件的配合副磨损后间隙增大或有故障时，异响才会产生，因此若能将其正确判别出来，也就能反映相关部件的技术状况。另外，某些不正常的响声往往是发动机发生破坏故障的前兆；而且，发动机易于产生异响的各配合副，如气缸—活塞、曲柄连杆配合副等，在不解体条件下用其他方法很难直接诊断，所以发动机异响诊断就更引起人们的重视。深入研究发动机的各种异响，揭示异响与发动机技术状况的内在关系，开发适用于在汽车使用条件下诊断发动机异响的仪器，是汽车检测诊断技术的重要内容。

一、发动机异响的性质

发动机运转时的声音不是纯声，而是一组复杂噪声。依照噪声的来源可分为机械噪声、燃烧噪声、空气动力噪声和电磁噪声。发动机种类、转速和负荷不同时，占主导地位的噪声成分也不同。无负荷时，汽油机的主要噪声是机械噪声，而柴油机由于燃烧过程工作粗暴，主要噪声是燃烧噪声。各种噪声尽管来源不同，却都混杂在一起。发动机技术状况不正常时，所发出的异常声响与各种噪声叠加在一起，形成了连续声谱。

发动机工作过程是周期性循环的，因此发动机工作时发出的各种噪声和异响也是周期性重复出现的。

发动机工作时发出的各种噪声、异响在向外传播过程中，若遇到缸体、气缸盖、气门室罩、油底壳的阻挡，不可避免地会转化为这些部件外表面的振动。由于各种噪声混杂在一起，由此引起的表面振动也是交织在一起的。

二、发动机异响的特征

要分辨发动机工作时发出的声响是正常声响还是异常噪声，以及区分各类异响，确定发出异响的部位，需要对异响的特征进行研究。

1. 振动频率和振幅

振动物体发出的声音以波的形式向外传播，因此有波动频率和波动幅度两个要素，分别决定于声波振动的快慢和强度。这样，声波所导致的发动机外表面的振动也具有与声波的频率和振幅相对应的振动频率和振幅。

研究表明，发动机每种敲击响声即声源引起的振动并非单一振动，而是常常由一组频率不同的振动组成。但每种声响所引起的一组频率不同的振动之中也常含有一个或多个区别于其他声响的振动频率，称为信息频率或特征频率。信息频率取决于声源的物理特征。因此，对同类发动机而言，同一声源所导致的振动的信息频率是近似的。所以，可以根据信息频率判断发出异响的声源或异响部位。

当发动机相互运动配合副磨损后间隙增大时，配合副相互冲撞加剧，所产生声响的声强或声压增大，由之引起的发动机表面振动的振幅也增大。因此，振幅的大小可反映配合副的技术状况好坏。

2. 相位

发动机各缸按一定次序周期性工作，各缸燃烧后所产生的最高压力也以该次序产生。因此，尽管各缸同类部件发出异响的特征频率相同或类似，但出现的相位不同，各缸异响信号间也存在时间上的差异。同样，同一缸不同部位所产生的异响也存在相位上的差异，即出现于不同曲轴转角处。例如，气门响则是与进、排气时刻相对应。虽然许多部位发出的异响出现在做功行程，如活塞敲缸、活塞销响、连杆轴承响、曲轴轴承响，但由于作用力传递过程的时间差异，不同部位的异响也存在相位上的差异，即异响发生时刻所对应的曲轴转角不同。

三、影响发动机异响诊断的因素

1. 转速

发动机异响与转速有极大关系，如活塞敲缸、曲轴轴承响在比怠速稍高的转速下较明显；某型发动机在转速为1000r/min时，气门响、活塞销响较明显；而连杆轴承响在转速突变的情况下更突出。异响诊断应在异响最明显的转速下进行，并尽量在低转速下进行，以减轻不必要的噪声和损耗。

2. 温度

热膨胀系数较大的配合副所发出的异响与温度的关系很大。如活塞敲缸声在发动机冷起动时较为明显，而发动机工作温度升高后，敲缸声减弱或消失。所以，诊断活塞敲缸声时，应在冷车下进行。热膨胀系数小的配合副所发出的异响则与温度关系不大。发动机温度也是燃烧异响的影响因素之一。汽油发动机过热时往往产生点火敲击声（爆燃或表面点火）；柴油发动机温度过低时，往往产生点火敲击声（工作粗暴）。

3. 负荷

许多异响与发动机的负荷有关，如曲轴轴承响、连杆轴承响、活塞敲缸响等均随负荷增大而增强。但有的异响与负荷间的关系不明显，如气门响、凸轮轴轴承响和正时齿轮响。诊断在用汽车发动机异响时，常在变速器挂空档、发动机以规定转速运转的条件下进行。

4. 诊断部位

发动机发生异响的部位由发动机的结构确定，但异响的能量随离开声源的距离越远越弱，即声波的声强或声波在发动机外表面所引起的振动的振幅，随诊断点距声源的远近而变化。因此，为了准确测得异响信号或获得足够强的异响信号，异响诊断点应距声源越近越好。此外，测量点变化后所测得的振动信号的强弱变化，也有助于判断异响产生的部位。常见发动机异响的诊断点位置见图 3-87。

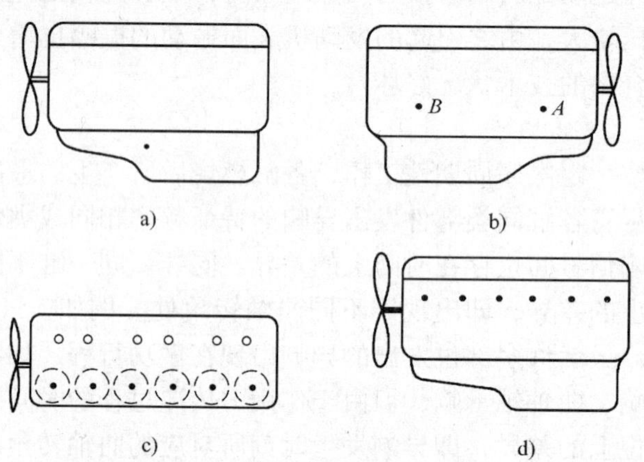

图 3-87　加速度传感器测点位置

a）曲轴主轴承响　b）连杆轴承响　c）活塞销响　d）活塞敲缸响

5. 润滑条件

此外，由于润滑油膜具有吸声作用，因而异响部位的润滑条件对所发出异响的强弱有很大影响。不论何种机械异响，当润滑条件不良时，一般都表现得较为明显。

东风 EQ6100 型发动机主要异响诊断的特征频率、转速、温度及诊断位置见表 3-13。

表 3-13　东风 EQ6100 型发动机异响诊断方法

异响种类	特征频率/Hz	转速/(r/min)	温度	诊断位置	辅助判断
曲轴轴承响	400	650	热车	缸体右侧下部，缸体主油道对应各轴瓦处(图 3-87a)	直接测量
连杆轴承响	400 或 800	800	热车 冷车	缸体右侧排气管中心根底处(图 3-87b)	断火对比或轻度急踩加速踏板
活塞销响	1200	1200	热车	缸体左侧偏离固定螺栓处(图 3-87c)	断火对比
活塞敲缸响	1200	900	冷车	缸体左侧火花塞孔下部相应缸体处(图 3-87d)	冷热车对比
气门响	2800	1200	热车	气门盖顶部对应位置	直接测量

四、发动机异响诊断仪的基本原理

发动机异响诊断仪的基本工作原理建立在以上关于异响特征研究的基础上。异响诊断常用仪器有两种类型：便携式异响诊断仪和带相位选择的示波器显示异响诊断仪。许多发动机综合性能分析仪具有发动机异响诊断的功能。

1. 便携式异响诊断仪

便携式异响诊断仪由传感器、前置放大器、双 T 型选频网络、功率放大器和显示仪表五部分组成，其方案框图见图 3-88。

异响诊断仪的传感器通常采用压电加速度计，其结构见图 3-89。传感器中由两片压电材料（如石英晶体或锆钛酸铅压电陶瓷）组成。压电材料片上置一铜制质量块，并用片簧对质量块预加负荷。整个组件装于金属壳内，壳体和中心引出端为二输出端。

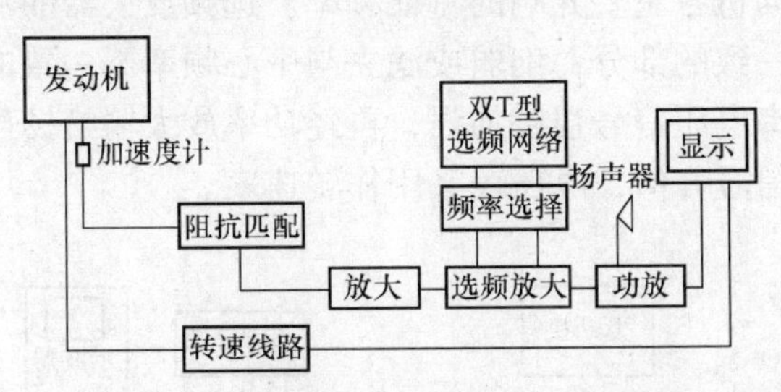

图 3-88　便携式异响诊断仪方案框图

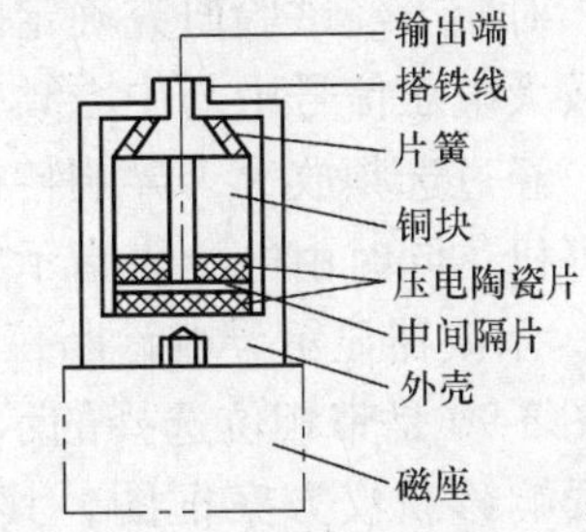

图 3-89　压电加速度计结构示意图

当压电材料受到外力作用时，不仅其几何尺寸发生变化，而且内部极化，表面上有电荷出现，形成电场；当外力去掉时，其又恢复到原来状态，这种现象称为压电效应。当加速度计受到振动时，质量块随之振动，同时会有一个因振动而产生的惯性力作用于压电材料片上，其惯性力 F(N) 的大小与振动加速度 α(m/s^2) 和质量块的质量 m(kg) 有关，即

$$F = m\alpha$$

作用于压电材料片上的惯性力使其表面产生电荷，所积聚的电荷量与惯性力成正比，即

$$q = DF$$

式中 q——电荷量（C）；

F——惯性力（N）；

D——压电常数（C/N）。

因此，

$$q = Dm\alpha$$

传感器结构一定时，D 和 m 均为常数，因此电荷量 q 与振动加速度 α 成正比。显然，对于振动加速度来说，其大小、方向是周期性变化的，因此电荷量 q 也是周期性变化的。这样，带电表面与壳体间就会出现周期性变化的电压，其变化频率取决于振动频率；振幅越大，振动加速度越大，压电材料表面产生的电荷量越大，输出电压越高。因此，输出电压信号的变化频率可表示振动频率，而电压高低反映振动幅度。若振动由异响引起，则电压值就可反映异响的强弱。

压电加速度计常制成两种类型：一是具有磁座，可将其吸附在发动机壳体上；二是制成手握式，通过与加速度计相连的探棒接触检测部位并传递振动。

为了诊断异响，必须把异响振动所产生的电压信号从各种不同噪声振动所产生的信号中分离出来。为此，压电加速度计输出的信号经屏蔽导线连接到有高输入阻抗的前置放大器输入端，再经差动放大器放大后输入双 T 型选频网络。该网络实质上是一组具有不同中心频率的选频放大器，而且中心频率可用琴键开关变换，对应于经试验研究确定的发动机各主要异响的特征频率。选频放大器的功能是放大电压信号中与中心频率相一致的部分，削弱或滤去与中心频率不一致的成分。经过选频放大，异响特征频率电压信号强度加强，再经功率放大输给扬声器或耳机，同时由电压表指示电压信号峰值，电压表又用作转速表。

2. 示波器显示异响诊断仪

图 3-90 是带相位选择的示波器显示异响诊断仪方案框图，其异响振动信号获取和处理的基本原理与上述类似。其特点是，可以在一定时刻通过相位选择允许信号通过诊断装置，该时刻对应于故障机件出

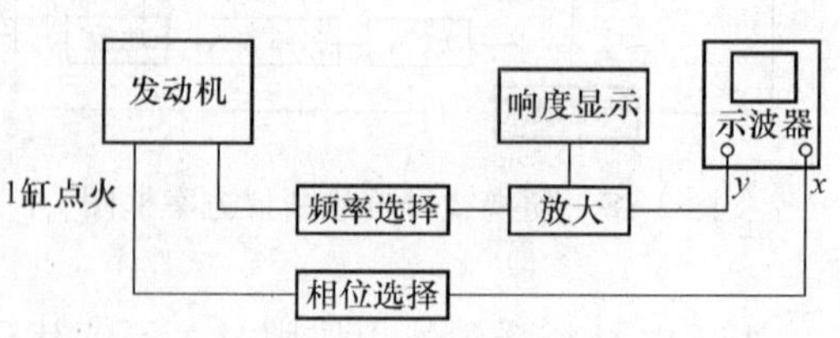

图 3-90 相位选择示波器异响诊断仪方案框图

现异响振动的时刻，即把异响振动与曲轴转角联系起来；同时，异响振动波形可在示波器上显示出来。

由于某缸配合机件的敲击振动总在该缸点火后发生，在某一时刻结束。因此，对于汽油机而言，可用转速传感器从1缸点火高压线上获得点火脉冲信号，用点火脉冲信号触发示波器的扫描装置。在开始点火的时刻，使经选频后的异响振动电压信号导通，且导通的相位和导通的时刻可以均匀调节。这样，相位选择装置使根据时间及相位上的差异分辨异响得以实现。通过选频的振动信号输送到示波器垂直偏转放大器的输入端，同时来自1缸高压线的点火脉冲信号触发相位选择器，以控制示波器的扫描装置，从而在示波器屏幕上显示出经过相、频选择的振动波形，可用于直接观察振动波形的振幅、相位和延续时间。

国产QFC-1型、QFC-4型、QFC-5型、WFJ-1型和EA2000型等发动机综合性能分析仪，均带有示波器，具有显示发动机异响振动波形的功能。

五、发动机异响诊断方法

1. 便携式异响诊断仪使用方法

利用便携式异响诊断仪诊断发动机异响的步骤和方法如下：

①从发动机走热过程开始，即把压电加速度计放在发动机缸盖上部气缸中心线位置（或用探棒顶在该位置），在怠速下用直放电路（不接通选频网络）诊断有无金属敲击异常声响。

②左右移动加速度计，观察仪表指示值有无明显增大的异常部位。

③在异常部位上，依次按下特征频率选择开关，观察在何种异响的特征频率下，仪表指示值显著增大。若诊断部位与中心频率对应的异响部位相对应，则可初步判断该异响由该特征频率所对应的部件引起。如果仪表读数较大，但诊断部位与中心频率所对应的异响部位不符，可上下移动加速度计，直至二者相符。

④在异响最为明显的转速、温度测试条件下，及在最有利的诊断位置上，仪表读数超过正常统计数据的位置即为异响振动声源。

2. 异响振动波形诊断方法

利用带相位选择的示波器或具有异响诊断功能的发动机综合性能分析仪，可通过异响振动波形对发动机异响进行诊断。在诊断异响振动波形前，应首先阅读所使用仪器的使用说明书，按说明书的要求进行操作。当使用发动机综合性能分析仪诊断异响振动波形时，其基本诊断步骤和方法如下：

①按仪器使用说明书的要求进行操作，安装转速传感器，并使仪器进入异响诊断状态。

②根据所诊断异响的零部件，选择操作码，其实质就是选取故障部件振动的中心频率。

③将振动传感器触在所诊断零部件异响最明显的振动部位，见图3-87。如活

塞敲缸响应触在气缸上部的两侧，主轴承响应触在油底壳中上部位置，连杆轴承响应触在发动机侧面靠近连杆轴承处，活塞销响应触在缸盖正对活塞处，气门响应触在进、排气门附近等。

④使发动机在响声最为明显的转速下运转，微抖加速踏板，观察示波器，若有明显的瞬间波形或波形幅度明显增大，说明存在相应的异响故障。诊断时可视需要配合以听诊、单缸断火、双缸同时断火等方法，以便准确诊断异响故障。

⑤若发动机确实有异响，但在所选择的操作码下诊断时，示波器显示的异响波形不明显，说明异响不是由所选操作码相对应的零部件产生。此时应重新选择操作码，并相应改变振动传感器的诊断部位，重新诊断异响波形。

⑥依次选择各有关零部件异响诊断操作码，按上述步骤诊断曲轴主轴承响、连杆轴承响、活塞销响和活塞敲缸响等异响故障。

六、发动机异响振动波形分析

因各种异响对应着不同的振动频率，同时振动中的振幅大小、变化过程存在差异，因此显示在示波器上的振动波形对应的凸轮轴转角和形状就会有所不同。

一般而言，在点火提前角正常的情况下，活塞销响的异响故障波形出现在整个波形的前部（或中部），活塞敲缸异响故障波形出现在整个波形的中部（或前部），连杆轴承响出现在中后部，曲轴轴承响出现在波形最后部。因各种异响对应着不同振动频率，同时振动中的振幅大小变化过程存在差异，因此显示在示波器上的振动波形所对应的凸轮轴转角和形状有所不同。图 3-91 为活塞销响、活塞敲缸、连杆轴承响和曲轴主轴承响的故障波形。

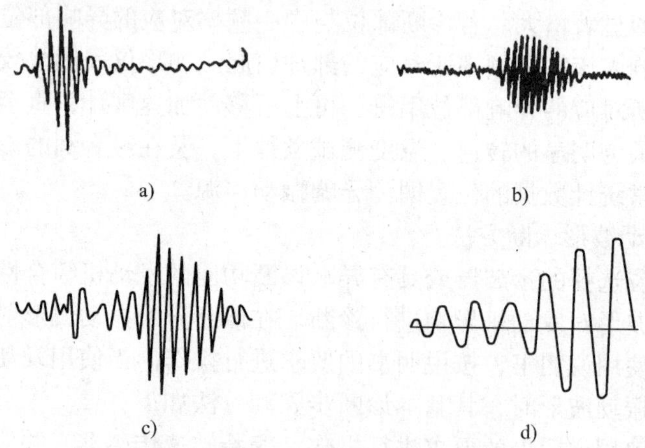

图 3-91　常见发动机异响故障波形

a）活塞销响　b）活塞敲缸　c）连杆轴承响　d）曲轴主轴承响

发动机异响是较复杂的物理现象，尽管已经开发出了较为先进的诊断仪器，但要准确地进行异响诊断，还需要在实践中不断观察、总结和比较各种异响振动波形，以积累丰富的异响诊断经验。

以上仅介绍了用异响示波器对发动机4种常见异响的诊断，实际上在对发动机各机构及底盘传动系各总成有关异响的频率、相位及波形进行深入研究的基础上，则发动机的其他异响，如气门响、凸轮轴轴承响、正时齿轮响、发电机响和点火敲击响（柴油机着火敲击响）等，以及底盘传动系统各总成的异响，如主传动齿轮异响、变速器齿轮异响等，均可以通过异响示波器进行诊断。

七、配气相位的动态检测

发动机进、排气门关闭时，气门与气门座碰撞，不可避免地发出机械声响，引起相应的机械振动。因此，异响检测的基本原理，亦可应用于发动机配气相位的动态检测。

1. 配气相位

发动机进、排气门开启和关闭的时刻，相对于活塞上、下止点时的曲轴转角称为配气相位。为使新鲜空气进气充足，废气排除干净，进、排气门都要相对于活塞到达上止点或下止点早开、迟闭，以充分利用气流的惯性，尽可能延长进、排气时间。图3-92为东风EQ1090E型汽车发动机配气相位图。其进气门在排气行程尚未结束，活塞到达上止点前20°打开；在压缩行程开始后56°曲轴转角关闭；排气门在作功行程下止点前38.5°打开，在排气行程上止点后20.5°关闭。

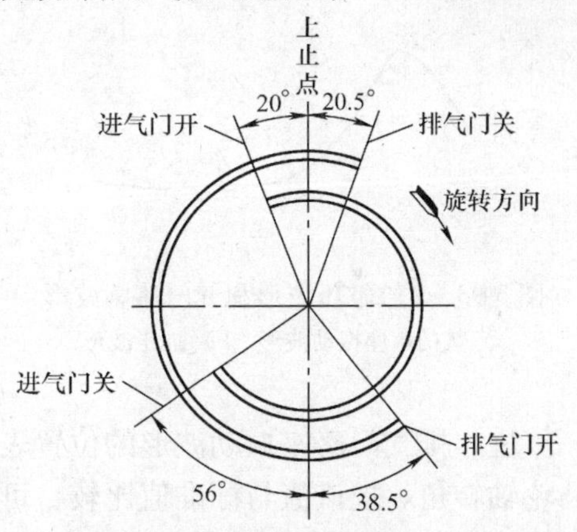

图3-92　东风EQ1090E型汽车发动机配气相位图

2. 配气相位动态检测的基本原理

进、排气门关闭时，与气门座碰撞也会发出声响，使机体产生相应振动。若采用压电加速度计检测出进、排气门关闭时产生的落座波形，同时用缸压传感器检测出活塞到达上止点的时刻，即可在发动机运转的状态下，动态检测发动机的配气相位。

发动机各缸处于压缩行程上止点时，各缸的进、排气门均处在关闭状态，因此相应缸进、排气门关闭时所产生的振动波形不会出现在该缸的并列波形上。对于六缸发动机而言，当1缸活塞到达压缩行程上止点（压缩压力最大）的前后，正好对应于5缸进气门和6缸排气门关闭，见图3-93。

因此，在按照点火顺序排列的并列波形上，1缸波形上的振动波反映5缸进气门和6缸排气门关闭相对于上止点的位置（凸轮轴转角）。

在六缸并列波上，各缸气门落座振动波形出现的位置见图3-94。以东风

EQ1090E 型汽车发动机为例，当 1 缸活塞处于压缩行程上止点时，1 缸进气门已在此前 124°（180° - 56°）曲轴转角处关闭。对于六缸发动机，4 缸活塞到达上止点比 1 缸活塞到达上止点提前 120°曲轴转角。因此，1 缸进气门关闭时正处于 4 缸压缩行程上止点前 4°曲轴转角，表现在并列波形上，则 1 缸进气门落座振动波形处于 4 缸波形上止点前 2°凸轮轴转角。同理，1 缸排气门已于 1 缸活塞到达上止点前 239. 5°时关闭，此时处于 6 缸活塞到达上止点后 20. 5°曲轴转角。所以，1 缸排气门落座振动波形出现于 6 缸波形上止点后 10. 25°凸轮轴转角。确定了 1 缸进、排气门落座振动波形出现的位置后，按发动机各缸工作顺序，不难确定其余气缸进、排气门落座振动波形出现的位置。

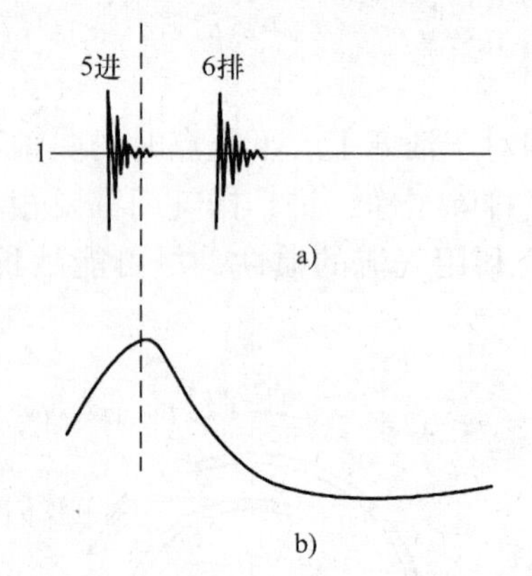

图 3-93　1 缸缸压波形和气门落座波形

a）气门落座振动波形　b）缸压波形

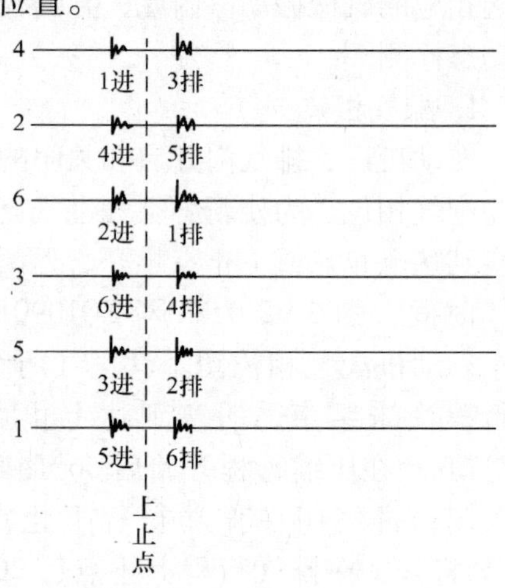

图 3-94　各缸气门落座振动波形及位置

进、排气门落座振动波形的位置表示了进、排气门关闭时，相对于上止点的凸轮轴转角。把该值与标准值比较，可判断进、排气门关闭时刻是否正确。但利用此方法还不能检测进、排气门的开启时刻，因此不能全面评价发动机的配气相位。

复 习 题

1. 气缸密封性变坏的主要原因是什么？评价气缸密封性的主要参数有哪些？
2. 如何利用气缸压力表检测气缸压缩压力？如何分析检测结果？
3. 利用起动电流或起动电压降检测气缸压缩压力的基本原理是什么？
4. 简述利用气缸漏气率检测气缸密封性的基本原理。
5. 简述利用进气管真空度检测气缸密封性的基本原理。
6. 发动机点火系统的功能是什么？常用点火系统的类型有哪些？各有什么特点？

7. 简述利用点火电压波形检测点火系统故障的基本原理。

8. 绘出点火系统的初级电压和次级电压波形，简要说明形成原因。

9. 点火波形上主要有哪些故障反映区？各区主要说明什么问题？

10. 用频闪法检测点火提前角的基本原理是什么？

11. 如何用缸压法检测点火提前角？

12. 如何检测喷油信号和燃油压力？

13. 如何检测汽油泵的泵油压力、密封性和泵油量？

14. 简述柴油机的燃油喷射过程。

15. 如何检测喷油压力波形？用压力波形检测喷油系统故障的基本原理是什么？

16. 绘出单缸标准波形和若干典型故障波形。

17. 如何用缸压法和频闪法检测供油正时？频闪法检测供油正时与检测点火提前角有何不同？

18. 引起机油压力和机油消耗量增多的原因是什么？引起机油污染的原因是什么？

19. 机油品质检测与分析的常用方法有哪几种？分别简述其基本原理。

20. 简述用光谱分析法检测机油中杂质的基本原理。

21. 简述用铁谱分析法和磁性探测器分析法检测机油中杂质的基本原理。

22. 发动机异响有哪些特征？如何利用这些特征检测发动机异响？

23. 影响异响诊断的因素有哪些？这些因素与发动机异响间存在什么关系？如何利用这些关系检测发动机的异响？

24. 简述异响诊断仪传感器的基本原理。

25. 简述发动机配气相位动态检测的基本原理。

第四章　汽车底盘技术状况的检测与诊断

汽车底盘由车架、车身、转向系统、传动系统、制动系统、行驶系统、照明和信号装置等组成，汽车底盘各系统、总成的技术状况决定着汽车行驶的操纵稳定性、安全性、传动效率和行驶阻力，还会影响汽车的动力性和燃油经济性。因此，底盘是汽车检测和诊断的重点之一。

汽车底盘的技术状况既可以通过道路试验检测和诊断，又可以采用室内台架试验检测和诊断。本章主要介绍汽车底盘常用诊断参数的台架试验方法。

第一节　汽车转向系统检测

转向系统是汽车底盘的重要组成部分，其技术状况的变化对汽车的操纵稳定性和高速行驶的安全性有直接影响，同时对转向车轮的行驶阻力有很大影响。

一、转向盘自由行程和转向力检测

转向盘性能好坏直接影响汽车的行车安全，其技术状况常用转向盘自由行程、转向角和转向力作为诊断参数进行检测诊断。

1. 转向盘自由行程及其检测

（1）转向盘自由行程　转向盘自由行程指汽车转向轮位于直线行驶状态时，转向盘可自由转动的转角。当转向盘自由行程过大时，说明从转向盘至转向轮运动传递链中的若干配合副因磨损过度而出现松旷现象。因此，转向盘自由行程为一综合诊断参数。

根据 GB 7258—2012《机动车运行安全技术条件》的规定，机动车转向盘的最大自由转动量不允许大于表 4-1 所列的限值。

表 4-1　机动车转向盘的最大自由转动量

车辆类型	设计车速不低于 100km/h 的机动车	三轮汽车	其他机动车
转向盘最大自由转角	15°	35°	25°

（2）转向盘自由行程的检测　简易转向盘自由行程检测仪由刻度盘和指针两部分组成。刻度盘通过磁座吸附在仪表板或转向柱管上，指针固定于转向盘外缘，亦可相反。检测转向盘自由行程时，汽车处于直线行驶位置，把转向盘转至空行程极端位置后，调整指针使之指向刻度盘零度。而后把转向盘转至另一侧极限位置，其自由行程即为指针所指刻度。

转向盘自由行程也可用转向参数测量仪（图 4-1）或转向测力仪检测。

2. 转向盘转向力及其检测

（1）转向盘转向力　操纵稳定性优良的汽车，应有适度的转向轻便性。转向沉重，则易使驾驶人疲劳或转向不正确、不及时而影响行车安全；太轻，则驾驶人路感太弱，方向漂移而不利于安全行车。

转向轻便性可用转向角和转向力作为参数诊断。可在动态或静态情况下，用转向参数测量仪或转向力测试仪等仪器，测得转向力和对应转角的大小。

检测转向轻便性时，一般可采用路试检测法和原地检测法两种方法测试转动转向盘的操纵力。根据 GB 7258—2012《机动车运行安全技术条件》的规定，机动车在平坦、硬实、干燥和清洁的水泥或沥青道路上行驶，以 10km/h 的速度 5s 之内沿螺旋线从直线行驶过渡到直径为 25m 的圆周行驶，施加于转向盘外缘的最大切向力应小于等于 245N。根据 GB 18565—2001《营运车辆综合性能要求和检验方法》，原地检测转向轻便性时，汽车转向轮置于轮角盘上，转动转向盘使转向轮达到原厂规定的最大转角，在全过程中用转向力测试仪测得的转动转向盘的操纵力不得大于 120N。

（2）转向力检测仪器和工作原理　图 4-1 所示为国产 ZC-2 型转向参数测量仪，该仪器由操纵盘、主机箱、连接叉和定位杆四部分组成，具有测试转向盘自由行程、转向角和转向力的功能。操纵盘实际上是一个附加转向盘，用螺栓固定于三爪底板上，底板与连接叉间装有力矩传感器，以测出转向时的操纵力矩；连接叉通过装在其上的长度可伸缩的活动卡爪与被测转向盘连接；主机箱固定在底板中央，内装力矩传感器、接口板、微机板、转角编码器、打印机和电池等；从底板下伸出的定位杆，通过磁座附在驾驶室内仪表板上，其内端与装在主机箱下部的光电装置连接。使用时，把转向参数测量仪对准被测转向盘中心，调整好三只伸缩爪的长度，使之与转向盘牢固连接后，转动操纵盘的转向力通过底板、力矩传感器、连接叉传递到被测转向盘上，使转向轮偏转实现汽车转向。此时，力矩传感器把转向力矩转变成电信号，定位杆内端所连接的光电装置将转向角的变化转化为电信号。传感信号输送至主机箱后，由装在其内的微机自动完成数据采集、转角编码、运算、分析、存储、显示并打印出所测结果。

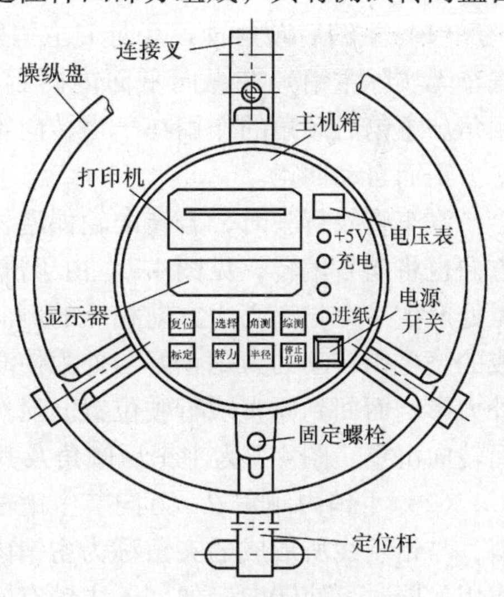

图 4-1　转向参数测量仪

转向盘转向力的大小受多种综合因素的影响。如果行驶系统技术状况良好，车轮定位、轮胎气压正常，而转向盘转向力过大，则说明转向系统存在故障。其故障可能是转向系统各部件装配过紧、配合间隙过小、调整不当、润滑不良、传动杆件变形等。

二、转向轮定位检测

为保证汽车的操纵稳定性和转向轻便性，转向轮定位必须满足设计要求。在汽车使用过程中，由于转向机构、车轴、车架的变形和磨损，转向轮定位会逐渐失准，汽车的操纵性能变差，易于产生行车事故；同时，转向轮定位失准还会使车轮滚动阻力增大，汽车动力性下降，运行油耗增多；另外，由此引起的轮胎异常磨损也降低了汽车的使用经济性。因此，要对使用中的汽车适时地进行转向轮定位的检测，并根据检测结果进行调整，以保证其使用性能。GB 7258—2012《机动车运行安全技术条件》规定，汽车的车轮定位应与该车型的技术要求一致。

1. 转向轮定位极其作用

转向轮定位是转向轮静态安装后形成的一组几何角度与尺寸数值。汽车设计时，转向车轮上设计有主销后倾角、主销内倾角、车轮外倾角和前束四个几何结构参数，统称为转向轮定位。

（1）主销后倾角 γ　万向节主销轴线或假想的主销轴线（某些独立悬架的汽车无实际主销）在纵向平面内向后倾斜，与铅垂线所形成的夹角称为主销后倾角。主销后倾角的作用在于当转向轮受外力影响偏离直线行驶方向时，形成稳定力矩而自动回正。

汽车直线行驶时，若转向轮偶遇外力作用而偏转，如向右偏转，汽车的行驶方向也将向右偏转，见图 4-2。由于汽车本身离心力的作用，在车轮与路面接触点处产生一个与离心力方向相反的侧向反力 Y。当主销后倾时，反力 Y 对车轮形成的绕主销转动的力矩正好与外力使车轮偏转的力矩方向相反，从而使车轮克服外力影响而回到原直线行驶位置。显然，若主销后倾角过大，将使回正力矩太大而转向沉重。图 4-2 为主销后倾角及其回正作用示意图。

（2）主销内倾角 β　万向节主销轴线或假想的主销轴线在横向平面内向内倾斜，与铅垂线所形成的夹角称为主销内倾角。主销内倾角亦有使车轮自动回正的作用，同时可使转向轻便。若主销有一定内倾，则车轮在外力作用下偏离直线行驶方向时，转向轮连同转向轴和汽车前部将会被轻微抬起（图中画成转向 180°，若无地面约束，车轮下边缘将陷入地面以下），前轴重量对于较低位置所具有的重力势能产生使转向轮回到原直线行驶位置的效应，见图 4-3。此外，主销内倾还使主销轴线延长线与路面的交点到车轮中心平面的距离（称主销偏移距）减小，从而可减小转向时施加于转向盘上的力矩，使转向轻便，同时也减小了从转向轮传递到转向盘上的冲击力。

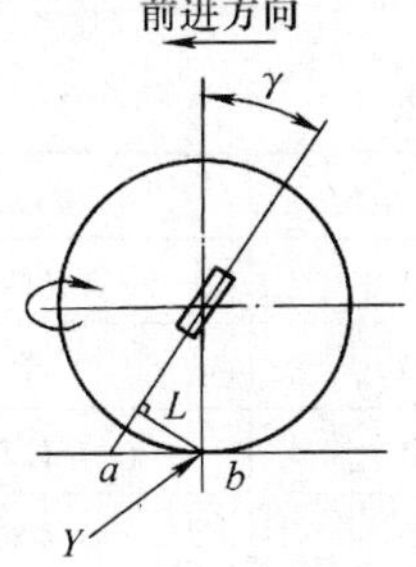

图 4-2 主销后倾角及其回正作用示意图

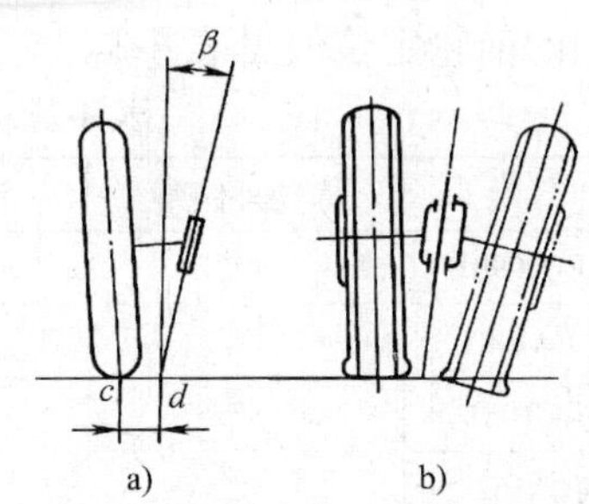

图 4-3 主销内倾角及作用示意图

a）主销内倾角 b）主销内倾角的作用

（3）转向轮外倾角 α 转向轮安装时并非垂直于路面，而是向外倾斜一个角度，车轮中心平面与铅垂线的夹角称为外倾角，见图 4-4。

转向轮外倾可使主销偏移距进一步减小，因而具有使转向轻便的作用；同时可使转向轮适应路面拱形，防止轮胎表面内外磨损不匀；此外，还能防止车桥承受载荷变形时出现车轮内倾，减小轴端小轴承及轮毂紧固螺母的负荷，以延长其使用寿命。

（4）前束 转向轴上两转向轮并非平行安装的，其两轮前边缘距离 B 小于后边缘距离 A，$A-B$ 的值即为前束，见图 4-5。

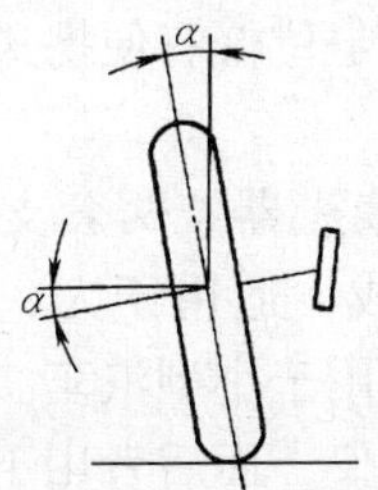

图 4-4 车轮外倾角示意图

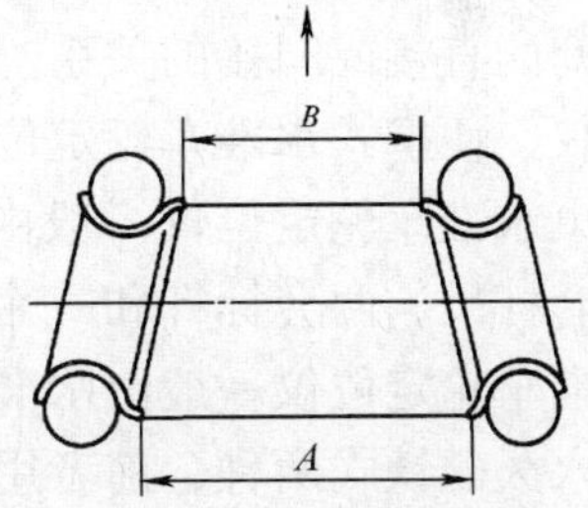

图 4-5 转向轮前束

前束的作用：克服车轮外倾所带来的不利影响，防止汽车直线行驶时，转向轮在地面上出现边滚边滑现象，从而减小轮胎磨损和滚动阻力。

保持正确的转向轮定位，对于保证汽车行驶稳定性和操纵轻便性非常重要。主销后倾角或内倾角过大时，汽车转向沉重；过小时，则转向轮不能自动回正，汽车直行时易发生偏摆现象而难以掌握，同时会造成轮胎胎面的不规则磨损。转向轮外倾角过大或过小，将造成轮胎外胎肩或内胎肩磨损加剧。前束过大或过小，均会引起转向轮轮胎的不正常磨损，并难以驾驶。前束过大时，外侧磨损严重；过小时，则内侧磨损严重。无论前束过大或过小，均会使方向飘浮不定。部分车型的前轮定位值见表4-2。

表4-2 部分车型的前轮定位值

车 型	车轮外倾角	主销内倾角	主销后倾角	前束/mm
东风 EQ1090E	1°	6°	2°30′	1~5
解放 CA1091	1°	8°	1°30′	2~6
跃进 NJ1061	1°	8°	2°30′	1.5~3
黄河 JN162	1°	5°	2°	0~4
上海桑塔纳	-30′±20′	14.2°	30′	-3~-1
奥迪100	-30′±30′	14.2°	1.16°	0.5~1
北京切诺基	0°±0.5°	—	—	-0.79~+0.79
夏利 TJ7100	0°20′±1°	12°±30′	2°55′±1°	1
一汽富康	0°	10°40′	1°30′	0~2
一汽捷达	-30′±20′	14°	1°30′±30′	
CA6440	0.5°	9°	1°	0~2

2. 转向轮定位仪的构成

转向轮定位的检测常采用静态检测法，即在汽车停驶情况下，用测量仪器对汽车转向轮定位的几何参数进行测量，其检测的基本依据是转向轮旋转平面对各定位角间的直接或间接的关系。目前，常用的转向轮定位仪有便携式光束水准车轮定位仪、便携式水准车轮定位仪等。

光束水准车轮定位仪一般由一套水准仪、两套聚光器、两套支架、两套转盘、两套杆尺、两套标杆和一个制动踏板抵压器组成，适用于大、中、小型汽车；水准车轮定位仪一般由水准仪和转盘组成，仅适用于小型汽车。水准仪有插销式和永久磁铁式两种，前者用于光束水准车轮定位仪，而后者用于水准车轮定位仪。图4-6和图4-7分别为插销式和永久磁铁式水准仪。

支架为水准仪与轮辋间的连接装置，其结构见图4-8。支架总成配有内张式和外收式两种固定脚，可按轮辋的型式不同而选用。安装时，先将固定支架的两个固定脚卡在轮辋适当部位，再移动活动支架使其固定脚也卡在轮辋上，而后用活动支架的偏心卡紧机构将三个固定脚卡紧在轮辋上，使三个固定脚的定位端面贴紧在轮辋边缘上。松开调整支座弹性固定板的固定螺栓，使调整支座沿导轨滑动，并通过特制芯棒调整支座孔中心与车轮轴线重合后，拧紧固定螺栓。测量时，插销式水准仪的插销插入调整支座中心孔。磁铁式水准仪带有永久磁铁和定位针，可以对准万向节枢轴的中心孔，直接吸附在轮辋端面，因而省却了支架。

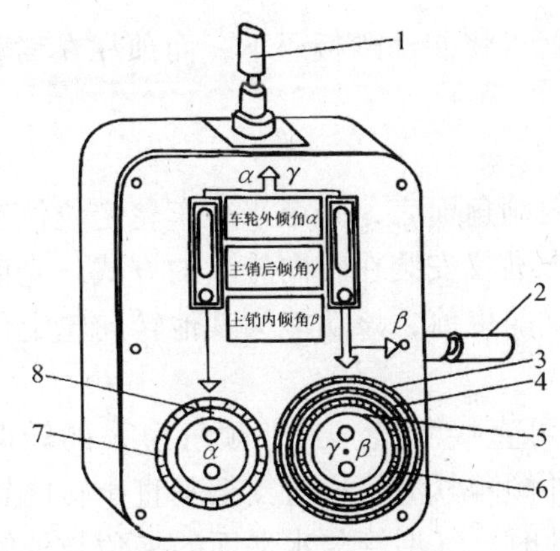

图 4-6 插销式水准仪

1—测 α、γ 插销 2—测 β 插销 3—测 γ 刻度盘 4—测左轮 β 刻度盘 5—测 γ、β 表盘指针 6—测右轮 β 刻度盘 7—测 α 刻度盘 8—测 α 表盘指针

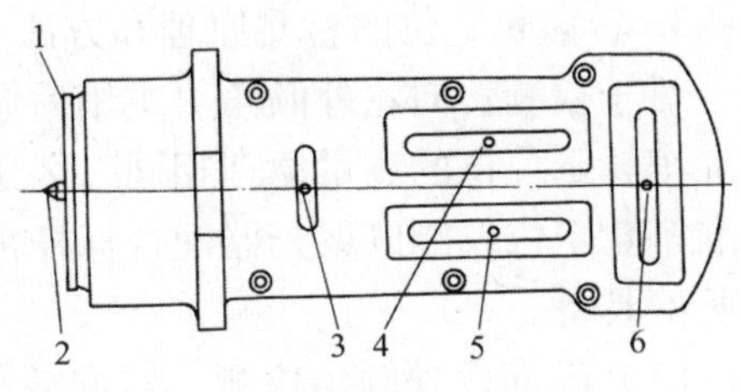

图 4-7 永久磁铁式水准仪

1—永久磁铁 2—定位针 3—水平校正水泡管 4—后倾角测量水泡管 5—外倾角测量水泡管 6—内倾角测量水泡管

转盘又称转角仪（图 4-9），一般由固定盘、活动盘、扇形刻度尺、游标指针、锁止销和位于两盘之间的钢球构成。当汽车转向轮在转盘上转向时，可使之灵活偏转，并指示出转角大小。水准仪配合转盘可测量转向轮外倾角、主销内倾角和后倾角。转盘还可用于测量转向轮最大转角和左、右转车轮转角的关系。

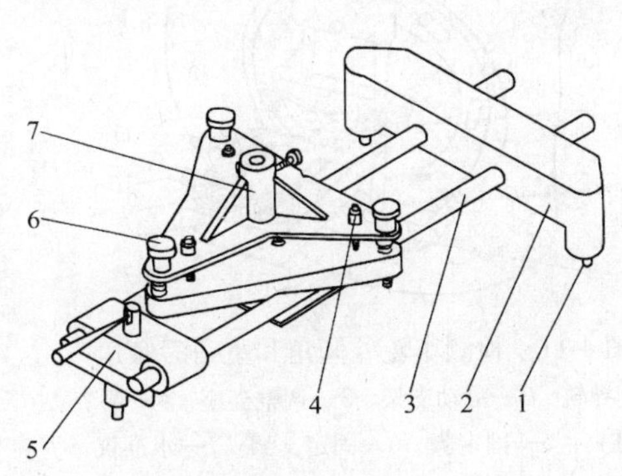

图 4-8 支架

1—支架固定角 2—固定支架 3—导轨 4—定位螺栓、螺母 5—活动支架 6—调节螺栓 7—调整支架

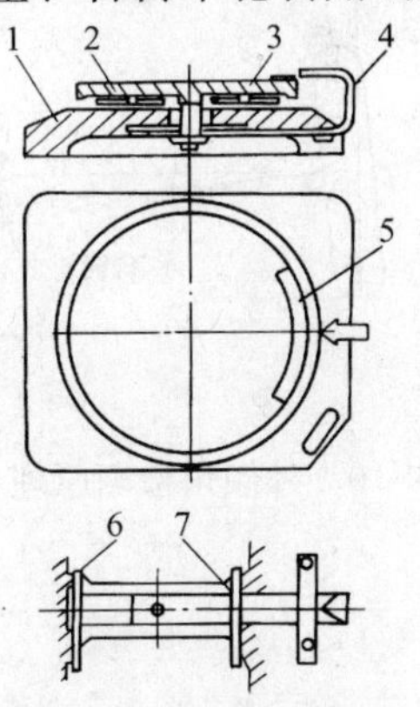

图 4-9 转盘的结构

1—固定盘 2—活动盘 3—钢球 4—指针 5—刻度尺 6—横向导轨 7—纵向导轨

聚光器上的定位销插入支架总成的支座孔中，可把聚光器固定于支架上，在标杆配合下可检测转向车轮的前束值。在转向轮定位的检测过程中，有时需踩下

制动踏板，使车轮处于制动状态。踏板抵压器可将制动踏板压下，而顶靠在驾驶座椅或其他支承物上，以节省人力。

3. 转向轮定位的检测原理和方法

对于检测转向轮外倾角、主销后倾角和内倾角而言，光束水准车轮定位仪和水准车轮定位仪的测量原理相同，区别是将水准仪安装在转向轮上的方式。光束水准车轮定位仪能以聚光器配合标杆精确测试前束值，该功能为其他转向轮定位仪所不具备。

（1）转向轮外倾角检测　转向轮外倾角可直接测量。当外倾角为 α 的转向轮处于直线行驶位置时，由于水准仪上的测外倾角气泡管通过支架垂直于转向轮旋转平面安装，因此亦与该旋转平面垂直。此时，气泡管与水平面的夹角与外倾角相等，气泡管中的水泡偏移向车轮一侧。把气泡管调回水平位置，气泡位移量或角度调节量即反映了外倾角 α 的大小。其检测原理见图 4-10。

测量时，将水准仪上的测 α、γ 插销插入支架座孔，并使水准仪在垂直于该插销的方向上近似水平，然后拧紧锁紧螺钉把水准仪固定于支架上，见图 4-11。此时水准仪气泡将偏离中间位置。调节“α”调节盘，直到水准仪气泡处于中间位置，其“α”调节盘上红线所示角度值即为该转向轮的外倾角。

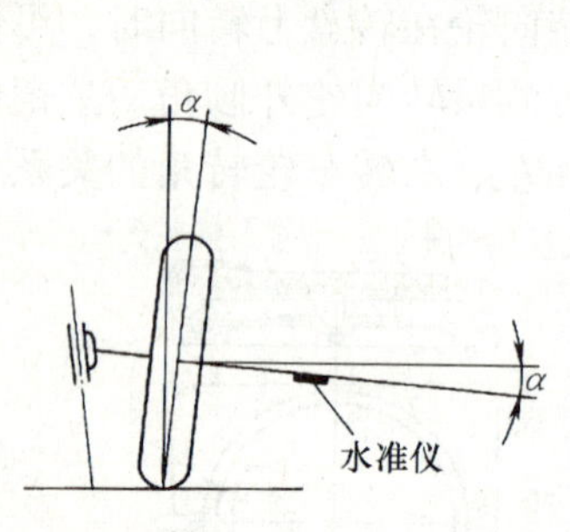

图 4-10　外倾角检测原理

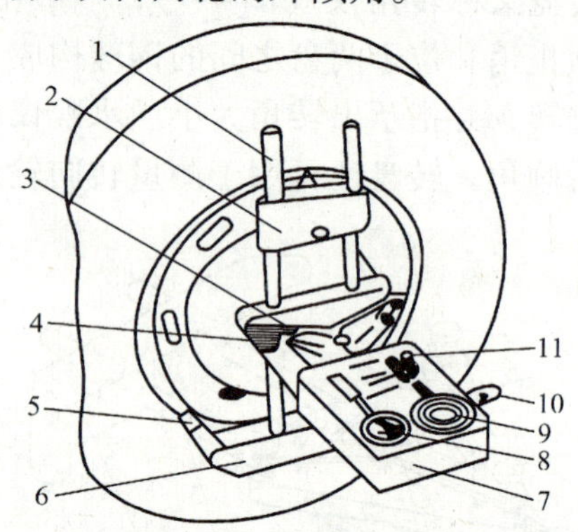

图 4-11　检测车轮外倾角和主销后倾角

1—导轨　2—活动支架　3—调整支座　4—调节螺钉　5—固定脚　6—固定支架　7—水准仪　8—测 γ、β 调节盘　9—测 α 调节盘　10—定位销　11—旋钮

（2）主销后倾角检测

1）主销后倾角检测原理

主销后倾角 γ 不能直接测量，而是利用转向轮绕主销转动一定角度时的几何关系间接测量。检测时，其水准仪的安装位置见图 4-11，通常先把转向轮向外转 20°，回正后再向内转 20°，由于主销后倾角的影响，万向节枢轴轴线与水平面

的夹角发生变化，该变化值即可间接反映主销后倾角的大小。

见图4-12，在三维坐标系 $OXYZ$ 中，OA 为主销中心线，位于 OYZ 平面内，OA 与 OZ 构成的夹角 γ 为主销后倾角；OC 为转向节枢轴，转向轮处于直线行驶状态时，OC 与 OX 轴重合。假定转向轮外倾角 α 和主销内倾角 β 均为零，则 OC 与 OA 垂直。此时若转向轮偏离直线行驶位置，转过某一角度 ϕ 时，OC 移至 OC'，OC 扫过的平面 OCC' 与水平面的夹角等于主销后倾角 γ。由于水准仪垂直于转向轮旋转平面安装，其上的水泡管始终与万向节枢轴轴线重合或平行。当 OC 移至 OC' 时，水泡管由 MN 移至 $M'N'$，OC 与水平面间形成的夹角为 ω，水泡管中的气泡偏离水平时的位置而向 M' 移动，位移量取决于 ω 角的大小。ω 角取决于前轮转向角 ϕ 和主销后倾角 γ，当 ϕ 取定值时（通常取20°），ω 与 γ 一一对应，而水泡管中气泡位移量与角 ω 一一对应。因而，通过对气泡位移量的标定即可反映 γ 角的大小。

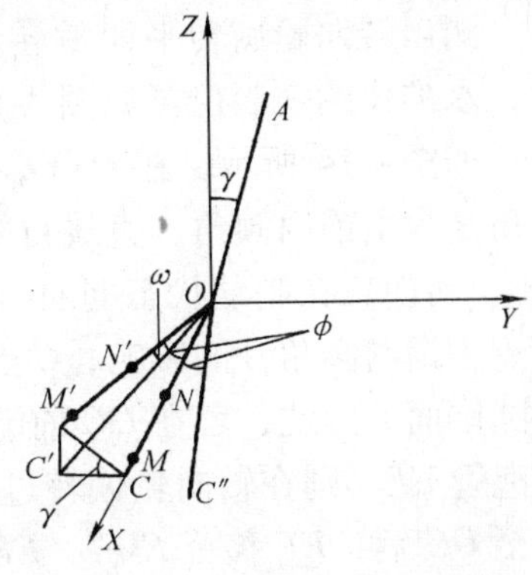

图4-12 主销后倾角测量原理

实际转向轮具有主销内倾角 β 和转向轮外倾角 α。为消除 β 对主销后倾角 γ 测试结果的影响，测量时先将转向轮向外旋转 ϕ 角，把水泡管调至水平位置，然后向相反方向回转 2ϕ 的角度。因为当万向节枢轴 OC 从直线行驶时的位置分别向外和向内转动相同角度时，主销内倾角 β 对主销后倾角 γ 测量结果的影响相等，方向相反，因而互相抵消。同时，转动 2ϕ 角度时，气泡位移量也增大一倍，因而可使仪器的测试灵敏度和精度提高。转向轮外倾角对主销后倾角测试结果的影响不大，因而可忽略不计。

2）主销后倾角检测方法 主销后倾角 γ 的测量步骤如下：

①把汽车转向轮置于转盘上，使车轮处于直线行驶方向，并使转向轮主销轴线的延长线通过转盘中心，拉紧驻车制动，取下转盘销。

②把测"α、γ"插销插入支架座孔，使车轮外转20°，松开锁紧螺钉，使水准仪在垂直于"α、γ"插销的方向上处于水平状态后拧紧。

③转动"α、β"调节盘，使其指示红线与蓝、红、黄刻度盘零线重合。

④调整气泡管调节旋钮，使其中的气泡处于中间位置。

⑤使转向轮向内旋转40°，调节"α、β"调节盘，使水准气泡回到中间位置，指示红线所指蓝盘上读数即为主销后销角 γ 的测量结果。

（3）主销内倾角检测

1）主销内倾角检测原理。主销内倾角 β 是通过测量转向轮绕主销转动过程中转动平面的角位移而间接检测的。为此，应首先使车轮处于制动状态而不能绕万向节枢轴自由转动。此时，若使转向轮在转盘上偏转一定角度 ϕ，转向节和转向轮旋转平面会绕转向节枢轴轴线偏转一定角度。该角度的大小除取决于转向轮偏转角度 ϕ 外，还与主销内倾角 β 的大小有关。因此，在限定 ϕ 角大小的前提下，测出转向轮旋转平面偏转角的大小，即可反映主销内倾角 β 的大小。检测时，水准仪的安装位置如图 4-13 所示。

如图 4-14 所示，在 $OXYZ$ 坐标系中，主销 OA 在 OYZ 平面内，OA 与 OZ 的夹角 β 为主销内倾角。直线行驶位置时，万向节枢轴 OC 与主销 OA 的夹角为 $90° \pm\beta$。转向轮在制动状态向右（或向左）偏转 ϕ 角时，OC 移至 OC'（或 OC''）。由于主销内倾角 β 的影响，C 点的轨迹 CC'（或 CC''）为圆弧，OCC'（或 OCC''）为圆锥面。因此，若在 OC 前端放置一平行于水平线且垂直于转向节枢轴 OC 的气泡管 EF，则在转向轮偏转过程中，气泡管 EF 将绕转向节枢轴轴线转动。OC 移至 OC'后，EF 移至 $E'F'$，EF 与 $E'F'$间形成的夹角为 θ，角 θ 取决于转向轮转角 ϕ 和主销内倾角 β。若使 ϕ 角为一定值，则 θ 角和 β 角成一一对应关系。由于 θ 角的影响而导致了气泡管 EF 中气泡的位移，因此通过对气泡位移量的标定即可反映 β 角的大小。

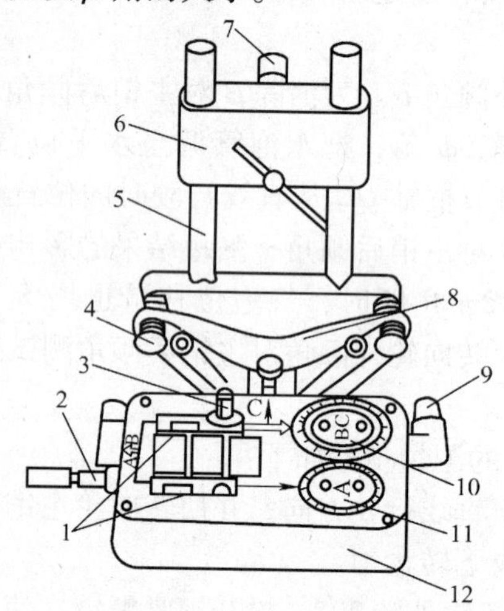

图 4-13　检测主销内倾角

1—水泡管　2—定位销　3—旋钮　4—调整螺钉　5—导轨　6—活动支架　7、9—固定脚　8—调整支座　10—测 γ、β 调节盘　11—测 α 调节盘　12—水准仪

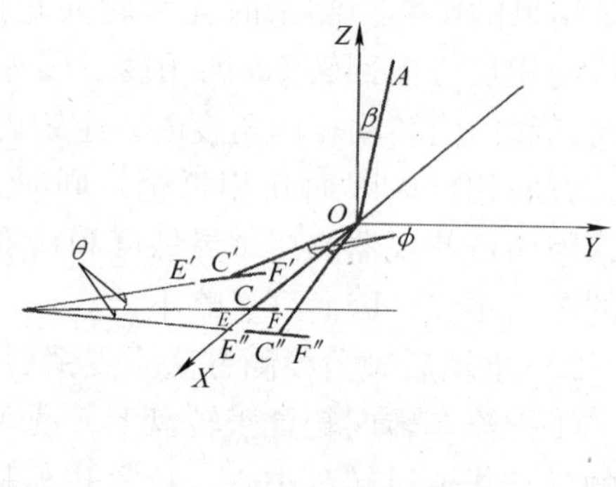

图 4-14　主销内倾角测量原理

检测主销内倾角 β 时，一般先把转向轮左转 ϕ 角（通常为 20°），使转向节枢轴 OC 转至 OC''，调节气泡管与水平平面平行；再把转向轮右转 2ϕ 角，转向节枢转转至 OC'，气泡管 EF 则转过了 2θ 角，气泡位移量增大一倍。这不但可使

检测灵敏度和读数精度提高，而且可消除主销后倾角γ对主销内倾角β的检测值的影响。

2）主销内倾角的检测方法。主销内倾角β的测量步骤如下：

①把转向轮置于转盘上，取下转盘销。

②用制动踏板抵压器压下制动踏板。

③把水准仪的β销插入支架座孔中并紧固。

④使转向轮向外旋转20°，松开锁紧螺钉并使水准仪在垂直于β插销的方向上处于水平状态，拧紧锁紧螺钉；然后，调节“α、β”调节盘使指示红线与蓝、红、黄刻度盘上的零线重合。

⑤使转向轮向内旋转40°后，调节“γ、β”调节盘使气泡回到中间位置。“γ、β”盘上指示红线在红刻度盘（测右转向轮）或黄刻度盘（测左转向轮）上所指示的数值，即为主销内倾角β的测量值。

（4）前束的检测　聚光器配合标杆可检测转向轮前束的大小。使用时，聚光器定位销轴插入支架座孔中，见图4-15。前束的检测步骤如下：

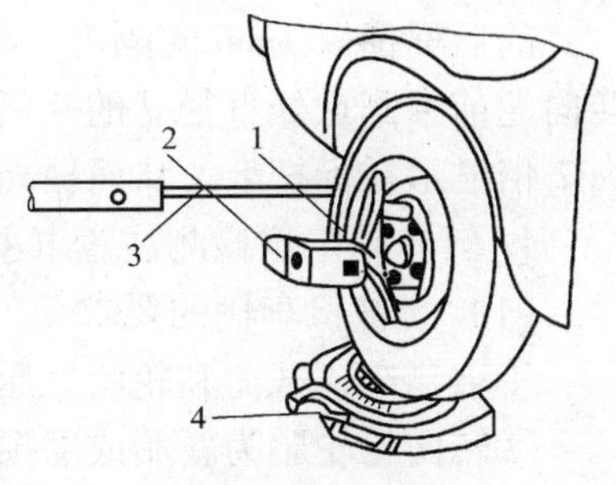

图4-15　检测前束

1—支架　2—聚光器　3—标杆　4—转盘

①把汽车转向轮置于转盘上，取下转盘锁止销，拉紧驻车制动手柄。

②在转向轮上安装支架，把聚光器固定于支架上。

③确定直线行驶位置。将聚光器光束水平投向后轮轴线、与后轴垂直且相对于汽车纵轴线对称放置的三脚架标尺上。调节焦距，在标尺上显现出带缺口的圆形图像（图4-16），若缺口两侧所指数值相等，则汽车处于直线行驶状态，否则应转动转向盘调整，见图4-17a。

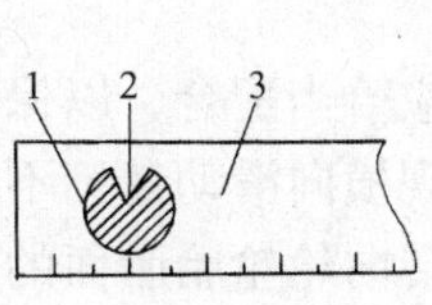

图4-16　光束在标尺上的投影

1— 光束　2—指针　3—标尺

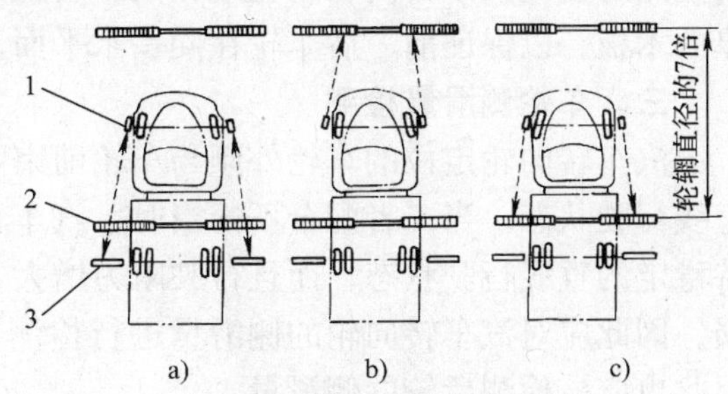

图4-17　前束测量

a）确定直线行驶位置　b）、c）前束测量

1—聚光器　2—标杆　3—标尺

④平衡顶起转向桥，使两转向轮离开转盘而能自由转动。

⑤将两套标杆平行于转向轮轴线放置于两侧，每一标杆距转向轮轴中心的距离为转向轮上规定前束测量点处半径的 7 倍。

汽车转向轮前束测量点的高度，一般等于转向轮轴线的离地高度；而前束测量点在转向轮上的径向位置依车型而定，各汽车制造厂的规定不完全一致。有的测量点在胎面中心处，有的测量点在胎侧突出处，而有的测量点在轮辋边缘处。各车型的前束规定值亦是指汽车转向轮在规定测量点处测量时所应达到的值。因此，检测前束时应查阅汽车使用说明书，确定其前束检测的规定位置。

⑥将一侧聚光器光束投向前标杆，并移动标杆使之指向一个整数。转动转向轮使光束投向后标杆，亦使之指向同一个整数。然后，使另一侧聚光器光束分别投向前、后标杆，并记录所指数字，后标杆数字与前标杆数字之差即为该车转向轮的前束值。

前后标杆以 7mm 间隔为一个尺寸刻度，每个刻度代表 1mm。两标杆间距为转向轮前束测点处直径 d 的 7 倍，且与转向轮中心的距离相等，所以前束值被放大 7 倍显示在标杆上，从而提高了测试精度。

4. 转向轮定位检测注意事项

（1）对被检车辆的要求

①被测车辆载荷和轮胎气压符合规定。

②转向轮轮胎为新胎或磨损均匀的半新胎。

③转向轮轮毂轴承、万向节与主销不应松旷，否则应先修理调整后再检测。

④制动器制动可靠。

（2）对检测场地的要求

①表面平整。

②为使车辆检测时处于水平位置，可将转盘放入预留坑中，左、右两转盘应调整到与被测汽车转向轮的轮距相同；转盘放在地面上时，可在后轮下垫 60mm 厚的木板，以保证前、后车轮在同一水平面上。

三、车轮侧滑量检测

汽车转向轮定位的车轮外倾与车轮前束两个参数应恰当配合，以保证稳定的直线行驶状态。当二者配合不恰当时，汽车转向轮出现横向滑动量，不仅不能保持稳定的直线行驶状态，而且行驶阻力增大，并加剧转向轮轮胎胎面的不正常磨损，因此应对汽车转向轮的侧滑量进行检测。某些汽车的后轮也有外倾和前束，因此也应该检测后轮的侧滑量。

1. 侧滑的产生

转向轮侧滑是转向轮定位失准的一种表现形式。

当前束值的大小与外倾角的大小不相适应时，转向轮就会产生侧滑。

显然，若转向轮仅有外倾，则在纯滚动时，车轮将向外运动，如果在转向轴约束下作直线运动，车轮与地面间必然会产生边滚边滑现象；另外，如果转向轮仅有前束，则车轮纯滚动时，将向内运动，若在车轴约束下作直线运动，车轮与地面间也会产生边滚边滑现象。只有使外倾的转向轮同时具有适当的前束值，才能使二者在运动学上产生的不良效应相互平衡，使汽车直线行驶时，转向轮作纯滚动而不产生边滚边滑现象，从而提高了汽车的操纵稳定性，并大大减小了轮胎磨损和行驶阻力。

侧滑量反映转向轮外倾与前束相互配合的综合结果。二者匹配情况理想时，侧滑量为零，汽车行驶时转向轮处于纯滚动状态。因此，轮胎磨损轻，行驶阻力小，转向轻便，操纵稳定性好。所以，通过检测和调整，使侧滑量在标准规定范围内是非常必要的。应明确说明的是，转向轮外倾和前束均合格时，侧滑量合格；反之，当侧滑量合格时，却不一定能保证外倾和前束都合格。

2. 侧滑量检测原理

目前，国内广泛采用滑板式侧滑试验台检测汽车转向轮的侧滑量，其基本原理：若转向轮外倾和前束配合不当，则汽车直线行驶时，转向轮将处于边滚边滑状态，轮胎与地面间由于滑动摩擦的存在而产生相互作用力。若使汽车驶过可以横向自由滑动的滑板，则该作用力将使滑板产生侧向滑动，侧滑量大小则反映了汽车转向轮外倾和前束的匹配情况，但并不能表示外倾和前束的具体数值。常用滑板式侧滑试验台有双板式和单板式两种类型。

（1）双滑板检测原理　车轮的侧滑量可利用双滑板装置进行测量。该装置的双滑动板互不连接，均通过滚动装置支撑并可在横向自由滑动，但在沿汽车行驶的纵向受约束不能移动。

若转向轮仅有前束而没有外倾角，则汽车直线行驶时，两转向轮具有向内收缩靠拢的趋势。假定将两个只有前束而没有外倾的转向轮用一根可自由伸缩的轴连接起来，则车轮向前直线滚动一段距离后，由于前束的作用，两只车轮将向里收拢，互相靠近。而实际上，汽车前轴是不可能缩短的，转向轮由于前轴的约束而保持直线行驶。此时，若使两转向轮驶过底部装有滚轮可自由滑动的滑板，意味着地面可以横向伸缩，则由于车轮轮胎与滑板之间的摩擦系数很大，足以避免车轮在滑板上横向滑移，因而两侧滑板则会在车轮与滑板间的相互作用力作用下使滑板反方向移动，即左、右滑板分别向外滑移，见图 4-18b。

通常，滑板向外滑动的数值记为正，而向内滑动的数值记为负，因此，前束可引起正侧滑。由前束引起的单个车轮的平均侧滑量 S_1 为

$$S_1 = \frac{L' - L}{2}$$

式中　L——滑板静态时两板外侧间距（mm）；

L′——滑板侧滑后两板外侧间距（mm）。

与上述情况相反，若转向轮只有外倾而没有前束，当通过滑板时，侧滑板将向内侧滑移，即转向轮外倾可引起负前束，见图 4-18a。由外倾引起的单个车轮的平均侧滑量 S_2 亦可由上式求出。

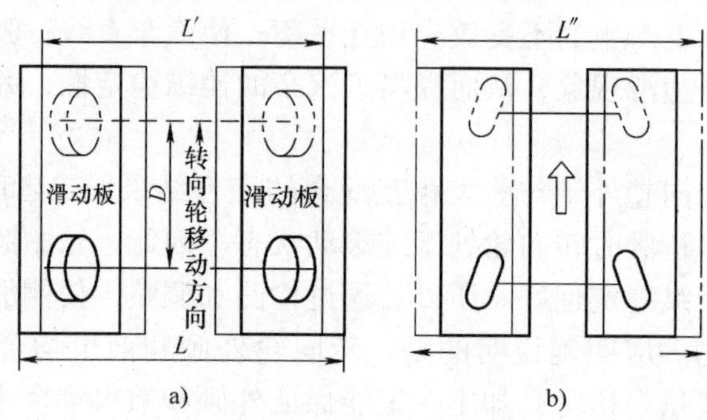

图 4-18　双滑板侧滑检测原理

a）外倾引起的侧滑　b）前束引起的侧滑

实际上，目前一般汽车转向轮同时存在着外倾与前束，因此，在两转向轮通过可以左右滑动的滑板时，其侧滑量 S 是前束和外倾两者的综合结果，即 $S=S_1-S_2$。只有在外倾与前束配合得当时，二者产生的侧向力相互抵消，才能保持车轮无侧滑，此时滑动板也无侧滑，即 $S=0$。若两者配合不当，则侧向力失去平衡，车轮将沿着较大侧向力的方向侧滑，从而产生侧滑量，此时 $S\neq0$。当 $S>0$ 时，两转向轮向外侧滑；当 $S<0$ 时，两轮向内侧滑。

（2）单滑板检测原理　单滑板侧滑试验台仅用一块滑板，见图 4-19。其单滑板通过滚动装置支撑并在横向可以自由滑动，但在沿汽车行驶的纵向受约束而不能移动。

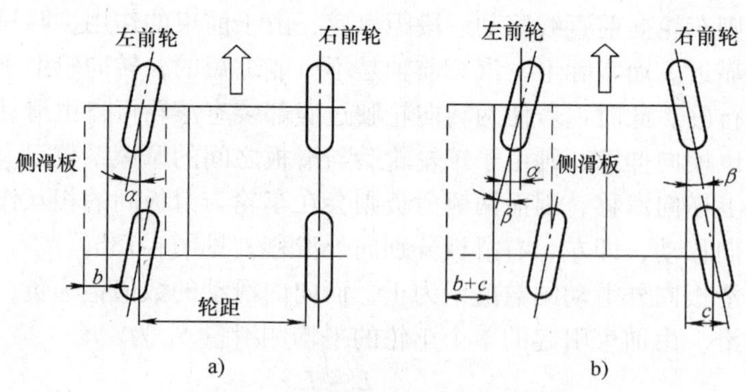

图 4-19　单滑板侧滑量检测原理

a）单轮引起的侧滑　b）双轮引起的侧滑

使汽车左转向轮从单滑板上通过，右转向轮从地面上行驶。若右转向轮正直行驶无侧滑，而左转向轮具有侧滑角 α 产生侧滑时，通过车轮与滑动板间的附着作用就会带动滑动板向左移动距离 b，见图 4-19a；而若右转向轮具有侧滑角 β，同样右转向轮相对左转向轮也会侧滑，从而引起滑动板向左移动的距离为 c，见图 4-19b。在左、右转向轮同时产生侧滑量 b 和 c 时，则滑动板的移动距离为两转向轮侧滑量之和，即 $S=b+c$。

因此，采用单滑板式侧滑试验台检测汽车的侧滑量时，虽然一侧车轮从滑动板上通过，但测量的结果并非是单轮的侧滑量，而是左、右转向轮侧滑量的综合反映。根据这一侧滑量可以计算出每一边车轮的侧滑量，即单转向轮的侧滑量为

$$S=\frac{b+c}{2}$$

3. 测滑试验台的构造

目前，国内采用的大多数侧滑试验台是双板联动式侧滑试验台。检测时，汽车两转向轮分别驶过左、右滑板，用测量滑板左、右位移量的方法检测汽车的侧滑量。

双板联动式侧滑试验台由试验台主体（或称检测装置）、测量装置指示装置和报警装置构成。

（1）试验台主体　试验台主体由框架、左右侧滑板、杠杆机构、回位装置、滚轮装置、导向装置、锁止装置和位移传感器等构成。图 4-20 为侧滑试验台主体示意图。

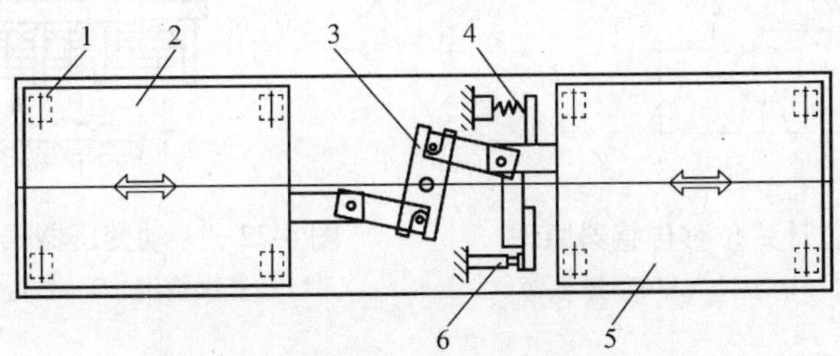

图 4-20　侧滑试验台主体示意图

1—滚轮　2—左滑板　3—连杆机构　4—复位弹簧　5—右滑板　6—位移传感器

侧滑试验台侧滑板的长度一般有 500mm、800mm 和 1000mm 三种。为增大轮胎与滑板间的附着系数，侧滑板常用花纹钢板制造。侧滑板下部用滚轮支承，滚轮可在滑道中左右自由滑动，因此侧滑板受力后可左右摆动；侧滑板下部还装有导向装置，用以限制侧滑板的纵向位移，但允许侧滑板的左右位移。为使汽车的侧滑量被检测后，侧滑板能够回到初始位置，侧滑板或杠杆机构上装有回位弹

簧。锁止装置用于在不工作时限制侧滑板的左右位移，以防止意外损坏。由于杠杆机构的运动学关系，双滑板侧滑试验台的左右滑板只能作同时向内或同时向外的等量位移。位移传感器装于其中一块滑板上，常见的传感器类型有电位计、差动变压器和自整角电动机三种形式，用于将位移量转变为电信号传输给指示装置。

（2）侧滑量测量装置　侧滑量测量装置是一个位移传感器，安装在图 4-20 所示的位置上，用于将车轮侧滑造成的侧滑板位移量变成电信号送给侧滑量显示装置。常用的位移传感器有电位计、差动变压器两种形式。

电位计式位移传感器原理见图 4-21。在电位计两端加上一定的电压，当电位计的滑动触点随侧滑板移动时，可将侧滑板的移动量变为电位计触点的位移，导致电位计阻值的变化，触点的输出电压与位移量成正比，并传递给侧滑量显示装置。

差动变压器式位移传感器由一次绕组、二次绕组和衔铁等组成，可将被测信号的变化转换成绕组互感系数变化，其结构如同一个变压器，见图 4-22。在一次绕组接入交流激励电压 U_1，衔铁处于中间位置时，二次绕组输出电压 U_2 为零。当侧滑板带动位移传感器的拨杆位移时，引起衔铁位移，导致绕组互感系数变化，进而引起输出电压 U_2 变化。该电压变化反映车轮侧滑量。差动变压器式位移传感器具有结构简单、灵敏度高、测量范围大及使用寿命长等特点。

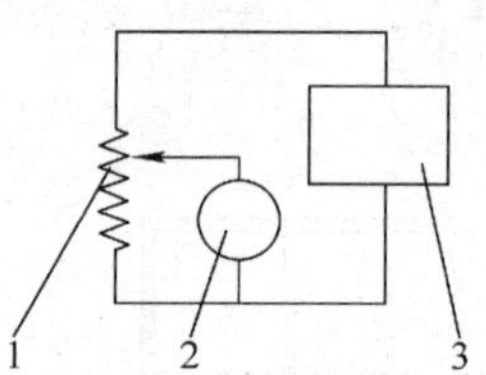

图 4-21　电位计式位移传感器原理
1—电位计　2—指示计　3—稳压电源

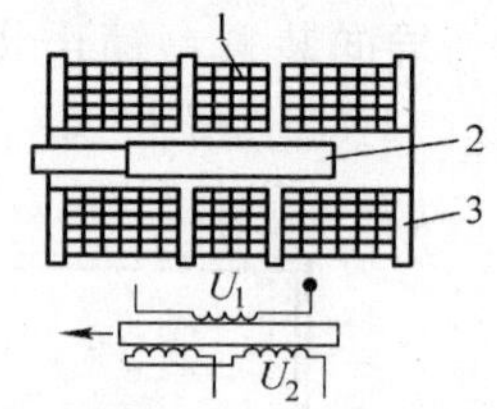

图 4-22　差动变压器式位移传感器原理
1—一次绕组　2—铁心　3—二次绕组

（3）侧滑量指示装置　汽车侧滑试验台的指示装置有机械式和电气式两类。目前大多数采用电气式，采用指针指示、数码管显示或液晶显示，并有峰值保持功能，有些侧滑试验台还可打印检测结果。从传感器传来的反映侧滑板位移量的电信号，经放大处理后传送给指示装置。指示装置标定时，按汽车直线行驶 1km 每侧滑 1m 为一格刻度。若侧滑板长度为 1000mm，则侧滑板侧向位移 1mm 时，显示 1 个刻度；侧滑板长度为 500mm 时，侧滑板每侧向位移 0.5mm，则对应于 1 个刻度。在指示装置上，转向轮正、负侧滑分别对应有 7 个以上刻度。检测人员从指示装置上就可获知转向轮侧滑量的定量数值和侧滑方向。图 4-23 为电气式指示装置。

（4）报警装置　检测转向轮侧滑量时，为快速表示出检测结果是否合格，当侧滑量超过规定值时（多于 5 格刻度），报警装置能根据侧滑板限位开关发出的信号，用蜂鸣器或信号灯报警，因而无需再读取仪表数值，以节省检测时间。

4. 影响转向轮侧滑量检测结果的因素

影响转向轮侧滑量检测结果的主要因素如下：

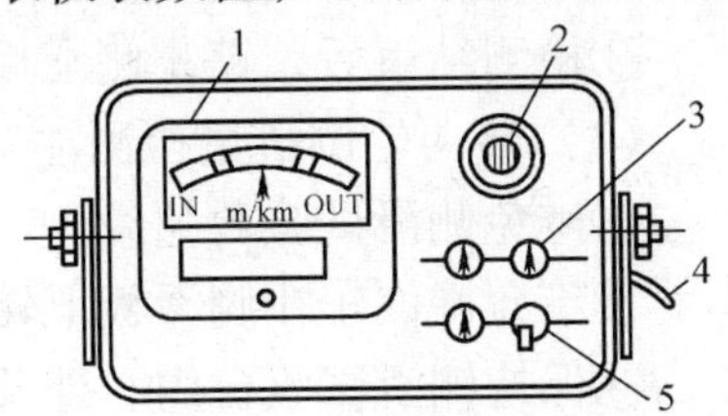

图 4-23　电气式指示装置

1—指示仪表　2—报警用蜂鸣器或信号灯　3—电源指示灯　4—导线　5—电源开关

①转向轮外倾与前束匹配不当。一般情况下，侧滑量超标时，调整前束就能使侧滑量合格。但在某些特殊情况下（如因汽车前部碰撞使转向轮定位角发生较大变化时），调整前束使转向轮侧滑量合格，汽车行驶时驾驶人反而觉得难以操纵。此时，应检测转向轮定位的其他三个参数是否满足要求。侧滑量不合格时，不能一味只用改变前束的方法调整。

②汽车轮毂轴承间隙过大，左右松紧度不一致，万向节主销和衬套磨损过度，横、直拉杆球头松旷，左右悬架性能差异，前、后轴不平行等，都会影响侧滑量。因此，检测侧滑量之前，应首先消除上述因素，而当车辆的侧滑量不合格时，也应在这些方面查找原因。

③轮胎气压不符合规定；左、右轮胎气压不等，花纹不一致；轮胎磨损过大及严重偏磨；轮胎上有水、油或花纹中嵌有小石子，都会影响轮胎与滑板间的作用力，影响侧滑量。

④汽车通过侧滑板的速度。车速过快时，由于冲击作用，侧滑量检测结果会显著增大，一般试验车速以 3～5km/h 为宜。

⑤转向轮通过侧滑板的方向是否与侧滑板垂直。当不垂直时，侧滑量检测结果显著增大。

此外，车身、车架、前后轴变形也会影响汽车转向轮侧滑量的检测结果。因此，汽车转向轮侧滑量实际上是一个综合性评价指标。对于引起汽车转向轮侧滑量过大的原因应进行综合分析。

5. 侧滑试验台的使用方法和注意事项

（1）准备工作

①轮胎气压符合规定。

②清理轮胎，轮胎表面应无油污、泥土、水，花纹凹槽内无石子嵌入。

③检查试验台导线连接情况，打开电源开关，仪表复零。

④打开试验台锁止装置，检查侧滑板是否滑动自如，能否回位。滑板回位后，检查指示装置是否指示零点。

（2）转向轮侧滑量检测方法

①汽车以 3 ~ 5km/h 的速度垂直平稳驶过侧滑板，汽车通过侧滑板时不得转向和制动。

②转向轮完全通过侧滑板后，读取仪表显示值或打印侧滑量读数。

③检测结束后，锁止侧滑板并切断电源。

（3）转向轮侧滑量检测注意事项

①避免侧滑试验台超载。

②不允许汽车在侧滑板上转向、制动或停放。

③保持侧滑试验台内、外及周围环境的清洁。

6. 检测标准

检测转向轮侧滑可反映转向轮外倾和前束的匹配情况。GB 7258—2012《机动车运行安全技术条件》规定：对前轴采用非独立悬架的汽车，其转向轮的横向侧滑量，用侧滑台检验时侧滑量值应在 ±5m/km 之间。对于轿车的前轮侧滑量一般在 ±3m/km 之间。规定侧滑量方向为外正内负。

车轮侧滑量是反映车轮前束与车轮外倾综合作用的参数，因此当侧滑量超标时，应根据其侧滑性质重点查找车轮前束与车轮外倾的匹配情况。侧滑量超标时，若指针指向 IN 边（或读数为 +），则表明前束太大或外倾角太小甚至车轮内倾；若指针指向 OUT 边（或读数为 -），则表明前轮外倾角太大或前束过小甚至负前束。总之，车轮侧滑量超标，则说明车轮外倾与前束匹配不当，应加以调整。

通常车轮的外倾角不可调整，因此调整时只能调前束。绝大多数情况下的侧滑不合格都可以通过前束调整得到解决，但侧滑调合格后并不一定说明其车轮定位符合设计要求。因此，为确保行车安全，应当通过静态车轮定位检测与调整来解决车辆的侧滑不合格问题。

四、汽车四轮定位检测

1. 汽车四轮定位及作用

为适应汽车高速运行状态下的稳定性和舒适性要求，现代汽车广泛采用四轮独立悬架。为使汽车具有良好的转向特性，除转向轮定位外，部分轿车（如夏利 TJ7100、捷达、富康、桑塔纳 2000 等）还具有后轮外倾角和前束等参数，称为四轮定位。

四轮定位的前、后轮定位参数依赖于悬架机构有关部件的相互位置在一个统一基准（线或面）上的合理匹配，以实现转向行驶系统的稳定效应，使汽车具有良好的行驶平顺性和操纵稳定性。只有当前、后轮定位参数均按标准值调整得当时，才能保证汽车转向精确，运行平稳，行驶安全，降低油耗并减轻轮胎磨损。

在汽车行驶中，出现下列情况时，需进行四轮定位的检测和调整：

①直线行驶困难。

②前轮摇摆不定，行驶方向漂移。

③轮胎出现不正常磨损。

④汽车更换悬架系统、转向系统有关部件或前部经碰撞事故维修后。

2. 汽车四轮定位检测指标

四轮定位的检测项目包括转向轮前束值/角及前张角、转向轮外倾角、主销后倾角、主销内倾角、后轮前束值/角及前张角、后轮外倾角、轮距、轴距、转向20°时的前张角、推力角和左右轴距差等，见图4-24。其中，转向轮定位参数的检测工作在转向轮定位仪上也可完成。因此，用于检测四轮定位的四轮定位仪不仅可检测转向轮的定位参数，还可检测后轮定位参数。

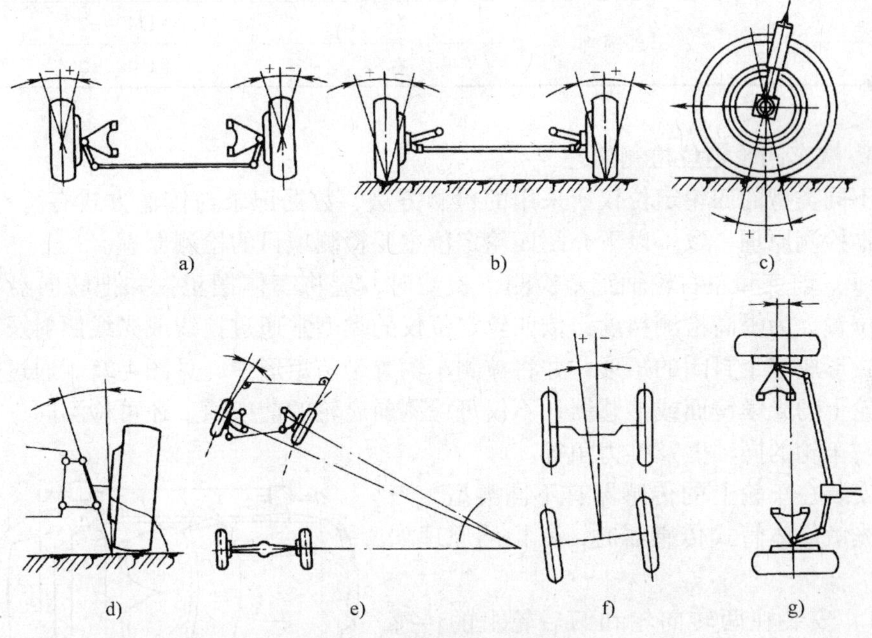

图4-24　四轮定位的检测项目

a）车轮前束角和前张角　b）车轮外倾角　c）主销后倾角　d）主销内倾角　e）转向20°时的前张角　f）推力角　g）左右轴距差

不同车型汽车的四轮定位值不同。汽车的四轮定位合格与否，需要把检测结果与标准值进行比较才能确定，表4-3为桑塔纳2000GSi轿车的四轮定位标准值。现代电脑四轮定位仪，不仅采用了先进的测量系统和科学的检测方法，而且储存了大量常见车型的四轮定位标准数据。在检测过程中，可随时把实测数据与标准数据进行比较，并通过屏幕用图形和数字显示出需要调整的部位、调整方法以及在调整过程中数值的变化，把复杂的四轮定位检测调整简化成“看图操作”。

表 4-3 桑塔纳 2000GSI 轿车车轮定位参数

参数			标准值
前轮	前束	左	−10′±5′
		右	−10′±5′
	外倾角	左	−30′±20′
		右	−30′±20′
	后倾角	左	−1°30′±30′
		右	−1°30′±30′
后轮	前束	左	−12′±7′
		右	−12′±7′
	外倾角	左	−1°40′±20′
		右	−1°40′±20′

3. 汽车四轮定位检测原理

不同类型的四轮定位仪所采用的检测方法、数据记录与传输方式有所不同，但基本检测原理一致。以下介绍四轮定位主要检测项目的检测原理。

（1）前束和左右轮轴距差检测　检测时，应将车体摆正，并把转向盘置于中间位置。为提高检测精度，依四轮定位仪的类型常通过拉线或光线照射及反射的方式形成一个封闭的矩形，并将被测车辆置于该矩形中，见图 4-25。通过安装在车轮上的光学镜面或传感器，不仅可检测前后轮的前束值，还可检测同一车轴上左右车轮的同轴度及推力角等。

安装在车轮上的传感器有不同类型，当采用光敏晶体管式传感器时，其检测原理如下：

1）安装在两转向轮和两后轮上的传感器（又称定位校正头）均有接收光线和发射光线的功能，利用光线发射与接收刚好能形成图 4-25 所示的矩形。传感器的受光平面上等距离地排列有一排光敏晶体管，当不同位置上的光敏晶体管受到光线照射时，所发出的电信号即可代表前束值/角或左右轮的轴距差。

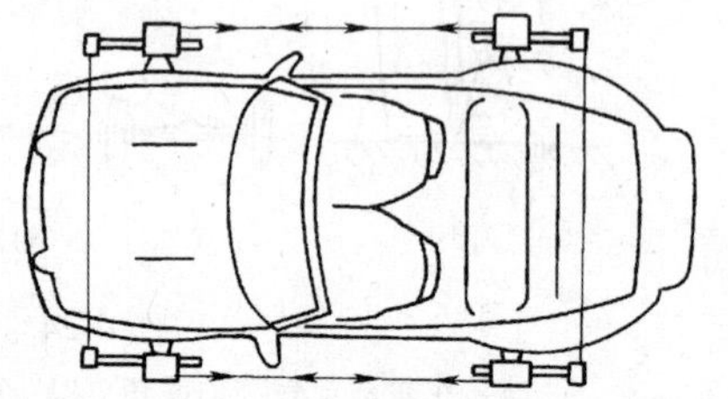

图 4-25　8 束光线形成的封闭矩形

2）前束为零时，同一轴左右车轮上的传感器发射（或反射）出的光束应重合。当检测出上述两条光束互相平行但不重合时，说明车轮发生了错位，左右车轮不同轴，依据光敏晶体管发出的信息可测量出左右轮的轴距差。

3）当左右车轮有前束时，左轮传感器上接收到的光束位置相对于原来的零点有一偏差值，该偏差值表示右侧车轮的前束值/角；同理，在右侧传感器上接收到的光束位置相对于原来零点的偏差值，则表示左侧车轮的前束值/角。转向轮和后轮前束的检测原理相同，所不同的是转向轮前束的检测利用装在左右转向轮上的两个传感器，而后轮前束的检测则是利用装在左右后轮上的传感器。车轮前束值/角的检测原理见图4-26。

（2）推力角检测　由于车辆长期使用或发生交通事故后，其后轴发生变形，致使后轴中心对称线（即推力线）发生偏斜，后轴中心线与汽车纵向对称线的夹角即称为推力角。推力角并非设计参数，而是一种故障状态参数。推力角过大，会导致轮胎的异常磨损，汽车易偏离其直线行驶方向，严重时将发生后轴侧滑、甩尾等危险状况。

推力角的检测见图4-27。当推力角为零时，前后轴同侧车轮上的传感器发射或接收的光束应重合，当两条光束出现夹角而不重合时，即说明推力角不为零。因此，可以用安装在汽车前轮上的传感器接收到的后轮传感器所发射的光束，根据其相对于零点位置的偏差值检测汽车推力角的大小。

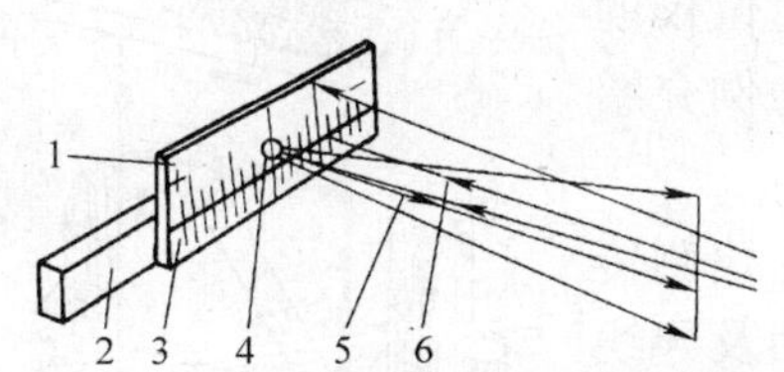

图4-26　车轮前束值/角检测原理图

1—刻度板　2—投射器支臂　3—光敏传感器　4—激光器　5—投射激光束　6—接收激光束

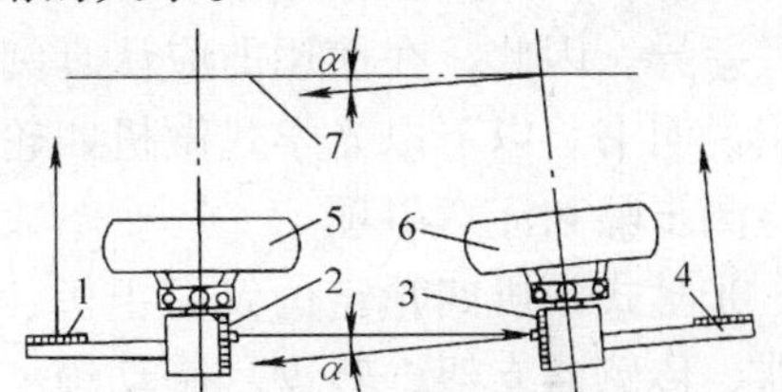

图4-27　推力角检测原理

1～4—光线接收器　5—转向轮　6—后轮　7—汽车纵轴线　α—推力角

（3）车轮外倾检测　车轮外倾可在车轮处于直线行驶位置时直接测得。在四轮定位仪的传感器（定位校正头）内装有角度测量仪（如电子倾斜仪），把传感器装在车轮上，可直接测出车轮外倾。

（4）主销后倾角和主销内倾角检测　主销后倾角和主销内倾角不能直接测出，只能采用建立在几何关系上的间接测量。

若主销后倾角不为零时，则在车轮向外转20°和车轮向内转20°两个位置时，车轮平面会发生倾角变化。该倾角变化可由传感器内的角度测量仪测出。

同理，若主销内倾角不为零，则在车轮向外转20°和车轮向内转20°两个位置时，垂直于车轮旋转平面的平面内将发生倾角变化，该倾角变化也可由传感器内的角度测量仪测出。

（5）转向20°时前张角检测　汽车使用时，由于转向轮长期在凹凸不平的路面上行驶，并经常使用紧急制动等，使转向轮经常受到碰撞和冲击而引起汽车转向梯形变形，会造成汽车在转向行驶过程中转向轮的异常磨损并使操纵性变差，影响汽车行驶安全。为了检测汽车转向梯形臂和各连杆是否发生变形，在四轮定位检测中设置了转向20°时前张角的检测项目。

检测前张角时，使被检车辆转向轮停在转盘中心，转动转向盘使右转向轮向左转20°后，读取左转向轮下转盘上的刻度值ϕ_1，$20° - \phi_1$即为向右转向20°时的前张角；使左转向轮沿直线行驶方向向左转20°后，读取右转向轮下转盘上的刻度值ϕ_2，$20° - \phi_2$即为向左转向时20°的前张角。

汽车在出厂时，使用说明书上一般均给出了前张角的合格范围。将测量值与规定值进行比较，即可检测出汽车转向轮的转向梯形臂和各连杆是否发生了变形。若其超出规定值或左右转向前张角不一致，则需要校正、调整或更换转向梯形臂和各连杆。

4. 四轮定位仪的构成及安装位置

目前常用的四轮定位仪有拉线式、光学式和图像式等多种，虽然其基本检测原理相同，但使用方法有很大差异。因此，在使用前应认真阅读四轮定位仪的使用说明书。以下以光学式微机四轮定位仪为例介绍其检测步骤和注意事项。

光学式微机四轮定位仪由主机、前后车轮检侧传感器、传感器支架、转盘、制动锁、转向盘锁及导线等零部件构成，图4-28为光学式微机四轮定位仪主机外形图。

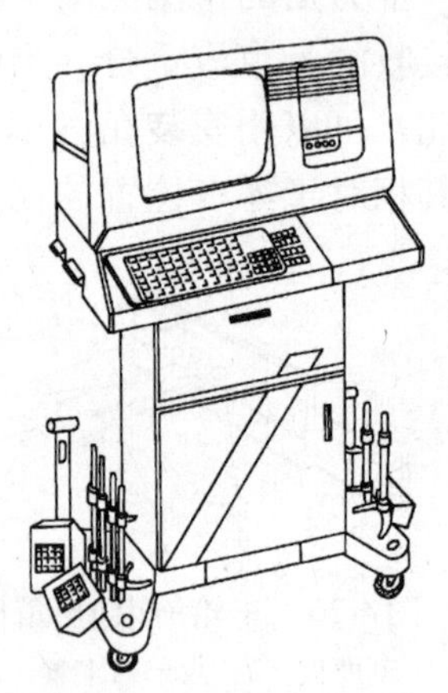

图4-28　四轮定位仪外形图

为便于检测和调整，被检汽车需放在地沟上或举升平台上（以下以汽车放在举升平台上为例），地沟或举升平台应处于水平状态，四轮定位仪则安装在地沟两旁或举升平台上，见图4-29和图4-30。

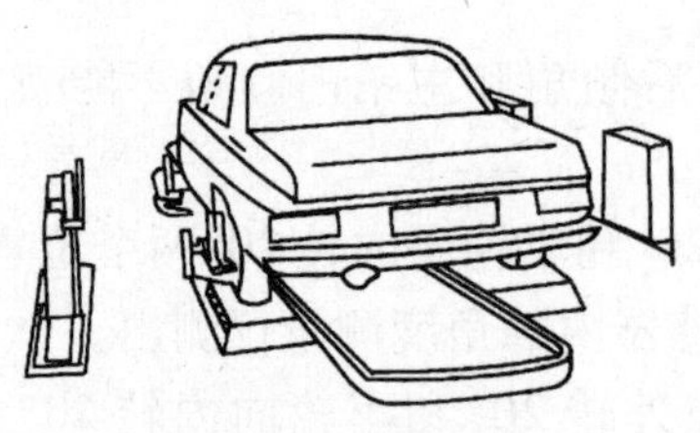

图4-29　定位仪安装在地沟旁

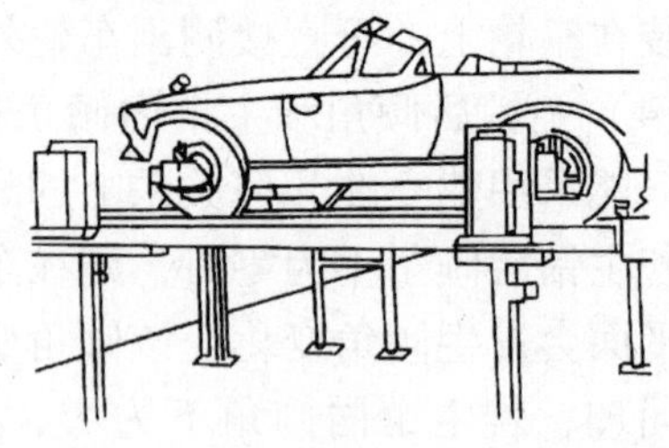

图4-30　定位仪安装在举升平台上

5. 四轮定位的检测方法

（1）对被检车辆的基本要求　检测汽车的四轮定位时，被检汽车应满足以下要求：

①前后轮胎气压及胎面磨损基本一致。

②前后悬架系统的零部件完好、不松旷。

③转向系统调整适当，不松旷。

④前后减振器性能良好，不漏油。

⑤汽车前后高度与标准值的差不大于5mm。

⑥制动系统正常。

（2）四轮定位检测前的准备

①把汽车开上举升平台，托起四个车轮，把汽车举升0.5m（第一次举升）。

②托起车身适当部位，把汽车举升至车轮能够自由转动（第二次举升）。

③拆下各车轮，检查轮胎磨损情况。

④检查轮胎气压，不符合标准时应充气或放气。

⑤进行车轮的动平衡后，把车轮装好。

⑥检查车身高度。检查车身四个角的高度和减振器的技术状况，如车身不平应先调平；同时检查转向系统和悬架是否松旷，如松旷则应先紧固或更换零件。

（3）四轮定位检测步骤

①把传感器支架安装在轮辋上，再把传感器（定位校正头）安装到支架上，其1、2、3、4号传感器分别装在右前轮、右后轮、左前轮、左后轮上，见图4-31，并按使用说明书的规定调整，使传感器处于水平状态，面板上的水准仪气泡居于中间位置。

②开机进入测试程序，输入被检汽车的车型和生产年份。

③轮辋变形补偿。转向盘位于直行位置，使每个车轮旋转一周，即可把轮辋变形误差输入电脑。

④降下第二次举升量，使车轮落到平台上，把汽车前部和后部向下压动四、五次，使其作压力弹跳。

⑤用制动锁压下制动踏板，使汽车处于制动状态。

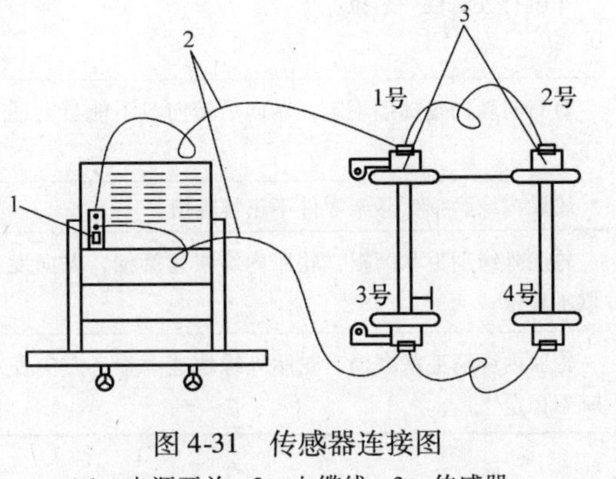

图4-31　传感器连接图

1—电源开关　2—电缆线　3—传感器

⑥把转向盘左转至电脑发出“OK”声，输入左转角度；然后把转向盘右转至电脑发出“OK”声，输入右转角度。

⑦把转向盘回正，电脑屏幕上显示出后轮的前束及外倾角数值。

⑧调正转向盘，并用转向盘锁锁住转向盘使之不能转动。

⑨把安装在四个车轮上的定位校正头的水平仪调到水平线上，此时电脑屏幕上显示出转向轮的主销后倾角、主销内倾角、转向轮外倾角和前束的数值。

⑩调整主销后倾角、车轮外倾角及前束，调整方法可按电脑屏幕提示进行。若调整后仍不能解决问题，则应更换有关部件。

⑪进行第二次压力弹跳，将转向轮左右转动，把车身反复压下后，观察屏幕上的数值有无变化，若数值变化应再次调整。

⑫若第二次检查未发现问题，则应将调整时松开的部位紧固。

⑬拆下定位校正头和支架，进行路试，检查四轮定位检测调整效果。

6. 四轮定位故障及原因

四轮定位不良引起的故障及原因分析见表4-4。

表4-4　四轮定位故障现象及原因分析

故障原因	原因分析
转向沉重	主销后倾角过大
转向盘发抖	车轮不平衡
转向盘不正	后轮前束不良，造成推进线转向系统不正
轮胎块状磨损	车轮静态不平衡，后轮前束不正确
轮胎块状、羽毛状磨损	前束或外倾角不正确
轮胎凹凸状磨损	车轮动态不平衡，后轮前束不正确
车辆行驶时往一边拉	左右车轮后倾角或外倾角不相等，车身高度左右不等。左右轮胎尺寸或气压不等，转向系统的故障或一边制动片卡住
直行时转向盘摇摆不定，转向后转向盘不能自动回正	主销后倾角太大
轮胎内缘磨损，悬架零件不正常磨损	车轮外倾角太小
轮胎外缘羽毛状磨损，轮胎内缘快速磨损，方向发飘不稳定	前束太大
轮胎内缘羽毛状磨损，轮胎外缘快速磨损，方向发飘不稳定	前束过小

7. 四轮定位检测注意事项

四轮定位仪是精密检测设备，操作人员在使用前须经专门培训，并认真研读所使用四轮定位仪的使用说明书。一般说来，四轮定位仪在使用过程中的注意事项如下：

①使用前，检查四轮定位仪所配附件是否与使用说明书上列出的清单相符，

设备安装时要遵循使用说明书所提出的各项要求。

②对于光学式四轮定位仪中的投影仪（或投光器）应细心维护，并经常进行调整；传感器是电脑式四轮定位仪的重要元件，使用前要进行校正，以保证测试精度。

③传感器应正确地安装在传感器支架上，在不使用时应妥善保管，避免受到损坏；电测类传感器应在接线完毕后再接通电源，以避免带电接线引起电磁振荡而损坏。

④移动四轮定位仪时，应避免使其受到振动。否则，可能使传感器及电脑受到损坏。

⑤四轮定位仪应每半年标定一次。标定时应使用购买时所带专用标定器具，并按规定程序进行标定。

⑥在检测四轮定位前，须进行车轮传感器偏摆补偿。否则，会引起大的测量误差。

第二节　汽车传动系统检测

传动系统是汽车底盘的主要组成部分，一般由离合器、变速器、传动轴、主传动轴、差速器和半轴等构成，越野车、工程车和特殊用途车等还包括分动器，其作用是把发动机输出的动力传给驱动轮。

汽车传动系统的技术状况变化直接影响发动机所发出动力的传递。传动系统技术状况不良将导致传动系统功率损失增大，即消耗于离合器、变速器、万向传动机构、主减速器、差速器和半轴等处的功率增大。从而使汽车的动力性、燃油经济性下降，滑行性能变差；同时，起步能力变坏和超车能力不足易造成安全行车隐患；离合器、变速器等主要部件性能不良对汽车的操纵方便性也有极大影响。

传动系统技术状况检测有经验检测法和仪器检测法两类。经验检测法是从有关规定和所测车型的有关技术数据出发，通过观察和实际操作，按一定步骤凭经验检测传动系统技术状况，如离合器踏板自由行程，变速器漏油、异响、跳档、乱档等。某些检测项目也可采用仪器检测。以下主要介绍利用仪器对传动系统技术状况进行检测的方法。

一、传动系统损失功率和传动效率检测

汽车使用过程中，由于传动系统各机构中有关配合副的磨损逐渐增大，配合情况逐渐恶化，润滑情况逐渐变坏，因而摩擦损失不断增大，从而在动力由发动机传动至驱动轮的过程中，传动系统损失功率增大，传动效率降低。因此，传动系统技术状况可以用传动系统损失功率和传动效率评价。

1. 传动系统损失功率检测

汽车传动系统的损失功率可在具有反托装置的底盘测功机上进行反拖试验而测得。

利用测功机反拖可测得传动系统所消耗的功率。在装有反拖装置或在以电力测功器作为加载装置的底盘测功机上，在测出汽车驱动轮输出功率后，可随即踩下离合器踏板，使汽车发动机输出轴与汽车传动系统断开，然后以反拖装置或电力测功器作为动力，反拖底盘测功机滚筒、汽车驱动轮和传动系统运转，底盘测功机滚筒作用于汽车驱动轮的力克服汽车驱动轮的滚动阻力和汽车传动系统的阻力，反拖运转所消耗的功率等于汽车驱动轮的滚动阻力功率和传动阻力功率。因此，利用测功机反拖可以测出汽车在底盘测功机滚筒上运转过程中滚动阻力功率和传动阻力功率之和，其测试原理与底盘测功相同（参见第二章第二节）。显然，若拆下驱动轮半轴后进行反拖试验，则可测得滚动阻力功率。由此可根据在相同转速下测得的汽车驱动轮输出功率，进而求出发动机的输出功率和汽车传动系统的机械效率。

2. 传动系统的机械效率

传动系统的机械效率等于汽车驱动轮输出功率与发动机输出的有效功率（发动机功率检测方法见第二章第一节）之比。显然，发动机有效功率等于驱动轮输出功率和汽车传动系统损失功率之和，因此可按下式确定传动系统的传动效率：

$$\eta = \frac{P_K}{P_e} = \frac{P_K}{P_K + P_c}$$

式中 P_K——驱动轮输出功率（kW）；

P_e——发动机有效功率（kW）；

P_c——传动系统损失功率（kW）。

正常情况下，汽车传动系统中的机械效率正常值见表4-5。需说明的是，在底盘测功机上试验时，车轮在滚筒上的滚动损失功率可达所传递功率的15%～20%。所测驱动轮功率仅占发动机输出功率的60%～70%（一般小轿车为70%，装用双级主传动器或单级主传动器的载货汽车和客车分别为60%或65%），当传动效率 η 过低时，说明消耗于离合器、变速器、分动器、主传动器、差速器的功率增加，汽车传动系统技术状况不良。

表4-5 汽车传动系统机械传动效率

汽车类型		传动效率
小轿车		0.90～0.92
载货汽车 公共汽车	单级主传动	0.90
	双级主转动	0.84
4×4 越野汽车		0.85
4×4 越野汽车		0.80

二、汽车滑行距离检测

汽车滑行距离指汽车加速至某一预定车速后挂空档，利用汽车具有的动能来行驶的距离。滑行距离长短可反映汽车传动系统传动阻力和功率损失的大小。汽车传动系统传动效率越高，汽车的滑行距离越长，则表明传动系统总的技术状况越好。因此，滑行距离可间接评价传动系统技术状况。

1. 滑行距离的检测原理

滑行距离即可以通过道路试验检测，也可以在室内利用具有储能飞轮的汽车底盘测功机进行台架试验。

汽车以某一车速在底盘测功机的滚筒上作滑行试验时，汽车驱动轮带动滚筒装置、飞轮机构以相应转速旋转。若此时滚筒装置和飞轮机构具有的动能与汽车道路试验时在相应车速下具有的动能相等，即满足第二章第二节的要求，则摘档滑行后，储存在滚筒装置、飞轮机构的动能释放出来驱动汽车驱动轮和传动系统旋转，滚筒继续转过的圆周长与汽车路试时的滑行距离相对应。

2. 滑行距离的检测标准

根据 GB 18565—2001《营运车辆综合性能要求和检验方法》，用底盘测功机检测滑行距离时应遵循的要求：汽车轮胎气压应符合规定值，传动系统润滑油油温不低于50℃；同时，应根据测试汽车的基准质量选定底盘测功机飞轮的相应当量惯量。当底盘测功机所配备的飞轮系统的惯量级数不能准确满足测试汽车的当量惯量需要时，可选配与测试汽车整备质量最接近的转动惯量级，但应对检测结果作必要的修正；将试验车辆驱动轮置于底盘测功机的滚筒上，起动汽车，按引导系统提示加速至高于规定车速（30km/h）后，置变速器于空档，利用汽车—试验台系统贮藏的功能，使其运转直至车轮停止转动；记录汽车从30km/h开始的滑行距离。测得的滑行距离应符合表4-6的规定。

表4-6　车辆滑行距离要求

汽车整备质量 M/kg	双轴驱动车辆的滑行距离/m	单轴驱动车辆的滑行距离/m
$M<1000$	≥104	≥130
$1000\leqslant M\leqslant4000$	≥120	≥160
$4000<M\leqslant5000$	≥144	≥180
$5000<M\leqslant8000$	≥184	≥230
$8000<M\leqslant11000$	≥200	≥250
$M>11000$	≥214	≥270

3. 影响滑行距离检测结果的因素

汽车的滑行距离与空档滑行后的检测车速、汽车总质量、驱动轴数、轮胎气压以及其他检测条件有关。

①空档滑行后的检测车速越高，则汽车的惯性越大，滑行距离越长。为正确反映汽车的滑行性能，应准确控制检测车速。

②汽车总质量越大，则汽车的惯性越大，滑行距离越长，为正确反映汽车的滑行性能，应严格控制汽车的检测质量，并按汽车整备质量大小进行分级评定。

③汽车驱动轴数越多，则汽车滑行的行驶阻力越大，滑行距离越短，因此检测评定时应注意被测车辆的驱动轴数目。

④轮胎气压越低，则汽车滑行的行驶阻力越大，滑行距离越短。为正确反映汽车的滑行性能，应严格控制汽车的轮胎气压，使其符合标准。

⑤其他检测条件：例如，若各车轮的轮毂轴承预紧度调整过紧或不正常，会导致滑行距离缩短。因此滑行试验前应检查各车轮的转动状况是否正常；采用具有储能飞轮的底盘测功机检测时，若其飞轮转动惯量与被测车辆不相适应，则滑行距离测试值就不能正确反映传动系统的技术状况，因此对于不同车型，应采用不同的飞轮或飞轮组合，以准确模拟汽车以相应车速进行道路试验时的行驶动能。

三、离合器滑转的检测

1. 离合器滑转现象

离合器滑转指离合器接合传力时，离合器从动盘摩擦片在压盘与飞轮之间滑动的现象。汽车在使用过程中，经常需要踩下和松开离合器踏板，使离合器分离与接合。因此，离合器的技术状况会随汽车行驶里程的增加而逐步变坏，严重时会造成离合器打滑、分离不彻底、发响和抖动等异常现象，使离合器不能正常工作。

离合器滑转（俗称打滑）使发动机动力不能有效地传递至驱动轮，汽车动力性下降，摩擦片磨损严重，同时也影响汽车的正常行驶：汽车起步困难；加速时，车速不能随发动机转速的提高而迅速上升；负载上坡传递大转矩时，打滑更为明显，严重时会烧坏摩擦片。

2. 离合器滑转的检测方法

采用离合器滑转测试仪可对离合器打滑进行检测，该仪器由闪光灯、高压电极、电容、电阻等构成，以汽车蓄电池作为电源，以发动机的点火脉冲作为闪光灯触发信号，见图4-32。

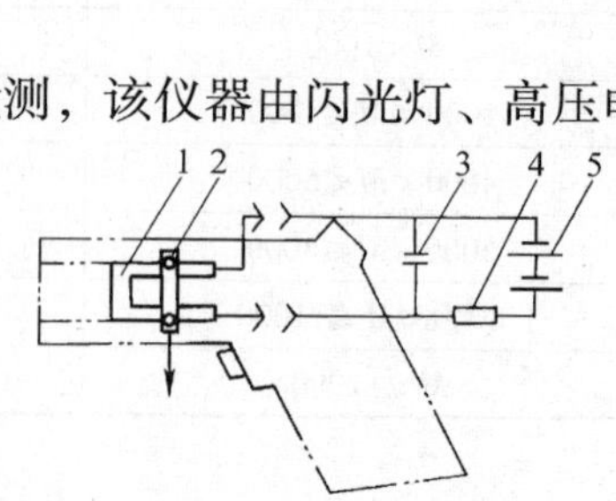

离合器滑转测试仪的基本工作原理是频闪原理，即如果在精确的确定时刻，相对转动零件的转角，照射一束短暂（约1/5000s）的且频率与旋转零件转动频率相同的光脉冲，由于人们视力的生理惯性，似乎觉得零件不动。

图4-32 离合器滑转测试仪
1—闪光灯 2—高压电源 3—电容 4—电阻 5—蓄电池

检测离合器滑转时，可把驱动轮置于底盘测功机或车速表试验台滚筒上，或支起驱动桥；汽车变速器挂直接档，起动发动机并使之稳定运转。此时，若离合器不打滑，发动机转速与传动轴转速相同。为增大离合器滑转的可能性，在检测过程中，可用行车制动器或驻车制动器增大传动系统负荷和离合器所传递的转矩。离合器滑转测试仪以汽车蓄电池作为电源，由发动机火花塞或Ⅰ缸点火高压线，通过电磁感应给测试仪的高压电极输入信号脉冲，以控制闪光灯的闪光时刻。因此，闪光灯的闪光频率与发动机转速成正比。若把闪光灯发出的光脉冲投射到传动轴某一点，当传动轴与发动机转速相同时，光脉冲每次都照射该点，位置不变，使人感到传动轴并不旋转；离合器打滑时，传动轴转速比发动机转速慢，光脉冲每次照射点均位于上次照射点的前部，位置发生变化，使人感觉着传动轴慢慢向相反方向转动，显然其转动的快慢即可反映离合器打滑的严重程度。

由于基本测试原理相同，发动机点火正时灯也可用于离合器打滑的检测。为加深对离合器滑转测试仪基本工作原理的理解，可参阅本书第三章第三节。

四、传动系统角间隙的检测

1. 传动系统角间隙产生的原因

在汽车使用过程中，传动系统因传递动力，且配合表面或相啮合零件间有相对滑移而产生磨损，从而使间隙增大，如变速器、主传动装置、差速器中的齿轮啮合间隙，传动轴、半轴的花键连接间隙，十字轴颈与滚针轴承间的间隙及滚针轴承与万向节间的间隙等。这些间隙都可使相关零件间产生相对角位移或角间隙，其角间隙之和构成传动系统的总角间隙。

传动系统角间隙检测所用仪器有指针式角间隙检测仪和数字式角间隙检测仪两种。

2. 指针式角间隙检测仪基本原理

指针式角间隙检测仪由指针、指针式扭力扳手和刻度盘构成，见图4-33。使用时，指针固定在主传动器主动轴上，而刻度盘固定在主传动器壳体上，见图4-33a；指针式扭力扳手钳口可卡在传动轴万向节上，扳手上带有刻度盘和指针，以便指示出测力扳手所施加的力矩。测量角间隙时，指针式扭力扳手应从一个极限位置转至另一个极限位置，施加力矩不应小于30N·m，角间隙的数值即为指针在刻度盘上的指示值。

传动系统角间隙的检测可分段进行。

（1）驱动桥角间隙　包括主传动器、差速器和半轴花键处的角间隙。测试时，车轮处于制动状态，变速器挂空档，指针式扭力扳手卡在主传动器主动轴的万向节上，使其从一个极限位置转至另一个极限位置，从刻度盘上读取角间隙值。

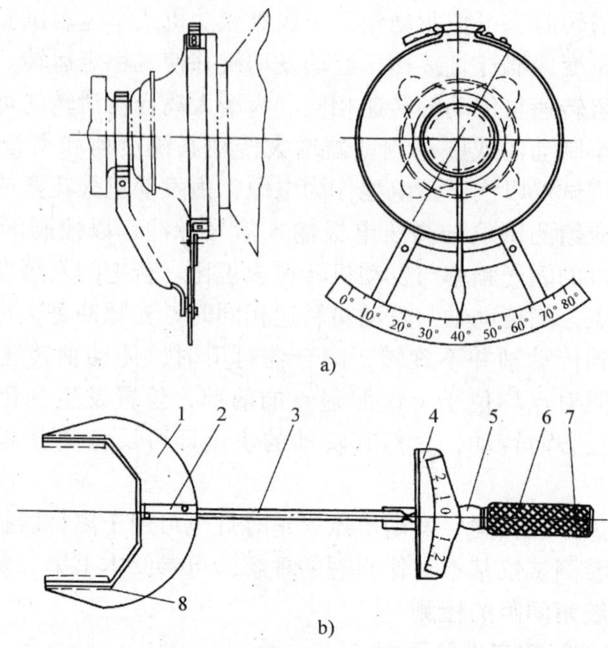

图 4-33　指针式角间隙检测仪

a）指针与刻度盘的安装　b）指针式扭力扳手

1—卡嘴　2—指针座　3—指针　4—刻度盘　5—手柄

6—手柄套筒　7—定位销　8—可换钳口

（2）万向传动装置的角间隙　将指针式扭力扳手卡在变速器后端万向节主动叉处，左、右转至极限位置可测出万向传动装置和驱动桥角间隙的和，再减去驱动桥角间隙后即可得万向传动装置角间隙。

（3）离合器和变速器各档位的角间隙　放松制动，离合器处于接合状态，指针式扭力扳手仍作用于变速器后端万向节主动叉上，即可测得不同档位下从离合器至变速器输出轴的角间隙。

（4）以上三段角间隙之和即为传动系统总的角间隙。

3. 数字式角间隙检测仪基本原理

数字式角间隙检测仪由用导线相连的倾角传感器和测量仪构成。

倾角传感器的作用是将传感器感受到的倾角变化转变为线圈电感量的变化，从而改变检测仪电路的振荡频率。因此，传感器实际上是一个倾角—频率转换器。传感器外壳是一个上部带有 V 形缺口，并配有带卡扣尼龙带的长方形壳体，可固定在传动轴上，因此可随传动轴摆动；传感器内部结构是一个中心插有弧形磁棒的线圈，见图 4-34。弧形磁棒由摆杆和芯轴支承在外壳中夹板的两盘轴承上。在重力作用下，摆杆始终偏离垂线某一固定角度。弧形线圈则固定在外壳中的夹板上，当外壳随传动轴摆动时，线圈也随之摆动，因而线圈与磁棒的相互位置发生变化，从而改变了线圈电感值，电感的变化量则反映了传动轴的摆动量。

当线圈作为检测仪振荡电路中的一个元件时，传动轴的摆动引起线圈电感量的变化，因此改变了电路的振荡频率。可见，该仪器的核心部分是一个倾角—频率转换器。

数字式角间隙检测仪实际上是一台专用的数字式频率计，采用与传感器特性相应的计数门时并可初始置数，通过标定可直接显示出倾角大小。测量仪采用数字集成电路，由传感器输出的振荡信号经计数门进入主计数器，在初始置数的基础上累计脉冲数。计数结束后，在锁存器接收脉冲作用下，将主计数器的结果送入寄存器，并由荧光数码管将结果显示出来。使用时，把角间隙两个极端位置的倾角相减，其差值即为角间隙值。

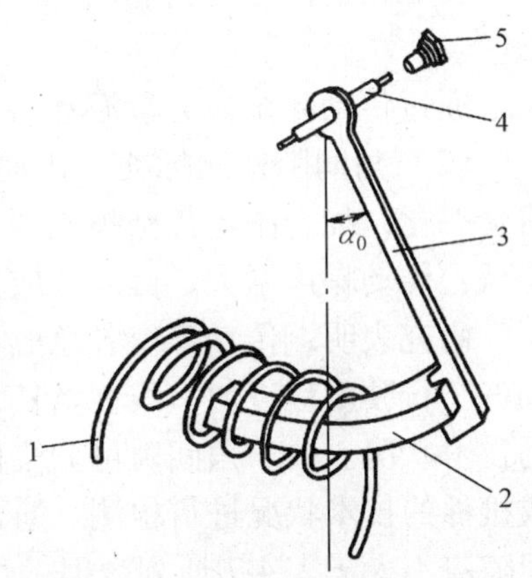

图 4-34　倾角传感器结构示意图

1—弧形线圈　2—弧形磁棒

3—摆杆　4—芯轴　5—轴承

利用数字式角间隙检测仪检测传动系统角间隙时，也必须逐段检测。

（1）万向传动装置角间隙检测　驻车制动器处于制动状态，传动轴转至驱动桥角间隙中间位置（驱动桥角间隙一般远大于其他部位的角间隙），把传感器固定于传动轴，左、右旋转传动轴至极端位置，检测仪便显示出在该两个位置时传感器的倾斜角度，两个角度之差即为万向传动装置的角间隙。

（2）离合器和变速器各档位的角间隙　接合离合器，变速器挂入预选档位，放松驻车制动器，传动轴位于驱动桥角间隙中间位置，左、右转动传动轴至极限位置，检测仪显示出的该两位置时传感器倾斜角之差减去已测得的万向传动装置角间隙，即为从离合器至变速器输出轴的角间隙。

（3）驱动桥角间隙　放松驻车制动，变速器挂入空档，行车制动处于制动状态时，左、右旋转传动轴至极限位置，检测仪上所显示两角度之差则为驱动桥角间隙与传动轴至驱动桥间万向节角间隙之和。

4. 检测结果分析

（1）角间隙产生原因　传动系统角间隙实际上是传动系统各传动副间隙的总体反映，主要包括：变速器、主减速器、差速器中的齿轮啮合间隙；变速器输入轴、传动轴、半轴的花键连接间隙；万向节中十字轴颈与滚针轴承的间隙，以及滚针轴承与万向节间的间隙。在动力传递过程中，各传动副由于相对滑移而导致磨损，因而这些间隙逐渐增大。因此，传动系统角间隙过大，可能由下列一个或多个原因引起：

①离合器从动盘与变速器第一轴配合松旷。

②变速器中各对传动齿轮的啮合间隙过大，或滑动齿轮与花键轴配合松旷。

③万向传动装置的万向节松旷或伸缩节花键配合松旷。

④驱动桥内各对齿轮啮合间隙过大、轴承松旷，或半轴齿轮与半轴花键配合松旷。

通过传动系统各分段游动角度的检测可以找到游动角度过大的具体原因。

(2) 角间隙检测标准　传动系统角间隙过大时，汽车传动系统的工作条件将会恶化，配合副零件磨损剧烈，传动损失功率增大，从而使传动系统传动效率降低，传动噪声增大。因此，应控制传动系统的角间隙，使其在规定的范围内。

研究表明，传动系统各总成和机件的磨损与其间隙存在密切关系，总角间隙随汽车行驶里程近似呈线性增长，所以，总角间隙可作为诊断参数评价传动系统的技术状况。由于角间隙可分段检测，因此角间隙还可用于对传动系统有关总成或机件的技术状况进行检测。通常，中型载货汽车传动系统角间隙及各分段的角间隙应不大于表 4-7 所列数据。

表 4-7　角间隙诊断参考数据

传动轴部位	角　间　隙	传动轴部位	角　间　隙
离合器与变速器	≤5°～15°	驱动桥	≤55°～65°
万向传动装置	≤5°～6°	传动系统	≤65°～86°

第三节　汽车制动性能检测

汽车制动性能直接影响汽车行驶、停车的安全性，是保证汽车安全行车的重要因素之一，因此也是汽车检测诊断的重点。汽车具有良好的制动性能，在紧急情况下可以化险为夷；在正常行驶时，由于制动系统的安全保障作用，可以提高汽车的平均行驶速度，从而提高汽车的运输生产效率。因此，汽车制动性能对于汽车行驶安全性和运输生产效率都有重要影响。

一、汽车制动过程

图 4-35 为驾驶人在紧急制动过程中，制动踏板力 F_f、汽车制动减速度 j 与时间 t 的关系曲线。

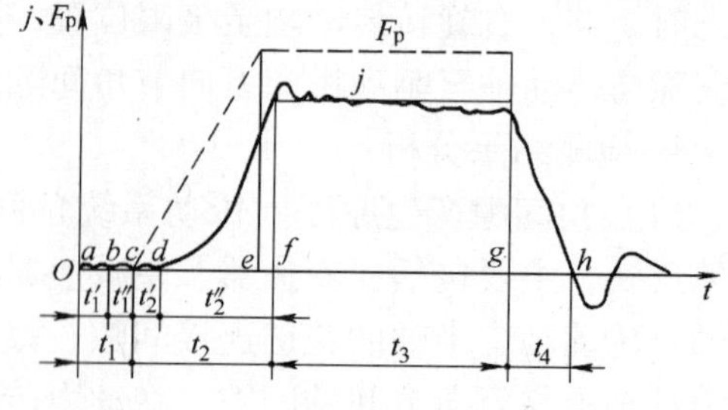

图 4-35　汽车制动过程

遇到紧急情况时，驾驶人首先要经过 t_1' 的判断过程才意识到应进行紧急制动，并开始移动右脚，经 t_1'' 才踩住制动踏板。这段时间 $t_1 = t_1' + t_1''$ 称为驾驶人的反应时间，一般为0.3～1.0s。t_1 的长短取决于驾驶人判断和反应的快慢，与制动系统的性能无关。此后，随着驾驶人踩制动踏板动作的强度增大，踏板力增加并在 e 点达到最大值。由于需要克服制动系统中的残余压力、制动蹄（钳）回位弹簧的拉力和制动蹄与制动鼓（盘）间的间隙，经 t_2'后到达 d 点，才产生地面制动力使汽车开始产生减速度；t_2''是制动力增长所需要的时间；$t_2 = t_2'' + t_2''$称为制动器的作用时间或滞后时间，其长短一方面取决于驾驶人踩制动踏板的速度，还受制动器结构形式与维修质量的影响。由 f 到 g 为持续制动时间 t_3，地面减速度和由此产生的减速度稳定，基本不变。到 g 点时，驾驶人松开制动踏板，但制动力消除仍需一定时间，t_4 称为制动释放时间。制动释放时间太长，影响随后的起步行驶。

由此可见，制动的全过程包括驾驶人反应、制动器起作用、持续制动和制动释放四个阶段，其中后三个阶段与汽车的制动性能有关。

在汽车紧急制动过程中，其制动距离 s 可用下式估算：

$$s_2 = \frac{1}{3.6}\left(t_2' + \frac{t_2''}{2}\right)v_0$$

$$s_3 = \frac{v_0^2}{2 \times 3.6^2 j}$$

$$s = s_2 + s_3 = \frac{v_0}{3.6}\left(t_2' + \frac{t_2''}{2} + \frac{v_0}{2 \times 3.6j}\right) \tag{4-1}$$

式中 v_0——制动初速度（km/h）；

j——制动减速度（m/s^2）。

制动减速度 j 与各个车轮制动力之和 $\sum F_z$ 的关系为

$$\sum F_z = \frac{G}{g}j$$

式中 G——汽车总重（N）；

g——重力加速度（m/s^2）。

代入式（4-1），则

$$s = \frac{v_0}{3.6}\left(t_2' + \frac{t_2''}{2} + \frac{v_0 G}{2 \times 3.6g\sum F_z}\right) \tag{4-2}$$

汽车在持续制动时间内抱死拖滑时，所能达到的最大制动减速度为

$$j = \phi g$$

代入式（4-2），则

$$s = \frac{v_0}{3.6}\left(t_2' + \frac{t_2''}{2} + \frac{v_0}{2 \times 3.6\phi g}\right) \tag{4-3}$$

式中　ϕ——路面附着系数。

二、汽车制动性能检测参数和标准

GB 7258—2012《机动车运行安全技术条件》规定了汽车制动系所应满足的基本要求和行车制动系统、应急制动系统、气压制动系统、液压制动系统、储气筒、制动管路和制动报警装置等所应满足的要求。根据该标准，可以用路试和台试两种方法检测汽车的制动性能。路试时，既可以检测制动距离和制动稳定性，也可以检测制动减速度、制动协调时间和制动稳定性；台试主要检测制动力、制动协调时间和左右轮制动力差。检测汽车制动性能时，可选择路试或台试两种检测方法之一，采用制动距离、制动减速度、制动力三类检测指标之一进行检测。但当机动车经台架检测后对其制动性能有质疑时，可用规定的路试检测进行复试，并以满载路试的检测结果为准。

1. 制动距离法检测标准

用制动距离和制动稳定性可以评价汽车的制动性能。

（1）制动距离　制动距离 s 指在规定的初速度下急踩制动时，从脚接触制动踏板（或手接触制动手柄）起至机动车停住时止所驶过的距离，包括在制动器起作用时间内驶过的距离 s_2 和在汽车以最大减速度持续制动时间内所驶过的距离 s_3。用制动距离作为参数评价汽车制动性能时，所应满足的要求见表 4-8。

（2）制动稳定性　制动稳定性要求是指制动过程中机动车的任何部位（不计入车宽的部分除外）不允许超出规定宽度的试验通道的边缘线，所应满足的要求（试验通道宽度）见表 4-8。

表 4-8　制动距离和制动稳定性要求

机动车类型	制动初速度/(km/h)	满载检验制动距离要求/m	空载检验制动距离要求/m	试验通道宽度/m
三轮汽车	20	≤5.0		2.5
乘用车	50	≤20.0	≤19.0	2.5
总质量不大于 3500kg 的低速货车	30	≤9.0	≤8.0	2.5
其他总质量不大于 3500kg 的汽车	50	≤22.0	≤21.0	2.5
铰接客车、铰接式无轨电车、汽车列车	30	≤10.5	≤9.5	3.0
其他汽车	30	≤10.0	≤9.0	≤3.0

制动距离 s 是评价汽车制动性能最直观的参数，其试验过程与汽车实际运行中的制动情况最为接近。制动距离检测法主要适用于汽车制动性能的道路试验，试验应在平坦、硬实、清洁、干燥且轮胎与路面间的附着系数不低于0.7的水泥或沥青路面上进行，主要检测仪器是能够测出车辆的行驶距离、时间、速度和制动初速度、制动距离、制动时间的五轮仪、非接触式多功能速度检测仪等。但通过路试检测汽车的制动距离时，需要较大的试车场地，而且对轮胎的磨损较大；同时由于制动距离是一个整车制动性能参数，因而不能反映出各个车轮的制动性能及制动力的分配情况。

使用能够准确模拟汽车行驶动能并以滚筒作为活动路面的惯性式制动试验台，也可在室内台架实验条件下测得汽车的制动距离，其制动距离测试值应与路试检测汽车的制动性能一样，满足表4-8的规定。

2. 制动减速度法检测标准

制动减速度反映了制动时汽车速度降低的快慢。在规定的汽车制动初速度 v_0 下，制动距离决定于制动减速度 j 和制动器作用时间 t_2。因此，可以通过测试制动减速度 j、制动协调时间 t_z 和制动稳定性评价汽车的制动性能。

（1）制动减速度　用制动减速度评价汽车的制动性能，是以汽车充分发出的平均减速度 *FMDD* 作为参数的，即

$$FMDD=\frac{v_b^2-v_e^2}{25.92(s_e-s_b)}$$

式中　v_b——$0.8v_0$，试验车速（km/h）；

v_e——$0.1v_0$，试验车速（km/h）；

s_b——试验车速从 v_0 到 v_b 之间车辆驶过的距离（m）；

s_e——试验车速从 v_0 到 v_e 之间车辆驶过的距离（m）。

FMDD 是机动车在制动过程中制动减速度的一个较稳定的平均值，能较真实地反映机动车制动系统的实际情况。当制动过程比较平稳，制动减速度比较稳定时，也可以认为充分发出的平均减速度是采样时段的平均减速度，即

$$FMDD\approx\frac{(v_b-v_e)}{3.6t_{bm}}$$

式中　t_{bm}——车速由 v_b 降至 v_e 所用的时间（s）。

汽车在道路试验中，在规定初速度下急踩制动踏板时，充分发出的平均减速度 *FMDD* 和制动稳定性应满足的要求见表4-9。可采用速度分析仪、制动减速度仪测出有关参数后，再计算出充分发出的平均减速度。

（2）制动协调时间　制动协调时间定义为，在急踩制动踏板时，从脚接触制动踏板（或手触动制动手柄）时起至机动车减速度（或制动力）达到标准中

规定的机动车充分发出的平均减速度（或制动力）的75%时所需的时间。显然，制动协调时间 t_z 是制动器作用时间 t_2 的主要部分。

汽车的制动协调时间的检测值应满足：液压制动的汽车不应大于0.35s，气压制动的汽车不应大于0.60s，汽车列车和铰接客车、铰接式无轨电车不应大于0.8s。

表4-9　制动减速度和制动稳定性要求

机动车类型	制动初速度/(km/h)	满载检验充分发出的平均减速度/(m/s^2)	空载检验充分发出的平均减速度/(m/s^2)	试验通道宽度/m
三轮汽车	20	≥3.8		2.5
乘用车	50	≥5.9	≥6.2	2.5
总质量不大于3500kg的低速货车	30	≥5.2	≥5.6	2.5
其他总质量不大于3500kg的汽车	50	≥5.4	≥5.8	2.5
铰接客车、铰接式无轨电车、汽车列车	30	≥4.5	≥5.0	3.0
其他汽车	30	≥5.0	≥5.4	3.0

（3）制动稳定性　制动过程中，机动车的任何部位（不计入车宽的部分除外）不允许超出表4-9中规定宽度的试验通道的边缘线。

制动减速度法也主要适用于汽车制动性能的道路试验，主要检测仪器是五轮仪、非接触式多功能速度检测仪和减速度仪等。用制动减速度法检测汽车的制动性能，所用仪器结构简单，使用方便，但试验的重复性较差，且受路面附着系数的影响很大；制动减速度是一个整车性能参数，不能反映各车轮的制动性能状况；除道路条件外，还受气候条件等的限制，且消耗燃料、磨损轮胎，对全车各部分的机件都有不良影响。

使用能够准确模拟汽车行驶动态并以滚筒作为活动路面的惯性式制动试验台，也可在室内台架实验条件下测得汽车的制动减速度，其测试值也应与路试检测汽车的制动性能一样，满足表4-9的规定。

3. 制动力法检测标准

由式（4-2）可见，汽车制动距离取决于制动力的大小和制动器起作用时间的长短，因此可以采用制动力和制动协调时间评价汽车的制动性能；同时，为使汽车具有良好的制动稳定性，左、右车轮的制动力必须满足平衡要求。因为，左右车轮特别是左右转向轮制动力不相等，往往是导致汽车制动跑偏和侧滑的重要原因。汽车的驻车制动装置也必须满足相应要求。利用制动力作为诊断参数时，可以通过台架试验分别对汽车的行车制动性能和驻车制动性能进行检测。

通过台试以制动力法检测汽车制动性能时，所应满足的要求如下所述。

（1）制动力　汽车、汽车列车在制动试验台上测出的制动力应符合表4-10的要求。对空载检验制动力有质疑时，可用表4-10规定的满载检验制动力要求进行检测。

表4-10　台试检测制动力要求

机动车类型	制动力总和与整车重量的百分比(%)		轴制动力与轴荷的百分比(%)	
	空　载	满　载	前　轴	后　轴
三轮汽车	—		—	≥60
乘用车、总质量不大于3500kg的货车	≥60	≥50	≥60	≥20
铰接汽车、铰接式无轨电车、汽车列车	≥55	≥45	—	—
其他汽车	≥60	≥50	≥60	≥50

（2）制动力平衡　在制动力增长全过程中同时测得的左右轮制动力差的最大值，与全过程中测得的该轴左右轮最大制动力中大者（当后轴及其他轴，制动力小于该轴轴荷的60%时为与该轴轴荷）之比，对新注册车和在用车应分别符合表4-11的规定。

表4-11　台试检验制动力平衡要求

	前轴	后轴(及其他轴)	
		轴制动力大于等于该轴轴荷60%时	制动力小于该轴轴荷60%时
新注册车	≤20%	≤24%	≤8%
在用车	≤245	≤30%	≤10%

（3）制动协调时间　汽车的制动协调时间的要求与用制动减速度作为检测指标时的要求相同。

（4）车轮阻滞力　进行制动力检验时，汽车、汽车列车各车轮的阻滞力应小于等于轮荷的10%。

（5）驻车制动性能　机动车空载且乘坐一名驾驶人，使用驻车制动装置制动时，驻车制动力的总和应大于等于该车在测试状态下整车重量的20%，但总质量为整备质量 1.2 倍以下的机动车应大于等于 15%。

利用台架试验检测汽车制动性能时，由于可测出车轮制动力大小，因此可据此分别分析各车轮的制动能力和制动器的技术状况；同时，台架试验速度快，占地面积小。因此，在汽车检测站广泛采用制动试验台以制动力为参数来检测汽车的制动性能。

以下主要介绍汽车制动性能室内台架试验常用制动试验台的结构和工作原理。制动试验台有多种类型，按测试原理不同，可分为反力式和惯性式两类；按试验台支承车轮的不同方式可分为滚筒式和平板式两类；按检测参数不同，可分为测制动力式、测制动距离式和综合式三种；按试验台的测量、指示装置传递信号方式的不同，可分为机械式、液力式和电气式三类；按试验台同时能测车轴数的不同，可分为单轴式、双轴式和多轴式三类。目前，国内汽车检测站所用制动检测设备多为单轴反力式滚筒制动试验台。

三、单轴反力式滚筒制动试验台结构及工作原理

1. 单轴反力式滚筒制动试验台的结构

反力式滚筒制动试验台是一种低速静态测力式制动试验台，以各车轮的制动力作为检测参数，由滚筒装置、驱动装置、举升装置、测量装置、指示与控制装置等组成，其结构简图见图 4-36。

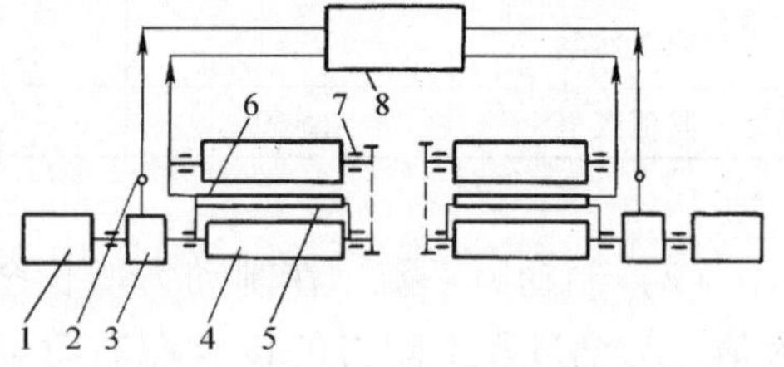

图 4-36　单轴反力式滚筒制动试验台结构简图

1—电动机　2—压力传感器　3—减速器　4—滚筒　5—第三滚筒　6—电磁传感器　7—链传动　8—测量指示仪表

为同时测试左、右车轮的制动力，滚筒装置、驱动装置和测量装置左、右对称，独立设置，而控制装置和显示装置则是共用的。

（1）滚筒装置　滚筒装置由左、右独立设置的两对滚筒构成，可以单独测试同一轴左、右车轮的制动力。一般四个滚筒的直径相同，滚筒两端由滚筒轴承支承并安装在机架上。前、后滚筒间常采用链传动。当驱动装置驱动后（主动）滚筒，并通过链条带动前（从动）滚筒旋转时，滚筒装置作为活动路面，支撑被测车辆，传递动力，使车轮旋转，并在制动试验时传递制动力。

各种型号制动试验台的滚筒直径不一，一般为 105～300mm；滚筒线速度为 0.1～5km/h。滚筒直径大时，轮胎在滚筒上滚动时变形小，滚动阻力小，但所需电动机功率大、体积大；滚动直径小时，则体积小，电动机功率小，但车轮滚动阻力大。为提高滚筒与轮胎间的附着系数，需对滚筒表面进行专门处理。常见滚筒类型有：

①开有纵向浅槽的金属滚筒。在滚筒外圆表面沿轴向开有若干间隔均匀、有

一定深度的沟槽。这种滚筒表面附着系数最高可达0.65。在试验车轮制动抱死时，容易剥伤轮胎。当表面磨损且有油、水时，附着系数将急剧下降。

②表面粘有熔烧铝矾土砂粒的金属滚筒。这种滚筒表面无论干或湿时，其附着系数可达0.8。

③表面具有嵌砂喷焊层的金属滚筒。喷焊层材料选用NiCrBSi自熔性合金粉末。这种滚筒新的时候表面附着系数可达0.9以上，其耐磨性也较好。

④高硅合金铸铁滚筒。这种滚筒表面带槽、耐磨，附着系数可达0.7~0.8，价格便宜。

⑤表面带有特殊水泥覆盖层的滚筒。这种滚筒比金属滚筒表面耐磨，表面附着系数可达0.7~0.8。但表面易被油污和橡胶粉粒附着，使附着系数降低。

有的滚筒制动试验台在主、从动滚筒之间设置一直径较小，既可自转又可上下摆动的第三滚筒，平时由弹簧使其保持在最高位置。而在设置有第三滚筒的制动试验台上，大都取消了举升装置。在第三滚筒上装有转速传感器。在检测时被检车辆的车轮置于主、从动滚筒上的同时压下第三滚筒，并与其保持可靠接触。控制装置通过转速传感器即可获知被测车轮的转动情况。当被检车轮制动，转速下降至接近抱死时，控制装置根据转速传感器送出的相应电信号使驱动电动机停止转动，以防止滚筒剥伤轮胎，并保护驱动电动机。第三滚筒除了上述作用外，有的试验台上还将其作为安全保护装置用，只有当两个车轮制动测试单元的第三滚筒同时被压下时，制动试验台驱动电动机的电路才能接通。

(2) 驱动装置　驱动装置由电动机和减速器构成。电动机输出的转矩和转速经减速器减速增扭后，驱动滚筒装置的后滚筒旋转。减速器有蜗轮蜗杆—圆柱齿轮两级减速、少齿差行星齿轮减速、传动带—圆柱齿轮两级减速等多种形式。减速器外壳由两个轴承浮动安装在支架上，可以绕后滚筒中心线摆动。主动滚筒与从动滚筒由链传动连接而同步旋转。

(3) 举升装置　为了便于汽车驶入、驶出制动试验台，在主、从动两滚筒之间设置有举升装置。该装置通常由举升器、举升平板和控制开关等组成。常用的举升器有气压式、电动螺旋式和液压式三种形式：气压式是用压缩空气驱动气缸中的活塞或使气囊膨胀完成举升作用；电动螺旋式是由电动机通过减速器带动螺母转动迫使丝杠轴向运动实现举升；液压式是由液压油推动举升缸中的活塞、活塞杆和连接在其上的举升平板完成举升动作。

(4) 测量装置　制动力测量装置主要由测力杠杆和传感器组成。测力杠杆一端与传感器连接，另一端与减速器壳体连接。被测车轮制动时，测力杠杆与减速器壳体将一起绕主动滚筒（或绕减速器输出轴）轴线摆动。传感器将测力杠杆传来的与制动力成比例的力（或位移）转变成电信号输送到指示与控制装置。

传感器有电阻应变片式、自整角电机式、电位计式和差动变压器式等多种类型。日本产制动试验台多采用自整角电机式测量装置，而欧洲产以及近期国产制动试验台多用电阻应变片式传感器。

图4-37为测力装置和驱动装置示意图。

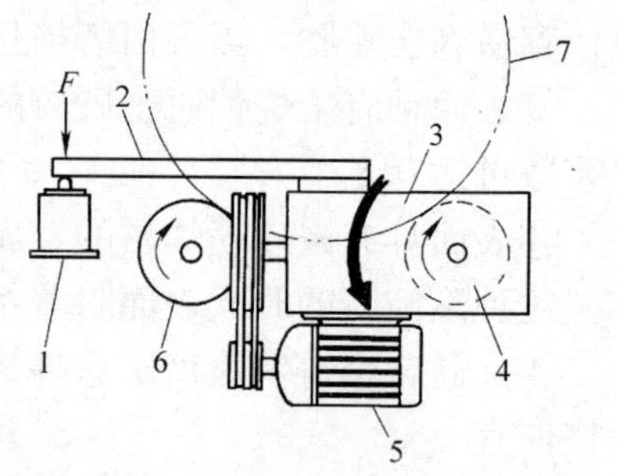

图4-37　测力装置和驱动装置示意图
1—压力传感器　2—测力杠杆　3—减速器　4—主动滚筒　5—电动机　6—从动滚筒　7—车轮

（5）控制与指示装置　为提高自动化与智能化程度，现代制动试验台大都采用电子控制装置。指示装置大多采用数字显示式。控制与指示装置主要由计算机、放大器、A/D转换器、数字显示器和打印机等组成，其控制框图见图4-38。

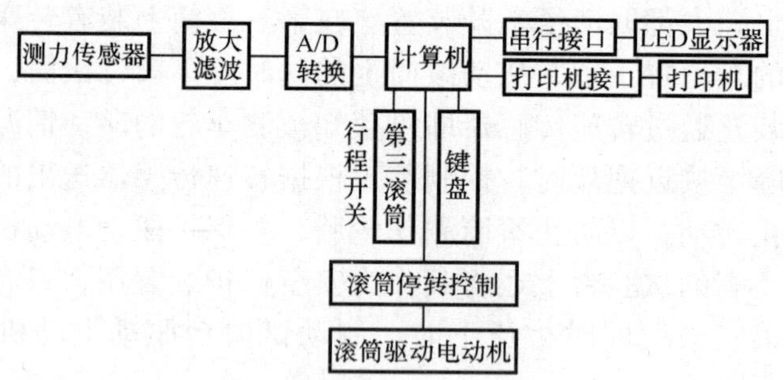

图4-38　计算机控制框图

2. 单轴反力式滚筒制动试验台工作原理

进行汽车制动性能检测时，被测汽车驶上制动试验台，车轮置于主、从动滚筒之间，放下举升器（或压下第三滚筒，装在第三滚筒支架下的行程开关被接通）。通过延时电路起动电动机，经减速器、链传动和主、从动滚筒带动车轮低速旋转，待车轮转速稳定后，驾驶人踩下制动踏板。车轮在车轮制动器的摩擦力矩 T_{μ} 的作用下开始减速旋转。此时电动机驱动的滚筒对车轮轮胎周缘的切线方向作用制动力 F_{x1}、F_{x2}（图4-39），以克服制动器摩擦力矩，维持车轮继续旋转。与此同时，车轮轮胎对滚筒表面切线方向附加一个与制动力反向等值的反作用力 F'_{x1}、F'_{x2}，在 F'_{x1}、F'_{x2} 形成的反作用力矩作用下，减速器壳体与测力杠杆一起朝滚筒转动相反方向摆动，测力杠杆一端的力或位移经传感器转换成与制动力大小成比例的电信号。从测力传感器送来的电信号经放大滤波后，送往A/D转换器转换成相应数字量，经计算机采集、存储和处理后，检测结果由数码管显示或由打印机打印出来。一般可以把左、右轮最大制动力、制动力和、制动力差、阻滞力和制动力—时间曲线等一并打印出来。在制动过程中，当左、右车轮制动力大于某一值时，计算机即开始采集数据，采集过程所经历时间是一定的（如3s）。经历了规定的采集时间后，计算机发出指令使电动机停转，以防止轮胎剥伤。在有第三滚筒的制动试验台上，在制动过程中，第三滚筒的转速信号由传感器转变成电信号后输入计算机，计算车轮与滚筒之间的滑移率。当滑移率达到一定值（如20%）时计算机发出指令使电动机停转。如车轮不驶离试验台，延时电路将电动机关闭3～10s后又自动起动。检测过程结束后，车辆即可驶出制动试验台。

在测出汽车左右车轮的制动力后，经控制装置运算便可直接得到左右车轮的制动力差，以评价汽车是否满足制动力平衡要求。

显然，在反力式滚筒制动试验台上检测汽车驻车制动性能的基本原理与之类似，其不同点仅在于此时汽车的制动力是由驻车制动装置产生的。

车轮阻滞力的检测是在汽车的行车和驻车制动装置均处于完全释放状态，变速器置于空档位置时进行的。此时，电动机通过减速器、链传动及滚筒来带动车轮维持稳定旋转所需的力，即为车轮的阻滞力。该力的测试原理亦与上述相同。

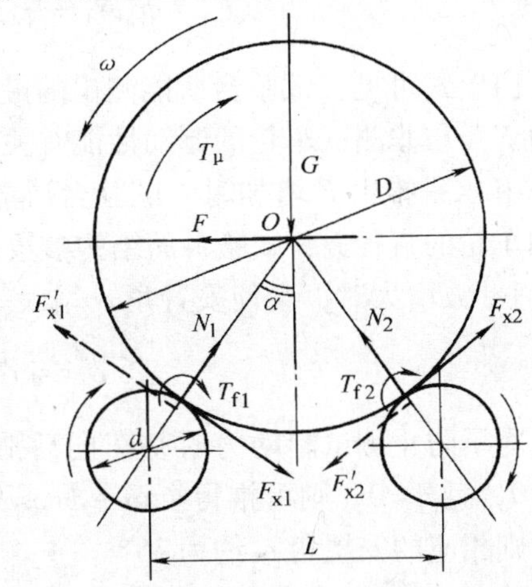

图4-39　车轮在试验台上试验时的受力简图

G—车轮所受的载荷　F—车桥对车轮轴的水平推力　N_1、N_2—滚筒对车轮的支反力　F_{x1}、F_{x2}—滚筒对轮胎的切向制动力，$F=N\phi$　F'_{x1}、F'_{x2}—车轮对滚筒的切向反作用力　ϕ—滚筒与车轮表面的摩擦系数　T_μ—制动器摩擦力矩　T_{f1}、T_{f2}—车轮的滚动阻力矩　α—安置角

制动协调时间是从驾驶人踩下制动踏板的瞬间作为起始计时点。为此，在制动测试过程中，必须由驾驶人通过套装在汽车制动踏板上的脚踏开关向试验台控制装置发出一个“开关”信号，开始计时，直至制动力达到标准中规定制动力的75%时的瞬间为止。这段时间历程即为制动协调时间，通常可以通过试验台的计算机执行相应程序来实现。

3. 反力式滚筒制动试验台的测试能力分析

图4-39所示为被测汽车的车轮在反力式制动试验台的滚筒上进行制动试验时的受力情况。

根据力学平衡原理可列出下列关系式：

$$N_1(\sin\alpha+\phi\cos\alpha)-N_2(\sin\alpha-\phi\cos\alpha)=F$$

$$N_1(\cos\alpha-\phi\sin\alpha)+N_2(\cos\alpha+\phi\sin\alpha)=G$$

联立上式解得

$$N_1=\frac{F(\cos\alpha+\phi\sin\alpha)-G(\phi\cos\alpha-\sin\alpha)}{(\phi^2+1)\sin2\alpha}$$

$$N_2=\frac{G(\phi\cos\alpha+\sin\alpha)-F(\cos\alpha-\phi\sin\alpha)}{(\phi^2+1)\sin2\alpha}$$

车轮制动时，试验台所能测出的最大制动力受轮胎与滚筒间附着力的限制。附着力 F_ϕ 的大小为

$$F_\phi=\phi(N_1+N_2)=\phi\frac{G+F\phi}{(\phi^2+1)\cos\alpha}$$

由上式可见，试验台所能测出的最大制动力受安置角 α、附着系数 ϕ 和水平推力 F（与非测试车轮的制动性能有关）等三个因素影响，当安置角 α、附着系数 ϕ 和水平推力 F 增加时，试验台所能提供的附着力相应增大。而安置角 α 与被测车轮的直径 D、试验台的结构参数、滚筒中心距 L、滚筒直径 d 有关。当 D、d 减小，L 增大时，会使安置角 α 增大。

$$\alpha=\sin^{-1}\left(\frac{L}{D+d}\right)$$

为了防止测试制动力时整车向后滑移，希望受检测车轮不脱离前滚筒，即 $N_1\geqslant0$，且$F=0$，则可推得 $\sin\alpha-\phi\cos\alpha\geqslant0$，即 $\tan\alpha\geqslant\phi$。若滚筒附着系数按0.7计，则相应的安置角 α 约为35°。

从以上分析可见，适当大的安置角对检测有利，但并不是越大越好。因为当安置角 α 增大时，车轮轮胎相对变形增大，迟滞损失增加，滚筒带动车轮旋转的附加转矩增大，仪器示值大，影响测量精度，同时增加车轮驶离滚筒时的困难。

4. 反力式滚筒制动试验台的使用特点

由于反力式滚筒制动试验台测试条件稳定，检测结果重复性较好，能定量检测汽车各个车轮的制动力和其他参数，且试验台结构简单、使用方便，检测过程迅速、经济、安全，不受外界条件限制，因此得到了广泛应用。

但反力式滚筒制动试验台有以下局限性：

1）由于制动测试时滚筒的转动速度较低，与实际制动状况相差甚远，这将影响所测制动力的上升速度，使制动协调时间延长。若其与采样时间不能很好匹配时，甚至可能影响所测制动力值大小。

2）目前，采用一般反力式滚筒制动试验台检测具有防抱死制动系统（ABS）汽车的制动性能时，所得结果还不能正确反映防抱死制动系统的功能。主要原因是这些试验台的测试车速较低，一般不超过5km/h，而现代防抱死制动系统均在车速10～20km/h以上才起作用，所以在上述试验台上检测车轮制动力时，车辆的制动防抱死系统不起作用，只能相当于对普通的液压制动系的检测过

程，同时不能反映汽车其他系统（如转向机构、悬架）的结构、性能对制动性能的影响。

3）汽车在静态下进行制动性能检测时，没有考虑制动时因惯性作用而产生的轴荷转移现象，与实际情况差异较大；同时，制动试验台的滚筒直径太小，与轮胎的接触面积较道路试验时小得多；又由于试验台前后滚筒的间距不能调整，因此当装用不同直径车轮的汽车检测制动力时，较大和较小的车轮在滚筒上的附着情况有很大不同。这都会使检测结果受到影响。

四、惯性式制动试验台结构及工作原理

惯性式制动试验台用旋转飞轮的转动惯量模拟车辆在道路上行驶时的动能，使车辆在试验台上再现道路行驶时的状况。惯性式制动试验台的滚筒可由电动机或车辆的驱动轮驱动，能进行高速试验，因而其测试工况更接近实际。

惯性式制动试验台的滚筒相当于一个移动的路面，试验台上各对滚筒分别带有飞轮，其惯性质量与受检汽车的惯性质量相当，因此滚筒传动系统具有相当于汽车在道路上行驶的惯性。制动时，轮胎对滚筒表面产生阻力，虽然这时驱动滚筒传动系统的动力（如电动机或汽车发动机的动力）已被切断，但由于滚筒传动系统具有一定的惯性，因而滚筒表面将相对于车轮移过一定距离。由此可见，在惯性式制动试验台上可以模拟道路制动试验工况。这种试验台的主要检测参数是各轮的制动距离，同时还可测得制动时间或减速度。

惯性式滚筒制动试验台按同时检测的轴数不同可分为单轴式和双轴式。双轴惯性式滚筒制动试验台的结构见图4-40。

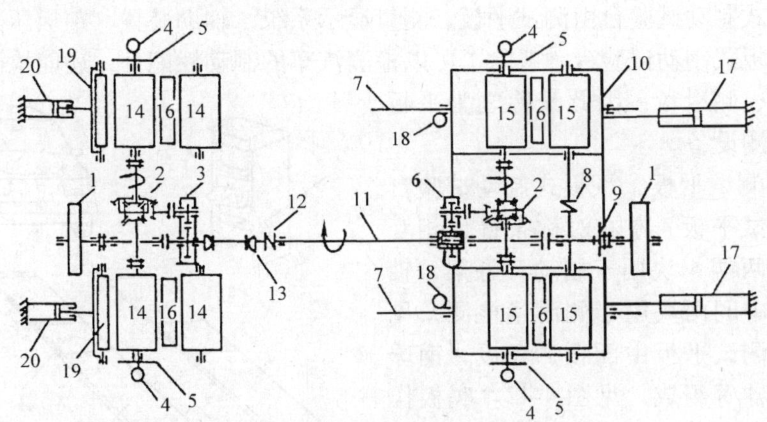

图4-40 双轴惯性式滚筒制动试验台

1—飞轮 2—传动器 3、6—变速器 4—测速发电机 5、9—光敏传感器 7—可移导轨 8、12—电磁离合器 10—移动架 11—传动轴 13—万向节 14—后滚筒 15—前滚筒 16—举升托板 17—移动架驱动液压缸 18—加紧液压缸 19—第三滚筒 20—第三滚筒调节液压缸

试验时，被测汽车驶上试验台后，前、后滚筒组之间的距离可用液压缸 17 调节，调节后用液压缸 18 锁紧。汽车发动机的动力经驱动轮驱动后滚筒组旋转。左右主动滚筒用半轴与传动器 2 相连，并经变速器 3、万向节 13、电磁离合器 12、传动轴 11、变速器 6、传动器 2 带动前滚筒及汽车前轮一起旋转。此时，根据被测车辆行驶时的惯性等效质量配置的飞轮 1 也一起旋转。当达到试验转速时，断开连接各滚筒的电磁离合器，同时作紧急制动。车轮制动后，滚筒飞轮依靠惯性继续转动，滚筒能转动的圈数与滚筒圆周长之积相当于车轮的制动距离。在规定试验车速下，滚筒继续转动圈数取决于车轮制动器和整个制动系的技术状况。滚筒转动圈数由装在滚筒端部的光敏传感器 5 转变为电脉冲送入计数器记录，在滚筒的端部还装有测速发电机 4 测定试验车速。利用装在惯性式制动试验台滚筒一端的测速传感器（光电式或测速电动机式）测出制动过程中的速度变化，由制动时间和速度变化可换算得到制动减速度。为防止汽车制动时向后窜出，在后滚筒组后装有第三滚筒 19。

利用惯性式制动试验台动态检验汽车的制动性能时，其试验条件接近汽车的实际行驶条件，具有能在任何车速下进行汽车制动性能检测的优点。但这种试验台旋转部分的转动惯量较大，因而其结构较复杂，占地面积大，且检验的车型范围受到一定限制，所以应用范围不如反力式制动试验台广泛。

五、平板式制动试验台结构及工作原理

平板式制动试验台是一种低速动态式制动试验台,可以检测各个车轮的制动力。

1. 平板式制动试验台结构

平板式制动试验台由测试平板、测量显示系统、辅助装置、踏板压力传感器构成。平板式制动试验台一般除了可以检测汽车的制动性能外，还能检测悬架性能、轴重、侧滑量，因此又称之为平板式底盘检测设备。

（1）测试平板　平板式制动试验台共 6 块测试平板，左右对称布置且相互独立，其两端 4 块用于制动、悬架、轴重测试，中间两块用于侧滑量检测，见图 4-41。测试平板由面板、底板、钢球和力传感器等组成，见图 4-42。底板作为底座固定在混凝土地面上，面板通过压力传感器和钢球支承在底板上，其纵向则通过拉力传感器与底板相连。压力传感器用于测量作用于面板上的垂直力；拉力传感器则用于测量沿汽车行驶方向，

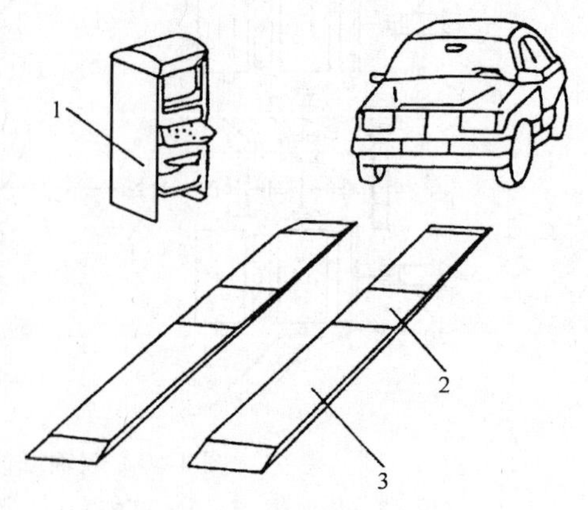

图 4-41　平板式制动试验台
1—制动、轴重、悬架测试平板　2—侧滑测试平板　3—数据处理系统

轮胎作用于面板上的水平力。

(2) 控制和显示装置 控制与显示装置是一个以计算机为核心的数据采集、分析、处理和显示的系统。计算机对传感器的各种出信号进行高速采样，并将其转换为数字信号，并对这些数字信号进行处理、计算，并判定汽车制动性能是否合格，同时还能给被测汽车驾驶人提供操作指示。

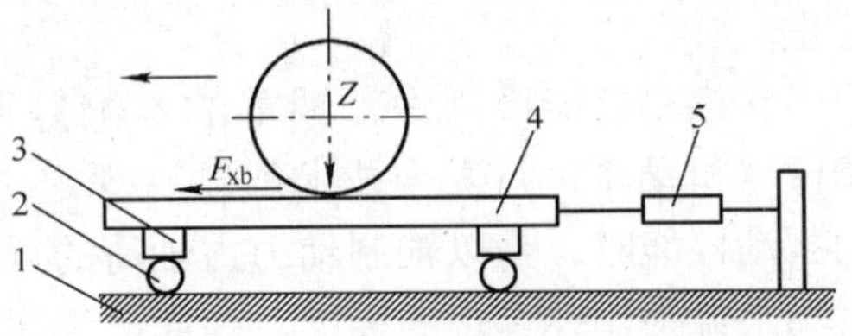

图 4-42 测试平板的结构示意图
1—底板 2—钢球 3—压力传感器
4—面板 5—拉力传感器

测试平板所受到的水平力和垂直力的大小变化，分别对应于拉力传感器和压力传感器所输出的电信号的变化。拉力传感器和压力传感器输出的电信号由计算机采集、处理后，换算成制动力和轮荷的大小并分别在显示装置上显示出来。踏板压力传感器用于测出制动时作用在制动踏板上的力，如果装用无线式踏板压力传感器，平板式制动试验台不仅可测出最大制动力，还可输出制动力随时间变化的曲线、制动协调时间等信息。根据垂直力的数值及在制动过程中的波动情况，还可检测汽车轴重和悬架、减振器的性能。

(3) 辅助装置 辅助装置包括前、后引板和中间过渡板，其作用是方便汽车平稳地驶上、驶下制动试验台。

2. 平板式制动试验台工作原理

利用平板式制动试验台检测汽车制动性能时，汽车以 5 ~ 10km/h 的速度匀速驶上测试平板，置变速器于空档并紧急制动。在汽车惯性力作用下，车轮则对测试平板作用一个与车轮制动力大小相等、方向与汽车行驶方向相同的作用力 F_{xb}。该作用力通过纵向拉杆传给纵向拉力传感器，传感器则将该作用力转换成相应大小的电信号输入放大器；与此同时，压力传感器将各车轮载荷的大小转换成电信号输入放大器，然后通过控制装置处理并由显示装置显示检测结果。

根据制动过程中汽车前、后车轮作用在测试平板上的垂直力的变化情况，则可以判断汽车各个车轮的悬架性能，参见本章第四节。

3. 平板式制动试验台的使用特点

1) 汽车在平板式制动试验台上的制动过程与汽车路试时的制动过程较为接近，能反映车辆的实际制动性能。

2) 平板式制动试验台不需模拟汽车转动惯量，结构简单，较容易与轮重仪、侧滑仪组合在一起，以提高测试效率。

3) 平板式制动试验台存在测试重复性差且重复试验较麻烦、占地面积大、需要助跑车道、不利于流水作业和不安全等缺点，因此其应用不如反力式滚筒制动试验台广泛。

六、汽车轴重的检测

轴重也叫轴荷，是指汽车某一轴的重量。汽车各轴的轴重之和，就是汽车的总重。

在汽车性能检测中，轴重的检测并不是一个单独的检测项目。GB 7258—2012《机动车运行安全技术条件》规定，通过台试用制动力作为指标检测汽车的制动性能时，是以轴制动力占轴荷的百分比来进行评价的，这对总质量不同的汽车来说是比较客观的标准。因此，为评价汽车的制动性能，除了设置汽车制动试验台外，还必须配备汽车轴重试验台。有些复合式滚筒制动试验台装有轴重测量装置（此时，可不配置轴重试验台），称重传感器（应变片式）通常安装在每一车轮测试单元框架下的4个支承脚处。轴重试验台用于分别测定汽车各轴的垂直载荷，在制动检测时，提供计算汽车各轴及整车的制动效能时所需的轴重数据。

轴重仪可以分为机械式和电子式两类。电子式轴重仪配有智能化仪表，因其功能强、精度高而得到广泛应用。

轴重仪主要由框架和承重台面及电子仪表组成。承重台面四角分别固定四只压力应变传感器，见图4-43。当传感器受到压力时，电阻应变片的阻值发生变化，从而能够输出与所受压力成正比的电压信号。

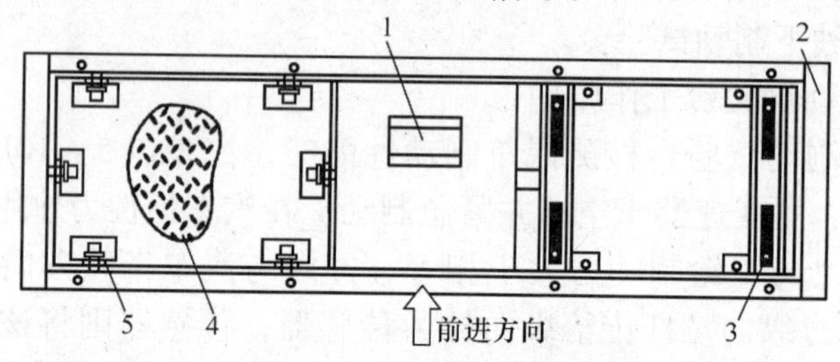

图4-43　轴重仪结构简图

1—铭牌　2—框架　3—传感器　4—承载台面　5—缓冲体

第四节　汽车行驶系统检测

汽车行驶系统主要由车轮和悬架系统构成，其车轮不平衡、车轮定位参数不正确、主销与衬套磨损、悬架系统松旷等都会引起汽车行驶系统技术状况变坏，不仅影响汽车的操纵稳定性、乘坐舒适性、行驶阻力，而且直接影响汽车的行驶安全性。因此，汽车行驶系统的检测与诊断是汽车技术状况监控的重要内容。

一、车轮平衡检测

随着公路质量的提高和汽车技术的进步，汽车的行驶速度愈来愈高。在高速行驶条件下，车轮不平衡所引起的车轮跳动和摆振，对于汽车的行驶平顺性、乘坐舒适性和安全行车的影响更为严重。此外，轮胎及有关机件的磨损和冲击加剧，因而也缩短了汽车使用寿命。研究发现，车轮由于位置不正或不平衡严重时，其磨损量是正常使用情况下磨损率的10倍。因此，车轮平衡检测已越来越引起人们的重视。

1. 基本知识

（1）静不平衡　静不平衡的车轮，其重心与旋转中心不重合，若使其转动，则只能停止于一个固定方位。

由于静不平衡质量的存在，车轮在旋转时产生离心力。假定不平衡质量 m（kg）集中于距车轮旋转中心距离为 r(m）的圆周上某点，则车轮转动时所产生的离心力 F(N）的大小为

$$F = m\omega^2 r$$

式中　ω——车轮旋转角速度，$\omega = 2\pi \cdot n/60$（rad/s）；

n——车轮转速（r/min）。

从式中可见，转速 n 越高，不平衡质量 m 越大，且距旋转中心的距离 r 越远，由静不平衡所产生的离心力 F 也越大。离心力 F 可分解为垂直分力 F_Y 和水平分力 F_X。每旋转一周，垂直分力 F_Y 在过旋转中心垂直线的 a、b 两点达到最大值且方向相反，从而引起车轮的跳动；水平分力 F_X 在过旋转中心水平线的 c、d 两点达到最大值且方向相反，形成绕转向轮主销来回摆动的力矩，造成转向轮摆振，见图4-44。当左右转向轮的不平衡质量相互处于180°位置时，转向轮摆振最为剧烈。若要实现静平衡，则需在不平衡质量 m 作用半径的相反位置上，配置相同质量 m_1'，以使两者所产生的离心力因大小相同、方向相反而相互抵消。

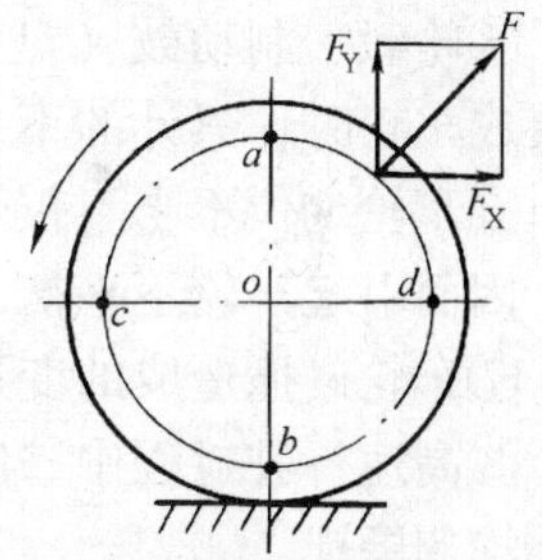

图4-44　车轮静不平衡示意图

（2）动不平衡　静平衡的车轮，因车轮的质量分布相对于车轮纵向中心平面不对称，旋转时会产生方向不断变化的力偶，车轮处于动不平衡状态。若在旋转轴线的径向相反、距旋转中心距离相同的位置上，各有一质量相同的不平衡点，如果两不平衡质量不在同一平面内，则虽为静平衡车轮，但其却是动不平衡的，见图4-45a，这是因为两不平衡质量产生的离心力的合力虽为零，但离心力位于不同平面内，二力构成的力偶却不为零。在车轮旋转过程中，该力偶的方向反复变化使转向轮绕主销摆振。若要使车轮达到动平衡，则需在 m_1、m_2 同一作用

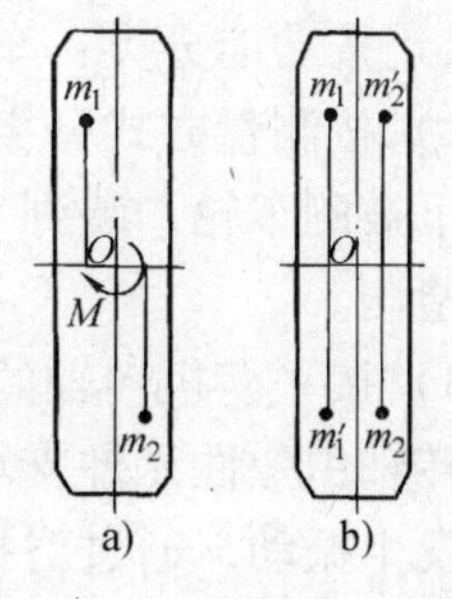

图4-45　车轮平衡示意图

a）车轮静平衡但动不平衡

b）车轮动平衡

半径的相反方向配置相同质量 m_1'、m_2'，见图 4-45b。

动平衡的车轮肯定是静平衡的，但静平衡的车轮却不能保证是动平衡的，因此对车轮主要应进行动平衡检测。根据GB 7258—2012《机动车运行安全技术条件》，车轮总成的横向摆动量和径向跳动量，总质量小于等于 3500kg 的汽车应小于等于 5mm；摩托车及轻便摩托车应小于等于 3mm；其他机动车应小于等于 8mm。最高设计车速大于 100km/h 的机动车，其车轮的动平衡要求应与该车型的技术要求一致。

（3）车轮不平衡的原因

①轮毂、制动鼓（盘）加工时轴心定位不准、加工误差大、非加工面铸造误差大、热处理变形、使用中变形或磨损不均。

②轮胎螺母质量不等、轮辋质量分布不均或径向圆跳动、轴向圆跳动太大。

③轮胎质量分布不均、尺寸或形状误差太大、使用中变形或磨损不均、使用翻新胎或垫、补胎。

④并装双胎的充气嘴未相隔 180°安装，单胎的充气嘴未与不平衡点标记（经过平衡试验的新轮胎，往往在胎侧标有红、黄、白或浅蓝色的□、△、O 或◇符号，用来表示不平衡点位置）相隔 180°安装。

⑤轮毂、制动鼓（盘）、轮胎螺栓、轮辋，内胎、衬带、轮胎等拆卸后重新组装成车轮时，累计的不平衡质量或形位偏差太大，破坏了原来的平衡。

⑥车轮定位不当不仅影响汽车的操纵性和行驶稳定性，而且会造成轮胎偏磨，因而引起车轮不平衡。

⑦车轮碰撞造成的变形引起的车轮质心位移。

⑧高速行驶过程中，制动抱死而引起的轮胎纵向和横向滑移所引起的轮胎局部不均匀磨损。

2. 车轮平衡机的类型和结构

（1）车轮平衡机的类型　车轮平衡机有多种分类方式。

1）按功能分类：车轮静平衡机和车轮动平衡机。

2）按测量方式分类：离车式车轮平衡机和就车式车轮平衡机。前者需从车上拆下被测车轮，装到平衡机转轴上进行测量，后者则可在不拆卸车轮的状况下进行检测。

3）按平衡机转轴的支承方式分类：软式车轮平衡机和硬式车轮平衡机。前者的转轴由弹性元件支承，当装在转轴上的车轮不平衡时，转轴和车轮在转动过程中发生振动，通过对振动的强弱和相位的测量来检测车轮的不平衡量；后者的转轴则由刚性元件支承，通过测量车轮不平衡点在车轮旋转时产生的离心力来检测车轮的不平衡量。

凡可测定车轮左、右两侧的不平衡量及相位的车轮平衡机，称为两面测定式车轮平衡机。

（2）离车式车轮平衡机　在离车式车轮平衡机中，目前应用最多的是硬式两面测定车轮动平衡机，见图4-46。该平衡机主要由驱动机构、转轴与支承、机箱、制动装置和防护罩构成。其中，驱动机构由电动机、传动装置构成，驱动转轴旋转使安装在其上的车轮达到所要求的平衡转速；车轮在转轴上的安装位置见图4-47，转轴由两盘滚动轴承支承。两盘轴承内分别组装有检测动反力的传感器，传感器产生的电信号输送至控制装置，转轴外端通过锥体和快速拆装螺母固定被测车轮；显示与控制装置多采用电脑式，能将传感器传来的电信号通过电脑运算、分析、判断后，显示出不平衡量及相位；车轮防护罩用于防止车轮旋转时车轮上的平衡块或花纹中的夹杂物飞出；制动装置可使车轮停转。

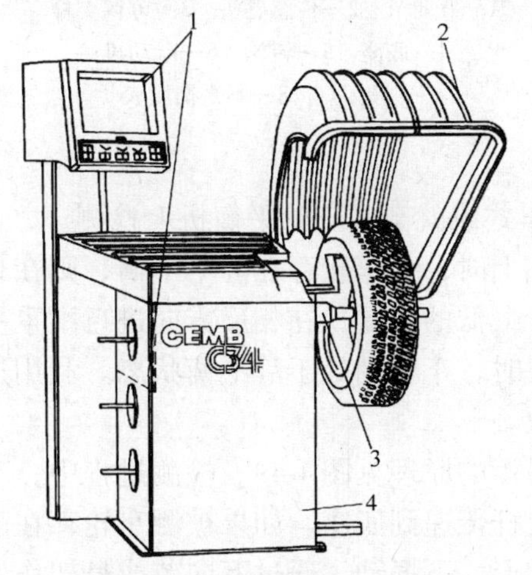

图4-46　离车式车轮动平衡机
1—显示与控制装置　2—防护罩
3—转轴　4—机箱

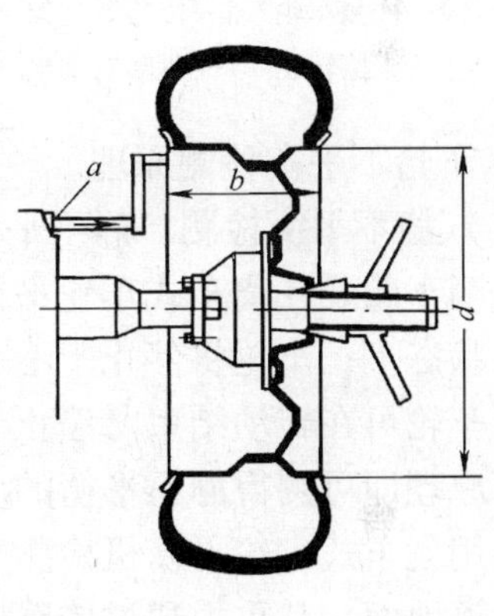

图4-47　车轮在平衡机上的安装
a—轮辋边缘至机箱距离　b—轮辋宽度　d—轮辋直径

（3）就车式车轮平衡机　图4-48为就车式车轮平衡机外形及工作图，图4-49为其结构示意图。就车式车轮平衡机由驱动装置、测量装置、指示与控制装置、制动装置等构成，并装在手推小车上。其中，驱动装置由电动机和由其驱动的转轮构成，电动机驱动转轮旋转时，可将转轮贴紧车轮的胎面，带动其旋转；测量装置由传感磁头、可调支杆和底座构成。测试时，传感磁头可吸附在独立悬架下臂或非独立悬架的万向节处，通过可调支杆可将不平衡车轮旋转时产生的振动传给底座，装在底座中的传感元件将振动转化成电信号。指示与控制装置由频闪灯和不平衡度表或数字显示屏构成，在接收到传感元件发出的电信号后，不平衡度表根据其强弱指示出不平衡量大小，频闪灯用于测出车轮不平衡点的位置。

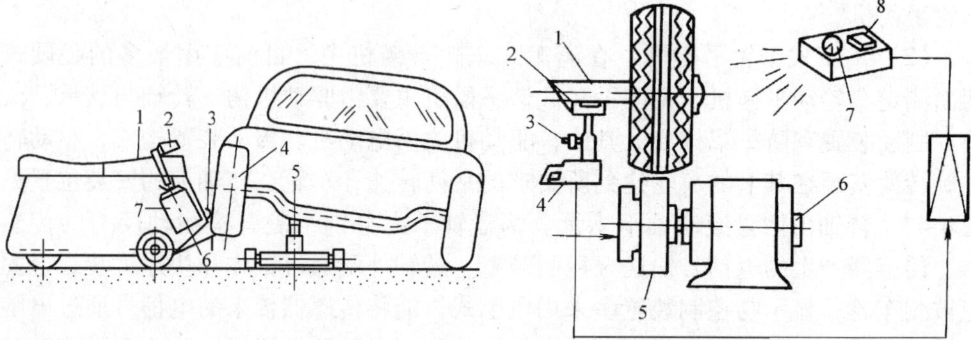

图 4-48 就车式车轮平衡机外形及工作图

1—仪表板 2—手柄 3—光电传感器
4—被测车轮 5—传感器支架
6—摩擦转轮 7—驱动电动机

图 4-49 就车式车轮动平衡机结构示意图

1—万向节 2—传感磁头 3—可调支杆
4—底座 5—转轮 6—电动机
7—频闪灯 8—不平衡度表

3. 车轮不平衡检测原理

（1）静不平衡检测　静不平衡可在离车式或就车式车轮平衡机上检测。

被测车轮装在离车式车轮平衡机的转轴上时，若车轮存在静不平衡，则在自由转动状态下，车轮将停止于不平衡点处于最低的位置；在相反方向进行配重平衡，当车轮可在转动结束时停止于任一位置时，车轮则处于静平衡状态。利用这一基本原理即可测得静不平衡的质量和相位。

利用就车式车轮平衡机检测车轮静不平衡的原理见图 4-49。检测过程中，车轮被支离地面，其重力通过传感器、可调支杆传递到底座。如果被测车轮存在静不平衡，则高速旋转时产生离心力所引起的上、下振动，通过万向节或悬架作用于检测装置的传感磁头、可调支杆和底座内的传感器。传感器把感受到的脉冲压力信号转变为脉冲电信号控制频闪仪的闪光时刻，闪光照射到车轮上的位置反映不平衡点的相位；电信号强弱输入指示与控制装置后，则显示出不平衡度。

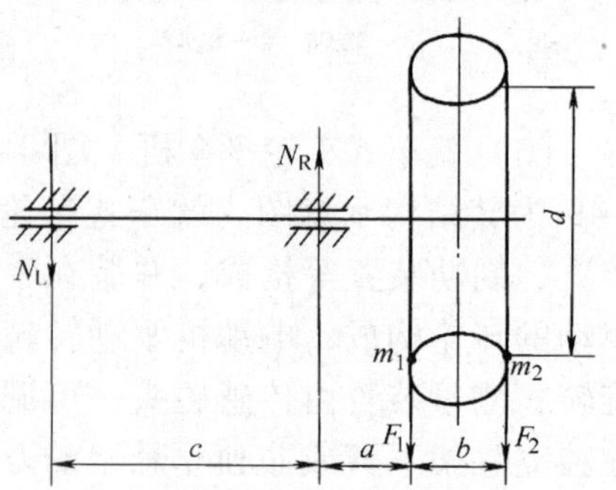

图 4-50 车轮平衡仪检测原理

a—轮辋边缘至右支撑的距离
b—轮辋宽度 c—左、右支撑间距离 d—轮辋直径

（2）动不平衡检测

1）离车式车轮平衡机检测动不平衡的基本原理。动不平衡的车轮安装在离车式硬支承平衡机的转轴上高速旋转时，所产生的离心力在支承装置上产生动反力，测出支承装置所受的动反力即可测得不平衡量。其检测原理见图 4-50。图中，m_1、m_2 为车轮不平衡点质量，车轮旋转时所产生

的离心力为 F_1、F_2，结构尺寸 a、b、c、d 如图所示。硬支承平衡机的测试、校正原理：根据支承处的动反力 N_D、N_R 确定两校正面上离心力 F_1 和 F_2 的大小，根据 F_1、F_2 确定两校正面所需的平衡块质量和安装方位。其测量点在轴承处，而校正面选在轮辋两边缘。根据平衡条件，有

$$N_R - N_L - F_1 - F_2 = 0$$

$$F_1(a+c) + F_2(a+b+c) - N_R c = 0$$

可解得

$$F_1 = N_L \frac{a+b+c}{b} - N_R \frac{a+b}{b}$$

$$F_2 = N_L \frac{a+c}{b} - N_R \frac{a}{b}$$

由此可见，离心力 F_1、F_2 仅取决于动反力 N_L、N_R 及结构尺寸 a、b、c。对于某车轮平衡机和所测车轮而言，结构尺寸可视为常数。可事先输入控制装置，动反力 N_L、N_R 可用位移、速度或加速度传感器测出，根据此确定 F_1、F_2 并确定平衡块质量和安装方位。

2）就车式车轮平衡机检测动不平衡的基本原理。在就车式车轮平衡机上检测车轮动不平衡时，可将传感磁头固定在制动底板上。当动不平衡的车轮高速旋转时，不平衡质量所产生的离心力使车轮左、右摆振，在制动底板上产生横向振动。横向振动通过传感磁头、可调支杆传给底座内的传感器并把振动转化成电信号，电信号控制频闪灯闪光，以指示车轮不平衡点位置，并由指示装置显示出车轮的不平衡量。

4. 车轮不平衡检测方法

(1) 离车式车轮平衡机的检测方法

1）准备工作

①拆除轮辋上的旧平衡块。

②清除胎面泥土和嵌在花纹中的泥土、石子等。

③轮胎气压达到规定值。

④检查车轮平衡仪，并预热 5min 左右。

⑤提取车轮定位尺，以便使被测车轮定位。

⑥根据轮辋中心孔大小选择锥体，并把车轮装在转轴上，用快速螺母紧固。

2）检测步骤

①测量轮辋宽度 b、轮辋直径 d 和轮辋边缘至机箱距离 a，并输入到指示与控制装置。

②按下车轮定位尺并放下车轮防护罩。

③按起动按钮，转轴带动车轮旋转，开始测试。

④显示出测量结果后，按停止按钮或踩制动踏板使车轮停转，并从指示装置上读取车轮内、外侧不平衡量和不平衡位置。

⑤根据检测结果，分别在轮辋内、外两侧安装平衡块。

⑥检查平衡结果，直至车轮不平衡量 <5g，指示装置显示“00”或“OK”时，车轮处于平衡状态。

⑦测试结束，切断电源，从转轴上取下车轮总成。

（2）就车式车轮平衡机的检测方法

1）准备工作

①用千斤顶支起车桥。

②取掉车轮轮辋上的旧平衡块，清除胎面泥土和花纹中夹嵌的泥土、碎石。

③检查轮胎气压，使其达到规定值。

④检查车轮转动是否轻便，车轮轴承是否松旷。

⑤在轮胎任意位置上用粉笔或胶带作标记，也可用气门嘴作标记。

2）转向轮静平衡检测步骤

①安装传感器支架。用三角垫木塞紧另一侧车轮和后桥车轮，将转向桥落座于传感器支架上，调节好可调支杆高度并锁紧，使被测车轮升离地面。

②使车轮平衡机转轮贴紧轮胎胎面，驱动电动机带动车轮高速旋转，注意车轮旋转方向应与汽车前进时车轮旋转方向一致。

③用频闪灯照射车轮，确定标记在车轮轮胎上的位置，在指示装置显示出不平衡量数值后，利用平衡机上的制动装置使其停止转动。

④轻转车轮，使标记位于频闪灯下的观察位置，轮辋最上部即为平衡块的安装位置。

⑤根据指示装置所显示的不平衡量，在轮辋上加装平衡块。

⑥重复上述步骤复查测试，直至满足平衡要求。

3）转向轮动平衡检测步骤

①转向轮外转 45°，将传感磁头吸附在制动底板边缘平整之处。

②测量方法与转向轮静平衡的测量方法相同，但车轮平衡时，应在观察位置轮辋两侧各安装一块平衡块，并使其相隔 180°，平衡后也需复查直至满足平衡要求。

4）驱动轮平衡与转向轮平衡的主要区别

①用千斤顶支起后桥后，不必用三角垫木塞紧被测车轮另一侧的车轮。

②用发动机通过传动系统带动后轮以 50 ~ 70km/h 的速度稳定运转，而不再用平衡机转轮带动车轮旋转。

③传感磁头支撑在后桥尽可能靠近后轮的地方。

④测试结束后，用车轮制动器而不是用平衡机上的制动装置使车轮停止旋

转。

其驱动轮平衡的主要测试步骤与转向轮静、动平衡测试步骤相同。

二、悬架装置检测

悬架装置主要由弹性元件、导向装置和减振器三部分构成，是汽车行驶系统的重要组成部分，其功能是传递动力、缓和并迅速衰减车身与车桥之间因路面不平引起的冲击和振动。

汽车悬架装置最易发生故障的部件是减振器。减振器工作不正常时，汽车行驶中跳跃严重，轮胎的接地能力下降，转向盘发飘，弯道行驶时车身晃动加剧，制动时易发生跑偏或侧滑，轮胎磨损异常，乘坐舒适性降低，有关机件磨损速度加快。

悬架装置的技术状况和工作性能的检测与诊断，对于保证汽车行驶平顺性、操纵稳定性、舒适性和行驶安全性具有重要意义。

1. 汽车悬架装置性能的检测方法

汽车悬架装置性能的检测方法，有经验法、按压车体法和试验台检测法三种类型。前两种方法主要是靠检查人员的经验，因此存在主观因素大、可靠性差、只能定性分析、不能定量分析等缺点。

利用悬架装置检测台可以快速检测、诊断悬架装置工作性能。根据激振方式不同，悬架装置检测台可分为跌落式、谐振式（图4-51）和平板式（图4-41）三种类型。由于谐振式悬架装置检测台性能稳定、数据可靠，因此应用广泛。

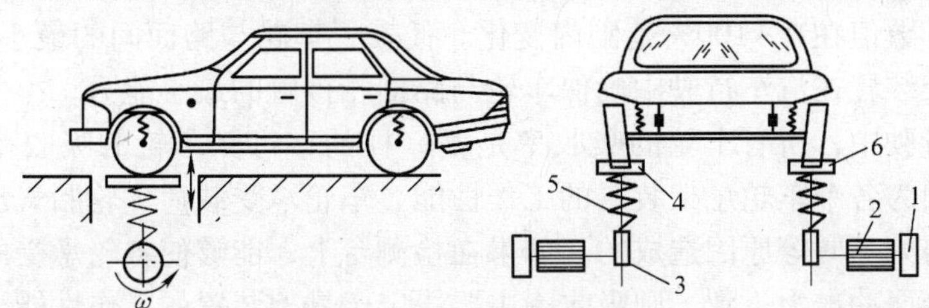

图4-51　谐振式悬架检测台

1—储能飞轮　2—电动机　3—凸轮　4—台面　5—激振弹簧　6—测量装置

（1）跌落式悬架装置检测台基本原理　测试过程中，先通过举升装置将汽车升起一定高度，然后突然松开支撑机构或撤去垫块，车辆落下产生自由振动。用测量装置测量车体振幅或者用压力传感器测量车轮对台面的冲击压力，对振幅或压力分析处理后，评价汽车悬架装置的工作性能。

（2）谐振式悬架装置检测台基本原理　通过检测台的电动机、偏心轮、储能飞轮和弹簧组成的激振器，迫使检测台台面及被检汽车的悬架装置产生振动。通过检测激振后振动衰减过程中力或位移的振动曲线，求出频率和衰减特性，便可判断悬架装置减振器的工作性能。根据测试对象不同分为测力式和测位移式两类。测力式悬架装置检测台测试振动衰减过程中的力，测位移式悬架装置检测台则测试振动衰减过程中的位移量。

以下主要介绍谐振式悬架装置检测台的结构和工作原理。

（3）平板式悬架装置检测台基本原理　被测汽车以一定速度开上测试平板（图4-41），驾驶人踩下制动踏板，使车辆在制动、悬架、轴重测试平板上制动至停车。由于制动时车身产生振动，致使前后车轮动态负荷相对静态负荷发生变化。每块平板下都设有垂直力传感器，因而能测得车轮的动、静态载荷，然后计算出车轮的悬架效率。

2. 汽车悬架性能的评价指标

（1）吸收率　用谐振式悬架装置检测台检测汽车悬架特性时，其评价指标为吸收率（车轮接地性指数）。

根据JT/T 448—2001《汽车悬架装置检测台》，吸收率指被测汽车最小的动态车轮垂直接地力与静态车轮垂直接地力之比，以百分数表示。

1）动态车轮垂直接地力，是指谐振式悬架装置检测台台面与被测汽车悬架装置的车轮部分出现共振时，汽车车轮作用在台面上的垂直作用力。

2）静态车轮垂直接地力，是指谐振式悬架装置检测台台面与被测汽车悬架装置处于静止状态时，汽车车轮作用在台面上的垂直作用力。

吸收率或称车轮接地性指数是车轮与路面间最小法向作用力与其法向静载荷的比值，其数值在0～100%范围内变化。代表了车轮与路面间的最小相对动载，表明了悬架装置在汽车行驶中确保车轮与路面相接触的最小能力。

汽车行驶中，所有车轮的吸收率是不一样的，每侧车轮的吸收率应单独计算。这是因为各个车轮悬架装置的工作性能、车轮承受载荷、轮胎气压和路面对车轮的冲击力不同等原因造成的。如果在检测台上，能够使各轮承受的载荷、轮胎气压和台面冲击力一致，则吸收率主要决定于悬架装置的工作性能。因此，完全可以用吸收率评价悬架装置的工作特性。

（2）悬架效率　用平板式悬架装置检测台检测汽车悬架特性时，其评价指标为悬架效率。

图4-52为汽车以5～10km/h的初速在测试平板上制动时，其前后车轮垂直载荷随时间的变化曲线。制动时前部车身先加速向下，前轮垂直载荷先从静态载荷附近（O点）上升到最大值（A点），再从最大值下降到最小值（B点），见图4-52a；后部车身的振动所引起后轮垂直载荷的变化的相位与前轮相反，即前部车身向下运动时后部车身向上抬起，见图4-52b。

由于汽车悬架装置能衰减、吸收车身的振动，所以车身的振动经过一段时间后就会消失。每侧车轮的悬架效率η可用下式计算：

$$\eta = \left[1 - \left(\left|\frac{G_B - G_O}{G_A - G_O}\right|\right)\right] \times 100\%$$

式中　η——悬架效率；

G_O——各车轮处静态负荷值；

G_A——A 点的纵坐标绝对值；

G_B——B 点的纵坐标绝对值。

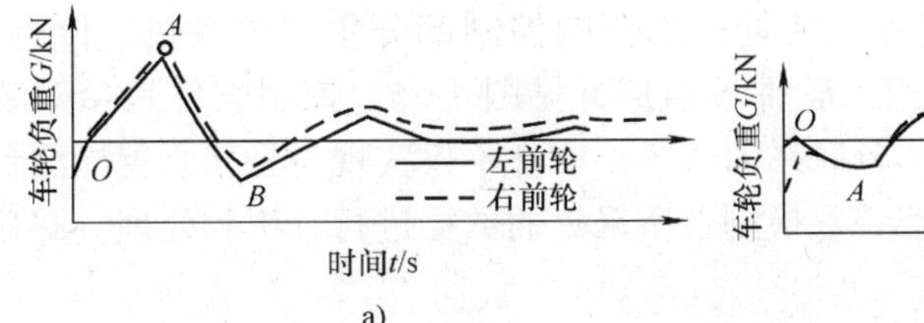

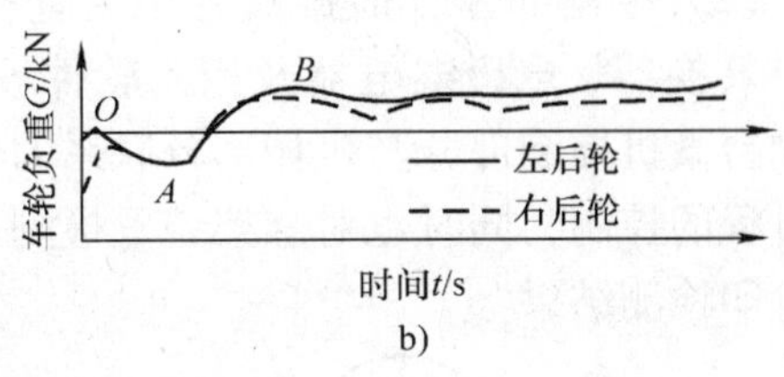

图 4-52　车轮垂直载荷的变化曲线

a）前轮　b）后轮

3. 悬架装置检测台的结构

谐振式悬架装置检测台一般由机械和微机控制两部分组成。

（1）机械部分　谐振式悬架装置检测台的机械部分由左右两套相同的振动系统构成（图 4-51）。其单轮振动系统见图 4-53。每套振动系统由上摆臂、中摆臂、下摆臂、支承台面、激振弹簧、驱动电动机、储能飞轮和传感器等构成。传感器一端固定在箱体上，另一端固定在台面上。上摆臂、中摆臂和下摆臂通过三个摆臂轴和六个轴承安装在箱体上。上摆臂和中摆臂与支承台面连接，并构成平行四边形的四连杆机构，以保证上下运动时能平行移动，使台面受载时始终保持水平。中摆臂和下摆臂端部之间装有弹簧。驱动电动机的一端装有储能飞轮，另一端装有凸缘。凸缘上有偏心轴。连接杆一端通过轴承和偏心轮连接，另一端与下摆臂端部连接。

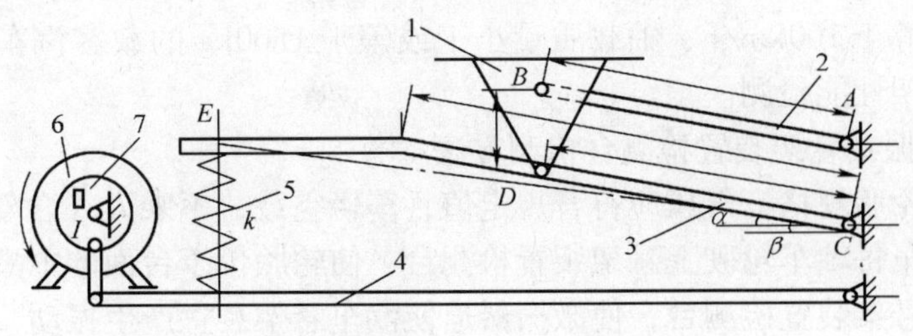

图 4-53　谐振式悬架装置检测台单轮支撑装置

1—支撑台面　2—上摆臂　3—中摆臂　4—下摆臂　5—激振弹簧

6—驱动电动机　7—偏心惯性结构

检测时，将汽车驶上支承平台，启动测试程序，驱动电动机带动偏心机构使整个汽车—台面系统振动。激振数秒钟达到角频率为 ω_0 的稳定强迫振动后，断开驱动电动机电源。然后，由储能飞轮以起始频率为 ω_0 的角频率进行扫频激振，同时启动采样测试装置。由于车轮的固有频率处于 ω_0 与 0 之间，因此储能飞轮的扫频激振总能使汽车—台面系统产生共振。采样测试装置记录数据和振动波形，然后进行分析、处理和评价。

（2）控制部分　谐振式悬架装置检测台的控制部分主要由微机、传感器、A/D 转换器、电磁继电器及控制软件等组成，见图 4-54。控制软件是悬架装置检测台微机控制部分与机械部分联系的桥梁。软件不仅实现对悬架装置检测台测试过程的控制，同时也对悬架装置检测台所采集的数据进行分析和处理，并显示和打印检测结果。

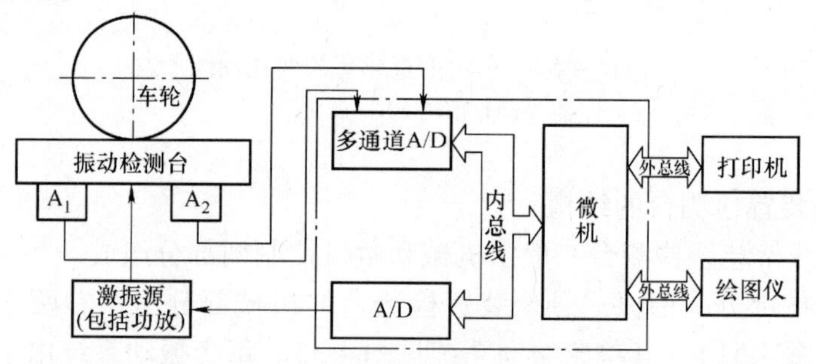

图 4-54　汽车悬架性能检测控制系统

图 4-41 所示平板式底盘检测设备由测试平板、数据处理系统和踏板力计等组成，可以检测汽车制动性能、轴重、悬架装置工作特性和车轮侧滑量。该检测台的两列测试平板一共分为 6 块，其中前后两端的 4 块用于制动、悬架、轴重测试，中间的两块一块为侧滑测试用，另一块为空板，不起任何测试作用。

4. 汽车悬架性能检测方法

根据 GB 18565—2001《营运车辆综合性能要求和检验方法》，对于最大设计车速大于或等于 100km/h、轴载质量小于或等于 1500kg 的载客汽车，应按下列方法进行悬架性能检测。

（1）谐振式悬架装置检测台检测方法

①汽车轮胎规格、气压应符合规定值，车辆空载，不乘人（含驾驶人）。

②将汽车每轴车轮驶上悬架装置检测台，使轮胎位于台面的中央位置。

③起动悬架装置检测台，使激振器迫使汽车悬架装置产生振动，并达到起始激振频率（高于共振频率）。

④达到起始激振频率后，将激振电源关断，使激动频率逐渐降低，并将通过共振频率。

⑤记录衰减振动曲线，纵坐标为动态轮荷，横坐标为时间。测量共振频率时的动态轮荷。计算并显示动态轮荷与静态轮荷的百分比及其同轴左右轮百分比的差值。

（2）平板式检测台检测方法

①平板式检测台平板表面应干燥，没有松散物质及油污。

②驾驶人将车辆对正平板并以 5～10km/h 的速度驶上平板，置变速杆于空档，急踩制动踏板，使车辆停住。

③测量制动时的动态轮荷，记录动态轮荷的衰减曲线。

④计算并显示悬架效率和同轴左右轮悬架效率的差值。

5. 汽车悬架性能检测标准

GB 18565—2001《营运车辆综合性能要求和检验方法》中规定，对于最大设计车速≥100km/h、轴载质量≤1500kg 的载客汽车，用悬架检测台按规定的方法检测悬架特性时，受检车辆的车轮在受外界激励振动下测得的吸收率（车轮接地性指数）应不小于 40%，同轴左右轮吸收率之差不得大于 15%。

在欧美一些国家，汽车悬架检测台已被广泛应用于在用汽车悬架性能的检测。欧洲减振器制造协会推荐的参考标准是，在检测台面振幅为 6mm 时，各项指标及状态，见表 4-12。

表 4-12　车轮接地性参考标准

车轮接地性指数(%)	60～100	45～60	30～45	20～30	1～20	0
车轮接地状态	优	良	一般	差	很差	车轮与地面脱离

用平板式检测台检测汽车悬架特性时，悬架效率应不低于 45%，同轴左、右轮悬架效率之差不得大于 20%。

三、悬架装置和转向系统间隙检测

在汽车使用过程中，汽车悬架装置和转向系统各部间隙逐渐增大，致使汽车行驶中跳动及横摆加剧、转向盘自由行程加大、转向轮摆头、轮胎磨损异常和各种冲击增强，严重影响了汽车操纵稳定性、行车安全性和使用寿命。因此，汽车悬架装置和转向系统的间隙大小可以表征悬架装置和转向系统的技术状况。

悬架装置和转向系统间隙的检测，须采用悬架装置和转向系统间隙检测仪进行，见图 4-55。

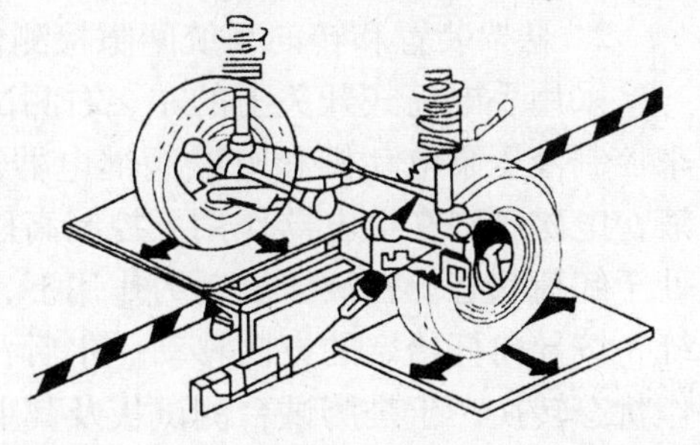
图 4-55　悬架装置和转向系统间隙检测

1. 悬架装置和转向系统间隙检测仪的基本结构

悬架装置和转向系统间隙检测仪，一般由电控箱、左测试台、右测试台、泵站和手电筒式开关等组成，见图 4-56。

（1）电控箱　电控箱主要由控制电路和保护电路组成，用于控制油泵电动机和电磁阀继电器的动作，保护电路以防止油泵电动机过载和电路漏电。

（2）手电筒式开关　手电筒式开关由测试台移动方向控制按键和照明两部分组成。其移动方向控制按键用于控制电控箱中各继电器的动作，照明部分则用于对检查部位的观察。

（3）泵站　泵站由液压泵、电动机、电磁阀、油压表、滤油器和溢流阀等组成。电动机带动液压泵工作；电磁阀由继电器调节以控制高压油液的流向，使之流入相应液压缸；而液压缸则产生推动测试台左、右测试板的动力。

（4）测试台　测试台包括左测试台和右测试台。按测试合测试板移动方向不同，测试可分为前后双向移动式，前后左右四向移动式，前后左右再加前左后右（对角线）、前右后左（对角线）八向移动式三种类型。前后双向移动式测试台主要由测试板、液压缸、导向结构和壳体等组成，见图 4-57。

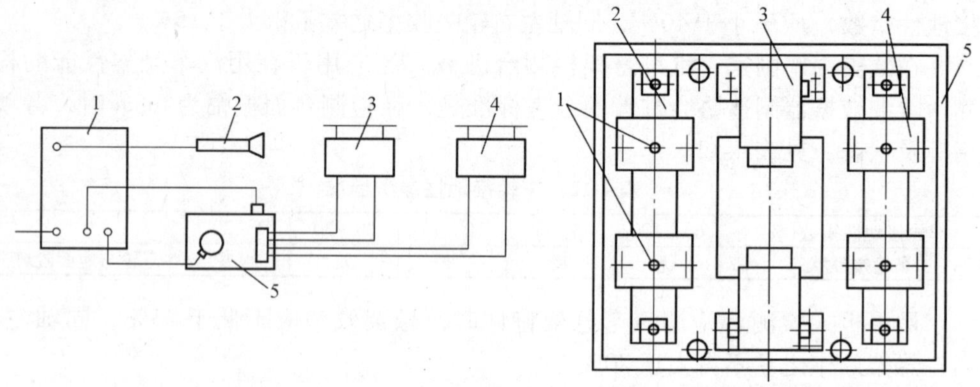

图 4-56　悬架装置和转向系统间隙检测仪构成示意图
1—电控箱　2—手电筒式开关　3—左测试板　4—右测试板　5—泵站

图 4-57　前后双向移动式测试台结构
1—润滑孔　2—导向杆　3—液压缸　4—轴承座　5—壳体

2. 悬架装置和转向系统间隙检测仪的工作原理

采用手电筒式开关上的左、右测试台移动方向控制开关，可以通过控制电路来控制液压泵电动机和电磁阀继电器动作。电动机运转带动液压泵产生高压油液，电磁阀则在继电器作用下控制高压油液流向对应的液压缸，并使另一液压缸处于卸荷状态。在液压缸动力作用下，测试台测试板及其上的悬架装置和转向系统，按导向杆给定的方向移动。尔后，电磁阀转换高压液流方向，两液压缸的工作状态转换，于是测试台测试板及其上的悬架装置和转向系统，按导向杆给定的相反方向移动，实现了前、后双向对悬架装置和转向系统间隙的检测。

3. 悬架装置和转向系统间隙检测仪的使用方法

(1) 仪器准备

①接通电控箱总电源。

②将手电筒式开关的工作开关按下，其上工作灯亮，电控箱上绿色指示灯亮，电动机带动液压泵工作。

③按下手电筒式开关上左、右测试板向前或向后移动的键，系统升压。当测试板移动到一侧极限位置时，检查油压表的压力是否正常。否则应调节溢流阀，使油压达到要求。

④检查测试板表面是否沾有泥、砂、油污等。若有，应清除之。

(2) 车辆准备

①车辆应运行至正常工作温度。

②轮胎气压应符合汽车制造厂之规定。

③轮胎上的砂、石、泥、土应清除干净。

(3) 检测方法

①汽车前轴开上悬架装置和转向系统间隙检测仪的测试板，两前轮在两块测试板上居中停放。

②汽车驾驶人踩住制动踏板，并握紧转向盘。车下检测员按动手电筒式开关上测试板“前后方向移动”键，使悬架装置和转向系统以一定频率反复进行前、后方向移动。

③车下检测员按动手电筒式开关上测试板“左右方向移动”键，使悬架装置和转向系统以一定频率反复进行左、右方向移动。

④车下检测员按动手电筒式开关上测试板“前左、后右（对角线）方向移动”键或“前右、后左（对角线）方向移动”键，使悬架装置和转向系统以一定频率反复进行前左、后右（对角线）方向移动或作前右、后左（对角线）方向移动。

⑤汽车前轴在进行上述移动方向的测试时，车下检测员要始终注意观察并用手触试汽车车轮与制动底板处、万向节主销处、纵横拉杆球头销处、独立悬架摆臂处、相关悬架U形螺栓处和钢板销处、转向垂臂处和转向器固定等处的间隙，做好记录。

⑥前轴检查完毕后，驾驶人放松转向盘和制动踏板，把汽车后轴开上测试板，用同样的方法检测后轴悬架装置的间隙。

⑦检测完毕，关闭手电筒式开关和电控箱总电源。

第五节　汽车前照灯检测

汽车前照灯的技术状况对于保障汽车夜间安全行驶意义重大，是汽车安全性能检测的重要项目。若前照灯发光强度不足，则夜间行车时，驾驶人对汽车前方情况的辨认不清晰；前照灯光束照射方向不当，将可能引起对面来车驾驶人眩目。前照灯在使用过程中，灯泡会逐渐老化，发光效率下降；反射镜也会逐渐变暗，聚光性能变差。同时，机动车在行驶过程中的振动也会引起汽车前照灯的位置变化，从而改变前照灯光束的照射位置。因此，前照灯发光强度和光束照射方向必须符合 GB 7258—2012《机动车运行安全技术条件》的规定，以保证汽车夜间行车安全。

一、汽车前照灯的结构

前照灯的光学组件由灯泡、反射镜和配光镜构成，见图 4-58。

1. 灯泡

灯泡是前照灯的光源，常见的前照灯灯泡有充气灯泡和卤钨灯泡两种，见图 4-59。

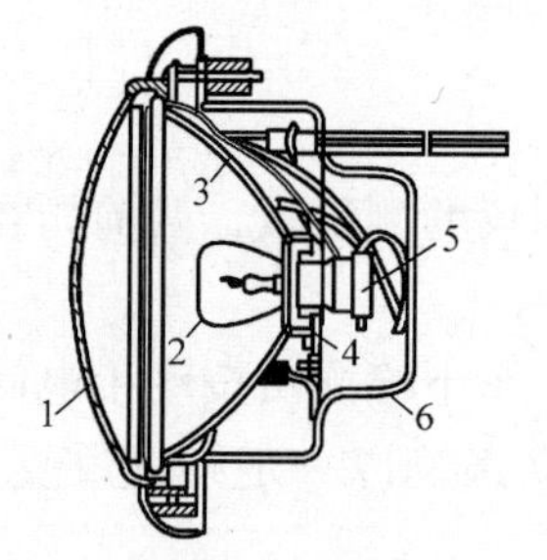

图 4-58　前照灯

1—配光镜　2—灯泡　3—反射镜

4—插座　5—接线盒　6—灯壳

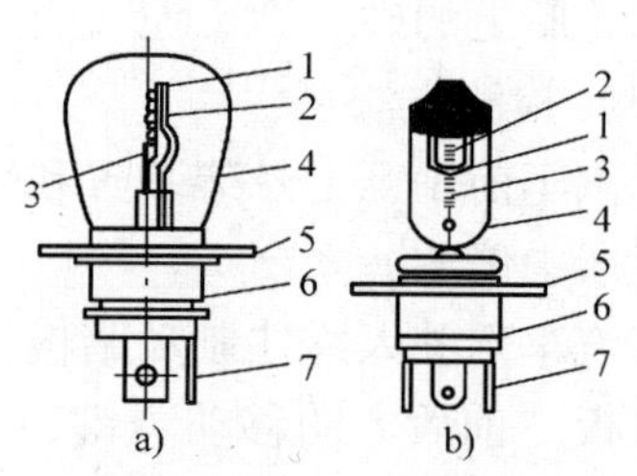

图 4-59　前照灯灯泡

a）充气灯泡　b）卤钨灯泡

1—配光镜　2—近光灯丝　3—远光灯丝

4—灯泡壳　5—定焦盘　6—灯头　7—插片

（1）充气灯泡　充气灯泡用钨丝作为灯丝，灯泡内充有氩和氮的混合惰性气体。灯泡工作发热后，惰性气体受热膨胀而产生较大的压力，可减小灯丝钨的蒸发、提高灯丝的温度、增加发光效率、延长灯泡的使用寿命。

（2）卤钨灯泡　卤钨灯泡也用钨丝作为灯丝，但充入的气体中掺有卤族元素（如碘、溴、氯等）。卤钨灯泡工作时，内部形成卤钨再生循环反应，灯丝上蒸发的钨返回到灯丝上，以避免钨沉积在灯泡壳上使灯泡发黑，延长使用寿命。

灯丝直接焊在反射镜底座上的全封闭式前照灯，只有灯丝，没有灯泡壳。

2. 反射镜

反射镜表面形状为旋转抛物线，当灯丝位于焦点处时，光线经反射镜聚合、反射后，可形成平行光束射向远方，使前照灯的光亮度增强，并导向前方（图 4-60）。

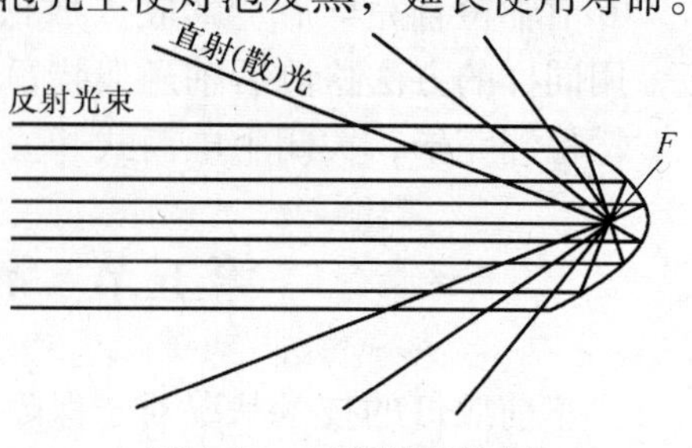

图 4-60　反射镜的作用

无反射镜时，灯泡只能照清周围6m左右的距离；而配备反射镜后，其照距可增至150m以上。反射镜反射的散射光线用于照明近距离路面和路缘。

3. 配光镜

配光镜即为车灯前部的透光玻璃，也叫散光玻璃，由透明玻璃压制而成。配光镜的外表面平滑，内侧则是凸透镜和棱镜的组合体，其作用是将反射镜反射出的光束进行折射，以扩大光照的范围（图4-61），使前照灯100m以内的路面和路缘能够有均匀的照明，以达到所要求的配光特性。

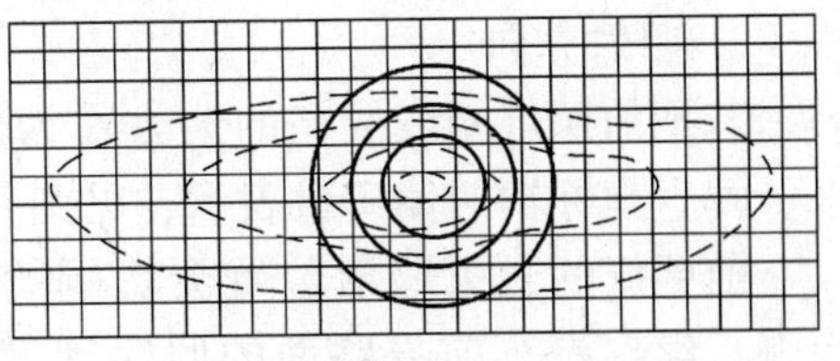

图4-61　配光镜的作用

在汽车上，前照灯的安装数量一般为二灯制或四灯制。二灯制前照灯均为远、近光双光束灯，对称安装在汽车前部两侧；四灯制前照灯则每侧两只，装在外侧的两只是远、近光双光束灯，装在内侧的两只是远光单光束灯。

二、汽车前照灯的特性

前照灯特性包括发光强度、光束照射方向和配光特性等。

1. 发光强度

发光强度是光源在给定方向上发光强弱的度量，其单位为坎德拉，用符号cd表示。根据国际标准单位SI的规定，若一光源在给定方向上发出频率为540×10^{12}Hz的单色辐射，且在该方向上的辐射强度为每球面度1/683W时，则该光源在所给方向上的发光强度为1cd。

前照灯（光源）所发出的光线照到被照射物体上时，其受光面的明亮度发生变化。衡量受光面明亮度的物理量为照度，单位为勒克斯，用符号lx表示。在前照灯（光源）发光强度不变的情况下，被照物体离光源越远，被照明的程度越差，照度越小。若发光强度用I(cd)表示，照度用E(lx)表示，前照灯（光源）距被照物体距离为S(m)，则三者间的关系为

$$E=I/S^2$$

上式说明，照度与光源的发光强度成正比，与被照物体至光源距离的平方成反比（称倒数二次方法则）。图4-62为实测前照灯主光束照度随距离的变化曲线与理论曲线的拟合情况。距离超过5m时，实测值和理论值基本一致，距

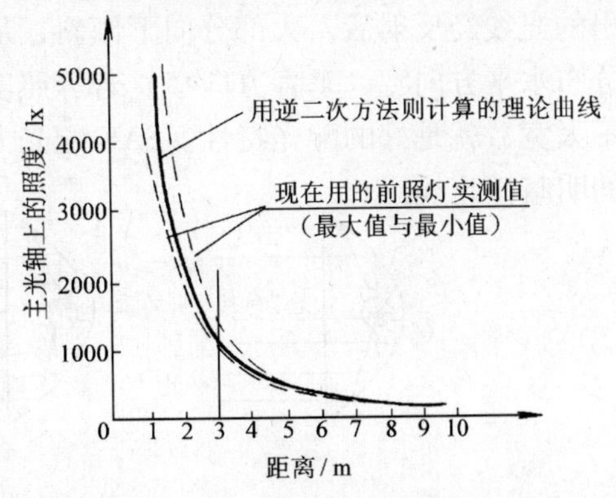

图4-62　主光束照度变化曲线

离越远，测量值越准确；距离为3m时，约产生15%左右的误差。但由于测量场地的限制，在用前照灯检测仪对前照灯进行检测时，通常采用的测量距离为3m、1m、0.5m。按上式把在此距离下测出的照度折算为前照灯前方10m处的照度，并换算成发光强度进行指示。

2. 照射方向

若把前照灯光线最亮的地方作为光束中心，则光束照射方向用该中心对水平、垂直坐标轴的偏离量表示，见图4-63。

前照灯的光束照射位置会影响驾驶人夜间行车的视野，影响汽车前方路面的照明程度，以及影响迎面来车驾驶人的视觉。因此，在前照灯发光强度足够的情况下，正确的光束照射位置能使驾驶人夜间行驶、会车时看清前方的路面，确保行车安全。

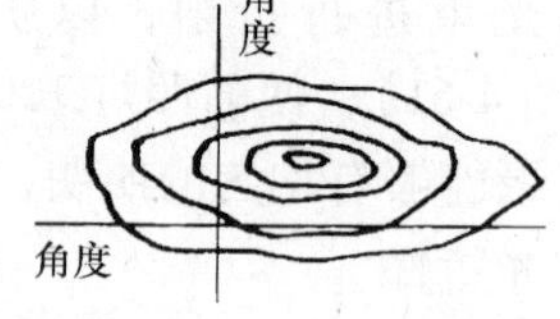

图4-63 光束照射方向

3. 配光特性

前照灯的远光是夜间行车照明用的，当无迎面来车或不尾随其他车辆时希望灯光照得远，并使路面有足够亮度。前照灯的近光是会车用的，要求光束倾向路面右侧，以避免使对面来车的驾驶人目眩。因此，前照灯发出的光线应满足一定的分布。配光特性既是用等照度曲线表示的明亮度分布特征，也称为光形分布特征。

前照灯配光有SAE标准和ECE标准两种，GB 4599—2007《汽车用灯丝灯泡前照灯》所规定的配光标准与ECE标准一致。两种配光方式的远光灯配光特性基本相同，区别在于近光灯的照射位置和防目眩的方法。其配光特性应满足的要求是远光具有良好照明，近光具有足够照明和不炫目。

（1）SAE配光方式　SAE配光方式见图4-64，远光灯丝位于反射镜焦点处，所发出的光线经反射后沿光学轴线平行射向远方；近光灯丝位于焦点之上，所发出的光线经反射后，大部分向下倾斜，从而下部较亮而上部较暗，所形成的光形分布水平方向宽、垂直方向窄。若等照度曲线左右对称，不偏向一边，上下扩展不太宽，就是好的配光特性。SAE配光方式的近光照射在屏幕上的光斑没有明显的明暗截止线。

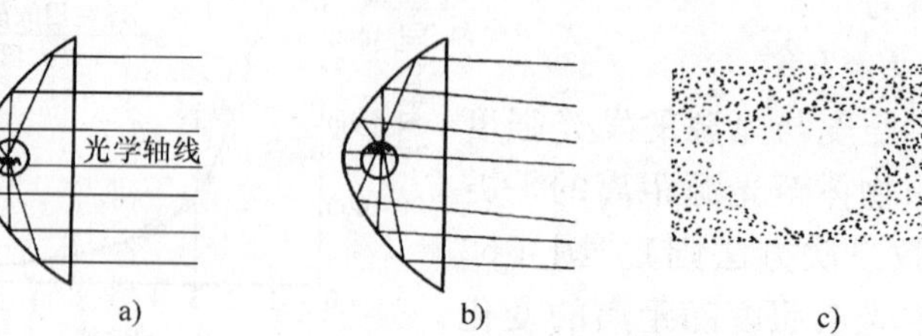

图4-64 SAE配光

a）远光 b）近光 c）近光照在屏幕上的光斑

(2) ECE 配光方式　ECE 配光方式也称欧洲配光方式，见图 4-65。其远光配光与 SAE 配光方式相同；但近光灯丝位于反射镜焦点之前，且在灯丝下设一遮光屏。这样，近光光线只落在反射镜上半部分而向下倾斜反射。照到屏幕上时，可看到具有明显的明暗截止线和明暗截止线转角点的光斑。

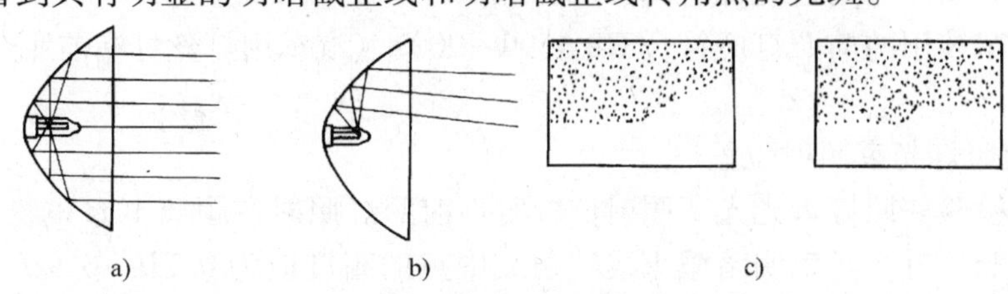

图 4-65　ECE 配光

a) 远光　b) 近光　c) 近光照在屏幕上的光斑

ECE 近光配光方式有两种。一种在配光屏幕上，明暗截止线的水平部分在 *V—V*（即汽车纵向中心平面在屏幕上的投影线）的左半边（图 4-66），右半边为与前照灯基准中心高度水平线 *h—h* 成 15°斜线向上偏斜；另一种称为 Z 形配光方式，其明暗截止线的左半部分在 *h—h* 线下 250mm 处，右半部分则与水平线成 45°角向上倾斜，至与 *h—h* 线重合后成为水平线，明暗截止线在屏幕上呈 Z 字形。我国前照灯的近光灯已采用 Z 形配光方式，其配光性能在 GB 4599—2007《汽车用灯丝灯泡前照灯》中作了具体规定。

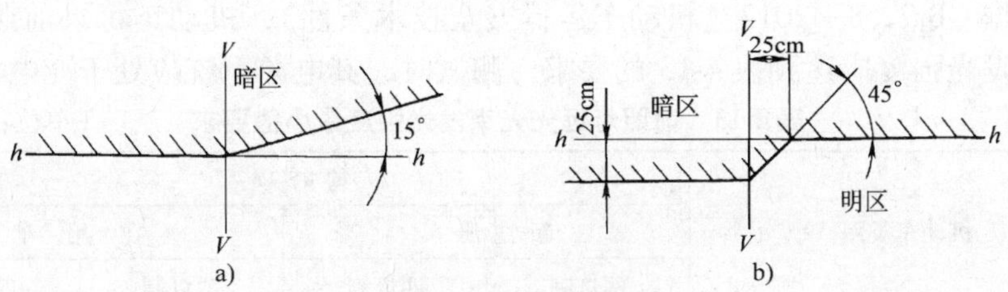

图 4-66　近光配光方式

a) 第一种方式　b) 第二种方式

三、汽车前照灯检测项目与标准

在汽车前照灯检测过程中，从安全行车的角度出发，其发光强度和光束照射方向为必检项目，其检测值必须满足 GB 7258—2012《机动车运行安全技术条件》的规定。此外，前照灯的配光性能应满足 GB 4599—2007《汽车用灯丝灯泡前照灯》的要求。

1. 基本要求

①在正常使用条件下，机动车前照灯光束照射位置应保持稳定。

②装有前照灯的机动车应有远、近光变换装置，并且当远光变为近光时，所有远光应能同时熄灭。同一辆机动车上的前照灯不允许左、右远、近光灯交叉开亮。

③所有前照灯的近光都不允许炫目。

④汽车装用的前照灯应符合 GB 4599—2007《汽车用灯丝灯泡前照灯》的规定。

2. 前照灯光束照射位置

①在检验前照灯近光光束照射位置时，前照灯照射在距离 10m 的屏幕上时，乘用车前照灯近光光束明暗截止线转角或中点的高度应为 $0.7H \sim 0.9H$（H 为前照灯基准中心高度，下同），其他机动车（拖拉机运输机组除外）应为 $0.6H \sim 0.8H$。机动车（装用一只前照灯的机动车除外）前照灯近光光束水平方向位置向左偏应小于等于 170mm，向右偏应小于等于 350mm。

②在检验前照灯远光光束及远光单光束灯照射位置时，前照灯照射在距离 10m 的屏幕上时，其屏幕光束中心离地高度，对乘用车为 $0.85H \sim 0.95H$（但不得低于前照灯近光光束明暗截止线转角或中点的高度），对其他机动车为 $0.8H \sim 0.95H$；机动车（装用一只前照灯的机动车除外）前照灯远光光束水平位置要求，左灯向左偏应小于等于 170mm，向右偏应小于等于 350mm，右灯向左或向右偏均应小于等于 350mm。

3. 远光光束发光强度

根据 GB 7258—2012《机动车运行安全技术条件》，机动车每只前照灯的远光光束发光强度应达到表 4-13 的要求。测试时，其电源系统应处于充电状态。

表 4-13　前照灯远光光束发光强度最小值要求　　（单位：cd）

机动车类型	检查项目			
	新注册车		在用车	
	两灯制	四灯制	两灯制	四灯制
最高设计车速小于 70km/h 的汽车	10000	8000	8000	6000
其他汽车	18000	15000	15000	12000

注：四灯制是指前照灯具有四个远光光束；采用四灯制的机动车其中两只对称的灯达到两灯制的要求时视为合格。

四、前照灯检测的基本原理

1. 用屏幕法检测前照灯的光束照射位置

屏幕法即用屏幕进行检查的方法。检查场地应平整，屏幕与场地应垂直。光束照射位置检测应在车辆空载、轮胎气压正常、乘坐一名驾驶人的条件下进行。将车辆停置于屏幕前，汽车纵轴线与屏幕垂直，使前照灯基准中心距屏幕 10m。

屏幕画有三条垂直线和三条水平线。垂线 $V—V$ 与车辆纵向中心线对齐，两侧垂线 $V_{左}—V_{左}$ 和 $V_{右}—V_{右}$ 分别与左右前照灯中心线对齐。水平线 $h—h$ 与被检车辆前照灯中心等高，距地面高度为 H(mm)，其下第一条水平线与被检车辆前照灯远光光束中心的上限值等高，距地面高度为 $H_1=0.95H$（对乘用车）；第二条水平线与被检车辆的前照灯近光光束中心的上限值等高，距地面高度为 $H_2=0.9H$（对乘用车）。标准规定远、近光光束中心高度的偏差范围分别为 $0.1H$ 和 $0.2H$（对乘用车），即其下限值分别为 $0.85H$ 和 $0.7H$。

检测前照灯的光束照射位置时，先遮住一侧的前照灯，首先对未遮盖前照灯的近光进行检测。根据检测标准，其近光明暗截止线转角或光束中心应照在高度为 H_2、$H_2—0.2H$ 的两条水平线及距垂直线 $V—V$ 的距离为 $\frac{1}{2}S+170\text{mm}$、$\frac{1}{2}S-350\text{mm}$（对左灯）或 $\frac{1}{2}S+350\text{mm}$、$\frac{1}{2}S-170\text{mm}$（对右灯）的两条垂直线所围成的矩形框内，否则表明近光光束偏斜量超标，见图 4-67。一般而言，在检测调整光束照射方向时，对远、近双光束灯以检测调整近光光束为主。因为制造质量合格的汽车前照灯灯泡，近光调整合格后，远光光束一般也能合格；若近光光束调整合格后，如经复核远光光束照射方向不合格，则应更换灯泡。

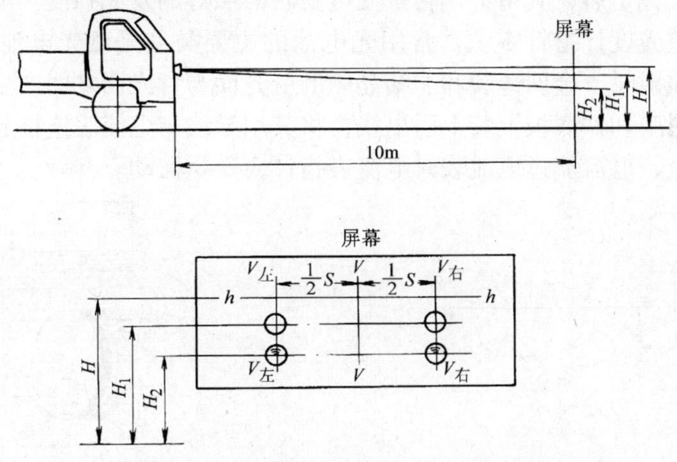

图 4-67　用屏幕检测前照灯光束照射位置

在检验前照灯远光光束及远光单光束照射位置时，根据检测标准，其光束中心应位于由高度为 H_1、$H_1-0.1H$ 的两条水平线和距垂直线距离为 $\frac{1}{2}S+170\text{mm}$、$\frac{1}{2}S-350\text{mm}$（对左灯）或 $\frac{1}{2}S-350\text{mm}$、$\frac{1}{2}S+350\text{mm}$（对右灯）的两条垂直线所围成的矩形内。

屏幕法简单易行，但只能检测光束照射位置；而且，为适应不同车型需经常更换屏幕，并且占用场地较大。因此，在汽车检测站进行机动车安全技术检验时，广泛采用前照灯检测仪对汽车前照灯进行检测。

2. 用检测仪检测前照灯的发光强度和光束照射位置

前照灯检测仪的类型很多，但基本检测原理类似，一般均采用可把所吸收的光能转变为电流的光电池作为传感器，按照前照灯主光束照在其上时所产生电流的大小和比例，来检测前照灯的发光强度和光束偏斜量。

（1）发光强度检测原理　当受光距离 S 为一定值时，光源的发光强度 I 与被照面上的照度 E 有对应关系。因此，只要测得受光物体被照面上照度的大小，即可得到光源的发光强度。

被照面上的照度可利用光电池的光电伏特效应检测。当被照面上装有光电池时，受光照射后，其光照越强，照度越大，则光电池产生的电动势就越大，据此可测得被照面上的照度，而后计算求得光源的发光强度。汽车前照灯检测仪采用这一原理来检测前照灯的发光强度。

发光强度检测电路由光度计、光电池和可变电阻构成，见图4-68。当前照灯在规定距离处照射光电池时，光电池产生与受光强弱成正比的电流，使光度计的指针偏转。经标定后，其指针偏转量便可反映前照灯的发光强度。电路中的可变电阻用于调整光度计指针零位。常用光电池的主要类型是硒光电池（图4-69），当受到光线照射时，金属薄膜和非结晶硒的受光面与背光面之间产生电位差。因此，若在金属膜和铁底板上装上引出线，将其用导线与电流表连接起来，电路中就会产生电流，电流流过电流表时电流表指针会产生摆动。

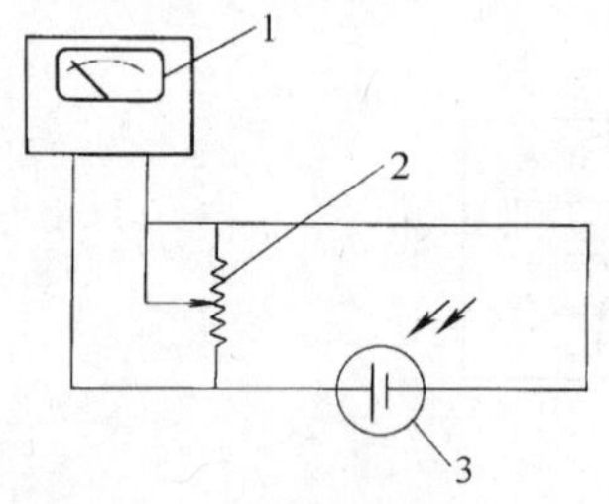

图4-68　发光强度检测原理图

1—光度计　2—可变电阻　3—光电池

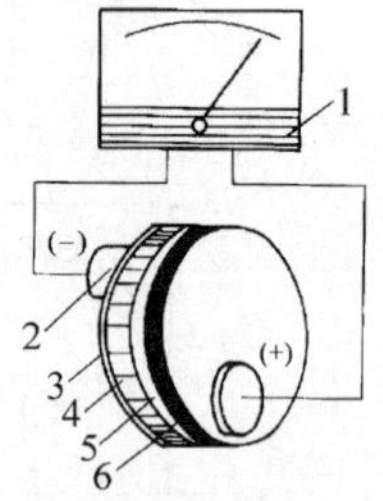

图4-69　硒光电池结构及工作原理

1—电流表　2—引线　3—金属薄膜

4—非结晶硒　5—结晶硒　6—铁底板

（2）光束中心偏斜量检测原理　光束中心偏斜量检测电路由两对光电池组成（图4-70），左、右一对光电池 $S_{左}$、$S_{右}$ 上接有左右偏斜指示计，用于检测光束中心的左、右偏斜量；上、下一对光电池 $S_{上}$、$S_{下}$ 接有上下偏斜指示计，用于检测光束中心的上、下偏斜量。当光电池受到前照灯照射时，各光电池分别产生电流，若前照灯的光束中心有偏斜，则四个光电池受到的光照度不等，从而产生的电流也不相等。光电池 $S_{左}$、$S_{右}$ 所产生的电流的差值，使左右偏转指示计的指针偏摆；$S_{上}$、$S_{下}$ 光电池所产生的电流的差值，使上下偏转指示计的指针偏摆，从而可测出前照灯光束中心的偏斜量。若通过适当的调节机构，调整光线照射光电池的位置，使 $S_{左}$、$S_{右}$ 和 $S_{上}$、$S_{下}$ 每对光电池受到的光照度相同，此时每对光电池输出的电流相等，两偏斜指示计的指针指向零位，其调节量反映了光束中心的偏斜量。

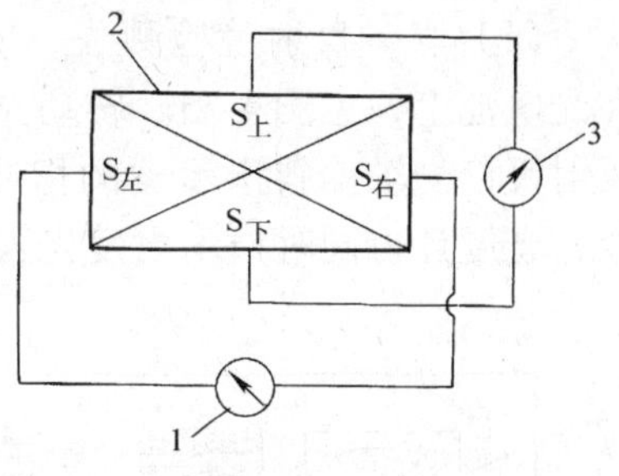

图 4-70　光束中心偏斜量检测原理
1—左右偏斜指示计　2—光电池
3—上下偏斜指示计

五、常用前照灯检测仪的结构和工作原理

常用汽车前照灯检测仪有聚光式、屏幕式、投影式和自动追踪光轴式等类型。

1. 聚光式前照灯检测仪结构和工作原理

聚光式前照灯检测仪利用聚光透镜把前照灯的散射光束聚合起来，并导引到光电池的光照面上，根据其对光电池的照射强度，检测前照灯的发光强度和光轴偏移量。

聚光式前照灯检测仪由支架、行驶部分、仪器箱、仪器升降调节装置和对正器组成。检测时，检测仪位于前照灯前 1m 处。行驶部分装有三个带槽的轮子，可在导轨上行走以迅速对正。仪器箱是检测仪的主体部分，转动升降手轮可使仪器箱的中心与被测车辆前照灯的基准中心高度保持一致。仪器箱顶部的对正器用于观察仪器与被测车辆的相互位置是否对正。检测仪的光度指示装置由电源开关、电源欠压指示、光度表和三个按键开关及三个相应调零按钮组成。远光Ⅰ号键可测 0 ~ 40000cd 的发光强度，远光Ⅱ号键可测 0 ~ 20000cd 的发光强度，近光按钮可测 0 ~ 1000cd 的发光强度，调零按钮用于调零。聚光式前照灯检测仪见图 4-71，其光度指示装置见图 4-72。

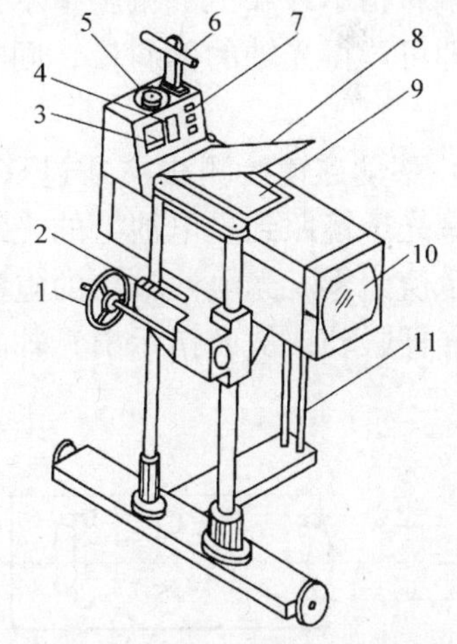

图 4-71　聚光式前照灯检测仪
1—仪器箱升降手轮　2—仪器箱高度指示标　3—光度表　4—光束照射方向参考表　5—光束照射方向选择指示旋钮　6—对正器　7—光度选择按键　8—观察窗盖 9—观察窗　10—透镜　11—仪器移动手柄

聚光式前照灯检测仪的检测方法有以下三种：

（1）移动反射镜检测法　前照灯的灯光通过聚光透镜、反射镜将光线照射在光电池上，见图4-73。转动光轴刻度盘可使反射镜的安装角发生变化。当调整反射镜使光轴偏斜指示器的指针指向零位时，可从光轴刻度盘读得光轴的偏斜量，光度计也同时指示出发光强度。

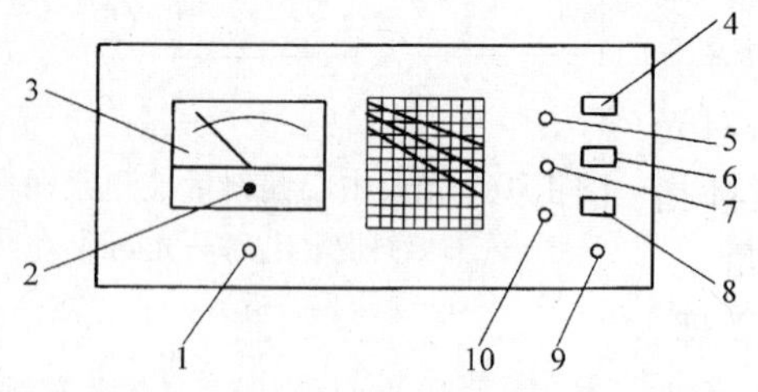

图4-72　光度指示装置
1—欠压指示灯　2—光度调零钮　3—光度表　4—远光Ⅰ按键　5—远光Ⅰ调零钮　6—远光Ⅱ按键　7—远光Ⅱ调零钮　8—近光按键　9—电源开关　10—近光调零钮

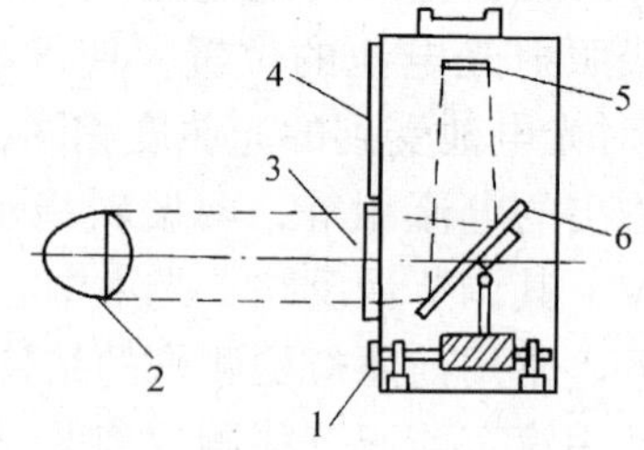

图4-73　移动反射镜检测法
1—光轴刻度盘　2—前照灯　3—聚光透镜　4—光轴偏斜指示器　5—光电池　6—反射镜

（2）移动光电池检测法　转动光轴刻度盘，使光电池上下、左右移动，直至左右偏斜指示计和上下偏斜指示计的指针均指向零，见图4-74。此时，从光轴刻度盘即可读得光轴的偏斜量，同时光电池输出的电流通过光度计指示出发光强度。

（3）移动透镜检测法　通过移动光轴检测杠杆调节聚光透镜的方位，从而使通过聚光透镜照到光电池上的光线最强，见图4-75。此时，光轴偏斜指示器的指针指示值为零。光电池输出的电流通过光度计指示发光强度，光轴刻度盘与光轴检测杠杆联动，从而指示出光轴的偏斜量。

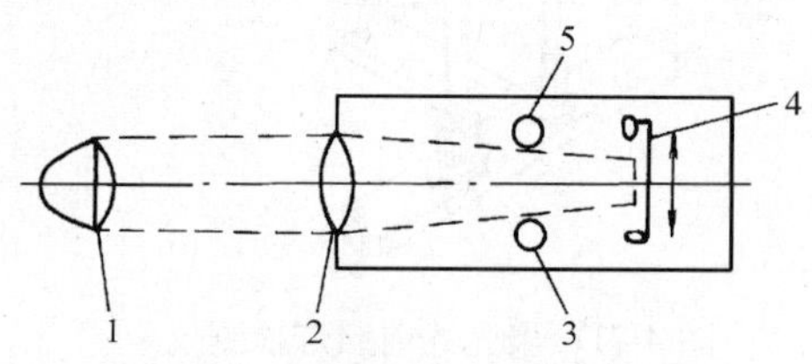

图4-74　移动光电池检测法
1—前照灯　2—聚光透镜　3—光轴刻度盘（左右）　4—光电池　5—光轴刻度盘（上下）

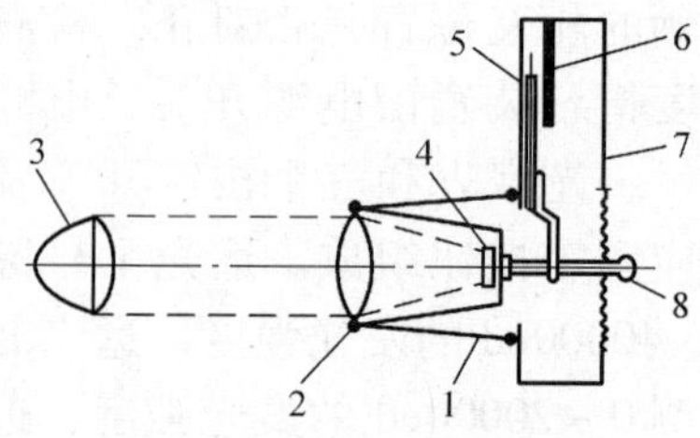

图4-75　移动透镜检测法
1—插接器　2—聚光透镜　3—前照灯　4—光电池　5—指针　6—光轴刻度盘　7—外壳　8—光轴检测杠杆

2. 屏幕式前照灯检测仪结构和工作原理

屏幕式前照灯检测仪采用把汽车前照灯的光束照射到屏幕上，以此来检测其发光强度和光轴偏斜量，通常测试距离为3m。

屏幕式前照灯检测仪见图4-76，固定屏幕上装有可左右移动的活动屏幕，活动屏幕上装有能上、下移动的内部带光电池的受光器。检测时，通过找准器摆正车辆、前照灯与检测仪的相对位置，移动受光器和活动屏幕，使光度计的指示值最大，指示值即为发光强度值，该位置即为主光轴照射位置，从装在屏幕上的两个光轴刻度尺即可读得光轴偏斜量。

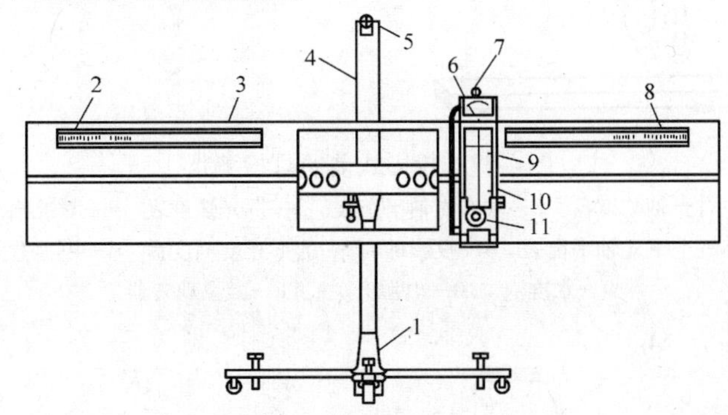

图4-76 屏幕式前照灯检测仪

1—底座 2—光轴刻度尺 3—固定屏幕 4—支架 5—车辆摆正找准器 6—光度计 7—对正前照灯找准器 8—光轴刻度尺（左右） 9—移动屏幕 10—光轴刻度尺（上下） 11—受光器

3. 投影式前照灯检测仪结构和工作原理

投影式前照灯检测仪采用把前照灯光束映射到投影屏上，以此来检测其发光强度和光轴偏斜量，测试距离一般为3m。

投影式前照灯检测仪见图4-77，其光接收箱内部结构见图4-78。检测时，先用对准瞄准器找准车辆与仪器的相对位置，被检前照灯的光束经透镜汇聚后进入光接收箱，由反射镜将光束反射到投影屏上。投影屏上对称布置着五个光电池。Ⅲ、Ⅳ号光电池检测水平方向光分布情况，其平衡输出连接到左、右光轴平衡表；Ⅰ、Ⅱ号光电池检测垂直方向光分布情况，其平衡输出分别连接到上、下光轴平衡表；Ⅴ号光电池检测发光强度，其输出连接到发光强度指示表。旋转左、右或上、下光轴刻度盘，可改变反射镜的角度，从而使每个光轴平衡指示表的指示为零。此时，光轴刻度盘所指示数值就是前照灯的光轴偏斜量，发光强度表所指示数值就是前照灯的发光强度。有些投影式前照灯检测仪上标有表示光轴偏斜量的刻度线，根据前照灯光束影像在投影屏上所处的位置，可直接读得光轴的偏斜量。

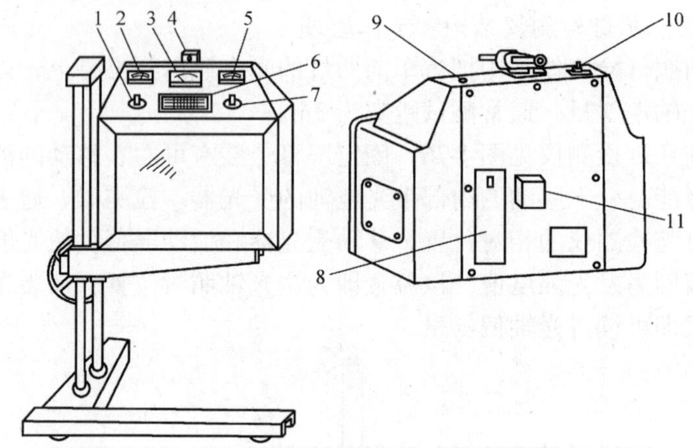

图 4-77　投影式前照灯检测仪

1—左右光轴刻度盘　2—左右光轴平衡表　3—发光强度表　4—对准瞄准器
5—上下光轴平衡表　6—投影屏　7—上下光度刻度盘　8—电池盒
9—水准泡　10—电源开关　11—影像观察器

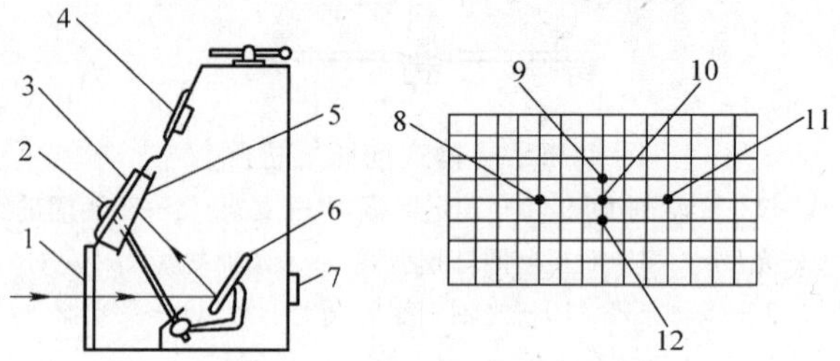

图 4-78　光接收箱内部结构

1—聚光透镜　2—光轴刻度盘　3—投影屏盖　4—指示表　5—投影屏
6—反射镜　7—影像瞄准器　8—Ⅲ号光电池　9—Ⅰ号光电池
10—Ⅴ号光电池　11—Ⅳ号光电池　12—Ⅱ号光电池

4. 自动追踪光轴式前照灯检测仪结构和工作原理

自动追踪光轴式前照灯检测仪采用受光器自动追踪光轴的方法检测汽车前照灯的发光强度和光轴偏斜量，一般检测距离为3m。

自动追踪光轴式前照灯检测仪见图4-79，其受光器的构造见图4-80。在受光器聚光透镜的上、下与左、右装有四个光电池，受光器内部也装有四个光电池，分别构成主、副受光器，透镜后中央部位装有中央光电池。其测试原理与图4-70所描述的光束中心偏斜量的检测原理相同，所不同的是检测仪台架和受光器位移由电动机驱动。每对光电池由于受光不均所产生的电流差值，不仅用于使光轴偏移量指示计的指针偏摆，还用于控制驱动电动机运转，使检测仪台架沿导轨移动并使受光器上下移动。检测时，主受光器用于追踪光轴，若主受光器上的上、下光电池和左、右光电池受光不均，所产生的电流差值便会控制驱动电动机运转，使检测仪台架沿导轨横向移动并使受光器上、下移动，直至每对光电池受光强度一致，输出电流相等。同时，前照灯光束通过聚光透镜照在副受光器光电池和中央光电池上。若前照灯光束偏斜时，副受光器上、下光电池和左、右光电池的受光强度也产生差别，从而产生相应的电流，控制副受光器或聚光透镜的位置发生移动，直到副受光器上每对光电池的受光强度一致，输出电流为零。该位置移动量反映了前照灯的光束偏斜量，由光轴偏斜指示器指示。此时，中央光电池上受光强度最强，其输出电流大小反映了前照灯的发光强度并由光度计指示。

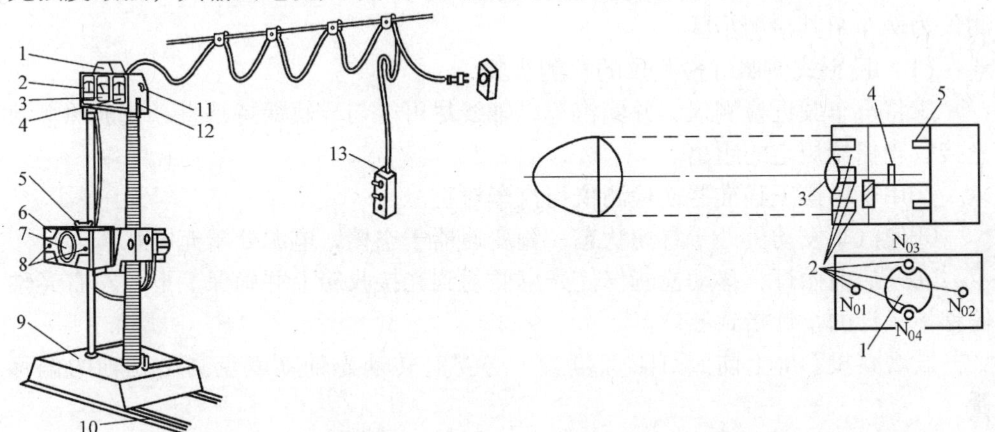

图 4-79　自动追踪光轴式前照灯检测仪

1—在用显示器　2—左右偏斜指示器　3—光度计　4—上下偏斜指示器　5—车辆找准装置　6—受光器　7—聚光透镜　8—光电池　9—控制箱　10—导轨　11—电源开关　12—熔丝　13—控制盒

图 4-80　自动追踪光轴式前照灯检测仪受光器的构造

1、3—聚光透镜　2—主受光器光电池　4—中央光电池　5—副受光器光电池

六、前照灯检测仪的使用方法

汽车前照灯检测仪有多种类型，其具体使用方法各不相同。因此，在使用检测仪检测汽车前照灯的发光强度和光轴偏斜量时，应认真阅读所使用检测仪的使用说明书，掌握正确的使用方法，使检测结果准确、可靠。其一般使用方法如下所述。

1. 被检测汽车的准备

①消除前照灯上的污垢。

②轮胎气压符合规定。

③蓄电池处于充足电状态。

④被测汽车空载，允许乘坐一名驾驶人。

2. 检测仪的准备

①检测仪在不受光的条件下，检查光强和光轴偏斜角指示表的显示是否为

零。否则，应首先调零。

②检查聚光透镜的镜面上有无污物。若有，可用柔软的布或镜头纸擦拭干净。

③检查水准器的技术状况，若水准器无气泡，应按说明书要求调整。

④检查导轨是否沾有泥土等杂物。若有，应清扫干净。

3. 汽车前照灯的检测步骤

汽车前照灯检测仪有多种类型，其具体使用方法各不相同，使用时应根据检测仪使用说明书规定的步骤进行检测。以下以投影式和自动追踪光轴式前照灯检测仪为例介绍其检测步骤。

（1）投影式前照灯检测仪的检测步骤

①将汽车驶近检测仪，并使汽车纵轴线尽可能与导轨保持垂直，使前照灯与光接收箱保持规定的距离。

②用车辆摆正瞄准器使检测仪与汽车对正。

③使汽车发动机处于怠速状态，置变速器于空档，电源处于充电状态。

④开启前照灯，移动检测仪使光束照射到光接收箱上并确保上下、左右光轴偏移指示计的指针指到零位。

⑤观察投影屏上前照灯影像位置，必要时转动光轴刻度盘测出光轴的偏移量。

⑥读取光度计的指示值，该值即为被测前照灯的发光强度。

⑦变换前照灯开关至近光，观察屏幕上的光束投影，检查近光配光性能。

（2）自动追踪光轴式前照灯检测仪的检测步骤

①~③步骤与使用投影式前照灯的检测检测步骤相同。

④打开前照灯，接通检测仪电源，通过操纵开关调整光接收箱的上、下与左、右位置，使前照灯光照射到光接收箱上。

⑤按下控制盒上的检测开关，测定指示灯亮，仪器进入测试状态，光接收箱随即追踪前照灯光轴，仪器将自动测定光轴偏移量和发光强度，并由各指示仪表直接显示检测结果。

⑥按控制开关使检测仪退出测试工作状态。

七、前照灯检测仪使用注意事项

①按使用说明书要求，正确安装设备（如场地要求、检测距离要求、平行度要求、垂直度要求、高度要求等）。

②正确连接电源和各种线缆。前照灯检测仪在检测时要在前照灯间移动，因此线缆应有足够长度和适当防护措施。

③仪器使用前，应检查各指示器的零位是否漂移，受光器的受光面是否蒙尘或受到污染，对追踪光轴式检测仪的追踪性能应作周期性校准。

④要避开外来光线的影响。对于四灯制的车辆，检测时应将同侧的两只前照灯遮住一只再进行检测，然后再检测另一只。

⑤按所使用检测仪说明书的要求，制定相应操作规范，正确操作检测仪。

⑥应注意检测仪使用过程中的维护。应保持仪器的立柱表面清洁，每天加润滑油少许，以利滑行；应保持导轨表面洁净，去除沙粒、油泥、小石子等；每年对前照灯检测仪进行校准。

第六节　车速表检测

汽车的行驶车速与行车安全有直接关系。若车速表指示误差太大，驾驶人难以正确控制车速，极易因判断失误而造成交通事故。为确保车速表的指示精度，必须适时对车速表进行检测、校正。

一、车速表误差形成的原因

车速表误差形成的主要原因有如下三点。

1. 车速信号传递误差

汽车车速表主要有电磁式和电子式两大类。电磁式车速表通常通过蜗轮蜗杆和软轴将变速器输出轴的转速传递给车速表的主动轴，而后转换为车速信号。机械式传递车速信号的可靠性较高，一般不会产生误差。电子式车速表一般通过安装在变速器处的各种车速传感器（如光电式、霍尔效应式、磁阻式等）获得反映汽车车速的脉冲信号，再由电子电路驱动车速表。若传感器性能变差、老化、损坏，或驱动电路性能不良、存在故障，则会使车速信号在传递中产生误差，从而使车速表出现指示误差。

2. 车速表本身故障或损坏

电磁式车速表是利用磁电互感作用，通过指针摆动来显示汽车行驶速度的。车速表内有可转动的活动盘、转轴、轴承、齿轮、游丝等零件和磁性元件。在使用过程中，由于这些零件的自然磨损以及磁性元件的磁性变化，都会造成车速表的指示误差。而电子式车速表通常是一个电磁式电流表，用于接收驱动电路送来的车速信号，其接收的平均电流与车速成正比例，并驱动车速表指针偏摆，指示相应的车速。由于无需软轴传动，其性能一般较为稳定，但当电磁式电流表失效或性能变差时，也会造成车速表的指示误差。

3. 车轮滚动半径的变化

汽车行驶速度可用下式计算：

$$v = 0.377\frac{rn}{i_g i_o}$$

式中　v——汽车行驶速度（km/h）；

r——车轮滚动半径（m）；

n——发动机转速（r/min）；

i_g——变速器传动比；

i_o——主减速器传动比。

由上式可知，汽车实际行驶速度与车轮滚动半径成正比。即，汽车实际行驶速度会因为轮胎滚动半径的变小而变小；反之则变大。轮胎磨损、气压不足或气压过大都会引起轮胎滚动半径的变化，从而导致车速表指示值误差。

二、车速表检测的基本原理

车速表的检测方法有道路试验法和室内台架试验法两种。用道路试验法检测时，汽车以不同车速等速通过某一预定长度的试验路段，测出通过该路段的时间，然后计算出实际车速，把实际车速与车速表指示值进行对照，即可测出不同车速下车速表的指示误差。车速表的室内台架试验可以在滚筒式车速表试验台上进行。测量时，被测汽车的车轮置于车速表试验台的滚筒之上，由汽车车轮驱动滚筒旋转或由滚筒驱动汽车车轮旋转，由试验台的测量装置测出汽车的实际行驶速度（试验台滚筒线速度），然后与汽车车速表指示值对比，便可测出车速表误差值。

三、车速表检测设备

按有无驱动装置，车速表试验台分为标准型、电动机驱动型和综合型三类。

1. 标准型车速表试验台

标准型车速表试验台由速度测量装置、速度指示装置和速度报警装置等组成，本身没有动力驱动装置。试验台滚筒的旋转由被测汽车的驱动车轮驱动，见图4-81。

（1）速度测量装置　速度测量装置由滚筒、举升器和速度传感器等组成。

滚筒装置由左右对称布置的4个滚筒构成，滚筒直径约为185～370mm，通过滚动轴承安装在框架上，且两个前滚筒用联轴器连接在一起，以防试验时汽车驱动轴差速器齿轮滑转。

举升器设置在前、后滚筒之间，以方便车轮进、出试验台。举升器和滚筒制动装置联动，当举升器升起时，滚筒便被制动从而不能转动。

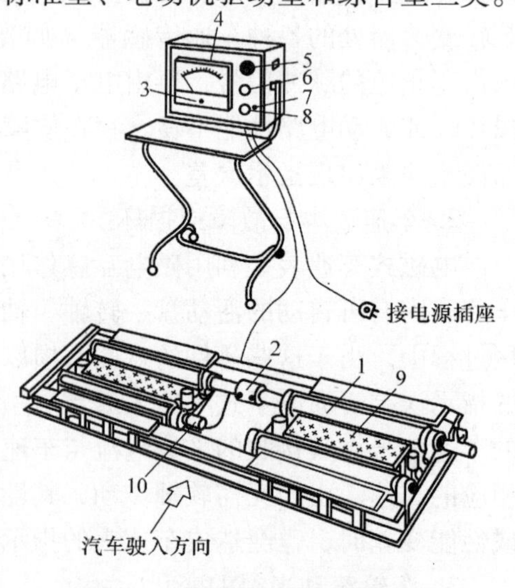

图4-81　标准型车速表试验台
1—滚筒　2—联轴器　3—零点校正螺钉
4—速度指示仪表　5—蜂鸣器　6—警告灯
7—电源灯　8—电源开关　9—举升器
10—速度传感器（测速发电机式）

速度传感器安设在滚筒的一端，用于将滚筒转速的信号转化成电信号送至速度指示装置。

（2）速度指示装置　速度指示装置接收速度传感器的电信号，根据滚筒圆周长和滚筒转速算出汽车的实际速度，并在指示仪表上显示，单位是 km/h。

（3）速度报警装置　速度报警装置用于提示汽车实际车速已达到检测车速（40km/h）。试验时，当汽车实际速度达到检测车速时，速度报警装置报警，提示检测员立刻读取驾驶室内车速表的指示值，以便与实际车速对照，判断车速表指示值是否在规定范围内。

标准型车速表试验台结构简单、价格便宜、应用广泛，但只适合检测车速表的车速信号取自变速器输出轴的车辆。对于车速信号取自从动轮的车辆，必须采用电动机驱动型车速表试验台检测。

2. 电动机驱动型车速表试验台

电动机驱动型车速表试验台由电动机驱动滚筒旋转，电动机通过离合器与滚筒相连。离合器的接合和分离，可起到传递和中断动力的作用。除此之外，其他组成结构基本与标准型车速表试验台相同，见图 4-82。测试时，离合器接合，电动机驱动滚筒转动，滚筒带动从动车轮旋转，试验台车速测量装置测出实际车速（试验台滚筒线速度），比较汽车车速表指示值和实际车速值，便可测出车速表指示误差。离合器分离时，电动机驱动力被中断，此时驱动型车速表试验台与标准型车速表试验台的功能相当。

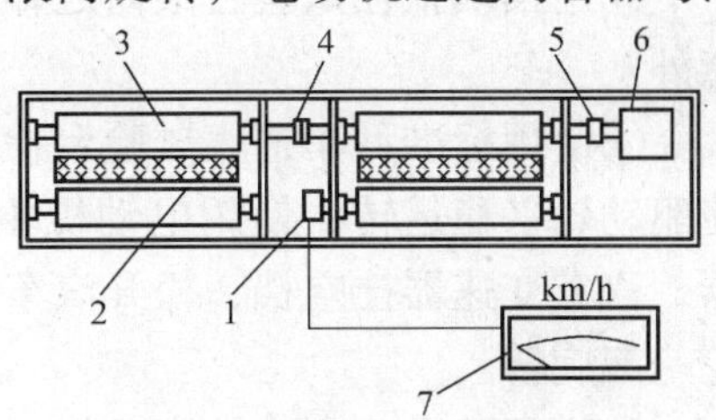

图 4-82　驱动型车速表试验台

1—测速发电机　2—举升器　3—滚筒
4—联轴器　5—离合器　6—电动机
7—速度指示仪表

驱动型车速表试验台检测范围广，几乎能检测各种车辆的车速表。但个别四轮驱动汽车和具有驱动防滑控制装置的汽车等除外。

3. 综合型车速表试验台

综合型车速表试验台通常是具有测速功能的多功能试验台（如汽车底盘测功机、汽车惯性滚筒式制动试验台等），可以对车速表进行检测。

对于综合型车速表试验台来说，车速表检测一般不是它的主要功能，而仅仅是它的一个附加的功能。

四、车速表的检测方法

车速表的检测，应严格根据车速表试验台的使用说明书进行。其一般检测步骤如下所述。

1. 检测前的准备

（1）车速表试验台的准备

①检查车速表试验台导线的连接情况，不能出现接触不良或断路情况。

②滚筒在静止状态接通电源时，试验台指示仪表指针应指示零位，否则应调零。

③检查举升器，使其能正常的接合、分离。

④滚筒表面应清洁，清除滚筒表面的油、水、泥、砂等杂物。

（2）被检车辆的准备

①检查轮胎气压，使其在标准范围内。

②确保轮胎上无水、油、泥、砂及小石头等杂物。

2. 车速表检测方法

①接通试验台电源，升起举升器。

②被检车辆驶入车速表试验台，并使车轮停于两滚筒之间，然后降下举升器，至车轮和举升器托板完全脱离。

③用挡块抵住试验台滚筒之外的一对车轮的前方，以防检测时汽车驶出发生意外。

④使用标准型车速表试验台检测时：起动汽车，挂最高档，踩下加速踏板，使驱动轮平稳运转；使用电动机驱动型车速表试验台检测时：接合试验台离合器，汽车变速器挂空档，松开汽车驻车制动器，然后起动电动机，使滚筒带动车轮一起旋转。

⑤当试验台速度表的指示值（实际车速）达到检测车速 40km/h 时，读取汽车车速表的指示值；或当汽车车速表的指示值达到检测车速时，读取试验台车速表的指示值（实际车速）。

⑥使用标准型车速表试验台检测时：轻踩汽车制动踏板，使滚筒停止转动；使用电动机驱动型车速表试验台检测时：关闭电动机电源，轻踩汽车制动踏板，使滚筒停止转动。

⑦升起举升器，去掉挡块，汽车驶离车速表试验台，切断试验台电源。

五、车速表检测标准及检测结果分析

1. 检测标准

根据 GB 7258—2012《机动车运行安全技术条件》，车速表指示车速 v_1（km/h）与实际车速 v_2（km/h）之间应符合下列关系式：

$$0 \leqslant v_1 - v_2 \leqslant \frac{v_2}{10} + 4$$

即，当车速表指示车速 v_1 为 40km/h 时，实际车速 v_2 在 32.8～40km/h 范围内为合格；或当实际车速 v_2 为 40km/h 时，车速表指示车速 v_1 的读数在 40～48km/h 范围内为合格。

2. 检测结果分析

汽车车速表的示值误差超出合格范围时，还需找出误差产生的原因，以便对汽车车速表进行更换或维修，使其达到检测标准。

轮胎尺寸和气压会引起车速指示误差。若轮胎磨损过甚，则应在更换新轮胎之后，同时轮胎气压在标准范围内时对车速表进行检测。车速表的部件磨损、老化或损坏之后，会造成车速表的指示误差，应及时更换磨损过大、使用时间过久和损坏的部件。若轮胎气压和尺寸均满足要求，但检测时车速表指示误差仍过大，则说明车速信号的接收或传递部分存在故障。

复　习　题

1. 什么是转向轮定位？转向轮定位由哪几个参数构成？
2. 转向轮侧滑反映了什么问题？转向轮侧滑对汽车的使用有什么影响？
3. 简述利用侧滑仪检测侧滑量的基本原理。
4. 检测主销后倾角和主销内倾角时，为什么要向左和向右转动车轮？
5. 简述检测前束的基本原理。
6. 什么是推力角？什么是转向20°时的前张角？如何进行检测？
7. 转向盘自由行程和转向力应满足哪些要求？
8. 什么是离合器滑转？离合器滑转对汽车的使用有什么影响？
9. 简述用仪器检测离合器滑转的基本原理。
10. 什么是传动系统角间隙？简述数字式角间隙检测仪的工作原理。
11. 汽车的制动过程由哪些阶段构成？汽车制动性能的评价指标有哪些？
12. 说明充分发出的平均减速度、制动协调时间、左右轮制动力差的含义。
13. 反力式滚筒制动试验台由哪些装置构成？各装置有什么作用？
14. 简述反力式滚筒制动试验台的工作原理。
15. 简述惯性式制动试验台和平板式制动试验台的工作原理。简述其优缺点。
16. 什么是车轮的静不平衡？什么是车轮的动不平衡？
17. 车轮不平衡的主要原因有哪些？
18. 简述离车检测车轮静不平衡和动不平衡的基本原理。
19. 简述就车检测车轮静不平衡和动不平衡的基本原理。
20. 简述汽车前照灯的特性。光源发光强度与照度之间有什么关系？
21. 汽车前照灯的发光强度和光束照射位置应满足什么要求？
22. 简述用检测仪检测发光强度和光束照射位置的基本原理。
23. 常用的前照灯检测仪有哪几种类型？简述其检测原理。
24. 使用检测仪检测前照灯时应注意哪些问题？
25. 简述车速表检测的基本原理。
26. 简述车速表的检测标准。

第五章　汽车环保性能检测

因汽车在道路上行驶而产生的损害人体健康和人类生活环境的污染现象称为汽车公害。

汽车公害包括排放公害、噪声公害和电波公害三个方面，以及制动蹄片、离合器摩擦片、轮胎的磨损物和汽车运行所扬起的沙尘等。其中，排放公害对人类的生活环境影响最大，其次是噪声公害；电波公害可对电视和无线电产生电波干扰，并不直接影响人们的身体健康；粉尘对环境的污染只是在交通密度大的车流附近较为突出。

本章主要介绍汽车的噪声公害和排放公害的检测方法。加强汽车环保性能的检测，监控汽车的噪声排放水平和有害气体排放水平，采取有效措施控制和降低汽车的使用公害,对于提高人类生存环境特别是城市生活环境的质量,具有重要意义。

第一节　汽车噪声和喇叭声级检测

汽车行驶时发出的各种声响，使汽车成为一个噪声源。从减轻噪声对人听觉器官的刺激，防止噪声对人的危害出发，噪声的响度越低越好。从保证行车安全的目的出发，汽车喇叭必须有适度的响度。

尽管人们对噪声和喇叭声响有不同的主观要求，但声音的本质和检测原理及所使用的仪器均相同，所不同的是检测标准和检测方法。

一、汽车噪声的来源

汽车是一个综合噪声源，汽车行驶中所产生的综合声辐射称为汽车噪声，一般为60～90dB的中等强度的噪声。但汽车噪声影响范围大，干扰时间长，因而对人的危害不容忽视。噪声会使人的听力减弱、视觉功能下降、神经衰弱、血压变化和胃肠道出现消化功能障碍，甚至影响人的睡眠、谈话、学习、工作和情绪等。

汽车噪声主要包括发动机噪声、传动系统噪声、轮胎噪声和喇叭噪声等。

1. 发动机噪声

发动机噪声主要包括燃烧噪声、机械噪声、进排气噪声和风扇噪声等。燃烧噪声是可燃混合气燃烧时产生的气体压力作用于活塞、连杆、曲轴、缸体及气缸盖等引起发动机壳体表面振动而辐射出来的噪声；机械噪声是发动机零部件做往复运动和旋转运动产生的周期性作用力，使零部件产生弹性变形导致发动机壳体表面振动所引起的噪声；进、排气噪声是由于发动机在进、排气过程中的气体压力波动和气体流动所引起的振动而产生的噪声；风噪声是冷却系统风扇或风冷发动机风机产生的空气动力噪声。

2. 传动系统噪声

传动系统噪声包括变速器噪声、传动轴噪声及驱动桥噪声。变速器噪声主要是因齿轮振动引起的噪声，以及轴承运转声、润滑油搅拌声、发动机振动传至变速器箱体而辐射的噪声等；传动轴噪声主要表现为汽车行驶过程中传动轴发出的周期性响声，主要由于传动轴变形、轴承松动及装配不良等原因造成；当驱动桥齿轮齿隙调整不当、齿轮装配不当、轴承调整不当时，会产生较大声响。

3. 制动噪声

制动噪声是汽车制动过程中由制动器摩擦副之间的摩擦而产生的一种刺耳的高频噪声。其噪声强弱取决于制动蹄摩擦片长度方向上的压力分布规律，还受制动系统及零部件刚度的影响。制动噪声通常发生在制动蹄摩擦片端部和根部与制动鼓接触的位置，在制动器由热态转为冷态时较为明显。鼓式制动器比盘式制动器产生的制动噪声稍大。

4. 轮胎噪声

轮胎噪声是由于弹性车轮在道路上行驶时，封闭于轮胎花纹内或路面凹坑内的空气受到周期性的挤压和释放而产生的。影响轮胎噪声的因素主要有轮胎花纹、车速及负荷、轮胎气压、轮胎磨损程度和路面状况等。

5. 车身噪声和喇叭噪声

汽车高速行驶时，车身干扰空气，在车身表面形成空气涡流分离现象，车身前、后和上、下产生压差，同时车身表面与空气间产生摩擦，因而导致车身噪声的产生。车身噪声的强弱与汽车车身的形状和表面状况有关，且车速越高，其车身噪声越强。

喇叭噪声在按动汽车喇叭时产生，其声压级大约为 90～115dB。

二、汽车噪声的检测指标

声音是物体振动在周围空气中传播的一种波，可用高低、强弱、响度和音色等指标表示。

1. 声压与声压级

声音的强弱取决于声波的压力，单位为 Pa。由于声音的强弱是人们对声音的感觉，而人对声音的感觉特性是与声音能量的对数成比例的。因而把听阈声压（2×10^{-5}Pa）作为基准声压，以实际声压与基准声压比值的对数-分贝数（dB）作为表示声音强弱的单位，称为声压级。

$$L = 20\lg\frac{p}{p_0}$$

式中　L——声压级（dB）；

p——实际声压（Pa）；

p_0——基准声压（Pa），$p_0 = 2 \times 10^{-5}$Pa。

2. 响度与响度级

声调的高低取决于声音的频率。频率越高，声调越高；频率越低，声调越低。人耳可听到的声音频率范围大约为16～20000Hz。通常，感到声调高的频率范围为2000～4000Hz，而感到声调低的频率范围为200Hz以下。

声音的响度为人们听到声音的主观感觉。即使是同样声压级的声音，低音听起来响度小，高音听起来响度大。表示响度级时，用“方”作单位。“方”是1000Hz纯音的声压级数值。对于1000Hz以外的声音，是把和它一样响的1000Hz纯音的声压级数值作为其响度级数值。为了确定声压级与响度级间的关系，通过大量人的听觉试验，把不同频率、相同响度级的点在横坐标为频率、纵坐标为声压级的坐标系中的点连成曲线，得到等响曲线，见图5-1。可以看出，人的听觉对频率为1000Hz声音的响度级（方）和声压级（dB）相同。

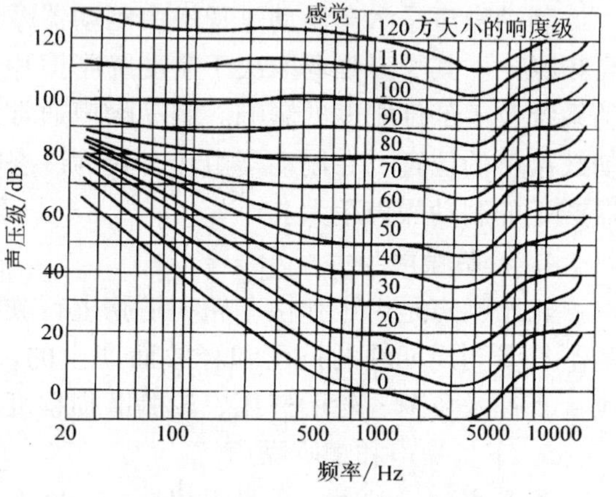

图5-1　等响曲线

3. A声级

不同频率的声音，即使响度相同，声压也不同。由于汽车噪声不是纯声，而声级计的传声器对声音强弱的计量是声压。因此，为了使检测仪器具有与人的听觉一致的频率反应，在仪器内设计有听觉修正网络，即A、B、C三种计权网络。因此，利用声级计检测噪声时，在显示声压级单位的同时，也同时给出了把其修正为响度所用的计权网络，如dB（A）表示使用A计权网络测量的声压级分贝值，称为A计权声级，简称A声级（L_A）。

由于噪声的A声级与人们的主观感觉比较接近，同时A声级的测量较为方便，因此A声级已成为国际标准化组织和绝大多数国家评价噪声的度量指标。

汽车噪声是汽车的重要环保性能，汽车噪声评价指标有汽车加速行驶车外噪声、汽车定置噪声、客车车内噪声、驾驶人耳旁噪声和汽车喇叭噪声等。

三、汽车噪声的检测标准

1. 喇叭声级检测标准

根据GB 7258—2012《机动车运行安全技术条件》，汽车喇叭性能应满足：

①机动车（手扶拖拉机运输机组除外）应设置具有连续发声功能的喇叭。

②机动车喇叭声级在距车前2m、离地高1.2m处测量时，发动机最大净功

率为 7kW 以下的摩托车为 80～112dB（A），其他机动车为 90～115dB（A）。

③教练车还应设置辅助喇叭开关，其工作应可靠。

2. 车内噪声检测标准

（1）客车车内噪声检测标准　根据 GB 7258—2012《机动车运行安全技术条件》，汽车车内噪声应满足：客车以 50km/h 的速度匀速行驶时，客车车内噪声不应大于 79dB（A），其检验方法按 GB/T 18697—2002《声学 汽车车内噪声测量方法》的规定执行。

（2）驾驶人耳旁噪声检测标准　汽车（低速汽车除外）驾驶人耳旁噪声声级应小于等于 90dB（A），其检验方法见 GB 7258—2012《机动车运行安全技术条件》附录 A，测量位置应符合 GB/T 18697—2002《声学 汽车车内噪声测量方法》的规定，见图 5-2。

3. 汽车加速行驶车外噪声检测标准

GB 1495—2002《汽车加速行驶车外噪声限值及测量方法》是机动车辆产品的噪声标准，同时也是城市机动车辆噪声检查的依据。各类机动车辆（包括汽车、摩托车、轮式拖拉机）行驶时，车外最大允许噪声级应符合表 5-1 的规定。对于各类变型车或改装车（消防车除外）加速行驶的车外最大允许噪声级，应符合基本车型噪声的规定。其测量位置应符合上述标准的规定，见图 5-3。

表 5-1　汽车加速行驶车外噪声限值　　［单位：dB（A）］

汽车分类	噪声限值	
	第一阶段	第二阶段
	2002 年 10 月 1 日～2004 年 12 月 30 日期间生产的汽车	2005 年 1 月 1 日以后生产的汽车
M_1	77	74
M_2（G≤3.5t）或 N_1（G≤3.5t）：G≤2t	78	76
2t＜G≤3.5t	79	77
M_2（3.5t＜G≤5t）或 M_3（G＞5t）：P＜150kW	82	80
P≥150kW	85	83
N_2（3.5t＜G≤12t）或 N_3（G＞12t）：P＜75kW	83	81
75kW≤P＜150kW	86	83
P≥150kW	88	84

注：汽车分类如下所述。

1. M 类（客车）：至少有 4 个车轮的载客机动车辆；或者有三个车轮，且厂定最大总质量不超过 1t 的载客机动车辆。

   M_1 类：除驾驶人外，乘客座位数不超过 8 个的客车。

   M_2 类：除驾驶人外，乘客座位数超过 8 个，厂定最大总质量不超过 5t 的客车。

   M_3 类：除驾驶人外，乘客座位数超过 8 个，厂定最大总质量超过 5t 的客车。

2. N 类：至少有 4 个车轮的载客货机动车辆；或者有三个车轮，且厂定最大总质量不超过 1t 的载货机动车辆。

   N_1 类：厂定最大总质量不超过 3.5t 的载货汽车。

   N_2 类：厂定最大总质量超过 3.5t，但不超过 12t 的载货汽车。

   N_3 类：厂定最大总质量超过 12t 的载货汽车。

4. 汽车定置噪声检测标准

汽车定置噪声指车辆不行驶，发动机处于空载运转状态下的排气噪声和发动机噪声。根据 GB 18565—2001《营运车辆综合性能要求和检验方法》，汽车定置噪声的限值见表 5-2。其测量位置应符合上述标准的规定，见图 5-4。

表 5-2 汽车定置噪声限值 ［单位：dB（A）］

车辆类型	燃料种类		车辆出厂日期	
			1998 年 1 月 1 日以前	1998 年 1 月 1 日及以后
轿车	汽油		87	85
微型客车、货车	汽油		90	88
轻型客车、货车、越野车	汽油	$n_0$① ≤4300r/min	94	92
		n_0 >4300r/min	97	95
	柴油		100	98
中型客车、货车、大型客车	汽油		97	95
	柴油		103	101
重型货车	P② <147kW		97	95
	P >147kW		103	101

① n_0 为发动机额定转速。

② P 为发动机额定功率。

四、车内噪声和驾驶人耳旁噪声检测

1. 车内噪声检测

车内噪声的测量应满足如下要求。

（1）测量条件 测量跑道应有试验需要的足够长度，应是平直、干燥的沥青路面或混凝土路面；测量时的风速（指相对于地面）应不大于 3m/s；测量时车辆门窗应关闭，车内其他辅助设备若是噪声源，测量时是否开动，应按正常使用情况而定；车内本底噪声比所测车内噪声至少低 10dB，并保证测量不被偶然的其他声源所干扰；车内除驾驶人和测量人员外，不应有其他人员。

（2）测量位置 客车室内噪声测点可选择在车厢中部及最后一排座位的中间位置，通常在人耳附近布置测点，传声器朝向车辆前进方向，见图 5-2。

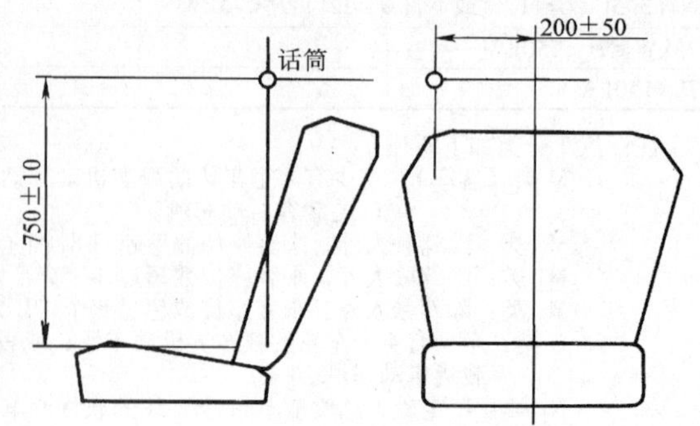

图 5-2 车内噪声测量点位置

（3）检测方法 检测车内噪声时，车辆以常用档位、50km/h 车速匀速行驶，进行测量；用声级计“慢”档测量 A 计权声级；若需进行车内噪声频谱分析，可用频谱分析仪进行检测，应包括中心频率为 31.5Hz、63Hz、125Hz、250Hz、500Hz、1000Hz、2000Hz、4000Hz、8000Hz 的倍频带。

2. 驾驶人耳旁噪声检测

根据 GB 7258—2012《机动车运行安全技术条件》(附录 A)，测量驾驶人耳旁噪声时，汽车应空载，处于静止状态且置变速器于空档，发动机应处于额定转速状态，门窗紧闭；声级计置于“A ”计权、“快”档；驾驶人耳旁噪声测量点位置应符合 GB 18697/T—2002《声学汽车车内噪声测量方法》，见图 5-2。

五、汽车加速行驶时车外噪声的检测

1. 基本检测条件

测量场地应平坦空旷，在测量中心以 50m 为半径的范围内不应有大的反射物（如建筑物、围墙等）；试验场地跑道应具有 20m 以上的平直、干燥的沥青或混凝土路面，路面坡度不得超过 0.5%；试验场地的本底噪声（包括风噪声）应比被测车辆的噪声至少低 10dB，并保证测量不被偶然的其他声源所干扰；测量应在良好天气中进行，测量时声级计传声器高度的风速不应超过 5m/s；声级计附近除测量者外，不应有其他人员，若不可缺少时，则必须在测量者背后。

2. 检测场地要求

测量的场地见图 5-3。测试时传声器位于 20m 跑道中心点的两侧，各距中心线 7.5m、距地面高度 1.2m，传声器平行于地面，其轴线垂直于车辆行驶方向。

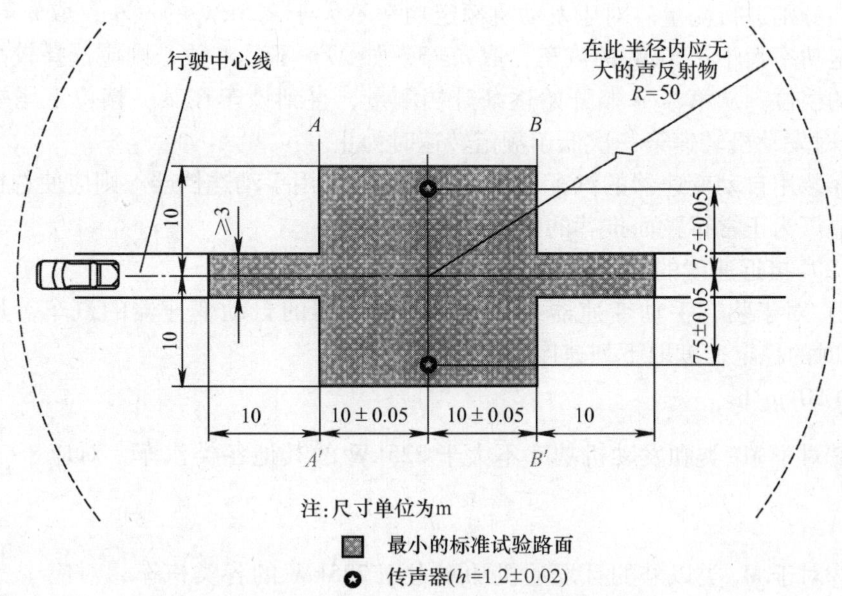

图 5-3　汽车车外噪声检测场地

3. 车辆状态

被测汽车应空载，不带挂车或半挂车（不可分解的汽车除外）；被测汽车装用的轮胎必须是汽车制造厂为该车型指定选用的型式之一，必须把轮胎充气至厂定的空载状态气压；被测汽车的技术状况应符合该车型的技术条件（特别是该车的加速性能）；如果汽车有两个或更多的驱动轴，测量时应采用道路上行驶常用的驱动方式；如果汽车装有带自动驱动机构的风扇，在测量期间应保持其自动工作状态。

4. 加速行驶车外噪声的检测方法

（1）汽车档位选择

①装用手动变速器 M_1 和 N_1 类汽车不多于4个前进档时，应用第2档进行测量；装用多于4个前进档的变速器时，应分别用第2档和第3档进行测量。如果应用第2档测量时，汽车尾端通过 BB' 线时发动机转速超过了 n_0（发动机的额定转速），则应逐次按 $5\% n_0$ 降低 n_A（接近 AA' 线时发动机的稳定转速），直到通过 BB' 线时的发动机转速不再超过 n_0。如果 n_A 降到了怠速，而通过 BB' 线时的转速仍超过 n_0，则只用第3档测量。但是，对于前进档多于4个并装用额定功率大于140kW的发动机，且额定功率与最大总质量之比大于75kW/t的 M_1 类汽车，假如该车用第3档其尾端通过 BB' 线时的速度大于61km/h，则只用第3档测量。

②装用手动变速器的非 M_1 和 N_1 类汽车，手动变速器前进档总数为 X（包括由副变速器或多级速比驱动桥得到的速比）的汽车，应该用等于或大于 X/n 的各档分别进行测量。对于发动机额定功率不大于225kW的汽车，取 $n=2$；对于额定功率大于225kW的汽车，取 $n=3$。如 X/n 不是整数，则应选择较高整数对应的档位。从第 X/n 档开始逐渐升档测量，直到该车在某一档位下尾端通过 BB' 线时发动机转速第一次低于额定转速时为止。

③装用自动变速器的汽车，且自动变速器装用手动选档器，则应使选档器处于制造厂为正常行驶而推荐的位置来进行测量。

（2）接近速度的确定

1）对于装有手动变速器或带有手动选档器的自动变速器的汽车，其接近 AA' 线时的稳定速度取下列速度中的较小值：

①50km/h。

②对于 M_1 类和发动机功率不大于225kW的其他各类汽车，对应于 $\frac{3}{4}n_0$ 的速度。

③对于 M_1 类以外的且发动机功率大于225kW的各类汽车，对应于 $\frac{1}{2}n_0$ 的速度。

2）对于装有无手动选档器的自动变速器的汽车，应分别以30km/h、40km/h、50km/h（如果该车道路上最高速度的3/4低于50km/h，则以其最高速度3/4的速度）的稳定速度接近AA'线。

（3）加速过程

①汽车以上述规定的档位和稳定速度接近AA'线，速度变化应控制在±1km/h之内，若控制发动机转速，则转速变化应控制在±2%或±50r/min之内（取两者中较大值）。

②当汽车前端到达AA'线时，必须尽可能地迅速将加速踏板踩到底（即节气门或油门全开）加速行驶，并保持不变，直到汽车尾端通过BB'线时再尽快地松开踏板（即节气门或油门关闭）。

③汽车应直线加速行驶通过测量区，其纵向中心平面应尽可能接近测量区中心线。

④如果该车是由牵引车和不易分开的挂车组成，确定尾端通过BB'线时不考虑挂车。

（4）加速行驶时车外噪声级测量　检测车外噪声时，声级计用A计权网络、“快”档进行测量。

①在汽车每一侧至少应测量四次。

②应测量汽车加速驶过测量区时的最大声级。每一次测得的读数值应减去1dB（A）作为测量结果。

③若在汽车同侧连续四次测量结果相差不大于2dB（A），则认为测量结果有效。

④将每一档位条件下每一侧的四次测量结果进行算术平均，然后取两侧平均值中较大者作为中间结果。

（5）最大噪声级的确定

①对于只用一个档位测量的汽车，直接取中间结果作为最大噪声级。

②对于采用二个档位测量的汽车，取两档中间结果的算术平均值作为最大噪声级。

③最大噪声级的值应按有关规定修约到一位小数。

六、汽车定置噪声的检测

1. 车辆状态

①车辆位于测量场地的中央，变速器挂空档，拉紧驻车制动器，离合器接合。

②发动机机罩、车窗与车门应关上，车辆的空调器及其他辅助装置应关闭。

③测量时，发动机冷却液流出温度、油温应符合生产厂的规定。

2. 定置噪声的测量

检测排气噪声时，测量场地和声级计传声器位置见图5-4。

(1) 声级计传声器位置

①声级计传声器与排气口端等高，在任何情况下距地面不得小于0.2m。

②声级计传声器参考轴应与地面平行，并与通过排气口气流方向且垂直于地面的平面成45°±10°的夹角。声级计传声器朝向排气口，距排气口端0.5m，放在车辆外侧。

③车辆装有两个或更多的排气管，且排气管之间的间隔不大于0.3m，并连接于一个消声器时，只需取一个测量位置。声级计传声器应位于最靠近车辆外侧的那个排气管。如果两个或两个以上的排气管同时在垂直于地面的直线上，则选择离地面最高的一个排气管。

④装有多个排气管，并且各排气管的间隔又大于0.3m时，其每一个排气管都要测量，并记录其最高声级。

⑤排气管垂直向上的车辆，声级计传声器放置高度应与排气管口等高，声级计传声器朝上，其参考轴应垂直地面。声级计传声器应放在离排气管较近的车辆一侧，并距排气口端0.5m。

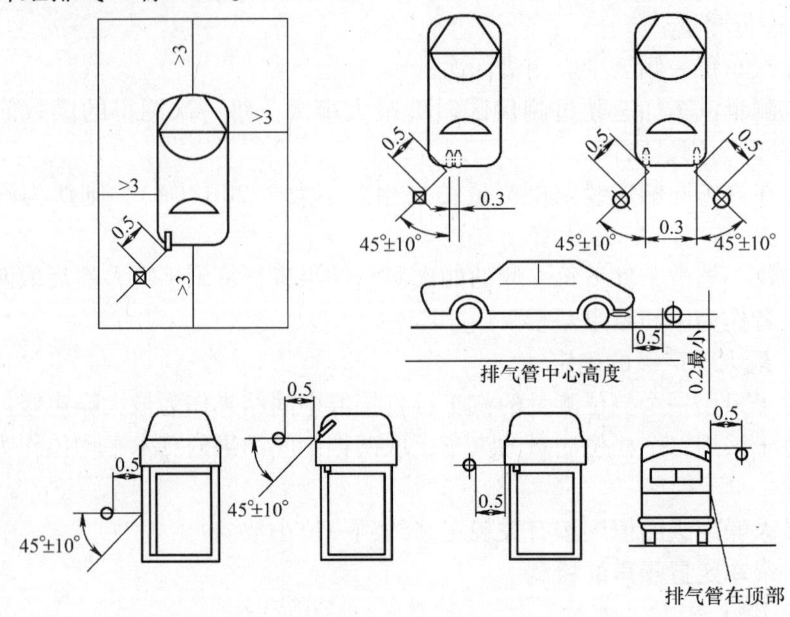

图5-4 排气噪声检测的测量场地和声级计传声器位置

注：图中长度单位为m。

(2) 检测方法

①发动机测量转速取 $3/4n_0 \pm 50$ (r/min) (n_0 为发动机的额定转速)。

②测量时，发动机稳定在上述转速后，测量由稳定转速尽快减速到怠速过程的噪声，然后记录下最高声级。测量时，声级计取A计权，“快”档。

③每类试验的每个测点重复进行试验，直到连续出现三个读数的变化范围在2dB（A）之内为止，并取其算术平均值作为测量结果。

七、汽车喇叭声级检测

为了使汽车喇叭起到警示功能，喇叭声不能过低；但为了减小喇叭噪声对城市环境的影响，喇叭声级又不能过高。因此，应适当控制汽车喇叭声级。

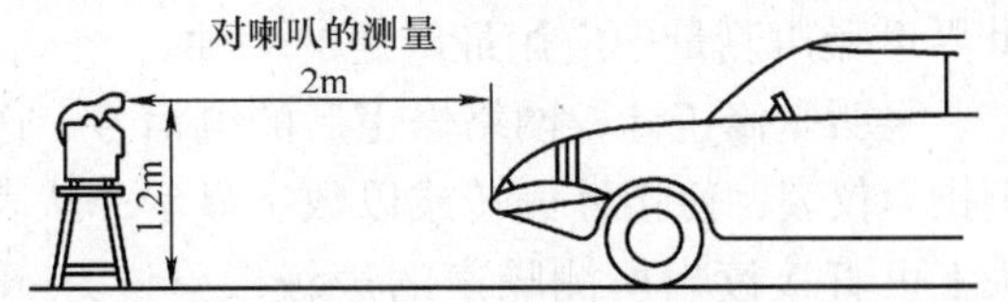

图5-5　喇叭声级的检测

检测汽车喇叭声级时，应将声级计置于距汽车前2m，离地高1.2m处，其传声器朝向汽车，轴线与汽车纵轴线平行，见图5-5。声级计置于A计权，“快”档，在这种情况下测得的喇叭声级应在90~115dB（A）的范围内。

八、噪声检测仪器

1. 声级计

（1）声级计的工作原理　声级计是一种能够把汽车发出的噪声和喇叭声音的响度，按人耳听觉近似值测定出来的仪器，见图5-6。声级计一般由声级计传声器、放大器、听觉修正计权网络、指示仪表和校准装置构成。声级计传声器通常称为话筒，其作用是把声压信号转变为电信号，是声级计的传感器。常见声级计传声器有晶体式、驻极体式、动圈式和电容式多种。电容式声级计传声器是声学测量中比较理想的传声器，具有动态范围大、频率响应平直、灵敏度高和在一般测量环境中稳定性好等优点，因而得到广泛应用。电容式声级计传声器主要由金属膜片和金属电极构成（图5-7）。金属膜片与金属电极构成平板电容的两个极板，膜片受到声压作用后变形，使两极板距离发生变化，电容值发生变化，从而产生交变电压，交变电压波形与声压级波形成比例，从而也就把声压信号转变为电信号。由于电容式声级计传声器输出阻抗很高，因此需要通过前置放大器进行阻抗变换。

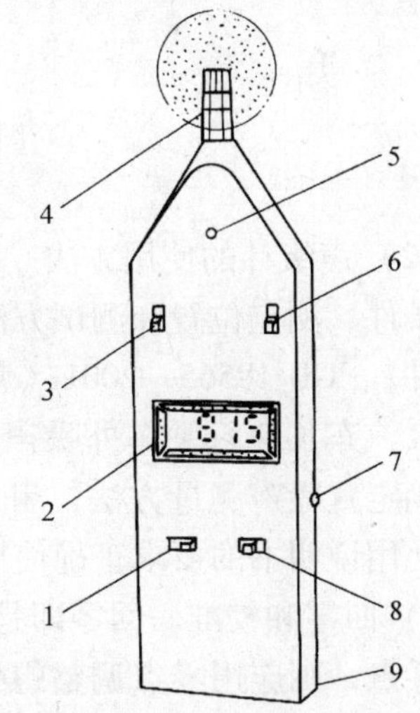

图5-6　声级计

1—电源开关　2—显示器　3—量程开关　4—声级计传声器　5—灵敏度调节电位计　6—读数/保持开关　7—复位按钮　8—时间计权开关　9—电池盖板

从声级计传声器输出的电信号，经前置放大器放大后，输入到听觉修正计权网络。该网络是把电信号修正为与听感近似值的网络。通过计权网络测得的声压级，已不再是客观物理量的声压级，而是经过听感修正的声压级，称为计权声级。计权网络有A、B、C三种，A计权网络由于其特性曲线接近于人耳的听感特性，因此是目前世界上噪声测量中应用最广泛的一种。

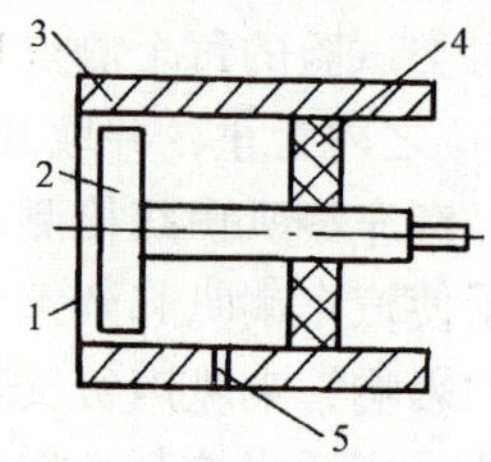

图5-7　电容式声级计传声器示意图

1—金属膜片　2—电极　3—壳体
4—绝缘体　5—平衡孔

经听觉修正计权网络修正后的电信号，送至指示仪表，使指针偏转或以数字显示，从表头上可直接读出所测噪声的声级，单位为dB(A)。声级计表头阻尼一般有"快"和"慢"两档，"快"档平均时间为0.27s，接近于人耳听觉器官的生理平均时间；"慢"档的平均时间为1.05s。当对稳态噪声进行测量或需要记录声级变化过程时，可用"快"档；当被测噪声波动较大时，采用"慢"档。

声级计的电路框图见图5-8。

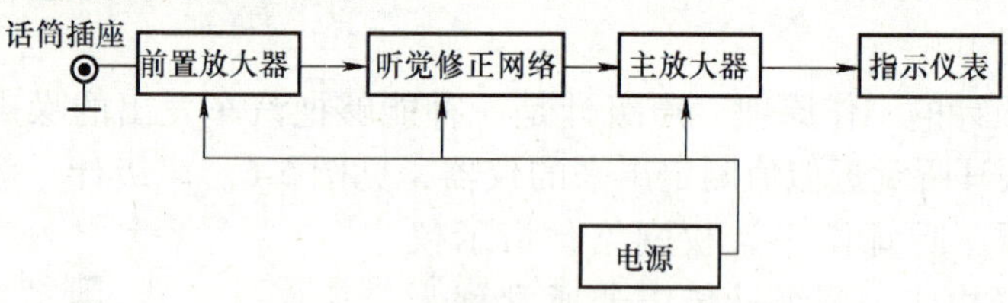

图5-8　声级计的电路框图

（2）声级计的使用方法　在检测汽车的喇叭声级和车内、车外噪声时，其测试条件、测点位置和测试方法应严格按照GB 7258—2012《机动车运行安全技术条件》、GB 18565—2001《营运车辆综合性能要求和检验方法》、GB 1495—2002《汽车加速行驶车外噪声限值及测量方法》、GB/T 14365—1993《声学 机动车辆定置噪声测量方法》和其他相关标准的有关规定进行。在检测过程中，应按使用说明书的要求正确使用声级计，一般应注意以下几点：

1）回零和校准。回零即是在未接通电源前，检查仪表指针是否在零点；若不在零点，则应用零点调整螺钉调至零点。校准指每次测量前或使用一段时间后，应按使用说明书要求对仪器的电路和声级计传声器进行校准；若不正常，则应调节微调电位器将其调至正常。

2）预热。仪器使用前要预热5～10min。

3）选择量程开关。声级计的测量范围一般有35～80dB、60～105dB和85～130dB三档。测量前，应根据被测声音强弱将量程开关置于适当位置。如无法估计其大小，应先将量程开关置于最高档。测量喇叭声级时，应使用85～130dB档。

4）选择时间计权开关。根据所测音响的波动情况，选择时间计权开关的位置。测喇叭声级和车外加速噪声时，应将时间计权开关拨到“F”（快）档。

5）选择读/保持开关。一般测量时，将此开关置于“5秒”。测喇叭声级时，为测出喇叭发出的最大声响，可用“保持’档。此时按一下复位按钮，仪器即工作在最大值保持状态，显示值为仪器复位以来所测声级的最大值。每按一次复位按钮即结束前次的保持，并开始新的保持周期。

6）复位。在测量中，改变任何开关位置都必须按一下复位按钮，以消除开关换档时可能引起的干扰。

7）其他注意事项。

①勿使声级计受到冲击、振动。

②将其放置于通风、干燥处，并避免阳光直射。

③声级计传声器、引线是与原仪器配套的，不要与其他仪器交换使用。

④电池式声级计在不使用时，应把干电池取出。

2. 频率分析仪

汽车噪声是由大量的不同频率的声音复合而成的，为了分析产生噪声的原因，需对噪声进行频谱分析。

所谓频谱分析就是应用数学原理（傅里叶变换），将原来由时间域表征的动态参数转换为由频率域表征。实现这一转换的最基本装置是滤波器，利用滤波器将待分析的噪声信号所包含的不同频率的分量分离出来，由记录器记录测量结果。通常，根据测量结果，以频率为横坐标，以声压级为纵坐标做出的噪声曲线称为噪声的频谱图。它在频域上描述了声音强弱的变化规律。图5-9所示为频谱仪测得的几种轿车加速行驶的噪声频谱曲线图，从图上可以看出，汽车加速行驶

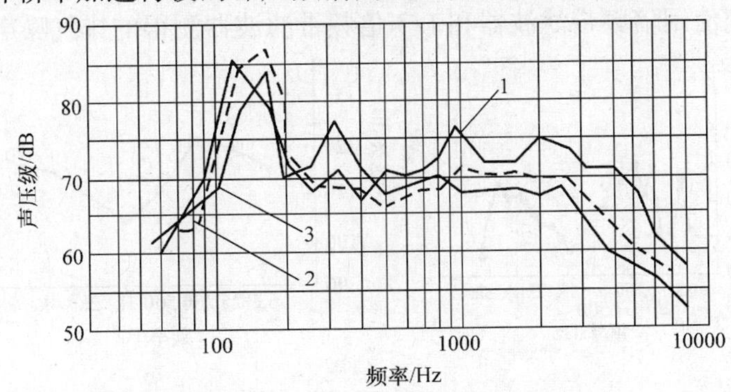

图5-9　轿车加速行驶的噪声频谱曲线

1—排量1.1L　2—排量1.5L　3—排量1.7L

噪声是宽频带噪声，低、中频段噪声级较高，其原因是各声源（尤其是进排气系统）的中、低频噪声都有较高的声级。

用于测定噪声频谱的仪器称为频率分析仪或频谱仪。频率分析仪主要由滤波器、测量放大器和指示装置组成。检测时，噪声信号经过一组滤波器，使被测信号中所含有的不同频率分量逐一分离出来，并由测量放大器将其幅值放大，然后由指示装置直接显示测量结果或绘制频谱图。

在频率分析仪中应用的滤波器为带通滤波器，其特性曲线见图 5-10。图中 f_c 称为带通滤波器的中心频率，f_1 和 f_2 分别称为带通滤波器的频率下限和上限。定义 $B=f_2-f_1$ 为带通滤波器的带宽，将频带 f_2-f_1 称为通频带，f_1 以下或 f_2 以上的频带称为衰减带。滤波器让通频带范围的声音通过，而将衰减带范围的声音进行衰减。为了能在一个相当宽的频率域中进行频率分析，需要许多中心频率不同的带通滤波器。带通滤波器在频率域上的位置用中心频率 f_c 表示，中心频率 f_c 为两截止频率的几何平均值，即

$$f_c=(f_1 f_2)^{1/2}$$

频带的上限频率 f_2 与下限频率 f_1 之间有如下关系：

$$\frac{f_2}{f_1}=2^n$$

式中　n——倍频带数或倍频程数。

在汽车噪声测量中，常用 $n=1$ 时的倍频带和 $n=1/3$ 时的 1/3 倍频带。n 值越小，频带分得越细。1/3 倍频带是把 1 个倍频带再分为 3 份，使频带宽度更窄。

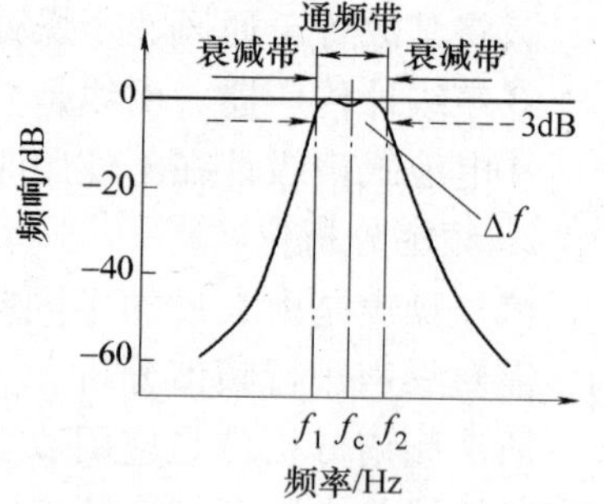

图 5-10　带通滤波响应曲线

频率分析仪使用的滤波器带宽决定了该频率分析仪的频率分辨率。带宽越窄，将噪声信号频率成分分解得越细，分辨率就越高。图 5-11 为某汽油车在相同条件下分别使用倍频带滤波器和 1/3 倍频带滤波器测得的排气噪声频谱图。由

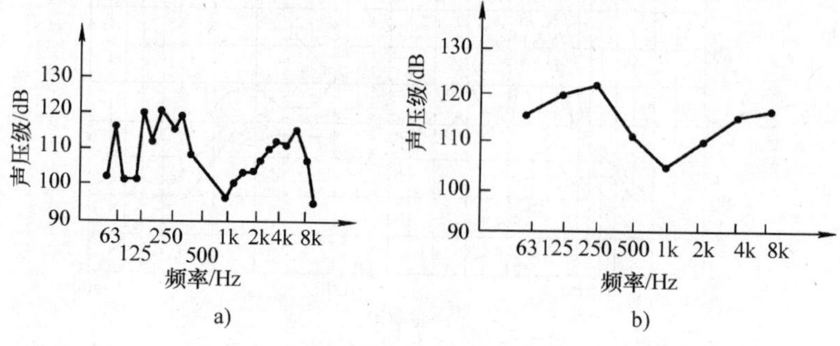

图 5-11　汽车排气噪声频谱曲线

a）1/3 倍频带　b）倍频带

图可知，当使用倍频带时，只能看出大概的趋势，而用1/3倍频带时，可以分辨出细致的频率波峰。可见，使用1/3倍频带滤波器更适宜。利用频率分析仪，可以了解噪声的频率成分和各频率噪声的强弱，可为汽车噪声故障的诊断提供依据，并做到有针对性地控制和消除噪声。

第二节　点燃式发动机汽车排气污染物检测

汽车给人们的出行和运输带来了极大便利，同时也带来了严峻的环境问题。因此，检测并控制汽车排气污染物，对于保护人类生存环境具有重要意义。同时，汽车发动机所排出的污染物成分和浓度与发动机的技术状况密切相关，所以通过对发动机的排气污染物进行检测，可评价发动机的技术状况，特别是燃油供给系统和点火系统的技术状况。本节首先分析汽车排放污染物及其形成机理，而后主要介绍点燃式发动机汽车排气污染物检测的检测标准、检测方法和检测设备。

一、汽车排气污染物

1. 汽车排气污染物的种类及产生机理

汽车所排放的污染物主要有CO（一氧化碳）、HC（碳氢化合物）、NO_X（氮氧化物）、微粒（由炭烟、铅氧化物等重金属氧化物和烟灰等组成）和硫化物等。污染物的排放途径为汽车发动机排气管、曲轴箱和燃油供给系统，分别称为排气污染物、曲轴箱污染物和燃油蒸发污染物。

（1）CO　CO是燃料不完全燃烧的产物，当发动机混合气过浓或燃烧质量不佳时，易生成CO而从发动机排气管排出。特别是发动机怠速时，混合气供给偏浓，发动机工作循环中的气体压力和温度不高，燃烧速度减慢，且不完全燃烧所生成的CO浓度增高；发动机在加速过程中供给较浓混合气，或因点火过分推迟补燃增多时，均会使CO的排放量增加。

（2）HC　HC主要是未燃或未完全燃烧的燃油、润滑油极其裂解产物。汽车排放污染物中，HC的20%～25%来自曲轴箱窜气，20%来自供油系统中燃油的蒸发，其余则由发动机排气管排出。发动机冷起动或怠速工况下混合气较浓，且燃烧温度过低或化油器雾化不良时，发动机排出的废气中的HC含量增加。

（3）NO_X　NO_X是空气中的N_2与O_2在高温高压条件下反应而生成的。汽车发动机排出的废气中的NO_X主要由NO（一氧化氮）和NO_2（二氧化氮）构成。汽油机排出的氮氧化物中，NO占99%；而柴油机排出的氮氧化物中，NO_2的比例稍大。发动机的负荷和压缩比越高，发动机的燃烧温度越高，燃烧终了气缸内的压力越高，生成的NO_X条件也越充分。

（4）微粒　汽油机排出的浮游微粒主要有铅化物、硫酸盐、低分子物质。

当汽油机使用含铅汽油时，燃烧废气中将会有铅化合物以微粒状从排气管排出；柴油机排出的微粒比汽油机多30～60倍，主要为含碳物质（炭烟）和高分子量有机物（润滑油的氧化和裂解产物）。炭烟是柴油发动机燃烧不完全的产物，主要由直径为0.1～1.0μm的多孔性炭粒构成。当汽车起动、加速、上坡时，由于混合气过浓，炭烟排放量增加；或者柴油喷雾质量不高、雾化不良时，也会增大炭烟的排放浓度。

（5）硫化物　发动机排出的硫化物主要为SO_2（二氧化硫），由所用燃油中含有的硫与空气中的氧反应而生成。

2. 汽车排气污染物的影响因素

汽车发动机所排出的有害气体的浓度受到多种因素的影响。

（1）空燃比　燃料完全燃烧时所需要的空燃比或是燃烧效率最高时的理论空燃比为14.8∶1。空燃比与排气有害成分浓度的关系见图5-12。可以看出，供给浓混合气时，NO_X减少而CO、HC增多；供给略稀的混合气时，CO、HC减少而NO_X增多；供给稀混合气时，NO_X、CO减少而HC增多。

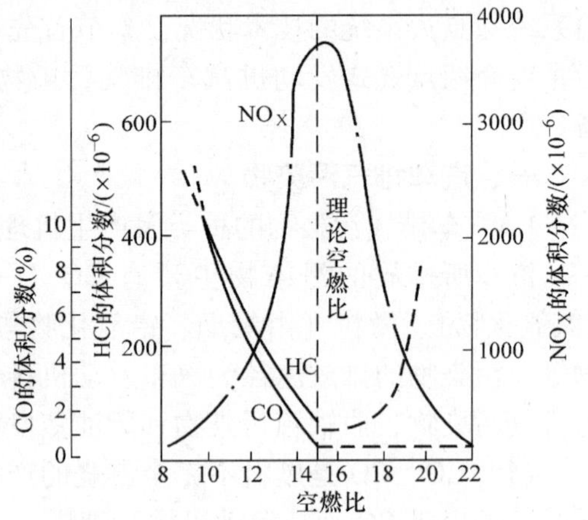

图5-12　CO、HC、NO_X的排气浓度与空燃比的关系

（2）负荷　发动机满负荷工作时，由于混合气浓，燃烧不完全，生成的CO量增多；中等负荷时，混合气略稀，燃烧效率最高，CO、HC减少，但NO_X增多；在怠速和小负荷时，燃烧温度较低但所用混合气较浓，因而NO_X排气量减少，CO和HC排放量显著增多。

（3）转速　发动机的转速提高时，加强了燃烧室内混合气的紊流，改善了混合和燃烧，排气中的HC、CO含量减少。混合气空燃比一定时，CO随曲轴转速提高而下降；在高速时，燃烧时间短，HC排放量略有增加；提高怠速可使CO、HC排放浓度下降，这是由于进气节流减小，充气量增加，残余气体稀释程度有所减少，使燃烧得到改善的缘故。对于NO_X生成量，在某一混合气浓度下，当转速达到最大转速的65%～75%时，废气中的NO_X达到最大值。

（4）不稳定工况　汽油机在减速和转速不高的工况下，不完全燃烧的物质（HC）较多；在加速和高转速时NO_X浓度明显增大。这是因为此时气缸内燃气的温度提高，且混合气较浓的缘故。

（5）发动机热工况　燃烧室温度取决于发动机的冷却方式和冷却液温度，

对排气污染有重要影响。低温使用条件下，发动机从起动到暖车的过程中，冷却液温度较低，燃油雾化不良，燃烧不充分，缸壁激冷作用强，HC 和 CO 排放浓度最高。供油系统过热，发动机会产生气阻现象，易发生混合气过稀而熄火，废气中的 HC 浓度增加。

（6）汽车技术状况的影响　汽车技术状况变化引起排气污染增大的原因主要包括：

①供油系统的故障。

②汽油机点火系统的故障。

③气缸内有积炭等。

供油系统调整不当或在使用中发生变化，会使混合气的实际空燃比与最优空燃比的偏离越来越大，因此对发动机的排放特性有重要影响。

柴油机供油系统的循环供油量、供油压力和喷油提前角是影响排气污染的重要因素。喷油提前角减小，循环最高温度值降低，排气中的 NO_X 浓度下降，HC 增加，而 CO 浓度基本不变。

空气滤清器堵塞会引起混合气过浓，使排气中的 CO、HC 成分增加。

汽油机的点火提前角增大时，循环压力和温度提高，NO_X 浓度明显增大；反之 NO_X 浓度减少。当点火迟时，由于气缸及排气系统温度高，废气中的 HC 减少；若点火过迟，因燃烧速度慢，HC 的浓度又有提高。

火花塞积炭、气门积炭或烧蚀会使发动机的燃烧过程不正常，排气中的 HC 浓度明显增大。

二、点燃式发动机汽车排气污染物检测标准

GB 18285—2005《点燃式发动机汽车排气污染物排放限值及测量方法（双怠速法及简易工况法）》规定了点燃式发动机汽车在怠速和高怠速工况下排气污染物排放限值及测量方法，在标准的附录 B、C、D 中还规定了点燃式发动机轻型汽车稳态工况法、瞬态工况法和简易瞬态工况法三种简易工况测量方法，适用于装用点燃式发动机的新生产车和在用汽车。

1. 点燃式发动机汽车双怠速排气污染物排放限值

根据 GB 18285—2005《点燃式发动机汽车排气污染物排放限值及测量方法（双怠速法及简易工况法）》，对于装有点燃式发动机的汽车，应采用双怠速法检测所排出废气中的 CO 和 HC 的浓度。

（1）新生产汽车排气污染物限值　对于装用点燃式发动机的新生产汽车，其型式核准和生产一致性检查的排气污染物排放限值见表 5-3。

（2）在用点燃式发动机汽车排气污染物排放限值　根据 GB 18285—2005《点燃式发动机汽车排气污染物排放限值及检测方法（双怠速法及简易工况法）》，全国点燃式发动机在用汽车的排放监控，采用双怠速法排气污染物排放

限值及测量方法。其排气污染物排放限值见表5-4。

表5-3　新生产汽车排气污染物排放限值（体积分数）

车　　型	类　　别			
	怠速		高怠速	
	CO(%)	HC(10^{-6})	CO(%)	HC(10^{-6})
2005年7月1日起新生产的第一类轻型汽车	0.5	100	0.3	100
2005年7月1日起新生产的第二类轻型汽车	0.8	150	0.5	150
2005年7月1日起新生产的重型汽车	1.0	200	0.7	200

表5-4　在用汽车排气污染物排放限值（体积分数）

车　　型	类　　别			
	怠速		高怠速	
	CO(%)	HC(10^{-6})	CO(%)	HC(10^{-6})
1995年7月1日前生产的轻型汽车	4.5	1200	3.0	900
1995年7月1日起生产的轻型汽车	4.5	900	3.0	900
2000年7月1日起生产的第一类轻型汽车	0.8	150	0.3	100
2001年10月1日起生产的第二类轻型汽车	1.0	200	0.6	150
1995年7月1日前生产的重型汽车	5.0	2000	3.5	1200
1995年7月1日起生产的重型汽车	4.5	1200	3.0	900
2004年9月1日起生产的重型汽车	1.5	250	0.7	200

注：1. 对于2001年5月1日以后生产的5座以下（含5座）微型面包车，执行此类在用车排气标准。
2. 轻型汽车指最大总质量不超过3500kg的M_1类、M_2类和N_1类车辆。
3. 第一类轻型汽车指设计乘员数不超过6人（包括驾驶人），且最大总质量不大于2500kg的M_1类汽车。
4. 第二类轻型汽车指除第一类轻型汽车之外的轻型汽车。
5. 重型汽车指最大总质量超过3500kg的车辆。

（3）过量空气系数（λ）的要求　对于使用闭环控制电子燃油喷射系统和三元催化转化器技术的汽车进行过量空气系数（λ）的测定，发动机转速为高怠速转速时，λ应在1.00 ± 0.03或制造厂规定的范围内。进行测试前，应按照制造厂使用说明书规定预热发动机。

2. 点燃式发动机汽车工况法排气污染物排放限值

GB 18285—2005《点燃式发动机汽车排气污染物排放限值及测量方法（双怠速法及简易工况法）》规定，在机动车保有量大、污染严重的地区，也可按规定采用该标准附录B、C、D所列的简易工况法。

采用简易工况法的地区，应制定地方排气污染物排放限值，经省级人民政府批准，报国务院环境保护行政主管部门备案后实施。

以陕西省为例，该省于 2008 年 6 月 5 日发布了 DB 61/439—2008《在用点燃式发动机轻型汽车稳态工况法排气污染物排放限值》，对于 2000 年 7 月 1 日前生产的第一类轻型汽车和 2001 年 10 月 1 日前生产的第二类轻型汽车执行 Ⅰ 类限值，见表 5-5；此后生产的同类汽车执行Ⅱ类限值，见表 5-6。

表 5-5　稳态工况法排气污染物排放限值 Ⅰ

车辆基准质量 RM/kg	ASM5025			ASM2540		
	HC(10^{-6})	CO(%)	NO_X(10^{-6})	HC(10^{-6})	CO(%)	NO_X(10^{-6})
$RM \leqslant 1020$	230	2.2	4200	230	2.9	3900
$1020 < RM \leqslant 1250$	190	1.8	3400	190	2.4	3200
$1250 < RM \leqslant 1470$	170	1.6	3000	170	2.1	2800
$1470 < RM \leqslant 1700$	160	1.5	2650	160	1.9	2500
$1700 < RM \leqslant 1930$	130	1.2	2200	130	1.6	2050
$1930 < RM \leqslant 2150$	120	1.1	2000	120	1.5	1850
$2150 < RM \leqslant 2500$	110	1.1	1700	110	1.3	1600

表 5-6　稳态工况法排气污染物排放限值 Ⅱ

车辆基准质量 RM/kg	ASM5025			ASM2540		
	HC(10^{-6})	CO(%)	NO_X(10^{-6})	HC(10^{-6})	CO(%)	NO_X(10^{-6})
$RM \leqslant 1020$	230	1.3	1850	230	1.5	1700
$1020 < RM \leqslant 1250$	190	1.1	1500	190	1.2	1350
$1250 < RM \leqslant 1470$	170	1.0	1300	170	1.1	1200
$1470 < RM \leqslant 1700$	160	0.9	1200	160	1.0	1100
$1700 < RM \leqslant 1930$	130	0.8	1000	130	0.8	900
$1930 < RM \leqslant 2150$	120	0.7	900	120	0.8	800
$2150 < RM \leqslant 2500$	110	0.6	750	110	0.7	700

三、点燃式发动机汽车排气污染物检测方法——双怠速法

1. 双怠速工况

双怠速工况是怠速工况和高怠速工况的合称。双怠速工况排气污染物检测指在怠速和高怠速两个工况下，对汽车的排气污染物所进行的检测。

怠速工况指离合器接合、变速器挂空档、加速踏板处于松开位置时的发动机运转工况；而高怠速工况指在怠速工况条件下，通过加大节气门开度，使发动机

转速稳定控制在50%额定转速，或制造厂技术文件中规定的高怠速转速时的工况。根据GB 18285—2005《点燃式发动机汽车排气污染物排放限值及测量方法（双怠速法及简易工况法）》的规定，轻型汽车的高怠速转速为（2500 ± 100）r/min，重型汽车的高怠速转速为（1800 ± 100）r/min，如有特殊规定，则按照制造厂技术文件中规定的高怠速转速。

用怠速法检测点燃式发动机汽车的排气污染物，一般仅测CO和HC，所用测量仪器为便携式排气分析仪。由于测试方便，测量仪器价格便宜，便于携带，因此适用于汽车检测站和环保部门对在用汽车的排放性能进行年度检测及排放监测。但由于怠速工况是汽车运行过程中所占时间比例较短的工况，且怠速是稳定工况，因此怠速工况排气污染物检测的结果不够全面。相比之下，利用双怠速法或加速模拟工况法进行汽车排气污染物检测，所得结果则较为全面可靠。

2. 检测仪器

在双怠速工况下检测汽车排放废气中的CO、HC浓度时，所使用的仪器为采用不分光红外线分析法的汽车排气分析仪，根据能够测量气体的种类数目，又可分为二气体、三气体、四气体和五气体排气分析仪。采用多气体排气分析仪可同时检测O_2、CO、CO_2、HC、NO_X的浓度，可用于对发动机及催化转化器的工作情况进行评价。排气测量仪器应满足有关标准的要求。

3. 检测方法

①保证被检测车辆处于制造厂规定的正常状态，发动机进气系统应装有空气滤清器，排气系统应装有排气消声器，并不得泄漏。

②在发动机上安装转速计、点火正时仪、冷却液和润滑油测温计等测量仪器。测量时，发动机冷却液和润滑油温度应不低于80℃。

③发动机从怠速状态加速至70%额定转速，运转30s后降至高怠速状态。将取样探头插入排气管中，深度不少于400mm，并固定在排气管上。维持15s后，由具有平均取值功能的仪器读取30s内的平均值，或者人工读取30s内的最高值和最低值，其平均值即为高怠速污染物测量结果。对于使用闭环控制电子燃油喷射系统和三元催化转化器的汽车，还应同时读取过量空气系数（λ）的数值。

④发动机从高怠速降至怠速状态15s后，由具有平均取值功能的仪器读取30s内的平均值，或者人工读取30s内的最高值和最低值，其平均值即为怠速污染物测量结果。

⑤若为多排气管时，取各排气管测量结果的算术平均值作为测量结果。

⑥若车辆排气管长度小于测量深度时，应使用排气加长管。

若汽车排气污染物检测结果有一项超过表5-4排气污染物排放限值的规定，则认为汽车的排放性能不合格；对于使用闭环控制电子燃油喷射系统和三元催化转化器的车辆，检测的过量空气系数（λ）如果超出相应要求，则认为排放性能不合格。

四、点燃式发动机汽车排气污染物检测方法——工况法

1. 工况法排气污染物检测简介

工况法是将汽车若干常用工况和排气污染较重的工况结合在一起检测排气污染物的方法。工况法的循环试验模式应根据汽车的排放性能、行驶特点、交通状况、道路条件、车流密度和气候地形等因素，对大量统计数据进行科学分析而制定，以最大限度地重现汽车运行时的排放特性。工况法是当今世界最为科学并得到广泛使用的汽车排放试验方法。

与怠速法相比，工况法检测结果能较全面评价车辆的排放性能。但工况法比怠速法要复杂得多。采用工况法检测汽车排放性能时要使用底盘测功机，并应具有齐备的模拟汽车行驶动能的飞轮系统，还要有经过大量调查研究与数据处理制订出的模拟城市（城区和郊区）道路上汽车运行工况的试验程序，并配备复杂而昂贵的大型综合气体分析仪和保证发动机按试验程序运转所需的程序自动控制系统。世界各国的排放法规中，对测试装置、取样方法和分析仪器的规定基本上一致，但循环工况及排放限值的差别较大。

2. 稳态工况法

GB 18285—2005《点燃式发动机汽车排气污染物排放限值及测量方法（双怠速法及简易工况法）》规定了 ASM 稳态工况测量方法。

（1）检测设备　利用稳态工况法检测汽车排气污染物时，所需要的主要仪器设备有汽车底盘测功机及惯性模拟装置、气体分析仪、计算机控制系统、辅助装置和转速计、湿度计、温度计、计时器等。

①底盘测功机用来承载测试车辆。由于需模拟一定的车速，必须施加对应于该车速的负荷，所以底盘测功机要配置功率吸收装置；此外，还应按规定配备惯性飞轮（或电模拟惯量），以模拟加速工况。

②气体分析仪测量车辆排气管中排出的 CO、HC、CO_2、NO_X、O_2 的浓度，并将检测结果传给控制系统。其中，CO、HC 和 CO_2 采用不分光红外法检测，NO_X 和 O_2 采用电化学法。

③计算机控制系统由主控柜、工业控制计算机、打印机、电气控制系统、计算机软件系统组成，用于 ASM 测量过程的控制、数据测量处理与评价。

④其他辅助设备。显示屏为引车员提供操作指示画面，以便引车员按检测规程对车辆的速度进行控制；车辆散热风扇用于在检测过程中对车辆散热，以免车辆因发动机过热而造成损害；挡车器和地锚作为测试系统的安全装置。挡车器是用来固定未检轴的位置，以免车辆前后窜动；地锚用于安装安全带，安全带固定在被测车辆上，避免车辆高速测量时窜出底盘测功机。

（2）检测工况　稳态工况（ASM）是指汽车预热到规定的热状态后，加速

至规定车速，根据汽车规定车速时的加速负荷，通过测功机对汽车加载使汽车保持等速运转工况，测定汽车发动机排出的各种排气成分的浓度值。其模拟检测工况为两种稳态工况，见图5-13。

①高负荷低速工况，即50%节气门开度，车速为25km/h。

②中负荷中速工况，即25%节气门开度，车速为40km/h。

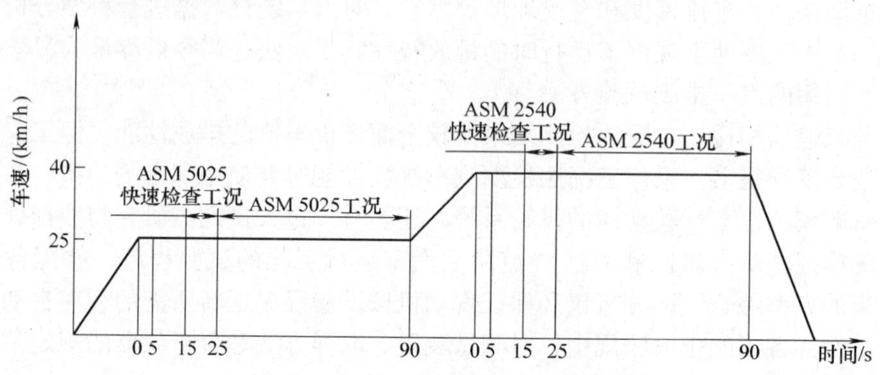

图5-13 稳态工况法（ASM）实验运转循环

稳态工况法仅适用于最大总质量小于3500kg的汽车。

1）ASM 5025工况。底盘测功机以汽车车速为25. 0km/h，加速度为1. 475m/s^{2}时输出功率的50%作为设定功率对汽车加载，汽车加速至25. 0km/h，工况计时器开始计时（$t=0$s）。汽车以25. 0km/h（±1. 5km/h）的速度持续运转5s，然后系统开始取样，在该速度下持续运行10s（$t=25$s）即为ASM 5025快速检查工况。ASM 5025快速检查工况结束后，继续运行至$t=90$s，即完成ASM 5025工况。

2）ASM 2540工况。底盘测功机以汽车车速为40. 0km/h，加速度为1. 475m/s^{2}时输出功率的25%作为设定功率对汽车加载。ASM 5025工况检测结束后，立即加速至40. 0km/h，工况计时器开始计时（$t=0$s）；汽车以40. 0km/h（±1. 5km/h）的速度持续运转5s，然后系统开始取取样，在该速度下持续运行10s（$t=25$s）即为ASM 2540快速检查工况。ASM 2540快速检查工况结束后，继续运行至$t=90$s即完成ASM 2540工况。

（3）检测方法　检测时，汽车驱动轮置于测功机滚筒上，将分析仪取样探头插入排气管中，深度为400mm，并固定于排气管上，对独立工作的多排气管应同时取样。

将车速控制稳定到规定工况速度（25km/h及40km/h两个工况），由电气控制系统控制调节功率吸收装置，使得加载到滚筒表面的总吸收功率为测试工况下的给定加载值，使车辆在规定载荷下稳定运行。五气体分析仪测量车辆所排出废气中各成分的含量，通过分析仪自带的环境测试单元测取温度、湿度气压参数，计算出稀释系数，然后计算出校正后的 CO、HC、NO_X 排气浓度值。

测试过程中，控制系统发出操作指令，由显示仪显示，由引导检验员操作。发动机冷却风机对发动机吹风散热。安全装置则用于保障测试时的车辆运行安全。

汽车在测功机上实验车速的允许误差为 ±1.5km/h，加载转矩应随车速的变化做相应的调整，保证加载功率不随车速改变；转矩允许误差为该工况设定转矩的 ±5%。

3. 简易瞬态工况法

GB 18285—2005《点燃式发动机汽车排气污染物排放限值及测量方法（双怠速法及简易工况法)》规定了 VMAS 简易瞬态工况测量方法。

轻型点燃式发动机汽车简易瞬态工况污染物排气检测系统（简称 VMAS 系统)，是基于轻型车污染物质量排气的测试系统。与基于浓度排气测试的简易稳态工况污染物排气系统（ASM）的不同点：ASM 只能检测污染物浓度，不能检测出污染物的排气总量；而 VMAS 系统能够直接获取汽车排气污染物的总质量。同时，采用简易瞬态工况法检测时，汽车在底盘测功机上行驶以模拟汽车真实运行工况，在加载情况下测定汽车发动机排出的各种废气成分的瞬态浓度值，可以较真实反映汽车实际运行时的排放性能。简易瞬态工况法能检测排气污染物每公里的排气量，并以 g/km 表示，有利于归纳排放因子，估算和统计城市机动车污染物的排气总量，对城市制定机动车污染控制规划具有实际意义。

瞬态工况试验循环包含了怠速、加速、匀速和减速等各种工况，比怠速法和 ASM 法复杂得多，且排气测试系统（图 5-14）体积庞大，造价昂贵，从而限制了该方法的广泛使用。一般按多工况循环法制定的汽车排放标准用作定型车鉴定、科研和生产车抽检。

（1）检测设备　利用简易瞬态工况法检测点燃式发动机汽车的排放性能时，所用检测设备包括底盘测功机、气体分析仪和气体流量分析仪组成的采样分析系统，见图 5-14。

底盘测功机应配备功率吸收装置和惯性飞轮组（或电模拟惯量)，以模拟道路行驶阻力和汽车加速惯量；应装备双滚筒，且滚筒直径为 200 ~ 530mm，可适用于最大总质量≤3500kg 的轻型客车和货车；其最大功率要保证在 100km/h 时为 56kW，最大安全测试速度为 130km/h。

气体分析仪的功能和作用与稳态工况法测试相同。

气体流量分析仪的作用是要最终检测出排气污染物的质量。其结构由微处理器、锆氧气传感器、鼓风机、通气室、流量传感器、温度和压力传感器组成。

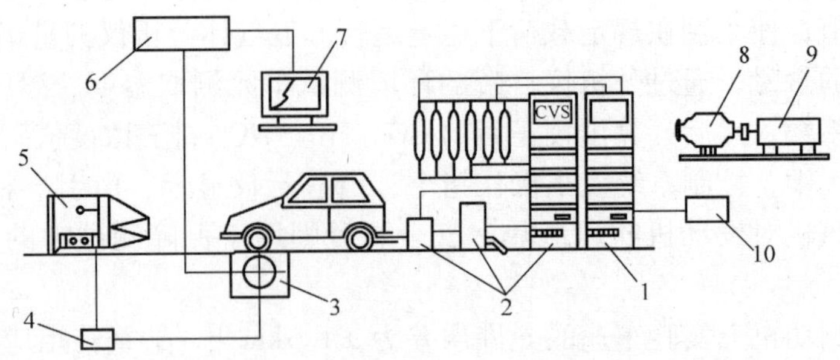

图 5-14　瞬态工况法排气测试系统

1—排气分析仪　2—CVS 采样系统　3—底盘测功机　4—变频器　5—风机
6—测功机控制台　7—监视仪　8—发动机　9—测功机　10—加热过滤器

（2）检测原理　利用简易瞬态工况法检测点燃式发动机汽车的排放性能时，底盘测功机模拟汽车的加速惯量和道路行驶阻力，使汽车产生接近实际行驶时的排气量。

在检测过程中，锆氧气传感器用来测试稀释气体的氧气浓度，也可以测量测试开始时环境空气的氧气浓度。通过与五气排气分析仪氧气浓度比较，还可以用来计算稀释比率。流量传感器测得的流量值是稀释气体的实际流量，该流量值经过温度和压力补偿校正后，就可以得到稀释气体的标准流量。

简易瞬态工况法的采样系统有两个分支：一个分支是气体分析仪采样管抽取小量原始排气气体送至气体分析仪，分析原排气污染物浓度；另一个分支是气体流量分析仪的抽气机吸入排气管剩余排气气体，与环境空气混合稀释后，送至气体流量分析仪，通过分析得到排气流量。

在数据采集过程中，系统将实时测量的排气气体浓度和稀释流量值送给计算机，并由计算机计算出单位时间（s）的污染物质量排放值 Q_g(g/s)：

$$Q_g = N_v \rho Q_v$$

式中　Q_g——污染物质量排放值（g/s）；

N_v——污染物浓度（体积分数）（%）；

ρ——污染物密度（g/m^3）；

Q_v——排气气体流量（m^3/s）。

CO、HC、CO_2、NO_X 的浓度由五气分析仪采样原始排气气体而获得。标准状态下，每种气体的密度都是常量。

排气气体流量无法直接测量，由稀释气体的标准流量和稀释比计算得到，计算公式为

$$Q_v = Q_{vo}\sigma$$

式中　Q_{vo}——稀释气体标准流量（m^3/s）；

σ——稀释比（%）。

稀释比 σ 的值为 0～100%，其计算公式为

$$\sigma = \frac{N_o - N_{o2}}{N_o - N_{o1}}$$

式中　N_o——环境 O_2 浓度（体积分数）（%）；

N_{o1}——原始排气 O_2 浓度（体积分数）（%）；

N_{o2}——稀释排气 O_2 浓度（体积分数）（%）。

环境 O_2 浓度和稀释 O_2 浓度的值通过流量分析仪中具有快速反应能力的锆氧气传感器测得，原始 O_2 浓度的值通过五气分析仪采样测得。环境 O_2 浓度是每次检测前大气中的氧气含量，稀释 O_2 浓度则是稀释后气体中的氧气含量。

（3）检测工况　在进行排气污染物检测前，系统应根据车辆参数自动设定测功机载荷，或根据基准质量设定试验工况吸收功率值，可采用表 5-7 的推荐值。在汽车底盘测功机上进行的测试运转循环见表 2-8 和图 2-25。

表 5-7　在 50km/h 等速时吸收驱动轮上的功率

基准质量 RM/kg	测功机吸收功率 P/kW		基准质量 RM/kg	测功机吸收功率 P/kW	
	A 类①	B 类②		A 类①	B 类②
$RM \leqslant 750$	1.3	1.3	$1700 < RM \leqslant 1930$	2.1	2.1
$750 < RM \leqslant 850$	1.4	1.4	$1930 < RM \leqslant 2150$	2.3	2.3
$850 < RM \leqslant 1020$	1.5	1.5	$2150 < RM \leqslant 2380$	2.4	2.4
$1020 < RM \leqslant 1250$	1.7	1.7	$2380 < RM \leqslant 2610$	2.6	2.6
$1250 < RM \leqslant 1470$	1.8	1.8	$2610 < RM$	2.7	2.7
$1470 < RM \leqslant 1700$	2.0	2.0			

注：对于基准质量大于 1700kg 的非轿车车辆或全轮驱动车辆，表 5-7 中功率值应乘以 1.3。

①　适用于轿车。

②　使用于非轿车车辆和全轮驱动车辆。

（4）检测方法

①根据需要在发动机上安装转速表和润滑油测温计等测试仪器。

②使汽车驱动轮驶入底盘测功机滚筒机构，将分析仪取样探头插入排气管中，深度为 400mm 以上，并固定于排气管上。

③按照试验运转循环开始进行试验。排气污染物测量值应由系统主机自动进行计算和修正；系统主机最后应给出各污染物排气计算结果；测试过程及结果数据应在系统数据库进行记录存储。

五、点燃式发动机汽车排气污染物检测技术与设备

对于在用点燃式发动机汽车应检测双怠速工况下的 CO 和 HC，所采用的设

备为不分光红外线吸收型（NDIR）检测仪；此外，常用的气体分析方法还有氢火焰离子分析法（FID）、化学发光分析法（CLD）等。

1. 不分光红外线气体分析

（1）基本检测原理　不分光红外线气体分析建立在惰性气体不吸收红外线能量，而异原子组成的气体如汽车排气中的 CO、HC、CO_2 等均能吸收一定波长的红外线能量的基础上。其吸收能量的红外线波长称为特征波长，吸收强度用吸收系数反映。当红外线通过气体时，由于气体对红外线波段中特征波长红外线能量的吸收，红外线的能量将减少，其减少量 ΔE 与气体浓度 C 气体厚度 l(m) 和吸收强度系数 K 有关：

$$\Delta E = E_0 - E = E_0(1 - C^{-Kl})$$

式中　E_0——入射红外线能量（J）；

E——出射红外线能量（J）；

C——气体厚度（m）。

汽车排气中不同气体的特征波长和吸收系数见表 5-8。

表 5-8　不同气体的特征波长和吸收系数

指标 \ 气体种类	CO	CO_2	CH_4	C_6H_{14}	NO_X
特征波长/μm	4.7	4.3	7.7	3.5	5.3
吸收系数 K	8.5	110	60	90	7.5

（2）不分光红外线气体分析仪的结构和工作原理　不分光红外线气体分析仪由废气取样装置、废气分析装置、浓度指示装置和校准装置构成。图 5-15 为汽车排出的废气在分析仪中的流动路线示意图。废气取样装置由取样探头、滤清器、导管、水分离器和泵等组成。通过取样探头、导管和泵从汽车排气管中收集并取出废气，经滤清器和水分离器除去废气中的炭渣、灰尘和水分后，送入气体分析装置。

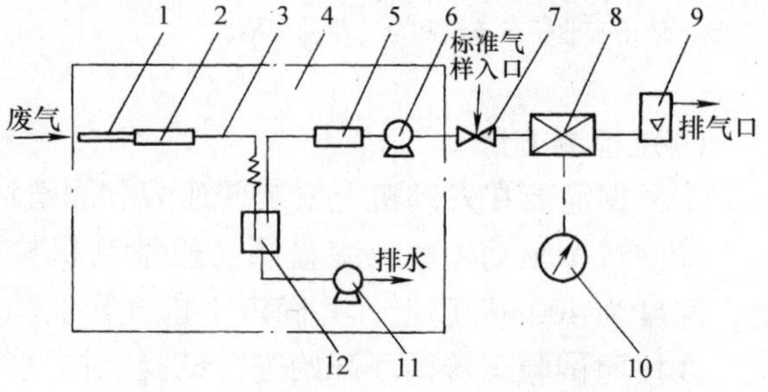

图 5-15　气体在分析仪中的流动路线示意图

1—取样探头　2、5—滤清器　3—导管　4—废气取样装置　6、11—泵　7—换向阀　8—废气分析装置　9—流量计　10—浓度指示装置　12—水分离器

红外线气体分析装置见图 5-16。两个红外线光源发出两束红外线，当红外线通过旋转并具有两翼的遮光片时，两束红外线被同时遮断，随后又同时导通，从而形成红外线脉冲。红外线脉冲经滤清器、气

样室进入测量室。气样室由两个腔构成，其一为对比室，内充不吸收红外线能量的氮气；其二为试样室，其中连续流过被测汽车所排放的废气，某种废气成分（如 CO 或 HC）的浓度越高，吸收通过试样室的相应特征波长的红外线能量越多，这样两束红外线所具有的能量便产生了差异。检测室由容积相等的两室构成，中间由金属膜片隔开，两室充有相同浓度的被测气体，如测废气中 CO 含量时，两室均充有 CO；而测 HC 含量时，充入 C_6H_{14}气体。由于通过对比室到达检测室的红外线能量未被吸收，因此对比室下方检测室中的被测气体吸收了较多能量；而通过试样室到达检测室的红外光线已被所测气体吸收了一部分能量，因此试样室下方检测室中的被测气体只能吸收较少能量。这样，检测室两腔中的气体便产生了温差并使两腔压力出现差异，压力差使作为电容一个极的金属膜片产生弯曲振动，其振动频率取决于旋转遮光片的转速，振幅则取决于所测气体的浓度。膜片的弯曲振动使电容的电容值交替变化，电容值的交替变化产生了交变电压。交变电压经放大整流后，转换为直流信号输送给指示装置。指示装置根据气体分析装置传来的电信号，在 CO 指示表上以体积百分数（%）为单位指示出废气中 CO 的浓度；或在 HC 指示表上以正己烷当量容积百万分数（$\times10^{-6}$）为单位指示出废气中 HC 的浓度。

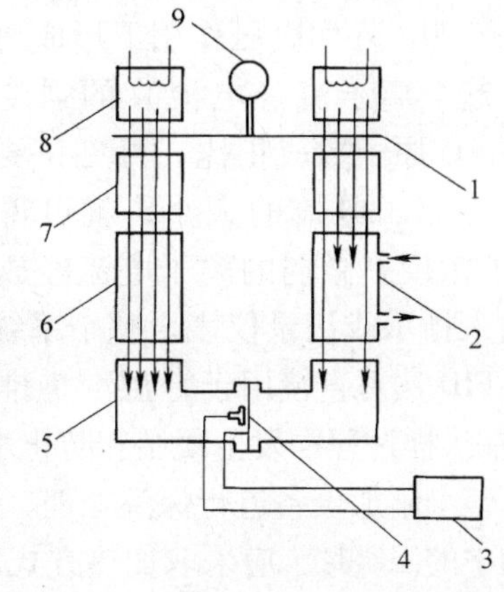

图 5-16　红外线气体分析装置原理图
1—旋转遮光片　2—试样管　3—电测量装置　4—膜片　5—检测室　6—对比室　7—滤清器　8—红外线辐射仪　9—电动机

利用不分光红外线气体分析仪上的零点调整旋钮、量程转换开关可使仪表指示零位及指示值量程得到调节。为使测试值准确，气体分析仪设置了校正装置。校正装置有用标准气体进行校正的校正装置和对指示值机械校正的简易校正装置两种。标准气样校准装置是把标准气样从分析仪上单设的一个专用注入口直接送到气体分析装置，再通过比较标准气体浓度值和仪表指示值的方法来进行校准的装置；简易校正装置通常是用遮光板把气体分析装置中通过测量气样室的红外线挡住一部分，用减少一定量红外线的方法进行简单校准的装置。

2. 氢火焰离子分析

氢火焰离子分析法（FID）是目前测定发动机排气中碳氢化合物的最有效方法。它具有很高的灵敏度，其检测极限最小可达 10^{-9} 数量级，而且线性和频响特性好，对环境温度及大气压力也不敏感。

FID 的工作原理是基于大多数有机碳氢化合物在氢火焰中产生大量电离的现象来测定 HC 浓度的。由于电离度与引入火焰中的碳氢化合物分子中碳原子数成正比，故此法对不同类型的烃没有选择性，因而只能测定 HC 的总量。

氢火焰离子分析仪通常由燃烧器、离子收集器及测量电路组成。图 5-17 为 FID 的工作原理图，被测气体与含有 40%（体积分数）H_2（其余为 He）的燃料气体混合后进入燃烧器，并与引入的空气一起形成可燃混合气。此时用点火丝点燃，HC 便在氢火焰的高温（2000℃左右）中，裂解产生元素态碳，然后形成碳离子 C^+，在 100～300V 外加电压作用下形成离子流，这个离子流（电流）的强度与 HC 中 C 原子数成正比，可见只要测出这个离子电流的大小，就可得到 HC 的浓度。微弱的离子电流经放大后送入指示或记录仪表。整个系统应加电磁屏蔽，以避免外界电磁干扰的影响。

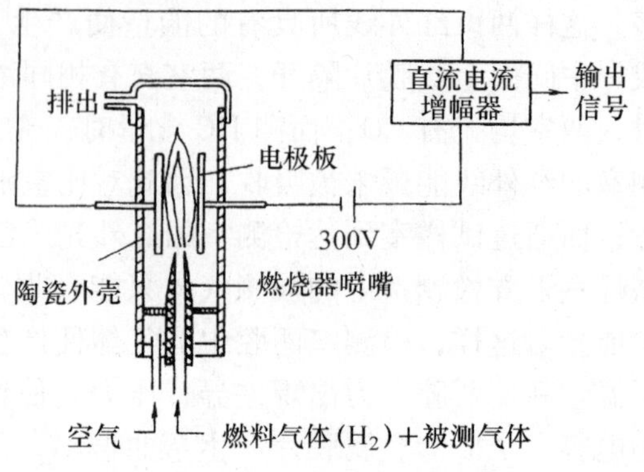

图 5-17　FID 工作原理

FID 法可直接用于轻型汽车排气污染物中 HC 的排气测定。为避免高沸点的 HC 在采样过程中发生凝结和防止水蒸气冷凝后堵塞毛细管，故应对包括检测器在内的整个附加设备进行保温处理。在台架试验中，测量车用柴油机或汽油机排气污染物中的 HC 时，应采取加热方式，使除取样探头外的其余部分温度保持在（190 ±10)℃（柴油车）或（130 ±10)℃（汽油机）的范围之内，这种方式称为 HFID。

3. 化学发光分析

汽油机排出的废气中，对人有直接危害的成分主要是 CO、HC 和 NO_X。对大气环境有影响的气体成分除上述外，还有 CO_2。因此，目前执行的在怠速工况下测定 CO 和 HC 两种气体含量的检测方法，还不能够全面反映汽车对大气的污染情况。

汽车排气中的含氧量是装有电控燃油喷射装置发动机的汽车计算机监测空燃比、控制排气量、保护三元催化转化器正常工作的重要信号。同时，排气中的 CO_2 和 O_2 的含量还反映了发动机的燃烧效率。因此，为全面反映汽车的污染物排放情况、燃烧效率和供给系统工作情况，需进行四气（CO、NO_X、HC、O_2）或五气（CO、NO_X、HC、O_2、CO_2）分析。

以上五种气体的浓度通常采用两类方法测定，其中 CO、HC 和 CO_2 利用不分光红外线气体分析的基本原理进行测定，而 NO_X 和 O_2 的浓度可采用电化学的原理测定。

在测试通道中设置氧传感器，即可测试排气中 O_2 的浓度，NO_X（NO + NO_2）浓度可采用化学发光法精确测定。其基本原理是，首先通过适当的化学物质（如碳化物、钼化物）将排气中的 NO_2 全部还原成 NO；NO 与 O_3 接触时发生如下化学反应：

$$NO + O_3 \rightarrow NO_2 + O_2$$

$$NO_2^* \rightarrow NO_2 + h\gamma$$

NO 与 O_3 反应生成的 NO_2 中，约有 10% 处于被激励状态。当被激励状态的 NO_2^* 回复到基态时，会发出波长为 0.59 ~ 2.5μm 光量 hγ（h 为普朗克常数，γ 为光子的频率）。其发光强度与排气中存在的 NO 的质量流量成正比。使用适当波长的光电检测器（如光电二极管），即可根据其输出电信号强弱换算出 NO 的含量。该方法称为 CLD 法，其测试过程见图 5-18。

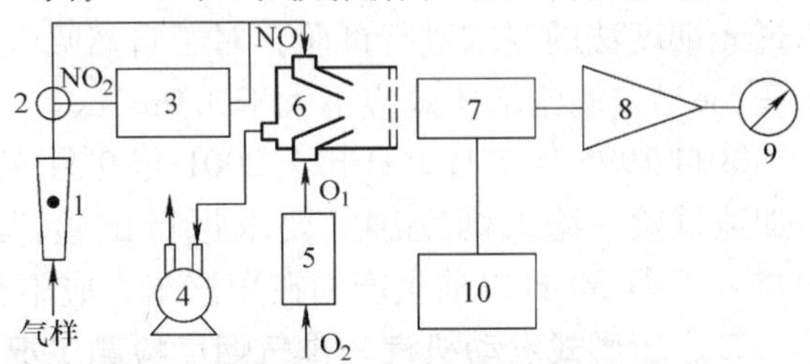

图 5-18　CLD 法测试过程

1—流量计　2—二通阀　3—三元催化转化器　4—抽气泵　5—臭氧 O_3 发生器　6—反应室　7—光电倍增器　8—放大器　9—指示仪表　10—高压电表

化学发光分析仪从原理上讲只能测量 NO，而无法测量 NO_2。但实际应用中，可以先通过适当的转换将 NO_2 还原成 NO，然后再进行 NO 的测量，即可用间接方法测出 NO_2。因此，用同一仪器也可以测得 NO_2 和 NO_X。

第三节　压燃式发动机汽车自由加速烟度检测

柴油车排放的主要污染物是烟尘。所谓烟尘是指悬浮在发动机排放气流中的固态和液态微粒。当微粒是由直径 0.5 ~ 1.0μm 的炭粒组成时，称为黑烟；而着色液滴组成的微粒称为白（或篮）烟。由于液滴的折射率和尺寸关系，使得液滴看上去带有一定的颜色。凝聚的水蒸气和液体燃料液滴通常产生白烟；燃料或润滑油的不完全燃烧通常产生蓝烟或黑烟。

GB 3847—2005《车用压燃式发动机和压燃式发动机汽车排气烟度排放限值及测量方法》规定，对于在用压燃式发动机汽车应在自由加速工况下检测所排放废气的烟度，并应视不同情况采用滤纸烟度法或不透光烟度法检测。在机动车保有量大、污染严重的地区可采用标准附录 J 中所规定的加载减速工况法。本书只介绍自由加速法。

一、压燃式发动机汽车排气烟度限值

根据 GB 3847—2005《车用压燃式发动机和压燃式发动机汽车排气烟度排放限值及测量方法》，对于装有压燃式发动机的在用汽车，应检测所排出的废气的烟度值或光吸收系数。

①GB 3847—2005《车用压燃式发动机和压燃式发动机汽车排气烟度排放限

值及测量方法》实施后，经型式核准批准生产的在用汽车，应按自由加速—不透光烟度法的要求进行试验，所测得的排气光吸收系数应不大于车型核准时的自由加速排气烟度排放限值，再加 $0.5m^{-1}$。

②自 2001 年 10 月 1 日起至 2005 年 6 月 30 日生产的汽车，应按自由加速—不透光烟度法的要求进行试验，对于自然吸气式所测得的排气光吸收系数应不大于 $2.5m^{-1}$；涡轮增压式应不大于 $3.0m^{-1}$。

③自 1995 年 7 月 1 日起至 2001 年 9 月 30 日期间生产的在用汽车，应按自由加速试验—滤纸烟度法的要求进行试验，所测得的烟度值应不大于 $4.5R_b$；1995 年 6 月 30 日以前生产的在用汽车，应不大于 $5.0R_b$。

二、压燃式发动机汽车排气烟度检测工况

压燃式发动机汽车的排气烟度检测工况有稳态和非稳态两种。

稳态烟度检测通常在压燃式发动机全负荷稳定运转时进行。检测过程必须对发动机加载，因此必须在试验台架上进行。同时，对于许多高强化的增压压燃式发动机，由于在加速过程中所排放的废气烟度很高，因此稳态烟度检测不能反映其排放特性的全貌。

压燃式发动机在非稳态下的排气烟度受多种不稳定因素影响而变化很大。为了客观公正地反映发动机排气烟度的排放特性，对非稳态烟度测定应有严格控制的试验程序。目前，非稳态烟度测定有自由加速法和控制加速法两种规范，我国使用的是自由加速法。自由加速法是指在压燃式发动机从怠速状态突然加速至高速空载转速过程中，进行排气烟度测定的一种方法。由于自由加速法不需对发动机加载，因此适用于检测站对在用压燃式发动机汽车的年检，以及环保部门对该类汽车进行监测。

自由加速工况指，在发动机怠速下，迅速但不猛烈地踏下加速踏板，使喷油泵供给最大油量。在发动机达到调速器允许的最大转速前，保持此位置。一旦达到最大转速，立即松开加速踏板，使发动机恢复至怠速。应于 20s 内完成循环组成所规定的循环，其试验规范见图 5-19。

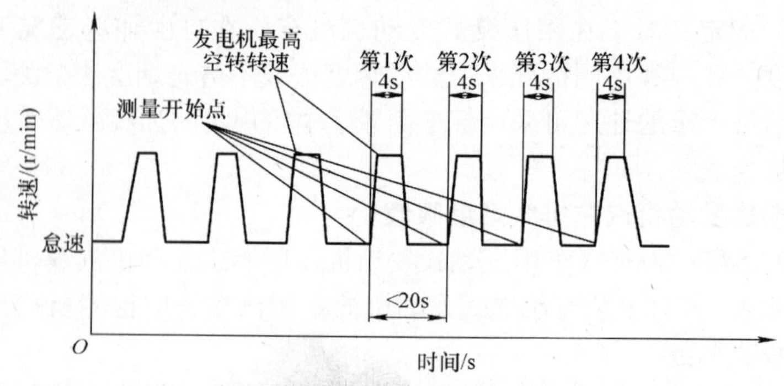

图 5-19　自由加速试验循环

三、压燃式发动机汽车排气烟度检测方法

自由加速烟度检测所用的仪器为滤纸式烟度计或不透光烟度计。其检测步骤：

①安装取样探头。将取样探头固定于排气管内，其插入深度不小于300mm，并使中心线与排气管轴线平行。

②吹除积存物。按试验循环进行二次（或二次以上）自由加速，以清除排气系统中的积存物。

③测量。用不透光烟度计或滤纸式烟度计按规定循环连续测量最后四次自由加速工况下的光吸收系数或烟度值，检测结果取后三次读数的算术平均值。

四、烟度检测方法——滤纸烟度法

用滤纸式烟度计检测自由加速工况下压燃式发动机汽车的排气烟度时，需从排气管抽取规定容积的废气，并使之通过规定面积的标准洁白滤纸，其滤纸被染黑的程度称之为烟度。

滤纸式烟度计由废气取样装置、烟度测量装置、走纸机构和控制机构构成，见图5-20。

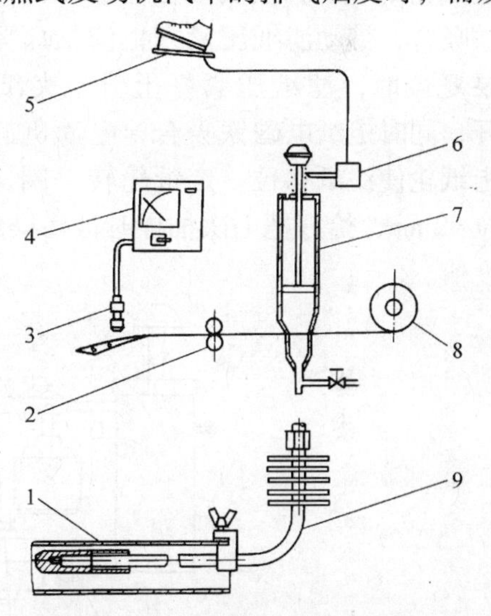

图5-20　烟度计工作原理图

1—排气管　2—滤纸进给机构　3—光敏传感器　4—指示仪表　5—脚踏开关　6—电磁阀　7—抽气泵　8—滤纸卷　9—取样探头

1. 废气取样装置

废气取样装置由活塞式抽气泵、取样探头、取样管及电磁阀等组成。取样前，压下抽气泵手柄，直至克服回位弹簧的张力使活塞到达最下端，并用锁紧弹簧锁紧；当需要取样时，踩下脚踏开关或按下“手动抽气”按钮，锁紧装置松开，活塞在弹力作用下上升到顶端。在活塞上升过程中，柴油机排出的废气经取样管，通过滤纸进入抽气泵中。废气流经抽气泵时，炭烟存留在滤纸上，使滤纸变黑。滤纸的有效工作面直径为32mm。当抽气泵活塞完成复位行程到达泵筒下端时，滤纸夹持机构松开，电动机带动走纸轮转动，走纸轮则带动滤纸实现位移使染黑的滤纸移位至烟度测量装置。

2. 烟度检测装置

烟度检测装置由环形硒光电池、光源和指示仪表构成。接通电源后，光源发出的光线通过带有中心孔的环形硒光电池照射到滤纸上。当滤纸的污染程度不同时，反射给环形硒光电池感光面的光线强度也不同。环形硒光电池是一种光电元

件，用于接收滤纸上的反射光，产生电流送给指示仪表。滤纸的污染程度不同，反射给硒光电池的光强度不同，因此硒光电池所产生的电流强度也不同。烟度检测装置见图 5-21。指示仪表是一块微安表，当由硒光电池输送来的电流强度不同时，指示仪表指针的位置也不同。仪表表盘以 0 ~ 10 均匀刻度，测量全白滤纸时指针位置为 0，测量全黑滤纸时指针位置为 10。

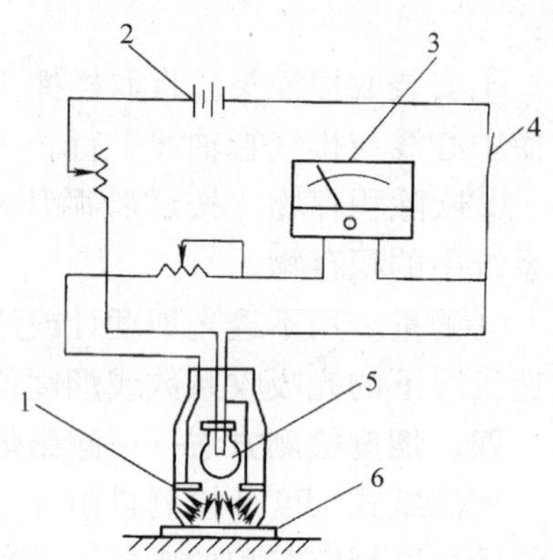

图 5-21　烟度检测装置

1—环形硒光电池　2—电源　3—指示仪表　4—电源开关　5—灯泡　6—滤纸

3. 走纸机构

走纸机构见图 5-22。滤纸经夹紧机构和烟度检测装置，由电动机带动走纸轮转动，走纸轮则带动滤纸实现位移。取样时，电磁铁吸合，带动滤纸压紧杆把滤纸压紧；抽气泵复位时，滤纸压紧杆上升，夹纸机构松开，同时走纸电磁铁吸合，电动机旋转带动走纸轮使滤纸移位。走纸轮转一圈，滤纸移位 42mm，恰好把上次抽样时被污染的滤纸移位至烟度检测装置，从而检测出烟度值。

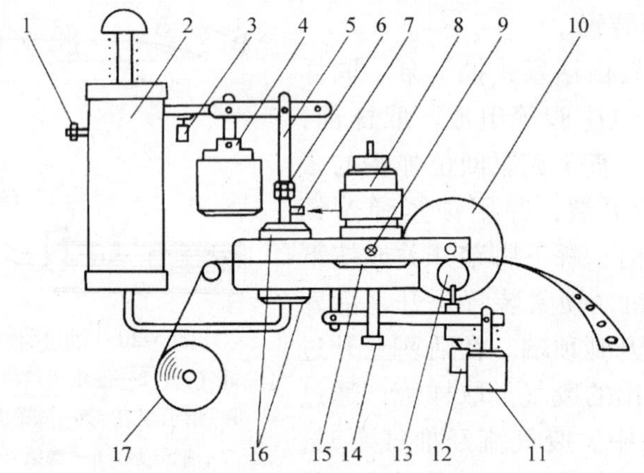

图 5-22　走纸机构示意图

1—调节阀　2—抽气泵　3、12—微动开关　4—电磁铁　5—滤纸压紧杆　6—调节螺钉　7—排气入口　8—烟度检测装置　9—锁紧螺母　10—走纸电动机　11—走纸电磁铁　13—走纸轮　14—拉杆　15—校准插口　16—加紧机构　17—滤纸

4. 控制机构

控制机构包括用脚操纵的抽气泵电磁开关、滤纸进给机构和压缩空气清洗机

构等。压缩空气清洗机构可在废气取样前，用压缩空气清除探头内和取样管内积存的炭粒。控制用压缩空气的压力为 392 ~ 588kPa；清洗用压缩空气的压力为 294 ~ 392kPa。

滤纸式烟度计的校正非常简单。校正时，把校正用标准滤纸（满刻度的一半，烟度为5）放在烟度检测装置的滤纸接触面上，然后用调节旋钮把指示仪表的指针调到标准校正滤纸的烟度值，以保证指示仪表的指示精度。

五、烟度检测方法——不透光烟度法

世界上许多国家采用不透光烟度计测试柴油机所排放废气的烟度。GB 3847—2005《车用压燃式发动机和压燃式发动机汽车排气烟度排放限值及测量方法》规定，对于 2001 年 10 月 1 日起生产的在用柴油汽车，应按自由加速—不透光烟度法对排放废气烟度进行测试。

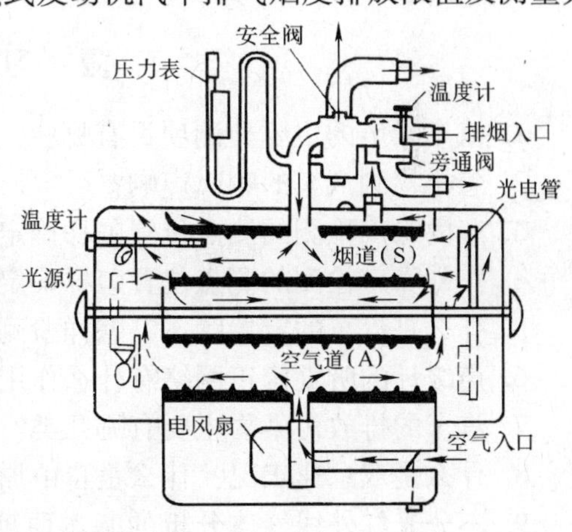

图 5-23　不透光烟度计结构原理图

不透光烟度计是一种利用透光衰减率测定排气烟度的仪器。不透光烟度计具有一个测试管 S 和一个校正管 A，见图 5-23。烟度测试时，将需要测定的一部分排放废气导向测试管，并用电风扇向校正管吸入干净空气。当由测试管一端的光源发出的光线透过测试管中的烟层照到测试管另一端的光电管上时，由光电管测出光线强度的衰减量；将光源和光电管转向校正管(图中虚线位置)，可用作零点校正。其烟度显示仪表从 0 到 100% 均匀分度，其单位称为不透光度，光线全通过时为 0，全遮挡时为 100%。

光吸收系数 K 与光的衰减量之间的关系为

$$\phi = \phi_0 e^{-KL}$$

式中　ϕ_0——入射光通量（lm）；

ϕ——出射光通量（lm）；

L——被测气体的光通道的有效长度（m）。

不透光度 N 指阻止光从光源通过充满烟气的测试管到达光接收器的传输百分比。无烟通过且光线完全通过时为 0，光线全被阻挡时为 100%。其关系式为

$$N = 100\left(1 - \frac{\phi}{\phi_0}\right)$$

不透光度 N 与光吸收系数 K 间的关系为

$$K = -\frac{1}{L}\ln\left(1 - \frac{1}{100}\right)$$

式中　N——不透光度（%）；

K——相应的光吸收系数（m^{-1}）。

由于废气是连续不断通过测试管的，所以不论稳态、非稳态和过渡现象烟度的测定都很方便。但是由于光学系统的污染，不透光烟度计在测试中容易产生误差，因此必须注意清洗。另外，汽车所排出的废气中所含的水滴和油滴也可能作为烟度显示出来。当抽样检验的排气温度超过500℃时，必须采用其他冷却装置冷却，以确保其检测精度。

复　习　题

1. 汽车噪声的主要检测项目有哪些？各个项目应满足什么要求？
2. 怎样检测汽车的喇叭声响？
3. 车内噪声检测的测点位置怎样确定？怎样检测车内噪声？
4. 车外噪声检测的测点位置怎样确定？怎样检测车外噪声？
5. 什么是汽车的定置噪声？怎样检测定置噪声？
6. 声级计的听觉修正网络有什么作用？简述声级计的工作原理。
7. 汽车的排放污染物主要有哪几类？在用汽车应检测哪些污染物？
8. 什么是双怠速工况？什么是自由加速工况？什么是ASM 工况？
9. 不分光红外线气体分析的基本原理是什么？简述不分光红外线气体分析仪的结构和工作原理。
10. 简述化学发光气体分析和氢火焰离子气体分析的基本原理。
11. 滤纸烟度检测的基本原理是什么？简述滤纸式烟度计的结构和检测原理。
12. 简述不透光烟度分析的基本原理。

第六章　汽车整车技术参数和车身检测

本章主要介绍汽车外观、结构、质量、通过性等技术参数和车身损伤、客车防雨密封性检测的原理与方法。

第一节　汽车外观和整车技术参数检测

汽车外观和整车技术参数检测是汽车检测诊断的重要内容。本节主要介绍汽车外观、结构、质量、通过性等技术参数的检测原理和方法。

一、汽车外观检测

1. 汽车外观检测的意义

汽车在使用过程中，随着行驶里程的增加，有关零件将会产生磨损、腐蚀、变形、老化或意外事故等损坏。其结果是不但车辆技术状况逐渐变坏，致使汽车的动力性下降，燃料经济性变差和工作可靠性降低，而且还会相继出现种种外观症状。有些外观症状如车体不周正、车身和驾驶室的覆盖件开裂、油漆剥落和锈蚀等，将影响车容、市容；有些外观症状，如前后桥、传动轴、车架和悬架等装置有明显的弯、扭、裂、断等损伤，传动轴连接螺栓松动，转向拉杆球销的磨损松旷等，将会直接影响行车安全。因此，外观检测是车辆运行安全检测过程中重要内容之一。

2. 汽车外观检测的方法

随着近代科学技术的发展，人们开始应用仪器设备进行车辆性能检测和诊断。但是，车辆的某些故障，特别是车辆外部的故障，使用任何仪器和设备进行检测都不尽完善。例如车辆外部损伤，漏水、漏气、渗油，螺栓和铆钉松动、脱落等，仍须依靠检测人员的技能和经验，用感观法以及简单的检测器具进行定性的直观检测。

3. 汽车外观的仪器检测

外观检测项目可分为两大类，一类检测项目可用直观检测法检测；对于有量的规定的一类项目则须采用仪器设备和客观检测方法进行定量检测和分析。

送检车辆在进行外观检测之前，一般都要进行外部清洗，为此检测站应配备清洗和吹干设备。

外观检测项目中，须在底盘下面进行的项目，应在设有检测地沟及千斤顶或汽车举升器的工位上进行。

4. 整车外观检测的项目

（1）车辆标志　车辆标志包括车辆的商标、铭牌、发动机型号和出厂编号、底盘型号及出厂编号。车辆的商标（或厂牌）、型号标记必须装设在车身前部的外表面上。

车辆必须装置车辆铭牌。铭牌应置于车辆前部易于观看之处。客车铭牌应置于车内前乘客门的上方。车辆的铭牌应标明厂牌、型号、发动机功率、总质量、载质量或载客人数、出厂编号、出厂日期及厂名等。

发动机的型号和出厂编号应打印在发动机气缸体侧平面上。字体为二号印刷字，型号在前，出厂编号的两端打上星号（☆）。

底盘的型号和出厂编号应打印在金属车架易见部位，字体为一号印刷字，型号在前，出厂编号在后，在出厂编号的两端打上星号（☆）。

（2）漏水检查　在发动机运转及停车时，散热器、水泵、缸体、缸盖、暖风装置及所有连接部位均不得有明显渗漏水现象。

（3）漏油检查　机动车连续行驶距离不小于10km，停车5min后观察，不得有明显渗漏油现象。

（4）车体周正的检查　GB 7258—《机动车运行安全技术条件》规定：车体应周正，车体外缘左右对称部位高度差不大于40mm。

将送检车辆停放在外观检视工位。首先目测检查，观察是否有严重的横向或纵向歪斜等现象，再用高度尺（或钢卷尺）、水平尺检测是否超过规定值。同时检查车架和车身是否变形，悬架是否断裂或刚度下降，轮胎装配及气压是否正常等。如果有异常，即使车体歪斜未超过规定值，亦应予以排除。否则，歪斜会越来越严重，可引起操纵不稳、行驶跑偏、中心转移、轮胎磨损加剧等弊病。

二、汽车结构参数检测

1. 汽车的主要结构参数

汽车结构参数主要包括车辆外廓尺寸、轴距、轮距、前悬、后悬、驾驶室内部尺寸以及人机工程参数等。

（1）汽车的外廓尺寸　汽车的外廓尺寸指车辆的长度、宽度及高度，见图6-1。车辆外廓尺寸不得超过或小于规定的外廓尺寸界

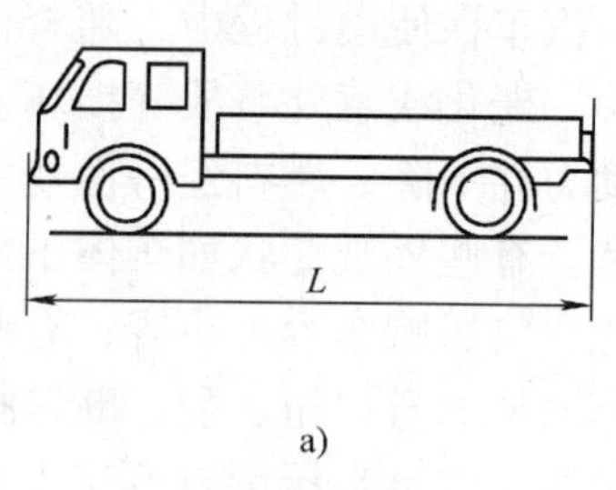

a)

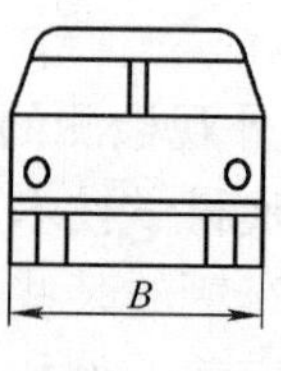

b)

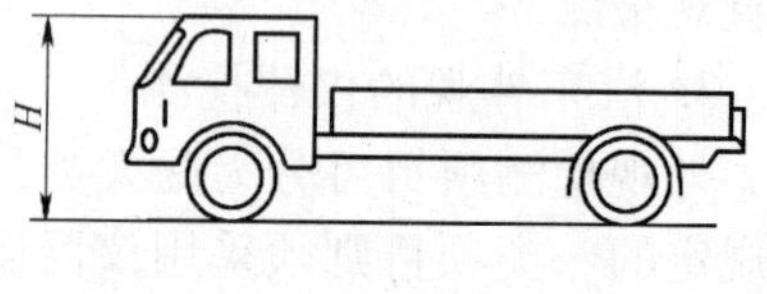

c)

图6-1　车辆的外廓尺寸
a）车辆长度　b）车辆宽度
c）车辆高度

限。

车辆的长度指垂直于车辆的纵向对称平面并分别抵靠在汽车前、后最外端突出部位的两垂直面之间的距离。

车辆的宽度指平行于车辆纵向对称平面并分别抵靠车辆两侧固定突出部位（除去后视镜、侧面标志灯、示位灯、转向信号灯、挠性挡泥板、折叠式踏板、防滑链以及轮胎与地面接触部分的变形）的两平面之间的距离。

车辆的高度指在车辆无装载质量时，车辆支承水平地面与车辆最高突出部位相抵靠的水平面之间的距离。

汽车的长、宽、高是根据汽车的用途、道路条件、吨位（或载客量）及结构布置等因素而确定的。为了使汽车的外廓尺寸适合于本国的公路、桥梁、涵洞和公路运输的标准及保证行驶的安全性，各国对公路运输车辆的外廓尺寸均有法规限制。

（2）汽车轴距和轮距　汽车轴距指汽车在直线行驶位置时，同侧相邻两轴的车轮落地中心点到车辆纵向对称平面的两条垂线间的距离。多轴机动车的轴距按第一轴至最后轴的距离计算，对铰接客车按第一轴至第二轴的距离计算。

汽车轮距指在支承平面上，同轴左右车轮两轨迹中心间的距离（轴两端为双轮时，为左右两条双轨迹中线间的距离）。

（3）汽车前悬和后悬　汽车前悬指通过两前轮中心的垂面与抵靠在车辆最前端（包括前拖钩、车牌及任何固定在车辆前部的刚性部件）并垂直于车辆纵向对称平面的垂面之间的距离。

汽车后悬指通过车辆最后端车轮的轴线的垂面与抵靠在车辆最后端（包括牵引装置、车牌及固定在车辆后部的任何刚性部件）并垂直于车辆纵向对称平面的垂面之间的距离。

后悬的长度取决于货厢的长度、轴距和轴荷分配情况，同时要保证车辆具有适当的离去角。若后悬过长，上下坡时容易刮地，车辆转弯时的通道宽度过大。

2. 汽车结构参数检测方法

测量汽车的结构尺寸参数时，须将车辆摆正，放在水平干燥的柏油或水泥路面上，用简单量具测量或直接测量车的外廓尺寸、内部尺寸及人机工程参数。检测计量单位均采用毫米。

我国对汽车的外廓尺寸界限的规定如下：

①车辆高≤4m。

②车辆宽≤2.5m。

③车辆长：货车、越野车≤12m，客车≤12m，铰接式客车≤18m，半挂汽车列车≤16.5m，全挂汽车列车≤20m。

④GB 7258—2012《机动车运行安全技术条件》规定：客车及封闭式车厢的

车辆，其后悬应小于等于轴距的65%，专项作业车和轮式专用机械车，在保证安全的情况下，后悬可按客车后悬核算，其他车辆的后悬应小于等于轴距的55%。车长小于16m的发动机后置的铰接客车，在保证安全的情况下，后悬可不超过轴距的70%。机动车的后悬均应小于等于3.5m。后悬从最后一轴的中心线往后计算，客车的后悬以车身外蒙皮尺寸计算，如后保险杠突出于后背外蒙皮，则以保险杠尺寸计算。

三、汽车质量参数检测

1. 汽车质量参数

汽车质量参数主要包括整车干质量、整车整备质量、总质量、装载质量、轴载质量等。

（1）整车干质量　整车干质量是指装备有车身、全部电气设备和车辆正常行驶所需要的辅助设备的完整车辆的质量（不包括燃料和冷却液质量）与选装装置（包括固定的或可拆装的铰接侧栏板、篷杆、防水篷布及系环、机械的或已加注油液的液力举升装置等）质量之和。

（2）整车整备质量　整车整备质量指整车干质量、冷却液质量、燃料（不少于整个油箱容量的90%）质量与随车件（包括备用车轮、灭火器、标准备件、三角垫木和随车工具等）质量之和。

（3）装载质量　装载质量指货运质量与客运质量之和。最大货运质量与最大客运质量之和称为最大装载质量。

（4）总质量　总质量指整车整备质量与装载质量之和，整车整备质量与最大装载质量之和称为最大总质量。

（5）轴载质量　轴载质量可分为厂定最大轴载质量和允许最大轴载质量。前者指制造厂考虑到材料强度、轮胎的承载能力等因素而核定出的轴载质量；后者指车辆管理部门根据使用条件而规定的载质量。

2. 汽车质量的测定

车辆先从一个方向驶上秤台，依次测量前轴、后轴质量。当台面较大时，可依次测量前轴、整车和后轴质量。然后，车辆再从反方向驶上秤台，按上述程序重复测试前述几个参数，以两次平均值作为测量结果。为保证测量精度，秤台入口地面应与台面保持在同一水平面。

测量时，车辆要停稳，发动机熄火，变速杆置于空档，制动器放松，不允许用三角垫木顶车轮。货厢内的载荷物装载应均匀，驾驶人和乘客座椅上放置65kg的砂袋代替乘员质量。

四、质心位置参数测试

1. 质心位置参数

汽车质心位置由纵向、横向和高度几何参数值确定。质心位置参数主要包括车辆质心水平位置、质心高度等。

①质心水平位置参数：指质心距前轴中心线的水平距离 L_1（m）和质心距后轴中心线的水平距离 L_2（m）。

②质心高度：指质心距车辆支承平面的垂直距离 h_g（m）。

2. 质心纵向水平位置检测方法

根据前后轴的轴载质量 m_1、m_2 和轴距 L，可计算出汽车质心到前轴和后轴中心线的距离 L_1 和 L_2（图 6-2）。

$$L_1 = \frac{m_2 L}{m_1 + m_2}$$

$$L_2 = \frac{m_1 L}{m_1 + m_2}$$

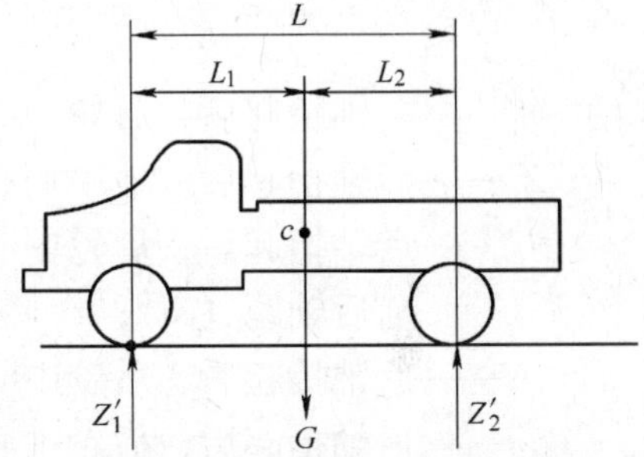

图 6-2　质心纵向水平位置测定

3. 质心横向水平位置测定方法

一般认为汽车质心的横向位置处于汽车的纵向对称平面内，实际上由于燃料箱、蓄电池、随车工具及备用轮胎等的布置，汽车质心并不在汽车纵向中心平面内。对于前、后轴轮距相等的汽车，在地中衡上分别测量出左、右侧车轮负荷，据此可计算出质心的横向位置（图 6-3）：

$$B_1 = \frac{BF_{Zr}}{G}$$

$$B_2 = \frac{BF_{Zl}}{G}$$

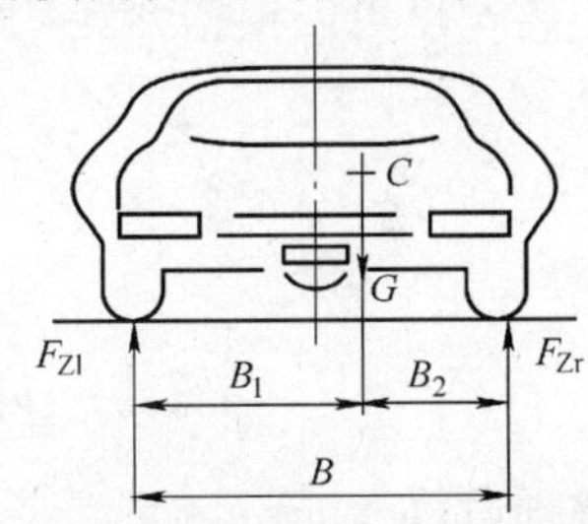

图 6-3　质心横向水平位置测定

式中　B_1——质心至左侧车轮距离（m）；

B_2——质心至右侧车轮连线距离（m）；

G——汽车重量（N）；

F_{Zl}——左侧车轮负荷总和（N）；

F_{Zr}——右侧车轮负荷总和（N）。

4. 质心高度的测定方法

质心高度的测量方法有力矩平衡法、侧倾法等。

（1）力矩平衡法　将汽车的前悬架、后悬架锁死在正常位置上，见图 6-4。把汽车的一根车轴放置在地中衡上，而将另一根车轴抬高到一任意高度 n。在抬高车轴时，一般不要在地中衡上的车轮的前、后放三角木。同时，也不要使举升

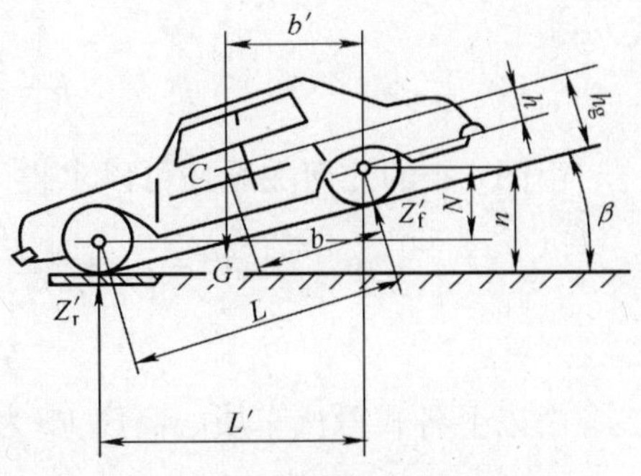

图 6-4　用力矩平衡法测质心高度

器触及车轮以外的任何零部件，以免产生附加力矩而影响测量结果。

由图 6-4 所示的几何关系可以看出，如果求出距离 b'就能够用绘图法找到 b' 与 b 尺寸左侧边界线的交点 C，此点即为汽车的质心位置，其质心高度就可以用比例尺量出。

距离 b'可以根据力矩平衡关系求出。对后轴中心取力矩，则有

$$b' = \frac{Z_f'}{G}L' = \frac{Z_f'}{G}\sqrt{L^2 - N^2} = \frac{Z_f'}{G}\sqrt{L^2 - (n-r)^2}$$

式中 b'——后轴抬起后，后轮中心到质心的水平距离（m）；

Z_f'——后轴抬起后，地中衡称量的前轴轴荷（N）；

L'——后轴抬起后，后轮中心距前轴中心的水平距离（m）；

L——前后轴距（m）；

N——后轴抬起后，后轮中心距前轴中心的铅锤距离（m）；

n——后轴抬起后，后轮中心距地面的距离（m）；

r——车轮静力半径（m）。

而后，利用绘图法测出汽车质心高度 h_g。

汽车质心高度 h_g 也可以用解析方法求出。

距离 b'也可以根据图 6-4 所示的几何关系求得

$$b' = b\cos\beta + h\sin\beta$$

$$L' = L\cos\beta$$

由以上各式得

$$b\cos\beta + h\sin\beta = \frac{Z_f'}{G}L\cos\beta$$

整理后得

$$Z_f'L = Gb + Gh\tan\beta$$

而 $b = \frac{LZ_f}{G}$，可解得

$$h = \frac{L(Z_f' - Z_f)}{G\tan\beta}$$

由图 6-4 的几何关系还可以求得

$$\tan\beta = \frac{N}{L'} = \frac{N}{\sqrt{L^2 - N^2}} = \frac{n-r}{\sqrt{L^2 - (n-r)^2}}$$

$$h_g = r + h$$

由以上各式得汽车质心高度 h_g 为

$$h_g = r + h = r + \frac{Z_f' - Z_f}{G} \cdot \frac{L}{n-r} \cdot \sqrt{L^2 - (n-r)^2}$$

（2）侧倾法

1）试验准备。试验设备：侧倾试验台、车轮负荷计等。试验前应将侧倾试验台调整到台面处于水平状态。

试验车辆应装备齐全，并装配在规定的位置上，使车辆处于整备质量状态；车门、车窗应完全关闭，座椅调整到标准位置上；轮胎气压充至技术条件中的规定值；试验中应采取措施防止汽车侧倾时燃料、润滑油及冷却液等泄漏；如果试验车辆装用空气弹簧悬架，应将悬架调整到标准技术状态后锁死。

将汽车驶上侧倾试验台，用台面侧下部的车轮抵挡装置（防侧滑挡块）挡住车轮（图 6-5），防止汽车在台面上侧向滑动。防侧滑挡块一般低于 30mm，以免影响测量精度。另外，还要使用钢丝绳对汽车进行保护性约束，以防止汽车翻出试验台面。但正常实验时，钢丝绳应处于自由状态。

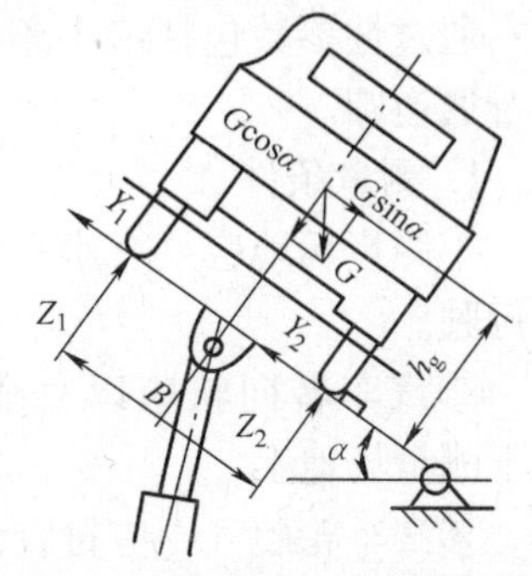

图 6-5　侧倾法测汽车质心高度

2）侧倾试验。用液压举升机构举起试验台面及被试汽车，使其向右倾斜。侧倾角每增大 5°时，用车轮负荷计测量一次车轮负荷。缓慢举升试验台，直到汽车左侧车轮负荷为零或左侧车轮脱离试验台面时为止。向右侧的倾斜试验共进行三次，且要求每次测量结果的相对误差不大于 1%。

如果汽车质心位于汽车纵向对称平面内，则可根据举升角度直接计算出质心高度，即

$$h_g = \frac{B}{2} \mathrm{con}\alpha_{max}$$

式中　h_g——质心高度（m）；

B——轮距（m）；

α_{max}——最大侧倾角（°）。

若汽车质心的横向位置不处于车辆纵向对称平面内，则应使汽车再向左倾斜，重复上述试验步骤。

分别取向左、向右侧倾三次所测最大倾角的算术平均值作为汽车侧倾角的测量结果，而后据此计算质心高度，计算式为

$$h_g = \frac{B_1}{\tan\alpha_1}$$

或

$$h_g = \frac{B_r}{\tan\alpha_r}$$

式中　B_l、B_r——分别为质心距左、右轮的距离（m）；

α_l、α_r——分别为向左、右倾斜时，所测最大倾角的算术平均值（°）。

根据向左、向右侧倾角计算出的质心高度应相等，若不相等，则取其均值作为质心高度的测定结果。

五、通过性参数检测

通过性参数包括最小离地间隙、接近角、离去角、纵向通过角、转弯直径和转弯通道圆。

1. 测量条件

①测量场地应具有水平坚硬覆盖层的支承表面，其大小应允许汽车进行全圆周行驶。

②汽车转向轮应以直线前进状态置于测量场地上。

③汽车轮胎气压应符合设计要求。

④汽车前轮最大转角应符合该车的技术条件规定。

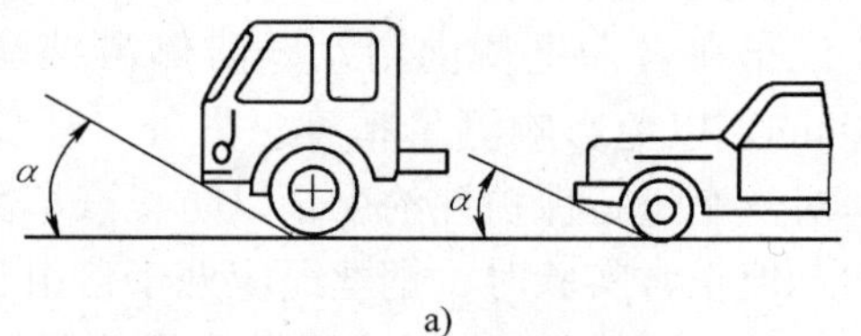

2. 测量仪器、设备

①高度尺：量程 0 ~ 1000mm，最小刻度 0. 5mm。

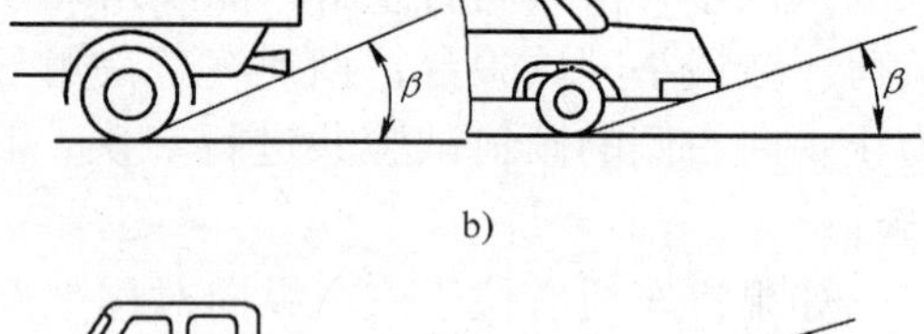

②离地间隙仪：量程 0 ~ 500mm，最小刻度 0. 5mm。

③角度尺：量程 0° ~ 18°，最小刻度 1°。

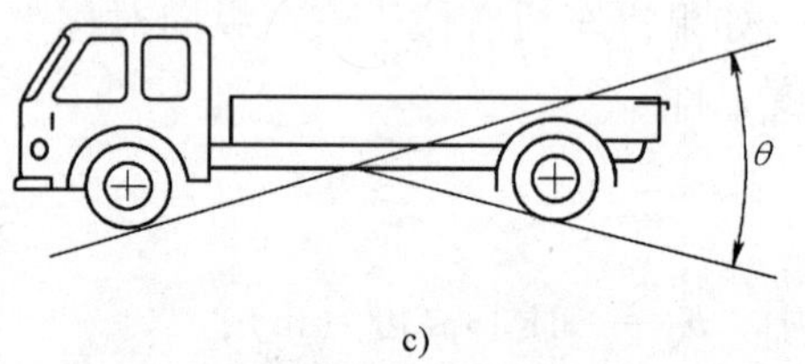

④钢卷尺：量程 0 ~ 20m，最小刻度 1mm。

⑤行驶轨迹显示装置。

⑥水平仪。

图 6-6　接近角、离去角、纵向通过角的测量

a）测接近角　b）测离去角　c）测纵向通过角

3. 测量部位及载荷状况

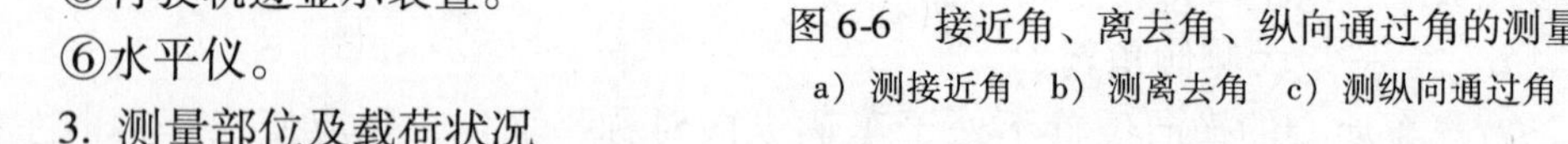

（1）接近角、离去角、纵向通过角的测量　测量部位见图 6-6，测量的载荷状况分别测空车和满载两种状况。

（2）最小离地间隙的测量　测量支承平面与车辆中间部分最低点的距离且指明最低点部件，测量的载荷状况为满载，见图 6-7。

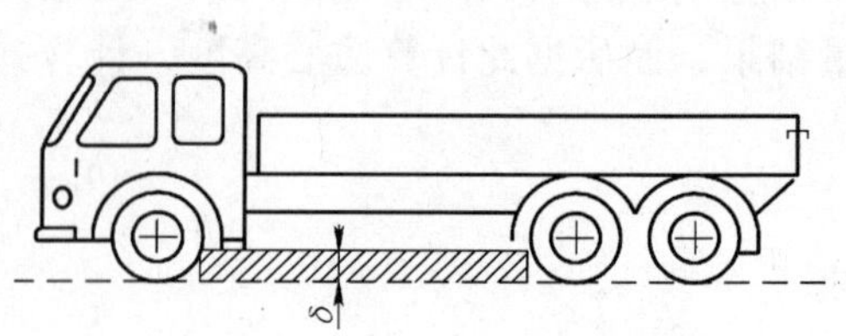

图 6-7　最小离地间隙测量

（3）汽车转弯直径的测定　汽车转弯直径（图 6-8）的测定步骤如下：

①在前外轮和后轮胎面中心的上方，在车体离转向中心最远点和最近点垂直地面方向，分别装置行驶轨迹显示装置。

②汽车以低速行速，转向盘转到极限位置，保持不动，待车速稳定后起动显示装置，使各测点分别在地面上显示出封闭的运动轨迹之后，将车开出轨迹外。

③用钢卷尺测量各测点在地面上形成的轨迹圆直径，应在互相垂直的两个方向测量，取算术平均值作为测试结果。

④汽车向左转和向右转各测定一次。

六、汽车稳定性参数的测试

汽车停放在坡度角为 a 的侧向坡道上时，其受力情况见图 6-9。随着 a 的增大，左侧车轮的载荷 Z_1 增大，右侧车轮的载荷 Z_2 减小。其侧翻的临界角 a_f 为

$$\tan a_f = \frac{B}{2h_g}$$

由此可见，汽车横向侧翻的临界角度 a_f 与汽车的轮距 B 和质心高度 h_g 有关。汽车的静态横向稳定性是汽车设计和结构布置合理性的重要特性之一。其结构参数所应满足的基本要求为

$$\frac{B}{2h_g} > \phi_s$$

式中 B——汽车的轮距（m）；

h_g——质心高度（m）；

ϕ_s——侧向附着系数。

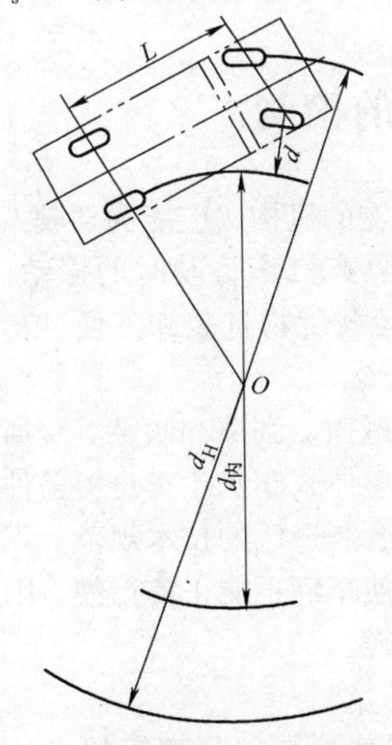

图 6-8 最小转弯直径和内轮差

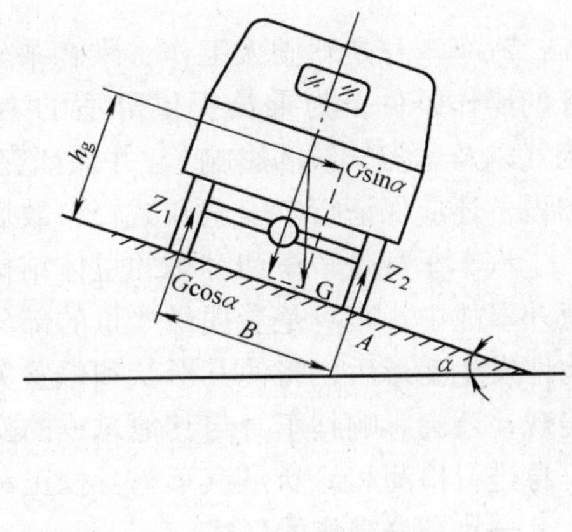

图 6-9 汽车的侧翻

GB 7258—2012《机动车运行安全技术条件》规定：

①客车在乘客区满载、行李舱空载的情况下测试时，向左侧和右侧倾斜最大侧倾稳定角均应大于等于28°（对专用校车均应大于等于32°）；且除定线行驶的双层（公共）汽车外，在空载、静态条件下，向左侧和右侧倾斜最大侧倾稳定角均应大于等于35°。

②罐式汽车和罐式挂车在满载、静态状态下，向左侧和右侧倾斜最大侧倾稳定角应大于等于23°。

③其他机动车在空载、静态状态下，向左侧和右侧倾斜最大侧倾稳定角应大于等于：

三轮机动车：25°；

总质量为整备质量的1.2倍以下的机动车：30°；

总质量不小于整备质量的1.2倍的专项作业车和轮式专用机械车：32°；

其他机动车：35°。

在汽车倾斜试验台上检验汽车静态横向稳定性时，应使汽车的纵向中心线平行于倾斜试验台转轴的中心线，将汽车制动后，用绳索在汽车将出现滑移或翻倒的反方向上拴住，但绳索上不应预先施加拉力。此后，将试验台缓慢而稳定地倾斜，当倾斜角达到规定的值时，车辆不翻倒为合格。如若测取某车辆的最大横向稳定角，则将倾斜试验台继续缓慢而稳定地倾斜，当汽车出现侧滑或翻转时，即刻从试验台倾斜角度指示盘上记下读数值。以同样的方法，左右倾斜各2~3次，而后取其平均值作为车辆的最大横向稳定角。

第二节　车身损伤的检测

汽车车身是驾驶人工作、乘客乘坐或装载货物的机构，应能为驾驶人提供良好的操作条件，为乘员提供舒适的乘坐条件（隔离汽车行驶时的振动、噪声、废气以及恶劣气候的影响），并保证完好无损地运载货物且装卸方便。车身结构和设备还应保证行车安全和减轻事故后果。

汽车车身是轿车和客车的主体结构部分，在碰撞、刮擦和倾翻等交通事故或意外事故中，车身是受损最严重的部分。车架或整体式车身、车身覆盖件及其他构件发生变形后，将使其形状和位置关系不能符合制造厂的技术规范。不仅影响美观，还会影响到车身与其他总成的安装关系，使车辆不能正常行驶。因此，对车身进行检测和诊断是汽车车身校正和修复的前提。

一、车身损伤的形式

根据车身损伤的原因和性质来说，车身的损伤形式包括直接损伤、波及损伤、诱发性损伤和惯性损伤。

（1）直接损伤　直接损伤是车辆与其他物体直接接触而导致的损伤。直接损伤的特征是，在车身的着力点处形成的擦伤、撞痕、撕裂状伤痕。

（2）波及损伤　波及损伤是指碰撞冲击力作用于车身上并分解后，其分力在通过车身构件过程中所形成的损伤。根据力的可传性，碰撞形成的冲击力在分解、传播、转移的过程中，可以很容易地通过强度、刚度高的构件，但当传到强度、刚度相对较弱的构件时，就会造成车身构件不同程度的损伤。波及损伤的特征是，在相对薄弱的构件上形成弯曲、扭曲、剪切、折叠等形态的损坏。

（3）诱发性损伤　诱发性损伤是指部分车身构件发生了损坏或变形后，同时引起相邻或与其有装配关系的构件的变形及损坏。与波及损伤不同，受诱发性损伤的构件并不承受冲击载荷或承受冲击载荷很少，主要是受到关联件的挤压和拉伸而导致损坏。诱发性损坏的特征为弯曲、折断、扭曲。

（4）惯性损伤　惯性损伤是指车辆发生碰撞后，在强大的惯性力作用下而导致的损伤。惯性损伤的特征是撞伤、拉断或撕裂、局部弯曲变形等。损伤的形态：车辆总成与车身的结合部或刚度的薄弱环节，易发生局部弯曲变形、拉断或撕裂等损伤；人和货物易发生二次碰撞造成车身损坏和人员伤害。

二、车身各部件尺寸检测

由于各种金属材料的强度不同，发生破坏的现象也不相同。汽车车身的壳体一般都由光滑空间曲面（也称为蒙皮）组成，在光滑曲面的下面都有柱状盒形结构，以便于安装车身其他附件。但是这种结构在碰撞后受力分析相当复杂。依据汽车车身的几何尺寸和形状的改变情况，可以判断车身碰撞损坏的程度。

1. 车身各部件尺寸

各种轿车的随车文件中都有车身各部件尺寸的图样，可以用作车身检测和修复的主要技术文件，也是用来判断碰撞损伤程度的依据之一。图 6-10 所示为某型轿车承载式车身各部分尺寸。为了能更清楚说明车身各部分的位置，常采用车身制图法，见图 6-11。在长度方向上以前轮轴线为基准（零线位置），在高度方向上以车身下沿为基准，在宽度方向上以车身对称中心平面为基准。用汽车车身检测仪，可以将碰撞后的汽车车身按照车身制图的三个方向（长度方向、高度方向和宽度方向）进行定位，然后将生产厂家提供的车身图样数据与实际测量的结果进行比较，从而判断车身各部件受碰撞后的损伤情况。

2. 车身前部损伤程度检测和判断

轿车在受碰撞以后，其车身损伤就像石落水中形成的水波一样扩展，见图 6-12。承载式车身由薄金属板构件（钣金件）连接而成，碰撞时的大部分冲击能量被金属板构件所吸收，碰撞冲击波通过车身构件传递、波及其他构件。发动机前置的轿车，车身前部的结构紧凑，其刚度和强度都较好，较轻的碰撞不会影响到其他部位。一般其损伤程度可以按下列步骤进行检测和判断。

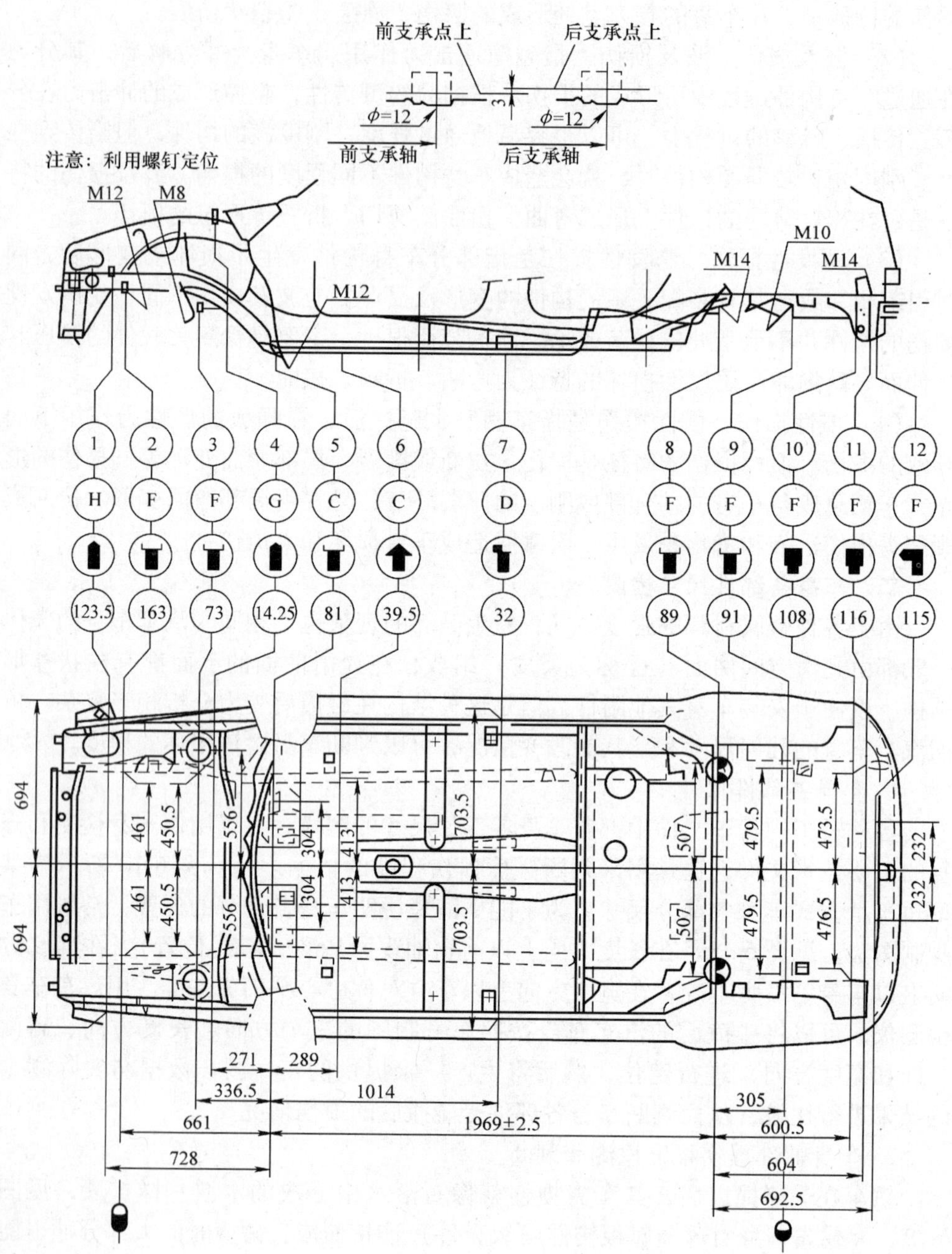

图 6-10　车身检测参照点布置及尺寸参数

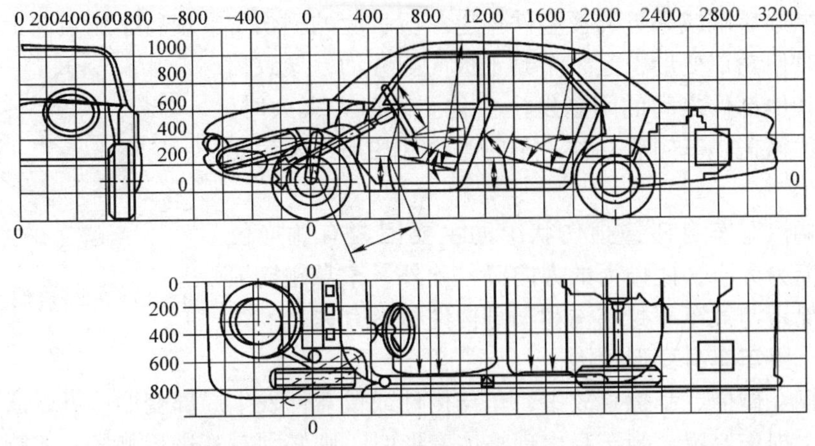

图 6-11　车身制图法表示的车身各部分位置

①检测前保险杠、前围板的几何尺寸和形状是否有变化。可以将碰撞的一边与没有碰撞的另一边进行比较，根据变化情况判断碰撞损伤的程度。

②检测发动机罩与前围板、两侧挡泥板的遮盖密闭是否良好，以及碰撞一侧的挡泥板与轮胎两侧的间隔尺寸有无变化。如果这些部位的尺寸和形状有变化，则应继续检测。

③检测碰撞一侧前支柱尺寸有无变化，首先检测车门铰链螺栓有无松动，再检查车门与前支柱之间的间隙有无变化。有变化时，应重复测量碰撞一侧控制点间的尺寸，并与厂家提供的尺寸进行比较，从而判断碰撞损伤的程度。

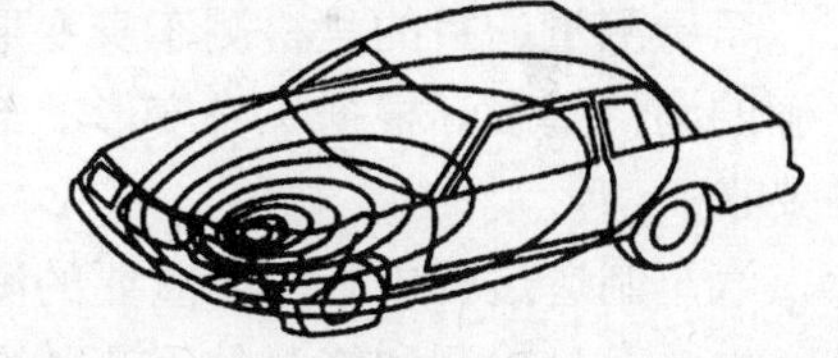

图 6-12　车身碰撞后损伤的扩展形式

④检测前风窗下沿框架与密封橡胶件有无变化。通常，该部位若有明显的尺寸变化，则碰撞较为严重。检测时，应将轿车车身前部的附件拆除，对其控制点进行检测，特别是对控制点对角线的尺寸进行检测。

需要强调的是，轿车车身由于车身腰线以下有较好的强度，车身设计时为上下车方便，前立柱都略微向后倾斜，轿车车身碰撞以后会使车身顶盖向后移动，使顶盖与车门间出现空隙。

3. 车身后部损伤程度检测和判断

轿车车身后部的结构较为简单，可按下列步骤判断其损伤程度。

①检测后保险杠、行李舱、后灯具是否有表面损伤，后保险杠下部的尺寸有无变化，后车轮与翼子板的间隙有无变化。

②如果上述部位的尺寸发生了变化，可以对其车身后部的控制点进行检测，以判断损伤程度，见图 6-13。汽车后部首先受到碰撞的是后保险杠，碰撞力通常

沿着后纵梁后端或邻近的钣金件传递。所引起的损伤常常使行李舱盖向上翘曲变形，同时使轮罩变形引起整个翼子板向前移动，导致翼子板与其他部件之间的间隙发生变化。碰撞力太大时，还会使顶篷盖、车门后立柱、车门等构件的尺寸发生变化。

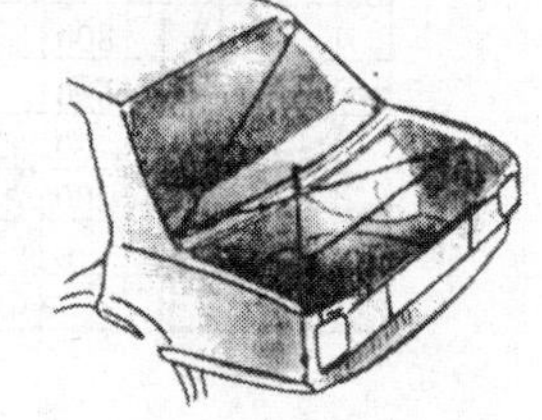

图 6-13　车身后部控制点

影响汽车车身碰撞损伤状况的主要因素有碰撞位置、碰撞力大小、碰撞力的方向等。此外，车身碰撞损伤的状况还与汽车车身结构和车身构件材料有关。

三、整车车身变形检测

车辆在碰撞、刮擦事故中，车身构件或覆盖件发生局部变形，可以通过直观观察做出损伤鉴定。当车身出现整体变形时，则必须对其进行测量，才能判断损伤变形的情况。

1. 整车车身变形检测的目的

整车车身变形检测的目的是确认车身损伤状态，并把握变形程度大小。若碰撞造成车身整体定位参数发生变化，会严重影响汽车的使用性能。车身整体定位参数是指直接影响发动机、底盘和车身主要构件装配位置的基础数据，如前轮定位、两侧轴距差、传动轴输入输出角等参数。

2. 整车车身检测的测量基准

车身测量的目的是检测车身变形后的形状和位置误差，其基础和前提是选择正确的测量基准。根据车身变形的部位，车身测量基准的选择可以参照下面的基本要素。

汽车制造过程中有很多重要的测量基准点，这些基准点既是汽车制造时的基准，也是车身检测和修复的工艺基准和测量基准。

车身测量中，其测量基准就是车身的尺寸参照基准，包括参照点、基准面和中心线。

（1）参照点　参照点是车身修复时用于测量、检验车身是否恢复至原来尺寸的一些特殊点。参照点通常是车身上便于测量的特殊点，包括孔、特殊螺栓、螺母、钣金件边缘或车身上的其他部位。为便于车身的检测与修复，现代轿车车身尺寸图中都标明了参照点及其标准位置参数。

图 6-10 是与车身矫正机测量系统配套使用的某轿车车身检测参照点及标准尺寸参数图。图中第一行数字 1 ~ 12 为检测参照点序号；第二行字母 H ~ F 为检测触头的型号；第三行符号为检测触头的形状；第四行数字为检测参照点的相对高度尺寸，即专用检测触头在规定条件下所显示的标准高度尺寸。

（2）基准面　基准面是一个假想的与底面平行且有一定距离的平面，用于车身垂直轮廓测量的参照基准，车身参照点的高度尺寸都是以基准面为基准获得的。实际应用中，不方便直接测量时，可以采用投影法。

（3）中心线　中心线是一条假想的空间直线，指将汽车分成左右相等两部分的中心平面在俯视图上的投影线。中心线也是车身横向尺寸的参照基准，利用它可以方便、迅速地测量横向尺寸。

3. 整车车身检测的基本方法

根据检测基准的不同，车身检测的基本方法可分为参数法和对比法。

（1）参数法　参数法是指根据测量工具实际测得的变形车身参照点的数据，与相同参照点的标准参数相比较，从而检测车身变形程度的一种方法。这种方法以车身图样或技术文件中的规定来体现基准目标，通过对车身的定位尺寸进行测量，可以准确地检测车身的变形范围及其损伤程度。这是一种比较可靠也较为流行的方法，但这种方法要求修理者有车身技术文件和参照点的标准数据。

（2）对比法　对比法是指依赖测量工具实际测得的变形车身参数，与相同车身定位参数进行对比，从而检测车身变形程度的一种方法。这种方法以变形前同类型汽车车身相同部位的实测参数作为基准，其检测的精确程度主要取决于目标车身以及测量点的选取。

为提高车身检测的精确程度，所选择的目标车车身应完全符合技术文件规定的状况，车身应无损伤，且要求与被测车辆同一厂家、同一年份、同一车型。有条件时，还可通过对多个目标车辆车身的测量来提高目标基准的精确性。

若没有可供选择的车身作为对比基准，可利用车身构件的对称性原则进行检测。如当只有车身一侧损坏时，可以用另一侧车身尺寸的测量值作为标准值，与受损一侧对比，确定损伤情况。对于测量点的选取，应以基础零件和主要总成在车身上的正确装配位置为依据，尽量利用车身壳体已有的无损伤参照点。显然，当检测者无车身检测尺寸资料时，用该法较为方便。

四、整车车身测量系统

现代车身测量系统安装有多种测量器具，采用先进的测量技术和测量方法，可以同时测量多个检测点的三维坐标值，因而可以用于汽车车身变形的检测。常用的车身测量系统主要有机械式测量系统、激光测量系统和计算机辅助测量系统三类。

1. 机械式测量系统

机械式测量系统主要包括桥式测量架和台式测量系统两种。其中，桥式测量架是典型的机械式测量系统。

（1）桥式测量架　桥式测量架主要由测量桥、导轨、移动式测量柱、测量杆和测量针等组成，其结构见图6-14。测量过程中，可根据需要随时调整测量架与车身的相对位置，使得测量针接触车身表面，从导轨、测量柱及测量针上读出所测数据。该测量系统可以对车身的各参照点进行快速检测。

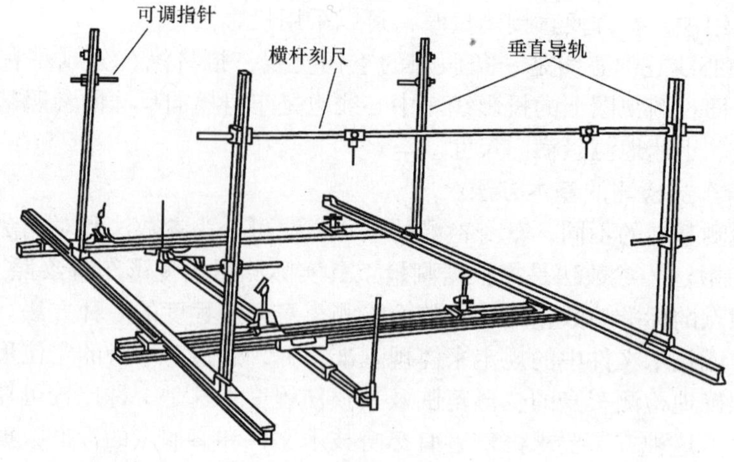

图 6-14　桥式测量架

（2）台式测量系统　台式测量系统由测量纵桥、滑动横臂、垂直套管、检测触头和测量架等组成，见图 6-15。测量纵桥放置在矫正机的工作台上，从车头通到车尾，能体现车身检测的基准面和中心线。滑动横臂安装在纵桥上，可在前、后、左、右四个方向上移动。前后移动时可测量纵向尺寸，左右移动时可测量横向尺寸。垂直套管安装在滑动横臂上，见图 6-16。检测触头安装在垂直套管的上部，上下移动时可测量被测点的高度尺寸。测量架安装在纵桥上，用于对车身上部参照点进行检测。

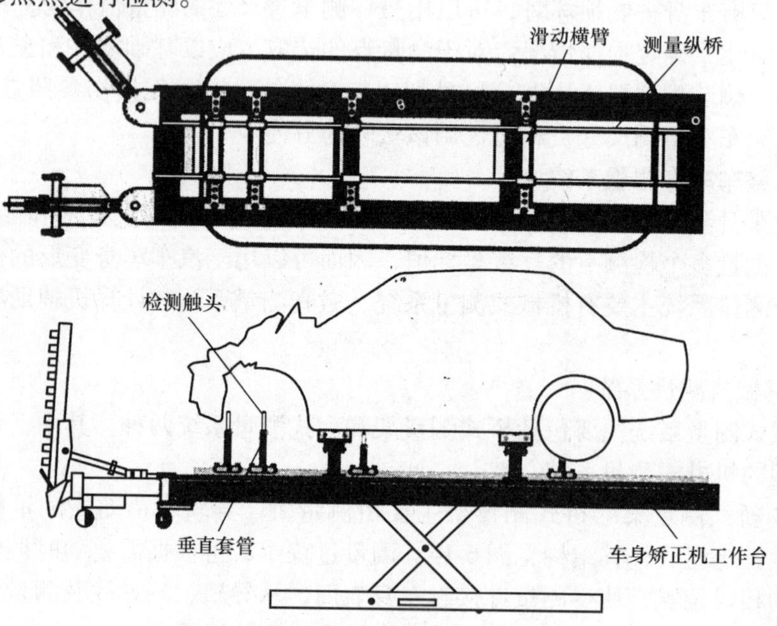

图 6-15　车身矫正机上的台式测量系统

2. 激光测量系统

激光测量系统是指利用激光对车身参照点进行测量的系统，见图6-17。该系统包含光学机构和机械构件两大部分，主要由激光发生器、光束分解器、激光导向器、标板或刻度尺组成。其中，激光发生器用于提供安全、低强度激光束；光束分解器能使光束按某个角度精确投射；激光导向器能使光束90°角反射。标板或刻尺是参照点位置的体现，是激光束照射的目标。

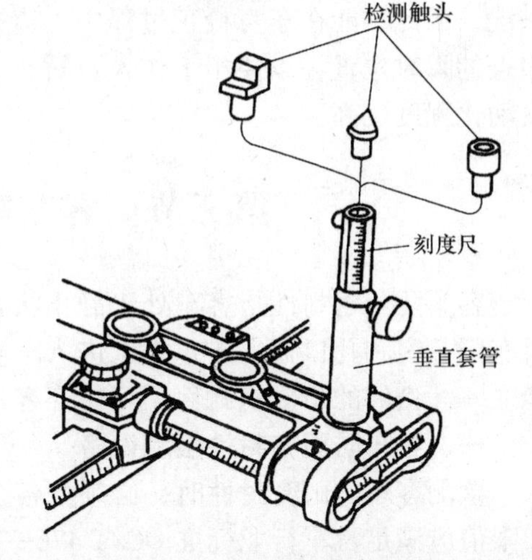

图6-16　垂直套管及检测触头的安装示意图

检测时，激光发生器发出一束激光，通过光束分解器使光束照射到标板或刻尺上。如果光束正好照射到标板或刻尺的规定位置，则说明参照点的位置正确，否则说明车身变形。激光测量系统既可用于车身下部测量，又可用于车身上部（如支柱、车窗等）的测量。

与机械式测量系统相比，激光测量系统不是以机械连接形式来实现测量的。所以，在整个车身校正过程中，激光测量系统能连续工作，能不断给出直观、准确的读数，可以快速、连续反映各参照点的位置偏差。

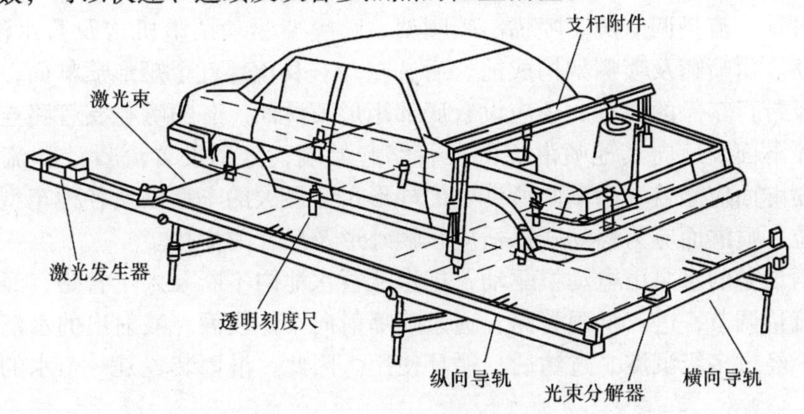

图6-17　车身激光测量系统

3. 计算机辅助测量系统

车身矫正机上采用的计算机辅助测量系统主要由传感器、主机及显示器组成。传感器即是检测触头，用来反映检测点的空间位置；主机用来接受并处理传感器输入的信号；显示器则用来显示测量结果。

计算机辅助测量系统可利用测量数据迅速算出各种尺寸偏差，可实现测量过程电子化和结果显示数字化。该系统采用了自动跟踪车身检查点校正移动的测量系统，因此，能在车身校正过程中，边矫正边测量，同时在计算机屏上显示测量检查的瞬时位置，以便于工作人员矫正。此外，计算机辅助测量系统的效率高、自动化程度也高。

第三节　客车防雨密封性检测

客车防雨密封性指客车处于静止状态，在规定的人工淋雨试验条件下，关闭所有门、窗和孔口盖，防止雨水进入车辆的能力。防雨密封性是客车重要使用性能之一。良好的防雨密封性，可保证客货运输安全可靠及乘车舒适性。

一、客车防雨密封性检测设备

检测客车防雨密封性时，必须配备合格的喷淋装置，其检测设备、检测方法和限值应满足汽车行业标准 QC/T 476—2007《客车防雨密封性限值及试验方法》的规定。

1. 检测设备结构及工作原理

客车防雨密封性检测，采用客车防雨密封性试验设备——淋雨装置（淋雨室）进行。

淋雨装置主要由水泵、压力自动调节阀、水压表、主管路、分管路、支管路、流量计、流量调节阀、喷嘴、喷嘴架、喷嘴架驱动调整机构及蓄水池构成，见图6-18。由喷嘴及喷嘴架构成前、后、左、右及顶部五个矩形喷淋面，若淋雨试验涉及带行李舱的客车，还应设置底部矩形喷淋面。各喷嘴与支管路连接。在通向前喷淋面及通向其他喷淋面的分管路起始端，分别设置流量计和流量调节阀。各喷淋面应涵盖淋雨试验所涉及的外形尺寸最大的车型以及各种车型的所有受检部位，喷淋面应为移动式以适应车辆外形及尺寸的变化。

淋雨设备的水泵由电动机驱动，把水从蓄水池内不断泵入主管路，经过压力调节和流量调节，进入淋雨管路，通过喷嘴射向车体表面。喷射出的水汇集流入蓄水池，经过多级沉淀、过滤后，循环使用。因此，淋雨装置是一个水的循环过滤系统。

2. 水泵供水压力

水泵供水压力设定为（150±10）kPa。水泵的扬程、流量以及管路直径等应满足系统使用要求。

3. 喷嘴布置及数量

在各喷淋面支管路上均匀安装喷嘴，喷嘴间横向及纵向间距为0.4m，喷嘴数量应保证对应车身外表面各受检部位处于淋雨区域内。顶部及底部喷嘴的轴线与水平面垂直，前部及后部喷嘴的轴线与车辆纵向对称面平行，侧面喷嘴的轴线与车辆纵向对称面垂直。喷嘴垂直朝向对应车身。底部喷嘴位于地面以下 0.2m，其余喷嘴与车身外表面距离为（0.7±0.2）m。喷嘴出水应均匀且呈60°圆锥体形状，喷孔直径为2.5～3mm，所有喷嘴的尺寸及内部结构应相同。

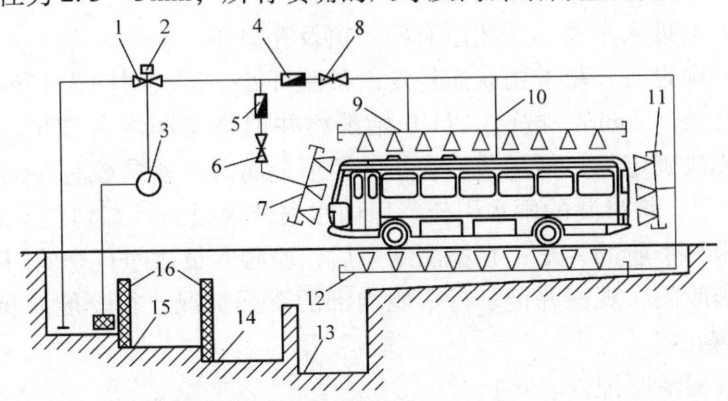

图 6-18 淋雨装置示意图

1—压力自动调节阀 2—水压表 3—水泵 4、5—流量计 6—节流阀 7—前部淋雨管路 8—节流阀 9—顶部淋雨管路 10—侧面淋雨管路 11—后部淋雨管路 12—底部淋雨管路 13～15—沉淀池 16—滤网

4. 淋雨强度及调节方法

（1）淋雨强度 淋雨试验时，客车规定的车体受雨部位及其淋雨强度；车身前部平均淋雨强度为（12±1）mm/min，车身侧面、后部、顶部及底部平均淋雨强度为（8±1）mm/min。

平均淋雨强度指单位时间内某一淋雨面内各喷嘴的总喷水体积量与该淋雨面内各喷嘴对应的总喷淋面积的比值，单位为 mm/min。各喷嘴的喷淋面积按 $0.16m^2$ 计算。

（2）淋雨强度的调节 将分管路节流阀置于某一开度，启动淋雨设备。将主管路压力调节至规定值，分别调节分管路节流阀开度，使分管路流量计示值分别达到规定平均降雨强度的对应值。

对应流量计算公式为

$$Q=\frac{6FN}{625}$$

式中 Q——对应流量（m^3/h）；

F——平均降雨强度（mm/min）；

N——车体待测部位对应标准面积（m^2）。

二、客车防雨密封性检测

1. 客车防雨密封性检测方法

检测客车防雨密封性时，车身前部、侧面、后部及顶部的各受检部位均应处于受雨状态。带行李舱的客车，其行李舱底部也应处于受雨状态。淋雨装置和车身各受检部位的平均淋雨强度应满足规定要求。其检测步骤如下：

①将试验车辆停放在淋雨场地内指定位置。

②试验人员进入车厢，关闭所有门、窗及孔口盖。

③启动淋雨设备，待淋雨状态稳定后试验开始，试验时间为15min。

④试验开始后5min，试验人员开始观察并记录车厢内各部位的渗漏情况。对渗漏状态无法确定的，可用适当大小的矩形金属薄板紧贴渗漏部位，薄板与铅垂面呈45°向下，将渗漏的雨水引流，以雨水离开薄板的状态判别渗漏情况。

⑤对于带行李舱的客车，在检测结束后，检测人员擦净行李舱门接缝处的积水，打开行李舱门，观察并记录行李舱内部的渗漏情况，行李舱底板如有水迹，每处均按慢滴处理。

⑥车辆渗漏情况记入表6-1。

表6-1　客车防雨密封性检查记录表

检查部位	渗漏处数及扣分值											
	渗（每处扣1分）		慢滴（每处扣2分）		滴（每处扣4分）		快滴（每处扣6分）		流（每处扣10分）		小计	
	处数	扣分	处数	扣分	处数	扣分	处数	扣分	处数	扣分	处数	扣分
风窗												
侧窗												
后窗												
驾驶人侧车门												
乘客侧车门												
后门												
顶盖（顶窗）												
侧围												
后围												
行李舱												
其他部位												
合计												

2. 检测结果。

（1）相关术语

①渗：水从缝隙中缓慢出现，并沿着内护面向周围蔓延。

②慢滴：水从缝隙中出现，以小于或等于30滴/min的速度离开或沿着车身

内表面断续落下。

③滴：水从缝隙中出现，以大于30滴/min且小于或等于60滴/min的速度离开或沿着车身内表面断续落下。

④快滴：水从缝隙中出现，以大于60滴/min的速度离开或沿着车身内表面断续落下。

⑤流：水从缝隙中出现，离开或沿着车身内护面连续不断地向下流淌。

（2）检测数据处理　检测数据处理采用扣分法，初始分值为100分，每出现一处渗扣1分，每出现一处慢滴扣2分，每出现一处滴扣4分，每出现一处快滴扣6分，每出现一处流扣10分，初始分值减去全部扣分值，实得分值即为试验结果（如出现负数则按零分计）。

三、客车防雨密封性限值

客车防雨密封性限值应符合QC/T 476—2007《客车防雨密封性限值及试验方法》的规定。各类客车防雨密封性限值见表6-2。

表6-2　客车防雨密封性限值

客车类别		限值/分
小型客车		94
旅游客车，长途客车	车长≤9m	94
	车长>9m	92
城市客车	车长≤9m	92
	车长>9m	90
双层客车，铰接客车，无轨电车		88

四、客车防雨密封性检测的注意事项

①系统管路压力应在140~160kPa范围内。

②水泵的扬程及流量应满足系统使用要求。

③各喷淋面应涵盖淋雨试验所涉及的外形尺寸最大的车型以及各种车型的所有受检部位。

④对带行李舱的客车进行防雨密封性检测时，还应设置底部喷淋面。

⑤应定期清理喷嘴及管路并检查淋雨强度是否符合要求。

⑥车体前部、侧面、后部及顶部的各受检部位均应处于受雨状态。带行李舱的客车，其车体底部行李舱的对应部位也应处于受雨状态。

复　习　题

1. 汽车主要结构参数有哪些？怎样测试？
2. 汽车质量参数包括哪些？

3. 怎样测试质心位置？
4. 怎样测试汽车的稳定性参数？
5. 何为车身检测基准？它对轿车车身的检测与诊断具有什么实际意义？
6. 为何轿车车身整形后必须进行定位检测？
7. 车身检测诊断的基本步骤、方法有哪些？如何利用检测系统诊断车身？
8. 简述客车防雨密封性检测设备的工作原理。

参考文献

[1] 陈焕江. 汽车检测与诊断 [M]. 2版. 北京：机械工业出版社，2007.
[2] 张建俊. 汽车诊断与检测技术 [M]. 3版. 北京：人民交通出版社，2009.
[3] 赵英勋. 汽车检测与诊断技术 [M]. 北京：机械工业出版社，2011.
[4] 张学利，刘富佳. 汽车燃油经济性检测 [M]. 北京：人民交通出版社，2010.
[5] 张雪莉. 机动车排气污染物检测技术 [M]. 北京：清华大学出版社，2010.
[6] 方锡邦. 汽车检测技术与设备 [M]. 北京：人民交通出版社，2009.
[7] 高延龄. 汽车运用工程 [M]. 4版. 北京：人民交通出版社，2009.
[8] 关强. 汽车试验学 [M]. 北京：人民交通出版社，2009.
[9] 陈焕江. 汽车运用工程学 [M]. 北京：机械工业出版社，2010.
[10] 明平顺，杨万福. 现代汽车检测技术 [M]. 北京：人民交通出版社，2001.
[11] 赵英勋，刘明. 汽车检测与诊断技术 [M]. 北京：机械工业出版社，2003.
[12] 方锡邦. 汽车检测技术 [M]. 合肥：安徽科学技术出版社，2000.
[13] 汪国梁. 汽车维修质量检测与评定 [M]. 重庆：重庆大学出版社，2006.
[14] 杨益明. 汽车使用性能与检测 [M]. 北京：人民交通出版社，2002.
[15] 高国恒. 汽车检测诊断方法 [M]. 北京：人民交通出版社，1998.
[16] 杨庆传. 汽车故障诊断与检测技术 [M]. 北京：人民交通出版社，1999.
[17] 张发均. 汽车年审检测知识 [M]. 成都：四川科学技术出版社，1999.
[18] 王凤岐，陈礼璠. 汽车诊断技术 [M]. 北京：人民交通出版社，1991.
[19] 杜兰卓，谷志杰. 汽车安全检测 [M]. 北京：人民交通出版社，2002.
[20] 交通部公路司. 汽车综合性能检测 [M]. 上海：上海科学技术文献出版社，1999.
[21] 郭晓汾，等. 实用汽车诊断技术与设备 [M]. 西安：西北工业大学出版社，1989.
[22] 陈焕江. 汽车运用基础 [M]. 北京：机械工业出版社，2002.
[23] 肖云魁. 汽车故障诊断学 [M]. 2版. 北京：北京理工大学出版社，2005.
[24] 刘仲国. 现代汽车检测与诊断 [M]. 北京：机械工业出版社，2001.
[25] 戚扬，韩北山. 汽车故障诊断 [M]. 北京：人民交通出版社，1995.

读者沟通卡

一、申请课件

本书附赠教学课件供任课教师采用，可在机械工业出版社教育服务网（www. cmpedu. com）注册后免费下载；也可扫描二维码关注“机工汽车”微信订阅号获取课件。

 机工汽车	免费下载　教学课件、学习视频、海量学习资料 ➢　扫描二维码，关注“机工汽车” ➢　点击“粉丝互动”→“视频课件”

二、机工汽车教师群

任课教师可加入“机工汽车教师群”，与教材主编、编辑直接沟通交流。“机工汽车教师群”提供最新教材信息、教材特色介绍、专业教材推荐、样书申请、出版合作等服务。

QQ 群号码：7348129，本群实施实名制，请以“院校名称 + 姓名”的方式申请加入。

三、微信购书

 车界瞭望	关注汽车分社微信订阅号“车界瞭望”，可直达机工社旗下网络购书平台“汽车书院”，第一时间购买新书，获取车界前沿资讯

四、意见反馈和编写合作

联系人：赵海青　　齐福江　　母云红

电　话：010－88379353、88379160、88379439

电子信箱：13744491@ qq. com、502135950@ qq. com、2455675943@ qq. com

地　址：北京市西城区百万庄大街 22 号汽车分社

邮　编：100037